# 医学实验设计分析与 SAS 实现

主　编　冯国双　刘德平

副主编　刁玉涛　刘世炜　王俊杰　陈丽娟

编　者　（按姓氏笔画排序）

刁玉涛　王丽娟　王园园　王俊杰
冯国双　刘世炜　刘晓存　刘德平
李秀燕　吴松岭　张　华　陈丽娟
胡跃华　徐丽丽

北京大学医学出版社

# YIXUE SHIYAN SHEJI FENXI YU SAS SHIXIAN

**图书在版编目（CIP）数据**

医学实验设计分析与 SAS 实现/冯国双，刘德平主编.
—北京：北京大学医学出版社，2014.8
ISBN 978-7-5659-0860-6

Ⅰ.①医… Ⅱ.①冯… ②刘… Ⅲ.①实验医学—医学统计—统计分析—应用软件 Ⅳ.①R-33②R195.1-39

中国版本图书馆 CIP 数据核字（2014）第 110051 号

---

### 医学实验设计分析与 SAS 实现

**主　　编：** 冯国双　刘德平
**出版发行：** 北京大学医学出版社（电话：010-82802230）
**地　　址：**（100191）北京市海淀区学院路 38 号 北京大学医学部院内
**网　　址：** http://www.pumpress.com.cn
**E - mail：** booksale@bjmu.edu.cn
**印　　刷：** 北京佳信达欣艺术印刷有限公司
**经　　销：** 新华书店
**责任编辑：** 董采萱　　**责任校对：** 金彤文　　**责任印制：** 张京生
**开　　本：** 787mm×1092mm　1/16　　**印张：** 20　　**字数：** 504 千字
**版　　次：** 2014 年 8 月第 1 版　2014 年 8 月第 1 次印刷
**书　　号：** ISBN 978-7-5659-0860-6
**定　　价：** 72.00 元

**版权所有，违者必究**

（凡属质量问题请与本社发行部联系退换）

# 序 一

自从 90 年前 Fisher 爵士开创了实验设计的先河以来，实验设计已经在工业、农业、医学等诸多领域得到了广泛应用。在医学领域中，实验设计的重要性也已经得到公认，良好的实验设计已经成为高质量科研工作的必备条件。

尽管如此，国内医学领域对实验设计的重视仍然不够。很多设计方法对医学科研工作者而言仍只是停留在理论层面上，一旦真正需要进行实验设计，设计者便感觉无从下手，存在不少困惑。这导致医学实验设计难以真正推广和应用，阻碍了国内医学科学研究的发展。

因此，目前迫切需要应用性强的医学实验设计书籍，用于指导实验设计的具体操作和实现。由冯国双博士等编写的《医学实验设计分析与 SAS 实现》便是这样一本书。该书最大的特点是实用性和易读性。书中不仅介绍了常用实验设计的原理、思路及分析过程，更重要的是，对所有的设计和分析过程都给出了实现步骤及相应的 SAS 语句。读者只要根据书中提示，仿照书中给出的 SAS 语句编写程序，就很容易得到各种实验的设计过程与分析结果。

本书的写作风格延续了作者以往著作中深入浅出、通俗易懂的特点，避免大而空洞的说教，而是以朴实的语言将各种实验设计的实施思路与分析过程娓娓道来，即便读者的统计学基础薄弱，仍然不影响对本书的理解和应用。

本书的主编冯国双在博士研究生期间便一直协助医院的临床试验设计与分析工作，至今已积累了丰富的实践经验。作者撰写本书时查阅了大量的国内和国外经典文献及著作，并将自己多年来对实验设计及 SAS 分析的理解融入其中，再加上作者本身的实践经验，相信读者一定能从本书中获益良多。

游伟程

# 序 二

我在大量审阅稿件和学位论文中发现，研究设计存在问题的现象屡见不鲜，由此产生了一系列的问题，以致结论的科学性难以令人信服，其造成的损失更难以估计。美国学者 Daniel W. Byrne 对 50 位美国医学学会的审稿人、67 位医学杂志的主编和 25 位诺贝尔奖获得者进行了问卷调查（Byrne DW. Science Editor, 2000, 23; 39-44）。他的研究结果发现，最常见的导致稿件直接被拒绝的单一原因有：科研设计不严谨（71%）、结果的解释不恰当（14%）、课题的重要性不足（14.2%）、结果的表达方式不合适（0.8%）。可见医学研究设计存在问题的严重性。

随着信息技术的飞速发展，功能强大的统计软件层出不穷，使越来越多计算繁复的统计方法得以推广应用，并使设计方案规范化，推动了医学研究的发展。SAS 软件在医学研究中的广泛应用便是其中典型的一例。

为了在医学研究的设计和分析中更好地推广应用 SAS，将不同的研究设计方法及其分析方法与 SAS 的正确应用结合起来，冯国双博士联系了一批有志为此而努力的中青年医学统计工作者、学者，结合工作实践撰写了本书，这正是当前医疗卫生一线工作者在研究实践中所需要的。

作者们在工作之余为本书的撰写付出了辛勤的劳动。编写过程中，主编冯国双博士带领大家经常交流探讨，以致开展辩论。这种严谨求实、团结共进的优良作风，使曾作为他们老师的我深感欣慰。他们的辛勤劳动将为更多的医务工作者、研究者和研究生提供良好的思路、方法和工具，会有更多的医学研究因此而获益。为此，借本书出版之际，填词一首，以记之。

### 清平乐·咏学人同心著书

夜阑人静，
月淡寒窗映。
寻路书山独辟径，
阅尽青峰名胜。

学人牢结同心，
挚情共著思深。
喜鹊晓来鸣柳，
东风又绿新春。

陈景武

# 前　言

中国古人在几千年前便很重视预防的思想，如"圣人不治已病治未病"、"君子以思患而豫（预）防之"等，无不体现了先人的睿智。预防之于治疗，正如实验设计之于统计分析。如果已经病入膏肓，即使扁鹊再世亦是无能为力。同样，对于漏洞百出的数据，即使是伟大的 Fisher 先生复生同样束手无策。所以，实验设计的重要性其实更甚于统计分析。可惜的是，正如人们往往意识不到预防的作用一样，实验设计也很容易被忽视。

实验设计的历史可以追溯到百年前。提到实验设计，就不得不提一下 Fisher 爵士。当我在阅读 Fisher 的事迹时，尽管相隔近百年，仍会有一种莫名的肃然起敬的感觉。我仿佛看到这样一幅情景：一群人围在试验田边上，讨论如何对不同的试验田施以不同的肥料，有的说从南往北，有的说从东往西。Fisher 老先生则一言不发地抽着他的烟斗，直到众人讨论结束，他才笑眯眯地一锤定音："就用随机的方法吧。"正是这一随机的概念，开创了实验设计的新时代。今天你可能不觉得随机这一概念有多么神奇，因为 Fisher 一旦提出，就变得简单了。但在他提出之前，却无人能想到这一点，你可以想象得到提出这一思想所需要的智慧。

时至今日，实验设计的理念已经渗入到科研领域的每一角落，医学研究领域对实验设计也日渐重视，然而现实的问题是：有不少人很清楚实验设计的重要性，但在实际操作中却无从下手，不知如何实现随机，如何计算样本量。导致这一问题的主要原因就是理论与实际相脱节。关于医学实验设计的书籍并不多，而且基本都是 10 年前的著作。限于当时的知识水平及软件实现能力，对实验设计的解释更多的是停留在理论层面上，而缺乏必要的实施工具，这使得不少医学研究者无法真正实现设计过程。

统计软件的快速发展使许多原本只能停留在理论层面上的方法变得易于实现，这其中也包括实验设计。在众多的统计软件中，SAS 是几乎涵盖所有常见实验设计与分析的权威软件。尽管有人觉得 SAS 需要编程可能较为复杂，但这恰是其灵活的一面，可以将很多不可能变成现实。

正是鉴于以上原因，本书从实际操作入手，介绍常见的医学实验设计与分析过程。本书的主要特色如下：

**(1) 实用性和操作性强。** 本书的主要特点是利用 SAS 软件将设计与分析思路转化为实际操作与输出。而且针对实验设计的特点将设计与分析过程模式化，使医学研究者可以在书中程序的基础上只修改简单的数值，便可实现相应的设计与分析。但书中又不是简单地教人模仿，而是对每一设计和分析步骤给出详细解释，不仅授之以鱼，更是授之以渔。相信读者完全可以在本书的基础上做到举一反三，完成自己的实验设计过程。

**(2) 包含 SAS 软件应用指导。** 本书涉及诸多 SAS 应用过程，如实验设计过程、样本量计算过程、统计分析过程等。对于所有 SAS 语句，作者在理解的基础上以通俗的语言进行解释，对有些过程语句的解释甚至比 SAS 使用手册更具实际意义。对 SAS 软件的输出结果我们保持了原有的格式，这样便于读者自己实践时进行对照。

**(3) 内容丰富、涵盖面广。** 本书既有对常见设计方法的介绍，如完全随机设计、配对设计、随机区组设计、拉丁方设计、析因设计、正交设计、交叉设计等，又有对非常见设计的介绍，如尧敦方设计、希腊拉丁方设计、裂区设计、嵌套设计等，同时也有对某些固定领域的设计方法的介绍，如诊断试验设计、重复测量设计、临床试验设计等。不同的读者可以各取所需。

**（4）思路清晰。** 本书各章节的主要结构安排是：首先简要介绍该设计方法；接着对设计中所需的样本量计算给出 SAS 实现过程；然后介绍对该设计的实施思路，并利用 SAS 软件将实施思路转化为实际操作；最后是统计分析，给出了不同类型资料的 SAS 分析过程。

**（5）案例辨析。** 书中部分章节在最后部分给出了错误案例辨析，这些错误应用案例均摘自已经发表的文章。通过对实际研究中常见问题进行分析，避免同类问题再次发生。

**（6）严谨求实。** 作者本着严谨求实的态度来撰写本书，内容都是在参考国外权威专著的基础上，纳入了作者多年来在不同设计方面的思路，具有较强的实际意义。作者对书中每一个概念都多方求证，力求准确。

**（7）大量案例。** 书中列举了大量的分析案例，这些例子大多是真实的，是作者在实际工作中所遇到过的案例。但有的案例只是截取其中部分数据，有的为了使读者更容易理解，对数据做了修改。当然，也有部分例子是我们虚拟的，但这些数据的构造并非空中楼阁，而是以一定的专业知识为基础的。

书中大部分 SAS 程序用的是 SAS 9.3 中文版，输出中文结果，以方便读者阅读。但对有些结果笔者认为中文翻译不妥或意义不明确，故部分结果采用 SAS 9.3 英文版输出英文结果。

为了方便读者，本书中所有案例设计与分析的 SAS 语句均放在北京大学医学出版社的网站上（http://pumpress.bjmu.edu.cn），有需要的读者可自行下载。

本书所面向的读者主要包括公共卫生领域科研工作者、临床医学工作者、各专业医学生、研究生、医学院校教师、合作研究组织（CRO）公司、制药企业等相关职员。

尽管作者尽力完善本书的内容，但由于能力有限，有的理解可能不一定正确，如有错误和不妥之处，敬请读者批评指正。

最后，感谢我的硕士导师陈景武和博士导师游伟程，他们教授我统计分析的技能和科研设计的思路。没有他们当年的指导，就没有今天这本书的面世。

冯国双
2014 年 6 月于北京

# 目　录

## 第一章　医学实验设计概述 …… 1
### 第一节　初识实验设计 …… 1
### 第二节　医学实验设计的基本要素 …… 1
一、处理因素 …… 1
二、受试对象 …… 2
三、实验效应 …… 2
### 第三节　医学实验误差及其控制 …… 3
一、随机误差 …… 3
二、非随机误差 …… 3
三、误差的控制 …… 3
### 第四节　医学实验设计的基本原则 …… 4
一、随机化原则 …… 4
二、对照原则 …… 4
三、重复原则 …… 4
### 第五节　医学实验设计的基本过程 …… 5
一、明确想做什么 …… 5
二、确定处理因素及其水平数 …… 5
三、选择能反映研究目的的指标 …… 5
四、选一个合适的设计类型 …… 5
五、确定研究对象及样本含量 …… 5
六、设计实施 …… 5
七、数据收集与整理 …… 5
八、结果的统计分析 …… 5
### 第六节　实验数据的整理 …… 6
一、原始数据的整理与录入 …… 6
二、数据核查 …… 6
三、异常值检查和处理方法 …… 7
### 第七节　实验数据的统计分析 …… 9
### 第八节　实验设计分析常用统计软件 …… 16
一、Design-Expert 软件 …… 16
二、SAS 软件 …… 17
三、SAS JMP Clinical 软件 …… 17

## 第二章　完全随机设计及统计分析 …… 20
### 第一节　完全随机设计简介 …… 20
一、完全随机设计简介 …… 20

二、完全随机设计的要点 …………………………………………………… 20
第二节　完全随机设计的样本含量估计及 SAS 实现 ………………………… 20
　　一、两组均数比较的样本含量估计 …………………………………………… 24
　　二、两组率比较的样本含量估计 ……………………………………………… 25
　　三、多组均数比较的样本含量估计 …………………………………………… 26
　　四、多组率比较的样本含量估计 ……………………………………………… 27
　　五、两组生存资料比较的样本含量估计 ……………………………………… 28
第三节　完全随机设计的实施及 SAS 实现 …………………………………… 29
　　一、两组完全随机设计的实施 ………………………………………………… 30
　　二、多组完全随机设计的实施 ………………………………………………… 31
第四节　完全随机设计的统计分析及 SAS 实现 ……………………………… 33
　　一、两组正态资料比较的统计分析 …………………………………………… 35
　　二、两组非正态资料比较的统计分析 ………………………………………… 37
　　三、多组正态资料比较的统计分析 …………………………………………… 38
　　四、多组非正态资料比较的统计分析 ………………………………………… 42
　　五、两组率比较的统计分析 …………………………………………………… 43
　　六、多组率比较的统计分析 …………………………………………………… 46
　　七、两组有序资料比较的统计分析 …………………………………………… 48
第五节　案例辨析 ………………………………………………………………… 49

**第三章　配对设计与分析** ……………………………………………………… 51
第一节　配对设计简介 …………………………………………………………… 51
　　一、配对设计简介 ……………………………………………………………… 51
　　二、配对设计的要点 …………………………………………………………… 51
第二节　配对设计的样本含量估计及 SAS 实现 ……………………………… 51
　　一、定量资料的样本含量估计 ………………………………………………… 53
　　二、分类资料的样本含量估计 ………………………………………………… 54
第三节　配对设计的实施 ………………………………………………………… 54
第四节　配对设计资料的统计分析及 SAS 实现 ……………………………… 56
　　一、定量资料的统计分析 ……………………………………………………… 57
　　二、二分类资料的统计分析 …………………………………………………… 60
　　三、多分类资料的统计分析 …………………………………………………… 61
第五节　案例辨析 ………………………………………………………………… 64

**第四章　随机区组设计与分析** ………………………………………………… 67
第一节　随机区组设计简介 ……………………………………………………… 67
　　一、完全随机区组设计 ………………………………………………………… 67
　　二、平衡不完全随机区组设计 ………………………………………………… 67
第二节　随机区组设计的样本含量估计及 SAS 实现 ………………………… 69
第三节　随机区组设计实施及 SAS 实现 ……………………………………… 70
　　一、完全随机区组设计的实施 ………………………………………………… 71
　　二、平衡不完全区组设计的实施 ……………………………………………… 72

第四节　随机区组设计的统计分析及 SAS 实现 ············· 74
　　　一、完全随机区组设计的统计分析 ····················· 76
　　　二、平衡不完全区组设计的统计分析 ··················· 82
　　第五节　案例辨析 ············································· 87
第五章　拉丁方设计与分析 ········································· 89
　　第一节　拉丁方设计简介 ······································ 89
　　　一、拉丁方设计 ············································· 89
　　　二、重复拉丁方设计 ········································ 90
　　　三、尧敦方设计 ············································· 90
　　　四、希腊拉丁方设计 ········································ 91
　　第二节　拉丁方设计的实施及 SAS 实现 ···················· 92
　　　一、拉丁方、尧敦方设计的实施 ·························· 94
　　　二、希腊拉丁方设计的实施 ································ 96
　　第三节　拉丁方设计的统计分析及 SAS 实现 ··············· 97
　　　一、拉丁方设计的统计分析 ································ 98
　　　二、尧敦方设计的统计分析 ······························ 101
　　　三、希腊拉丁方设计的统计分析 ························ 102
　　　四、重复拉丁方设计的统计分析 ························ 103
第六章　析因设计与分析 ·········································· 107
　　第一节　析因设计简介 ······································· 107
　　　一、基本概念 ·············································· 107
　　　二、析因设计中的效应 ··································· 108
　　　三、析因设计的主要用途 ································· 109
　　第二节　析因设计的样本含量估计及 SAS 实现 ·········· 109
　　第三节　析因设计的实施及 SAS 实现 ····················· 111
　　　一、齐水平析因设计的实施 ······························ 112
　　　二、混水平析因设计的实施 ······························ 114
　　第四节　析因设计的统计分析及 SAS 实现 ················ 116
　　　一、定量资料的析因设计分析 ··························· 117
　　　二、分类资料的析因设计分析 ··························· 121
　　第五节　案例辨析 ············································ 123
第七章　正交设计与分析 ·········································· 124
　　第一节　正交设计简介 ······································· 124
　　　一、正交设计简介 ········································· 124
　　　二、正交表与交互表 ······································ 124
　　　三、正交设计的步骤 ······································ 132
　　　四、正交设计主要用途 ··································· 134
　　第二节　正交设计的实施及 SAS 实现 ····················· 134
　　　一、齐水平正交设计的实施 ······························ 135
　　　二、混水平正交设计的实施 ······························ 139

第三节　正交设计的统计分析及 SAS 实现 ················· 143
  一、定量资料的正交设计分析 ························· 143
  二、分类资料的正交设计分析 ························· 148
第四节　案例辨析 ····································· 150

## 第八章　交叉设计与分析 ······························· 152
第一节　交叉设计简介 ································· 152
  一、交叉设计简介 ·································· 152
  二、交叉设计的特点 ································ 152
第二节　交叉设计的样本含量估计及 SAS 实现 ············· 153
第三节　交叉设计的实施及 SAS 实现 ····················· 154
第四节　交叉设计的统计分析及 SAS 实现 ················· 155
  一、定量资料的交叉设计分析 ························· 157
  二、分类资料的交叉设计分析 ························· 168

## 第九章　诊断试验设计与分析 ··························· 171
第一节　诊断试验设计简介 ····························· 171
第二节　诊断试验的样本量估计及 SAS 实现 ··············· 172
第三节　诊断试验评价的常用方法和指标 ················· 175
  一、分类资料的评价方法 ···························· 175
  二、连续资料的评价方法 ···························· 178
  三、诊断试验评价的 SAS 实现 ······················· 178
第四节　诊断试验的评价分析及 SAS 应用 ················· 180
  一、分类资料的诊断试验分析 ························· 180
  二、定量资料的诊断试验分析 ························· 189
第五节　案例辨析 ····································· 194

## 第十章　重复测量资料的设计与分析 ····················· 195
第一节　重复测量设计与数据结构 ······················· 195
第二节　重复测量设计的样本含量估计 ··················· 196
第三节　重复测量设计的常用统计分析方法 ··············· 198
  一、重复测量方差分析 ······························ 199
  二、广义估计方程 ·································· 201
第四节　重复测量资料的统计分析及 SAS 实现 ············· 202
  一、定量资料的重复测量分析 ························· 202
  二、分类资料的重复测量分析 ························· 211

## 第十一章　嵌套设计与裂区设计 ························· 217
第一节　嵌套设计与分析 ······························· 217
  一、嵌套设计简介 ·································· 217
  二、嵌套设计的实施 ································ 218
  三、嵌套设计的统计分析 ···························· 219
第二节　裂区设计与分析 ······························· 224
  一、裂区设计简介 ·································· 224

二、裂区设计的实施·············································································225
　　三、裂区设计的统计分析·····································································227
　第三节　案例辨析·····················································································235
第十二章　序贯设计与分析·················································································236
　第一节　序贯设计简介···············································································236
　第二节　成组序贯设计的实施与 SAS 实现···················································236
　　一、定量反应资料的实施与样本量计算·················································239
　　二、分类反应资料的实施与样本量计算·················································242
　第三节　成组序贯设计的统计分析与 SAS 实现············································245
　　一、定量反应资料的统计分析·····························································246
　　二、分类反应资料的统计分析·····························································256
第十三章　临床试验设计与分析·········································································265
　第一节　临床试验简介···············································································265
　第二节　临床试验的设计···········································································265
　　一、临床试验的设计方法·····································································265
　　二、临床试验的随机化方法·································································266
　　三、临床试验的盲法···········································································269
　　四、临床试验的对照法·······································································270
　第三节　临床试验的分类···········································································271
　　一、非劣效性试验···············································································271
　　二、等效性试验··················································································272
　　三、优效性试验··················································································273
　第四节　临床试验中的样本含量估计及 SAS 实现·········································273
　　一、均值的非劣效、等效和优效性检验样本量估计·······························276
　　二、率的非劣效、等效和优效性检验样本量估算···································282
　　三、生存资料的非劣效性检验样本量估算············································286
　第五节　临床试验中的统计分析及 SAS 实现···············································287
　　一、均值的非劣效、等效和优效性检验·················································290
　　二、率的非劣效、等效和优效性检验····················································296
　　三、生存资料的非劣效性检验·····························································300
参考文献····································································································303

# 第一章 医学实验设计概述

## 第一节 初识实验设计

实验（experiment）是为了证实或验证某种假说而开展的系统研究的过程。一个好的实验可以帮助你回答很多问题，例如：

（1）一种新研发的降血压药物对高血压患者的血压降低是否有效？

（2）中药的熬制需要考虑多个条件，如时间、温度、剂量等，在多长时间、多高温度、多少剂量的条件下效果最优？

（3）两种药物或多种药物联合应用治疗某病，是否一定优于单种药物的治疗？

（4）如果减少机动车辆的出行，空气质量是否会有所好转？

通过良好的实验设计，不仅可以回答上述问题，而且还可以最大限度地节省成本。著名统计学家 G. E. P. Box 说过，假如有 10% 的工程师使用各种实验设计方法，产品的质量与数量都会得到很大提升。这对于医学工作者进行实验设计工作同样具有重要的意义。

本书重点介绍医学方面的实验设计实施与分析过程。依据研究对象不同，常将实验分为三类：动物实验、临床试验和社区干预试验。

动物实验（animal experiment）是以动物为研究对象进行的实验。动物实验分为急性、亚急性及慢性动物实验三种，其中前两种多用。例如，药理实验、病理变化实验、毒物的致癌实验等。

临床试验（clinical trial）是以患者或健康人为研究对象，以临床为基础对治疗效果作出评价的实验。可以是短期、中期或远期追踪观察。例如，对某种新型化疗方法治疗淋巴细胞白血病效果的研究。

社区干预试验（community intervention study）是以社区人群为研究对象的干预试验，常在某一地区的人群中进行，持续的时间一般较长。试验目的常是观察某项保护措施对抑制危险因素致病的效果。例如，某地区饮水中加氟预防龋齿的试验。

## 第二节 医学实验设计的基本要素

医学实验包括三个基本组成部分：处理因素（treatment）、受试对象（study subjects）和实验效应（experimental effect）。例如，用两种降眼压药治疗青光眼患者，观察比较应用两种不同降眼压药的两组患者眼压值的下降情况，这里所用的降眼压药就是处理因素，青光眼患者为受试对象，被测的眼压值则为实验效应。构成医学实验的这三个基本组成部分称为医学实验的三个基本要素。任何一项实验研究在进行设计时，必须首先明确这三个要素，并以其为重点制订详细、严密的研究计划。

### 一、处理因素

处理因素是研究者为实现研究目的而主动安排的，通常在设置时应注意以下几点。

**1. 明确实验中的主要因素** 实验中的主要因素必须根据研究目的来确定，可适当地确定几个能回答研究目的的因素作为处理因素。处理因素不宜设置太多，否则会使分组增多，受试对象的总例数相应增多，使实际工作的难度也增加。但如果处理因素过少，则常难以增加实验的广度和深度。

**2. 找出可能影响实验结果的非处理因素** 非处理因素不是我们要研究的因素，但其中有些可能会影响实验结果，其效应混杂于处理因素的效应中，有时这些会影响实验结果的非处理因素又称为混杂因素。例如，观察两种降眼压药治疗青光眼患者的效果，非处理因素可能有病程长短、病情轻重等，若两种降压药组患者的病程、病情构成不同，则很可能对两种药物的疗效比较造成混杂。故实验中必须设法消除这些非处理因素的干扰作用。

**3. 处理因素要标准化** 处理因素在整个实验过程中必须标准化，即保持稳定不变。如实验的处理因素是药物，那么药物的质量（成分、厂家、出厂批号等）必须保持不变，否则会影响对实验结果的评价，或产生混杂作用。

**4. 处理因素应安排合适的水平** 所谓水平（level），通俗来说就是处理因素的类别。例如，研究两种药物治疗青光眼的效果，药物就是处理因素，两种药物就是两个水平。再如，观察某药物三种剂量治疗某病的疗效，该药物就是处理因素，药物的三个剂量就是三个水平。处理因素的水平数通常需要根据研究目的来确定。如果是初筛实验，可以先设定水平数少一些；如果是验证性实验，可以设置得细一些，以便找出最优组合。

## 二、受试对象

医学实验中的受试对象主要是动物或人。

**1. 受试动物的选择** 研究课题、研究目的的不同，对受试动物的要求也往往不同。选择受试动物时应注意种类、品系、年龄、性别、体重、窝别和营养状况等。

**2. 受试人的选择** 受试人可分为健康人或患者。选择受试病例时应当有明确的诊断，并且受试者依从性好，能真实、可靠地反映主观感觉。依从性是指受试者在实验过程中对处理因素的服从程度，如配合护理、按时服药等。另外，还要求受试病例退出实验的可能性小，以免失访率过高（如大于20%）而影响研究结果的评定。预防医学中的人群实验常以健康人为受试对象，如小学生中预防红眼病的实验。

## 三、实验效应

受试对象对处理因素的反应称为实验效应。实验效应是通过观察指标来表达的。因此，选好观察指标并正确地进行观察是至关重要的。

**1. 指标的选择** 对实验效应的观察指标有多方面的要求，重要的是要客观性强、灵敏度高、精确性好。客观指标是测量和检验的结果，比主观指标更可靠。指标的灵敏度高，就能使处理因素的效应更有效地显示出来。指标的精确性包括准确度和精密度两方面。准确度（accuracy）是观察值与真值的接近程度，主要受系统误差的影响。精密度（precision）是重复观察时，观察值与其均数的接近程度，其差值属随机误差。

**2. 指标的观察** 观察实验效应时一定要避免带有偏性（bias）。如医生常会偏重于新疗法组，而患者常对新疗法持怀疑态度等。这些都可能导致测定实验效应指标时带有偏性，从而影响实验结果的比较和分析。为避免或减少带有偏性，设计时常采用盲法（blind method）。例如，使受试对象、实验的执行者（医生等）甚至研究者等均不清楚哪组是实验组，哪组是对照组，预期结果是什么。

## 第三节 医学实验误差及其控制

误差（error）是实测值与真值之差，按产生的原因及其性质可分为两类：随机误差和非随机误差。

### 一、随机误差

随机误差（random error）是由一系列偶然因素引起的不易控制的误差，该误差值具有统计规律性，如重复误差。在测量过程中，存在的变异成分越多，则测定值越分散，随机误差就越大。例如，同一名医生多次测量同一患者的眼压值所产生的随机误差，要小于多名医生同时测量同一患者眼压值所产生的随机误差。随机误差虽然不能避免，但是却有规律可循。大量的观察说明，随机误差的分布是以 0 为中心的正态分布。

随机抽样产生的抽样误差服从随机误差分布的规律。抽样误差越大，对实验结果进行统计推断的困难也就越大。实验设计的目的之一，就是要控制和减小随机误差。

### 二、非随机误差

非随机误差（nonrandom error）又称系统误差（systematic error）或偏倚（bias），是由于对受试对象、实验因素或条件等控制不严密而产生的一种误差，有一定来源，并使实验结果有倾向性地偏离真值。根据来源不同，系统误差可分为以下几种：

1. 选择偏倚　选择偏倚（selection bias）是由于对受试对象选择或分组不当所产生的偏倚。例如，在选择病例时未严格执行选入标准和剔除标准，或某组患者的依从性不好等，都可能使实验产生选择偏倚。

2. 信息偏倚　信息偏倚（information bias）又称测量偏倚，是由于测量仪器、操作方法、实验条件以及主观因素等方面的原因造成的偏倚，如数据记录错误等。

3. 混杂偏倚　混杂偏倚（confounding bias）是由影响实验结果的非处理因素在各对比组中不均衡所引起的偏倚。如疾病的疗效除了药物的治疗作用外，还与患者的性别、病情、心理状态等多方面的因素有关，若忽略了这些有关因素在各对比组的均衡性，就会发生混杂偏倚。例如，比较 A、B 两种药物对青光眼的治疗效果，如果服 A 药的患者大多数为重型，而服 B 药的患者多数为轻型，此时若结果显示 B 药疗效优于 A 药，则很难说清到底是因为 B 药确实优于 A 药，还是因为服 B 药的患者中轻型者较多，比较容易取得好的疗效，以致造成虚假结果。

### 三、误差的控制

实验误差在实验设计、实施和结果分析的各个阶段都存在，因此，在各个阶段都要针对误差产生的原因采取相应的控制措施，力求使研究得到接近真实的可靠结果。

例如，对研究总体的规定明确具体，正确拟定观察对象的纳入标准和排除标准，确定合适的样本含量，随机抽样、随机分组，保证样本有好的代表性等，可有效防止选择偏倚。

又如，实验因素标准化，实验过程中的统一、规范、完整记录，定期或经常校准仪器，对参与研究的实验人员进行技术培训，盲法的应用等，可控制、防止信息偏倚。

再如，设计时明确处理因素和对实验效应有影响的非处理因素，以选用合适的实验方法，均衡非处理因素的影响；在实验阶段始终贯彻标准化的实验条件；在统计分析阶段采用合适的统计方法，以排除混杂因素的干扰等，皆可防止混杂偏倚的发生或减少其影响。

## 第四节　医学实验设计的基本原则

如前所述，实验设计最重要的作用就是减小误差、提高效率。为达到这一目的，在设计时必须遵循三项基本原则，即随机化原则、对照原则、重复原则。

### 一、随机化原则

随机化（randomization）是实验设计的基石，几乎所有的实验都需要随机化，其目的是使各对比组间不可控的非处理因素的分布尽量一致。在实验对象的抽样、分组及实施过程中都要随机化。如用随机的方式抽取样本，使符合条件的实验对象参加实验的机会相同；将处理因素随机地分配给样本中的每一个受试单位，使每个受试单位被分到实验组与对照组的机会均等。

随机化可以将不可控的非处理因素"平均掉"，使非处理因素在实验组与对照组中的影响较为一致，是保证比较组间有良好均衡性的重要手段之一。例如前述的比较 A、B 两种药物治疗青光眼的效果，如果采用随机分配，通常可以避免两组的病情差别过大，保证两组轻型和重型病例的比例基本一致。

随机不等于随便，既不是由研究者主观决定的，也不是由受试者随意选择的，而是通过随机化的分组程序实现。目前多数统计软件均可通过产生随机数的方式来实现随机化，这是目前应用最广泛的方法。例如，将 8 只小鼠随机分为两组，首先将小鼠按体重大小编号为 1~8，然后利用计算机产生 8 个随机数字，假定分别为 0.984、0.837、0.414、0.548、0.122、0.970、0.054、0.193，按从小到大的顺序分别编号为 8、6、4、5、2、7、1、3。规定前 4 个较小的随机数分配到 A 组，后 4 个较大的随机数分配到 B 组，则 8 只小鼠的安排为：B、B、A、B、A、B、A、A。

### 二、对照原则

对照原则指在确立接受处理因素的实验组时，同时设立不接受处理因素的对照组（control）。实验组与对照组除了处理因素不同外，其他重要的、可控的非处理因素的分布尽量保持一致，即要求均衡（balance）。这样才能平衡非处理因素对实验结果的影响，把处理因素的效应充分显示出来。所以，实验组与对照组间均衡一致是正确显示实验效应的前提。例如，动物实验的不同对比组常在年龄、体重、健康状况等构成上保持一致，临床试验常考虑病情、病程、以往接受治疗情况等的一致。对照组设立后，还应对各对比组的基线情况（baseline）进行比较，检验组间的均衡性。

注意，对照组是专为相应的实验组设立的，不可借用以往研究结果或其他研究资料作为现研究的对照，因为当时的条件跟现在的条件并不同，这种对照已经失去了原有意义。

### 三、重复原则

重复（replication）是指在相同的实验条件下，进行多次研究或多次观测。由于存在变异和实验误差，即使同一实验条件下的实验单位也可能产生不同的观测结果。为了保证结果可靠，通常需要在相同实验条件下，进行一定数量的重复观察，这里的"一定数量"就是指样本含量。一般说，样本含量大，抽样误差相对就小，但样本含量过大时，会加大实验的规模，延长实验时间，造成人力、物力的浪费，还增加了系统误差出现的可能性。所以，正确估计一个实验的观察单位数也是实验设计的重要内容。

注意这里的重复与重复测量（repeated measurement）是有区别的。重复测量是对同一受试对象的多次重复观测，通常是为了保证结果的精度，或为了观察某指标随时间变化的情况。

## 第五节　医学实验设计的基本过程

### 一、明确想做什么

确定研究目的是第一步要做的。如果不明白自己要做什么，那后面的所有步骤就都不需要了。所以如果要开展一项实验，首先要明确自己想研究的内容是什么，而且一定要具体、明确，不能是空中楼阁。例如，要研究药物对眼病的治疗效果，这就很容易让人摸不着头脑，但是如果改为研究某滴眼液对结膜炎的治疗效果，就明了得多。

### 二、确定处理因素及其水平数

处理因素是研究目的的直接体现，需要紧密结合研究目的恰当选择处理因素及其水平。如果想观察某滴眼液对结膜炎的治疗效果，则处理因素就是滴眼液，这时需要考虑对照药物选哪一种，选择几种对照药物，用不用考虑不同剂量的效果等。

### 三、选择能反映研究目的的指标

选择研究指标就是为了把研究目的转换为看得见、摸得着的具体指标，比如研究目的是想看一种新药对降低眼压是否有效，要想真正达到这一目的，就必须通过具体指标来反映，如眼压降低值，这是比较实在的、能具体看到的指标。

### 四、选一个合适的设计类型

一旦明确了目的，便可以根据目的、处理因素及其水平来选择一个合适的实验设计类型。如果只想考查一个处理因素，可以用完全随机设计；如果考虑到还有非处理因素的影响，可以用随机区组设计、拉丁方设计等；如果考查多个因素，可选用析因设计、正交设计等。

### 五、确定研究对象及样本含量

前面这些都确定后，基本就可以进入实施阶段了。当然首先得选择研究对象，所以需要考虑下面的这些问题：选择哪些研究对象，是动物实验还是人群研究？选择多少例研究对象？如果是临床试验，需要确定哪些入选和排除标准？

### 六、设计实施

选定研究对象后，就可以实施处理因素了。不同实验设计类型有不同的实施方式，如随机化分组、安排处理因素等，详见以后各章。

### 七、数据收集与整理

实验结束后，数据也就相应收集到了。对于较正式的实验，最好是有专门的数据库用于录入数据，如 Access、Epidata 等。当然，如果是简单的动物实验，也可以直接录入在 Excel 中。总之，关键就是保证数据不要录入错误。

### 八、结果的统计分析

数据整理好后，就可以进入统计分析步骤了。尽管国内不少医生都是全才，能够胜任从设计到统计分析的所有工作，也没有找人做统计分析的习惯，但还是建议能够跟生物统计学家合作，毕竟他们更为专业一些。

## 第六节　实验数据的整理

医学研究数据的处理涉及医学专业知识、统计专业知识、软件应用技巧等方面，以及相应的经验，是一门综合"艺术"。下面从原始数据的录入、数据预处理几个关键环节，介绍医学实验数据处理的一般原则和方法。

### 一、原始数据的整理与录入

医学研究的原始数据常列成表1.1的二维结构，即行与列结构的数据集形式。其中，每一行称为一个记录（record），或一例观测对象（case）；每一列称为一个变量（variable），表示变量、观察指标等。表1.1是一个由182例观测对象和7个变量组成的数据集。

表中变量分为标识变量和分析变量。标识变量主要用于数据管理，如数据的核对、增删等，如表1.1中的患者编号、病案号。分析变量则是用于研究分析的，表1.1中除患者编号、病案号外，其余5个变量皆为分析变量。

分析变量又分为反应变量（response variable）和解释变量（explanatory variable）。反应变量也称因变量，是表示实验效应或观测结果的变量，如表1.1中的术后视力、术后散光度。解释变量在实验设计中通常也称为分组变量（grouping variable）、分类变量（categorical variable）等，是实验实施的处理因素，如表1.1中的手术方式。

表1.1　白内障患者两种手术方式的视力、散光度结果

| 患者编号 | 病案号 | 性别 | 年龄 | 手术方式 | 术后视力 | 术后散光度 |
|---|---|---|---|---|---|---|
| 001 | 01236 | 男 | 56 | A | 0.8 | 1.00D |
| 002 | 01762 | 女 | 63 | B | 1.0 | 0.50D |
| 003 | 01561 | 女 | 72 | B | 1.0 | 0.50D |
| ⋮ | ⋮ | ⋮ | ⋮ | ⋮ | ⋮ | ⋮ |
| ⋮ | ⋮ | ⋮ | ⋮ | ⋮ | ⋮ | ⋮ |
| 182 | 01782 | 男 | 78 | A | 0.6 | 1.25D |

统计分析前，原始数据要录入计算机，形成与统计软件相应的数据文件，如SAS数据文件、SPSS数据文件、Stata数据文件等，这些数据文件之间可以相互转换。本书全部采用SAS软件进行统计分析，SAS数据集的建立详见以后章节。

### 二、数据核查

数据核查主要包括两方面。

1. **逻辑检查**　逻辑检查主要是检查有无明显的逻辑错误，如血压为20mmHg、年龄为200岁等。通常专业的数据库可以在录入之前对变量录入范围进行设置，一旦超出录入范围便无法录入。如可将年龄范围设置为18~70岁，一旦超出这一范围，会提示不可录入，避免了逻辑错误。如果事先未能预防，也可事后利用统计软件列出每一变量最大和最小5%（也可以是1%等，根据实际情况而定）的值，检查有无不符合逻辑者。

2. **数据核对**　数据核对是检查有无录入错误。将录入数据与原始数据——核对，更正错者。通常的方法是采用双人独立录入，再利用统计软件对两次录入进行对比，如发现不一致的记录或指标，说明有录入错误。

### 三、异常值检查和处理方法

**（一）异常值检查方法**

若个别数据明显偏离群体中其他数据，则该个别数据称为异常值，也叫离群值（outlier）。异常值的检查通常有以下几种方法：

1. 3SD 法　该法主要利用了标准正态分布的原理，在标准正态分布数据中，超出均数 3 个标准差以外的概率是非常低的。因此，如果某数据与均值之差大于 3 个标准差，提示该数据是异常值。

2. Grubbs 法　该法思路与 3SD 法相似，只是利用了 $t$ 检验的准则。如果怀疑某数据（通常为最大或最小值）为异常值，可计算该值相对于均值的偏离度，再除以标准差，得

$$G_i = \frac{|x_i - \bar{x}|}{s}$$

通过查 Grubbs 临界值表（表 1.2），比较计算的 $G_i$ 与 Grubbs 表给出的临界值。如果 $G_i$ 大于预先规定的临界值，提示可能是异常值。

3. Dixon 法　该法是利用了极差比的原理，首先将原始数据由小到大排序，然后根据表 1.3 中的不同样本例数所对应的不同公式，计算 $D$ 值，并与表 1.4 的 Dixon 临界值表进行比较。如果 $D$ 值大于预先规定的临界值，提示可能是异常值。

例如有 6 个数据，0.23、0.19、0.47、0.31、0.29、0.33，判断最大值 0.47 是否为异常值。由于例数为 6，且判断的是高端异常值，因此可根据表 1.3 中第一行的"检验高端异常值"的公式，即：

$$D = \frac{x(n) - x(n-1)}{x(n) - x(1)} = \frac{0.47 - 0.33}{0.47 - 0.19} = 0.5$$

查阅表 1.4 可以看出，例数为 6 时，如果以 0.1 为检验水准，$D$ 值 0.5 大于临界值 0.482，可以认为 0.47 是一个异常值；如果以 0.05 为检验水准，则 0.5 小于临界值 0.56，不能认为 0.47 是一个异常值。当然检验水准需要事先确定。

**表 1.2　Grubbs 检验的临界值表（部分）**

| $n$ | 显著性水平（$\alpha$） | | | $n$ | 显著性水平（$\alpha$） | | |
|---|---|---|---|---|---|---|---|
| | 0.10 | 0.05 | 0.01 | | 0.10 | 0.05 | 0.01 |
| 3 | 1.148 | 1.153 | 1.155 | 15 | 2.247 | 2.409 | 2.705 |
| 4 | 1.425 | 1.463 | 1.492 | 16 | 2.279 | 2.443 | 2.747 |
| 5 | 1.602 | 1.672 | 1.749 | 17 | 2.309 | 2.475 | 2.785 |
| 6 | 1.729 | 1.822 | 1.944 | 18 | 2.335 | 2.504 | 2.821 |
| 7 | 1.828 | 1.938 | 2.097 | 19 | 2.361 | 2.532 | 2.854 |
| 8 | 1.909 | 2.032 | 2.221 | 20 | 2.385 | 2.557 | 2.884 |
| 9 | 1.977 | 2.11 | 2.323 | 21 | 2.408 | 2.58 | 2.912 |
| 10 | 2.036 | 2.176 | 2.41 | 22 | 2.429 | 2.603 | 2.939 |
| 11 | 2.088 | 2.234 | 2.485 | 23 | 2.448 | 2.624 | 2.963 |
| 12 | 2.134 | 2.285 | 2.55 | 24 | 2.467 | 2.644 | 2.987 |
| 13 | 2.175 | 2.331 | 2.607 | 25 | 2.486 | 2.663 | 3.009 |
| 14 | 2.213 | 2.371 | 2.659 | | | | |

表 1.3　不同样本量下 Dixon 法的计算公式

| 样本量 | 检验高端异常值 | 检验低端异常值 |
| --- | --- | --- |
| 3~7 | $[x(n)-x(n-1)]/[x(n)-x(1)]$ | $[x(2)-x(1)]/[x(n)-x(1)]$ |
| 8~10 | $[x(n)-x(n-1)]/[x(n)-x(2)]$ | $[x(2)-x(1)]/[x(n-1)-x(1)]$ |
| 11~13 | $[x(n)-x(n-2)]/[x(n)-x(2)]$ | $[x(3)-x(1)]/[x(n-1)-x(1)]$ |
| 14~30 | $[x(n)-x(n-2)]/[x(n)-x(3)]$ | $[x(3)-x(1)]/[x(n-2)-x(1)]$ |

表 1.4　Dixon 检验临界值表（部分）

| $n$ | 显著性水平（$\alpha$） | | | $n$ | 显著性水平（$\alpha$） | | |
| --- | --- | --- | --- | --- | --- | --- | --- |
| | 0.10 | 0.05 | 0.01 | | 0.10 | 0.05 | 0.01 |
| 3 | 0.886 | 0.941 | 0.988 | 15 | 0.472 | 0.525 | 0.616 |
| 4 | 0.679 | 0.765 | 0.899 | 16 | 0.454 | 0.507 | 0.595 |
| 5 | 0.557 | 0.642 | 0.780 | 17 | 0.438 | 0.490 | 0.577 |
| 6 | 0.482 | 0.560 | 0.698 | 18 | 0.424 | 0.475 | 0.561 |
| 7 | 0.434 | 0.507 | 0.637 | 19 | 0.412 | 0.462 | 0.547 |
| 8 | 0.479 | 0.554 | 0.683 | 20 | 0.401 | 0.450 | 0.535 |
| 9 | 0.441 | 0.512 | 0.635 | 21 | 0.391 | 0.440 | 0.524 |
| 10 | 0.409 | 0.477 | 0.597 | 22 | 0.382 | 0.430 | 0.514 |
| 11 | 0.517 | 0.576 | 0.679 | 23 | 0.374 | 0.421 | 0.505 |
| 12 | 0.490 | 0.546 | 0.642 | 24 | 0.367 | 0.413 | 0.497 |
| 13 | 0.467 | 0.521 | 0.615 | 25 | 0.360 | 0.406 | 0.489 |
| 14 | 0.492 | 0.546 | 0.641 | | | | |

4. 残差法　残差法主要用于关系型数据的异常值检查，如回归分析。残差（residual）是实际观测值与参数估计值之差。比较简单的是 Pearson 残差，也称标准化残差，定义为：

$$z_i = \frac{e_i}{\sqrt{MSE}}$$

式中，$e_i$ 是残差，$MSE$ 是误差方差的估计值，$z_i$ 反映了第 $i$ 个观测值的残差相对于其标准误的大小，该值近似服从标准正态分布，因此通常当绝对值大于 2 时，可以认为是异常值。

（二）异常值处理方法

如果发现异常值，通常用以下两种方法处理：

1. 当确认数据有逻辑错误，又无法纠正时，可删除该数据。例如，若变量年龄值出现负值，且原始值亦如此，又无法找到该病例校正时，只能删除。

2. 如果数据无明显逻辑错误，可在该可疑数据删除前后各做一次分析，若结果不矛盾，则不剔除；否则，剔除时必须有充分合理的解释，例如依据残差的计算等。

## 第七节 实验数据的统计分析

统计方法的选择需要结合研究目的、设计类型、数据类型、数据分布等采用不同的分析方法。通常可从以下几点考虑：

1. 首先可以从研究目的和设计类型来考虑，例如是完全随机设计还是配对设计、是否需要考虑交互效应等，不同设计类型所采用的方法各有不同，即使是同样的方差分析，不同设计类型的方差分析模型也各有自己的特点。

2. 区分结果变量类型，即研究指标是定量的还是定性的。不同变量类型所采用的统计分析方法是截然不同的。

3. 明确比较的组数，即是两组比较还是三组及三组以上比较。不同组数所采用的统计方法也不尽相同。

4. 对于定量资料，需要考虑数据是否满足正态性和方差齐性，这是选择参数检验和非参数检验的重要区分标志。

5. 对于分类资料，需要考虑分析指标是有序还是无序。二分类指标无所谓有序和无序，但多分类指标则需要根据是否有序选择不同的分析方法。

实验设计中的统计方法通常可根据以上几点来选择。图1.1和图1.2简单列出了采用完全随机设计和配对设计时统计方法的选择思路，可供读者参考。

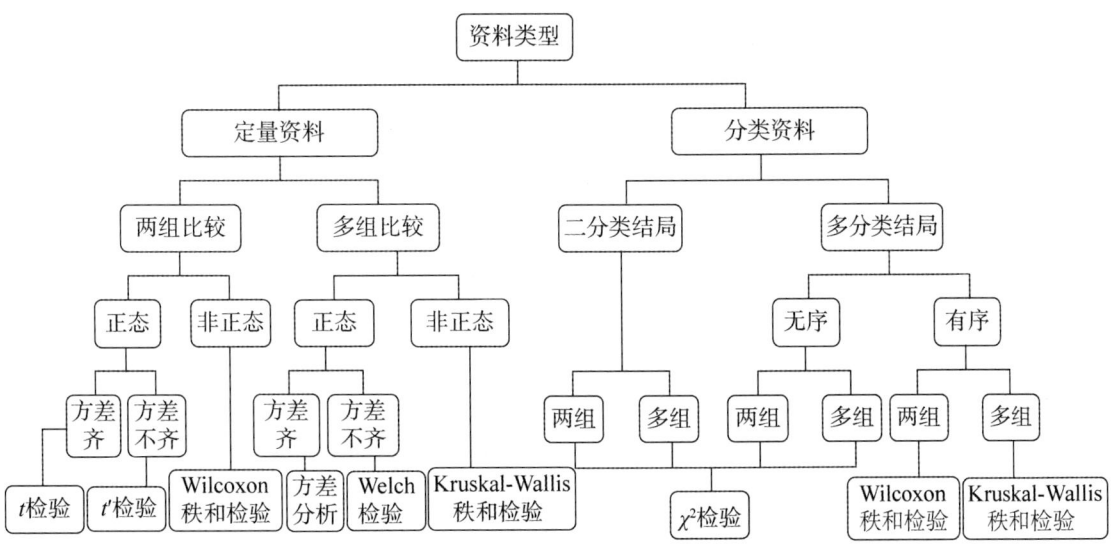

**图1.1 完全随机设计的统计方法选择思路**

通常分类资料的统计分析较为简单，不用考虑太多的前提条件，单因素时可采用$\chi^2$检验，因素较多时可用logistic回归分析。定量资料则相对复杂，首先需要考虑其数据是否满足正态性和方差齐性，如果满足，通常可用方差分析，如不满足，可选用秩和检验等方法。

本节主要对实验设计中常用的方差分析及其SAS分析语句进行介绍，后面的章节中几乎每章都会用到方差分析，但在不同的设计类型中，方差分析模型各有特点。本节对方差分析及其前提条件进行统一介绍，不同设计类型各自的特点在后续章节中另作说明。

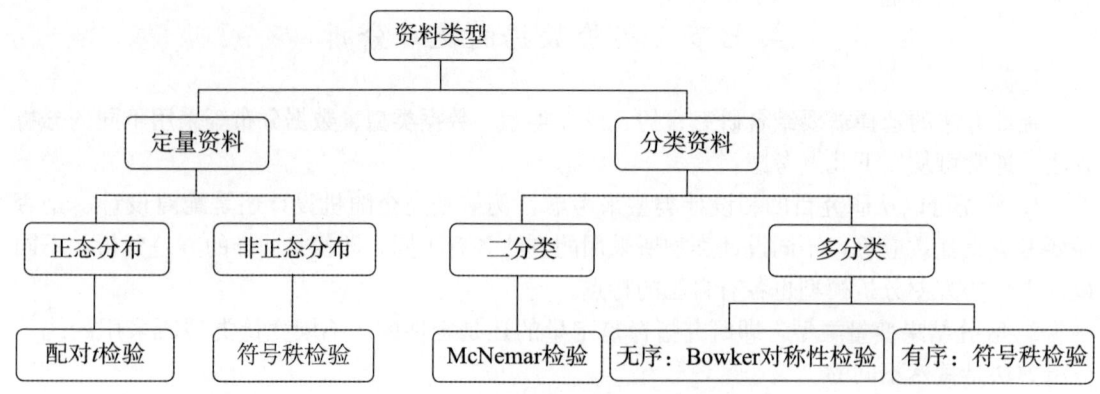

图 1.2　配对设计的统计方法选择思路

1. 方差分析前提条件的验证

（1）正态性检验：正态性检验常用的有四种方法，即 Shapiro‐Wilk 检验、Kolmogorov‐Smirnov 检验、Cramer‐von Mises 检验和 Anderson‐Darling 检验。

Shapiro‐Wilk 检验是专门用于正态性检验的方法，该统计量为方差最佳估计与校正平方和估计之比，其值介于 0 和 1 之间，越接近 1，说明越符合正态分布。该法可用于例数为 3~50 例的研究，后来经 Royston 改进后，可用于例数为 3~2000 例的研究的正态性检验。

其余三种方法是通用方法，可用于多种分布的拟合优度检验，正态性检验只是其中之一，其思想都是基于理论分布函数与实际分布函数的差距。当假定理论分布函数是正态分布时，便是正态性检验；当假定理论分布为其他分布（如 Poisson 分布）时，便成了其他分布的拟合优度检验。

正常情况下，如果例数在 2000 例以内，Shapiro‐Wilk 检验可作为首选的方法。该法具有较好的检验效能。

正态性检验在 SAS 中可采用 proc univariate 过程实现，常用语句为：

```
proc univariate normal;
  class 分组变量;
  var 分析变量;
```

其中 proc univariate 语句中的 normal 选项可输出四种正态性检验结果。

（2）方差齐性检验：两组比较时，方差齐性检验常采用 $F$ 检验，其思想是以两组中较大的方差除以较小的方差，其值越大，越有理由认为方差不齐。

多组比较时，常用的有四种方差齐性检验，分别为 Bartlett 检验、Levene 检验、BF 检验和 O'Brien 检验。其中，Bartlett 法主要用于正态数据的检验，一旦数据偏离正态，结果会出现较大偏差。Levene 法可用于非正态数据的检验，反映了与均值的偏离程度。O'Brien 法是对 Levene 法的修正方法，也是基于与均值的偏离程度。BF 法是基于与中位数的偏离程度。

统计模拟显示，BF 法对控制一类错误的效能较高，但组别较多时可能不是很合适。实际中最常用的是 Levene 法。

在 SAS 中，两组方差齐性的检验在 $t$ 检验过程中自动输出，多组方差齐性的检验在

proc glm 过程中通过 means 语句输出。

2. 方差分析及相关概念　实验设计中，大多数的定量资料均可采用方差分析，从单因素设计到多因素设计，都可以见到方差分析的身影。

方差分析既可用于两组比较，也可用于多组比较。尽管方差分析的前提条件是要求数据符合正态分布且方差齐，但通常情况下，方差分析对数据偏离有一定的"抗性"，即使数据略呈偏态或方差略有不齐，采用方差分析依然是稳健的。如果数据确实呈严重偏态，也可以采用基于秩的方差分析，即先将所有原始数据由小到大排序，根据排序结果将原始数据转换为秩次，然后对秩次进行方差分析。

下面是方差分析中比较重要的几个概念。

(1) 多重比较：如果多组间比较认为总体上有统计学差异，通常还可进一步做组间多重比较。SAS 中常用的多重比较方法有 Tukey 法、Scheffe 法、Bonferroni 法、Dunnett 法等。Tukey 法只能用于组间例数相同的情形，而且只能用于成对的两两比较。Scheffe 法可用于组间例数不等的情形，不仅可用于成对的两两比较，还可以用于综合比较，如组 2、组 3 的均值与组 1 进行比较。Bonferroni 用途最广，几乎可以用于任何多重比较的情形，包括组间例数相等或不等、成对两两比较或综合多重比较等。Dunnett 法主要用于多个实验组与一个对照组的比较，实验组之间不做比较。

如果各组间例数相等，Tukey 法效率较高，这也是国外不少统计学家喜欢用的方法；如果各组例数不等且比较次数较少，Bonferroni 较为常用，该法简单易用，在国内比较受欢迎；如果各组例数不等且比较次数过多，Scheffe 法效率更高。有时方差分析显示总体上无统计学差异，但用两两比较方法却会显示部分组间有差异，此时可采用 Scheffe 法，则一般不会出现这种尴尬的情况。

(2) 均衡资料与非均衡资料：所谓均衡 (balanced)，是指任一因素的不同水平都含有相等的其他因素的不同水平。或者简单地说，各种因素组合下的例数相等。反之就是非均衡。

随机区组设计、析因设计、正交设计等一般都是均衡的。完全随机设计只有一个因素，如果该因素的不同水平下例数相等（各组例数相等），此时是均衡的，否则是非均衡的。

(3) 四种类型平方和：SAS 的方差分析结果中涉及四种类型的平方和（sum of square，SS），分别为 Type Ⅰ SS、Type Ⅱ SS、Type Ⅲ SS 和 Type Ⅳ SS。

Type Ⅰ SS 与模型中变量的进入顺序有关，模型中每一变量对结果的效应仅仅校正了在它之前进入模型的变量。如 model y=a b c 中，对于 Type Ⅰ SS 而言，由于变量 a 之前无变量，因此变量 a 对 y 的效应未校正任何变量；变量 b 之前有 a，因此变量 b 对 y 的效应是校正 a 之后的效应；变量 c 之前有 a 和 b，因此变量 c 对 y 的效应是校正 a 和 b 之后的效应。

Type Ⅱ SS、Type Ⅲ SS 和 Type Ⅳ SS 与模型中变量的进入顺序无关，即模型中每一变量对结果的效应都校正了其他变量的影响。如 model y=a b c 中，对于 Type Ⅱ SS、Type Ⅲ SS 和 Type Ⅳ SS 而言，变量 a 对 y 的效应是校正 b 和 c 之后的效应；变量 b 对 y 的效应是校正 a 和 c 之后的效应；变量 c 对 y 的效应是校正 a 和 b 之后的效应。

一般来讲，Type Ⅰ SS 和 Type Ⅱ SS 适用于均衡数据、无交互效应的模型（交互效应的概念详见第六章），Type Ⅲ SS 和 Type Ⅳ SS 适用于非均衡数据、有交互效应的模型。多数情况下，Type Ⅰ SS 和 Type Ⅱ SS 相等，Type Ⅲ SS 和 Type Ⅳ SS 相等（有缺失值时不等）。因此，SAS 一般默认输出 Type Ⅰ SS 和 Type Ⅲ SS 的结果。

均衡资料中，Type Ⅰ SS 和 Type Ⅲ SS 的结果是完全相等的，而非均衡资料二者结果不同。绝大多数情况下，我们需要输出 Type Ⅲ SS 的结果，因为这种结果校正了模型中其他因素的影响，而且不受资料是否均衡的影响。只有在某些特殊研究中需要用到 Type Ⅰ SS 的结果，如嵌套设计（见第十一章）。因为嵌套设计中如果因素 B 嵌套于因素 A 之内，那么因素 A 是不受因素 B 影响的，但因素 B 要受到因素 A 的影响，此时可以采用 Type Ⅰ SS 的结果，分别按 A、B(A) 的顺序进入模型。

(4) 固定效应与随机效应：固定效应（fixed effect）是指 $a$ 个处理是由研究者特意选定的，目的是检验处理间均值的假设，并对参数进行估计。因此，所得结论仅适用于该研究中所设定的因素的水平，而不能推广到研究中未设定的水平。例如，比较三种降压药治疗高血压的效果，研究者目的仅是对这三种药物所致的降压值进行比较，结论也仅限于三种药物，而不能推广到三种药物以外的其他药物。

随机效应（random effect）是指 $a$ 个处理不是刻意选择的，而是从一个较大的总体中随机抽取的一个随机样本，此时研究目的不仅限于抽取到的样本，而是要将结论推广到总体的所有处理中去，不管它在研究中是否被抽取到。例如，从所有的降压药中随机选择三种药物，观察降压效果，此时目的不是为了比较被抽取的三种药物的特定差异，而是为了推断所有降压药的降压情况。

如果某研究中所有因素均为固定效应，该模型为固定效应模型；如果所有因素均为随机效应，该模型为随机效应模型；如果既有固定效应也有随机效应，该模型为混合效应（mixed effect）模型。

固定效应与随机效应需要由研究者根据研究目的而定。对于固定效应模型，目的是估计研究的这几个水平的参数效应，如有必要，还可对各水平之间做多重比较。对于随机效应模型，我们并不是真的对研究的这几个水平感兴趣，它们只是随机抽取的一个样本而已，我们的目的是要推广到因素的所有水平，因此我们要研究的是水平之间的变异性。

3. 方差分析的 SAS 分析语句　方差分析在 SAS 中可用 proc glm 过程实现，由于该过程几乎贯穿于后续的所有章节，因此这里做统一介绍，以后各章节中不再赘述。该过程的常用语句为：

> proc glm <选项>；
> class 分组变量；
> model 分析变量＝分组变量；
> random 随机效应；
> test h＝主要因素 e＝主要因素的误差项；
> lsmeans 分组变量；
> means 分组变量；
> repeated 重复测量变量名<测量水平><转换项>/<选项>；

【命令解释】

【proc glm】语句调用一般线性模型（general linear model）过程，该过程可实现均衡或非均衡资料的方差分析、固定效应或随机效应的方差分析、单因素或多因素方差分析等。

【class】语句指定分类变量，实验设计中也就是我们设置的分组变量。有时根据需要还可指定其他因素为分类变量，如重复测量分析中，应指定受试者编号作为分类变量（参见第十章）。

【model】语句是方差分析的关键,"="左边指定实验设计的因变量(结果变量),右边指定分组变量(研究因素)。

不同设计中指定方式略有差异,如完全随机设计(见第二章)、随机区组设计(见第四章)、拉丁方设计(见第五章)中,仅考虑各研究因素的主效应,直接指定研究因素即可。如:

model y=a;

表示分析变量 a 对结果 y 的影响。

model y=a b;

表示分析两个变量 a 和 b 对结果 y 的影响。

析因设计(见第六章)和正交设计(见第七章)中如果考虑交互效应(交互效应的概念参见第六章),需要用星号(*)将几个因素连接起来。如:

model y=a b a*b;

表示分析 a、b 的主效应以及 a、b 之间的交互效应。

还可用竖线(|)将几个因素连接起来,表示各因素组合的所有效应,包括主效应和交互效应。如果只想输出部分效应,可用@符号选择性输出因素的阶次,@1 表示只输出主效应,@2 表示只输出主效应和一阶交互效应,依此类推。如:

model y=a | b;          等同于 model y=a b a*b;
model y=a | b | c;      等同于 model y=a b c a*b a*c b*c a*b*c;
model y=a | b | c @2;   等同于 model y=a b c a*b a*c b*c;
model y=a | b | c @1;   等同于 model y=a b c;

可以看出,当研究因素较多时,用"|"书写较为简便。

嵌套设计(见第十一章)中,如果因素 B 嵌套于因素 A 之中,因素 A 可直接指定,因素 B 则需要在其后用括号加上 A,表示因素 B 嵌套在因素 A 之内。如:

model y=A B (A);

表示因素 B 嵌套于因素 A 之中。

如有多层嵌套,需要继续在括号中加入嵌套因素,如:

model y=A B (A) C (BA);

表示因素 B 嵌套于因素 A 之中,因素 C 嵌套于因素 A 和 B 的组合之中。

model 语句常用的有四个选项:

| | |
|---|---|
| ss3 | 指定输出Ⅲ型平方和,即 Type Ⅲ SS 的结果 |
| ss1 | 指定输出Ⅰ型平方和,即 Type Ⅰ SS 的结果 |
| e3 | 除指定输出 Type Ⅲ SS 的结果外,还要求输出 Type Ⅲ 的估计函数,这些函数有助于更清楚地了解各种类型平方和的差别 |
| e1 | 除指定输出 Type Ⅰ SS 的结果外,还要求输出 Type Ⅰ 的估计函数 |

【random】语句主要用于随机效应模型或混合效应模型中,固定效应模型中无须加该语句。该语句用于指定作为随机效应的变量,如:

model y=a b a*b;
random a b a*b;

表示 a 和 b 是随机效应，其交互项也作为随机效应。只要 a、b 中有一个是随机效应，则二者的交互项也是随机效应。

random 语句的主要选项是 test，表示对随机效应进行假设检验；如果不加该选项，结果不显示对随机效应检验的 $F$ 值及 $P$ 值。

【test】语句用于指定误差项，常用于嵌套设计、裂区设计（见第十一章）、交叉设计（见第八章）等。默认情况下，各因素对应的 $F$ 值的计算都以 $MS_{残差}$ 作为误差项，但在有些研究中需要以其他效应作为误差项。如嵌套设计中，如果 B 嵌套于 A，则 A 的统计量计算需要以 B（A）作为误差项。此时可利用"h="来指定欲分析的因素，用"e="来指定欲分析因素的误差项，如：

test h=A e= B（A）；

表示分析的因素是 A，A 的统计量（$F$ 值）计算所指定的误差是 B（A）。

该语句主要有两个选项：

| | |
|---|---|
| htype= | 指定输出与"h="对应的四种类型平方和，可指定 1、2、3、4，分别对应四种类型平方和 |
| etype= | 指定输出与"e="对应的四种类型平方和，可指定 1、2、3、4，分别对应四种类型平方和 |

【lsmeans】语句可用于多重比较，该语句既可指定主效应，也可指定交互效应。如：

lsmeans a b a * b；

表示分别对 a、b 及 a、b 的组合做两两比较。

lsmeans 语句主要选项有：

| | |
|---|---|
| adjust= | 指定两两比较的方法，如 Bon、Tukey、Scheffe、Dunnett 等，分别执行 Bonferroni、Scheffe、Tukey、Dunnett 两两比较法，其中 Dunnett 法默认以赋值最小的一类作为对照组 |
| tdiff= | 给出两两比较的 $t$ 值 |
| pdiff= | 给出两两比较的 $P$ 值。该选项还可以通过指定 pdiff=control（'n'）来指定 Dunnett 法的参照组，如 pdiff=control（'1'）表示以第 1 组为参照，pdiff=control（'2'）表示以第 2 组为参照，依此类推 |
| slice= | 主要用于交互作用的分析，表示固定某一因素时，对另一因素的效应进行检验。如 $2 \times 2$ 析因设计中，lsmeans a * b/slice=a 表示 a=1 时对 b 因素的检验和 a=2 时对 b 因素的检验 |

【means】语句也可执行两两比较，但不给出具体的 $t$ 值和 $P$ 值。实际中常用该语句进行方差齐性检验。该语句的常用选项有：

| | |
|---|---|
| hovtest= | 该选项执行组间方差齐性检验，可指定 Bartlett、Levene、BF 和 Obrien |
| welch | 当方差不齐时，可指定该选项，输出 Welch 方差分析结果。该法一般在组别数较多或方差齐性偏离较大时才使用。通常情况下，方差分析具有一定的稳健性，方差略微不齐仍可采用方差分析 |
| bon | 采用 Bonferroni 法进行多重比较，但仅给出组间差值和 95% 可信区间，不给出 $t$ 值和 $P$ 值 |
| tukey | 采用 Tukey 法进行多重比较，也不给出 $t$ 值和 $P$ 值 |
| snk | 采用 SNK 法进行多重比较，也不给出 $t$ 值和 $P$ 值 |
| dunnett（'组别标识'） | 采用 Dunnett 法进行多重比较，组别标识指定比较的参照组，如三组分别用 1、2、3 标识，dunnett（'2'）表示以 2 作为参照组，1 和 3 分别与 2 进行比较。该结果也不给出 $t$ 值和 $P$ 值 |

【repeated】语句主要用于重复测量的方差分析（见第十章），如果不指定该语句，proc glm 实现普通的方差分析。repeated 语句后必须指定重复测量变量名，测量水平可选，转换项也是可选的。如：

repeated time 4；

表示指定重复测量变量名为 time，测量水平（即重复次数）为 4 次，中间均以空格隔开。其中 time 由读者自行命名，也可为其他名称，如 repeated t 4、repeated measure 4 等均可，关键是读者自己明白其含义。

repeated 语句后的＜转换项＞主要用于各次测量之间的比较，常用的有 contrast、polynomial、mean、profile、helmert，实际中用得最多的是 contrast 和 polynomial，其他三种常用于某些特殊的情形，读者可根据研究目的来选择。

contrast 表示指定一个参照水平，其他均与参照水平比较。如：

repeated time 4 contrast（1）；

表示共有 4 次重复测量，以第 1 次测量为参照，第 2、3、4 次测量分别与第 1 次测量水平进行比较。contrast 后括号中的数值为参照水平，如果不指定，默认为最后一个水平。

polynomial 表示正交多项式对比，即正交转换后判断曲线的 $n$ 阶水平是否有统计学意义，用于检验因变量随时间发展的趋势。正交转换的理论知识超出了本书范畴，其大致思想是对原始数据进行一定方式的转换，产生新的变量数据，新变量相互独立且反映了重复测量的各阶次趋势效应。如：

repeated time 4 polynomial；

表示 4 次重复测量，分别对一次、二次和三次曲线分析是否有统计学意义，也就是判断测量值随时间变化大致呈何种趋势。

mean 表示指定一个组别，与其他组的均值进行比较。如：

repeated time 4 mean（4）；

表示共有 4 次重复测量，分别显示第 1 次与其他 3 次均值的比较、第 2 次与其他 3 次均值的比较、第 3 次与其他 3 次均值的比较。mean 后括号中指定的数值表示不参与比较，如这里为 mean（4），则不对第 4 次与其他 3 次的均值做比较。如果 mean 后不加括号，默认为最后一次。

profile 表示相邻连续比较，如 1 与 2 比较、2 与 3 比较、3 与 4 比较等。如：

repeated time 4 profile；

表示共 4 次重复测量，分别显示第 1 次与第 2 次测量的比较、第 2 次与第 3 次测量的比较、第 3 次与第 4 次测量的比较。

helmert 表示与其后所有组别的均值进行比较。如：

repeated time 4 helmert；

表示共 4 次重复测量，分别显示第 1 次与第 2、3、4 次均值的比较、第 2 次与第 3、4 次均值的比较、第 3 次与第 4 次的比较。

repeated 语句常用的选项有（SSCP、球性检验等术语参见第十章）：

| | |
|---|---|
| printe | 该选项可输出误差 SSCP 矩阵 E 和偏相关矩阵，更重要的是给出球性检验结果。该选项给出两个球性检验结果，一个是针对 repeated 语句中指定的转换形式的变量（如 contrast），另一个是针对正交转换的变量。针对正交转换变量的检验结果是验证是否满足球性假定的关键，因为球性假定是正交转换后的球性检验。如果 repeated 语句指定 polynomial，由于 polynomial 为正交转换，这时两个球性检验的结果是一致的。当 repeated 语句指定其他转换形式时，两个球性检验结果不一致，以针对正交转换的变量的结果作为判断是否满足球性的标准 |
| printm | 该选项输出上面介绍的五种转换方式的具体形式，如果想了解这些转换方式是如何实施的，可以指定这一选项看一下 |
| printh | 该选项输出模型 SSCP 矩阵 H，如果对多变量方差分析感兴趣，指定该选项，可以了解多变量方差分析的统计量是如何计算的 |
| summary | 输出重复测量各水平间的比较结果。如果没有该选项，即使前面指定了 contrast 或 polynomial，也不会显示比较结果 |

## 第八节 实验设计分析常用统计软件

目前关于实验设计结果的统计分析软件很多，大多数统计软件都可以做数据分析，如国内常用的 SAS、SPSS、Stata 等，但用于前期进行实验设计的软件很少。这里主要介绍几种实际中应用较多的软件，分别是 Design-Expert、SAS、SAS JMP Clinical。

### 一、Design-Expert 软件

Design-Expert 是 Stat-Ease 公司专门为实验设计（DOE）发布的软件，该软件可以优化产品设计和生产过程，并提供了简单的统计分析功能。在响应曲面实验设计中，Design-Expert 是应用最广泛的一种软件。Design-Expert 可以在其官方网站 http：//www.statease.com/下载，试用期为 45 天，且试用期间功能不受限制。

Design-Expert 软件界面友好，操作简单，为菜单操作，而且结果和图形输出美观，因此在实验设计中很受欢迎。图 1.3 展示了 Design-Expert 软件的一个设计界面。

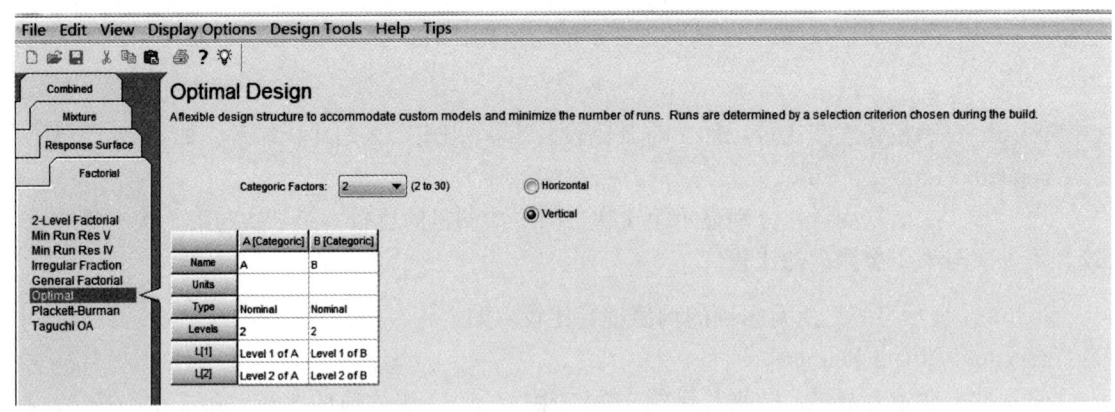

图 1.3 Design-Expert 软件的设计界面

Design-Expert 在工业领域应用较多，主要是因为该软件本身就是针对产品优化设计的，其设计内容也以此为主，如析因设计（factorial design）、响应曲面设计（response surface design)、混合设计（mixture design）、最优设计（optimal design）等。而对于医学中常用的简单随机设计、拉丁方设计、裂区设计等，则并无直接过程可用于实现。因此，该软件在医学中很少用到。

## 二、SAS 软件

SAS 软件除了其强大的统计分析功能之外，还有专门用于实验设计的 QC 模块。该模块包含多个用于实验设计的过程，如 proc factex、proc optex 等，可执行析因设计、各种最优设计等。除此之外，利用 SAS 中的其他过程（如 proc plan）或随机函数等可实现简单的随机设计、区组设计等，可以满足医学研究中各种简单和复杂的设计方案。

SAS 中除可采用各种过程语句外，还有基于菜单式操作的实验设计过程，即 ADX 菜单驱动系统。该系统操作简单，无须编程，可实现各种常用的实验设计，如析因设计、最优设计等。但该系统中的各种设计方法仍以工业中的产品优化设计为主，像简单的拉丁方设计、交叉设计等并没有涉及，因此更适合在工业领域应用。

ADX 可利用 SAS 窗口的下拉菜单"Solutions"→"Analysis"→"Design of Experiments"打开，也可直接在命令窗口输入"ADX"打开。

进入 ADX 菜单驱动系统后，SAS 的菜单会发生变化，此时可通过 file 菜单打开新的设计类型（图 1.4），然后一步步按提示进行设计即可。

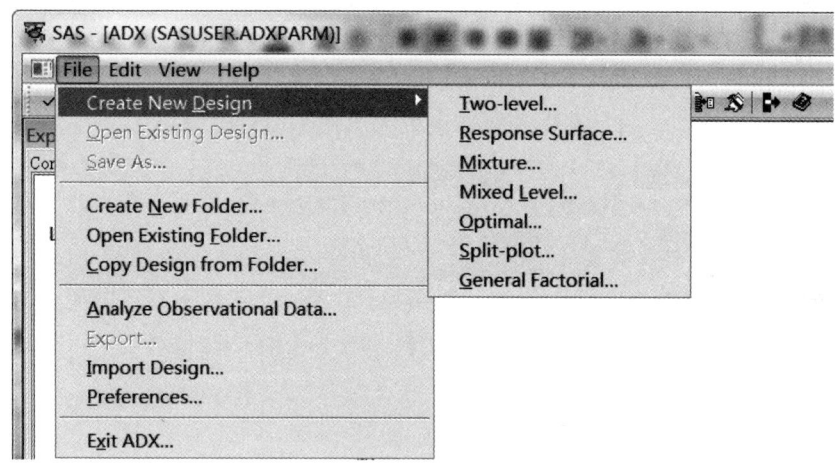

图 1.4　ADX 菜单驱动系统中的常用设计

## 三、SAS JMP Clinical 软件

SAS JMP Clinical 是 SAS 新推出的软件。该软件主要基于菜单操作，同时也保留了传统的编程能力。这样，不管是 SAS 新手还是老用户，均可快速上手。

SAS JMP Clinical 是针对生物统计领域推出的、具有战略意义的新一代卫生统计分析平台，这一战略平台不仅包括大大简化了学习和使用成本的全新分析系统，而且还整合了数据管理领域的最新标准（CDISC），是全球目前唯一一款正式支持 CDISC 标准的统计分析软件。该产品一经推出，便迅速得到了来自美国食品药品监督管理局（FDA）和中国国家食品药品监督管理局（SFDA）的认可和采纳。

SAS JMP Clinical 主要包括以下几个模块：

（1）Base SAS：SAS 的核心部件。

（2）SAS/STAT：SAS 经典的统计分析工具。

(3) SAS/Graph：SAS 图形引擎，绘图效果大大提高，很多图形无与伦比。
(4) SAS/Access：外部数据连接和访问模块，轻松访问 PC Files。
(5) Enterprise Guide：SAS 基于项目管理的客户端数据分析前端工具。
(6) JMP：SAS 旗下动态交互式可视化统计分析软件。
(7) JMP for Clinical：专门面向临床试验数据的新一代数据分析平台。
(8) SAS/IML：交互式的矩阵语言开发环境。
(9) SAS Genetics：SAS 专门针对遗传学数据进行统计分析的工具。
(10) SAS Clinical Standards Toolkits：支持临床数据分析标准的 SAS 工具包。

SAS JMP Clinical 除了传统的 SAS 功能之外，还增加了全新的几乎可以满足临床实验所有需要的功能（详情请参阅 http：//www.jmp.com/china/software/clinical/product_feature.shtml），这里仅就与 CDISC 有关的部分举例如下：
(1) 全面支持向 CDISC（临床报告和分析的全球标准）轻松迁移。
(2) 在数据评估时自动检查 CDISC 所需变量。
(3) 作为市场上首个 ADaM（分析数据模型）感知工具，SAS JMP Clinical 可以对源自 SDTM（研究数据表格模型）的数据进行信息管理。
(4) 通过收集 SDTM 数据的相关片段实时创建 ADSL 数据集和其他类型的 ADaM 数据集。
(5) 打开任何 CDISC 域，新建任何受试者的档案。

SAS JMP Clinical 中有专门用于实验设计的菜单（图 1.5）。可以看出，该菜单几乎包含了所有常用的设计类型，而且菜单式操作也大大简化了设计过程。

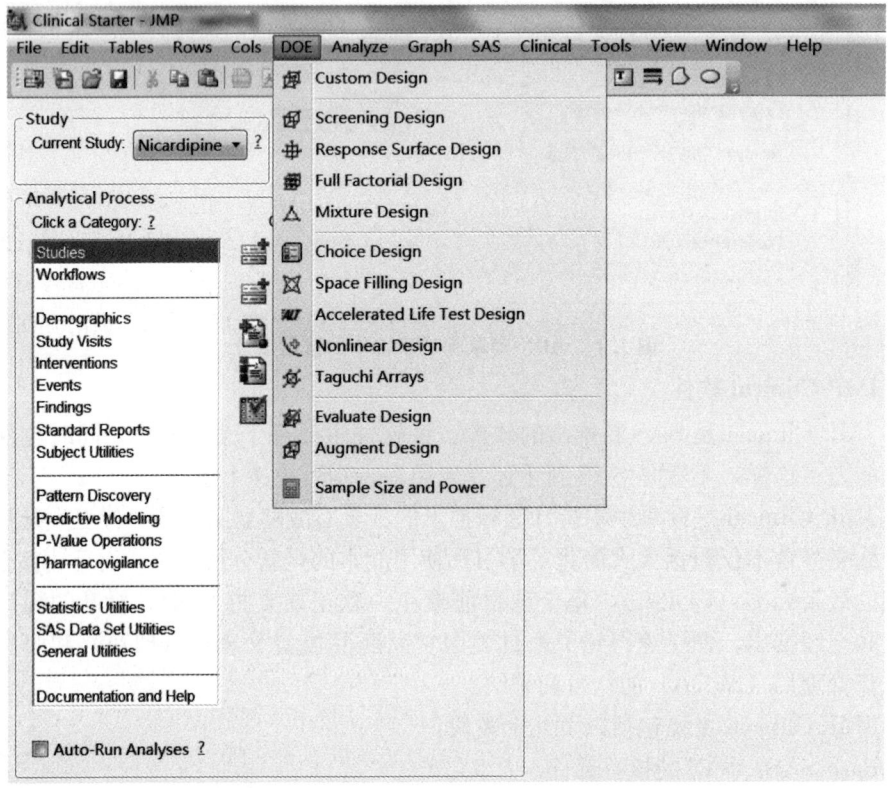

图 1.5　SAS JMP Clinical 中的实验设计菜单

本书的设计与分析主要使用了 SAS JMP Clinical 软件包中的 SAS 模块（该模块与我们习惯用的 SAS 软件完全相同）。原因如下：

（1）Design-Expert 尽管专业，但在医学领域中极少应用，而且其统计分析能力与 SAS 相比显得较弱，有时难以完成本书所用到的部分统计分析功能。

（2）SAS JMP Clinical 中的 JMP 模块虽然直观有效，但考虑到该软件刚刚推出不久，目前国内用户仍相对较少，因此本书并未以 JMP 模块为主进行介绍。但在后期将会推出关于该软件介绍的专著。

（3）SAS 模块虽然需要编程，但国内用户较多，而且很多基础的设计（如完全随机设计、随机区组设计等）仍需利用 SAS 模块中的其他过程来实现。此外，SAS 的统计分析功能强大，可以完成所有基于实验设计的数据分析。

基于以上原因，本书采用了 SAS JMP Clinical 软件包中的 SAS 模块，后文中所提及的"SAS 软件"均代表"SAS JMP Clinical 中的 SAS 模块"这一含义，不再赘述。

（刘德平　陈丽娟　冯国双）

# 第二章　完全随机设计及统计分析

## 第一节　完全随机设计简介

### 一、完全随机设计简介

完全随机设计的基本思想是用随机的方法将研究对象分配到两组或多组，每组给予相应的处理或作为对照。

完全随机设计的关键在于随机分组。随机分组常用的方法有以下几种：

1. 原始的随机方法　如抓阄、掷骰子等。这些方法简单易行，但缺陷也是可想而知的。如果需要随机分组的人数较多，这些原始方法的效率就显得太低了。

2. 随机数字法　这也是当前用得最多的实现随机的方法。在以往计算机不够发达的年代，统计学家编制了随机数字表，以便于随机数字的查找并应用。但在计算机如此普及的今天，如果还手工查找随机数字，那显然是舍长取短。几乎所有统计软件都可以产生随机数字，甚至采用 Excel 也可以实现。因此，采用统计软件产生随机数字并实现随机分组是当下最流行的方法。

### 二、完全随机设计的要点

完全随机设计的要点主要是"随机"两个字，只要理解了随机，其他问题便迎刃而解。所谓随机，就是要保证每个研究对象被分配到不同组别的概率是相等的。如果要把研究对象分到两组，那么任何一个研究对象被分配到第一组和第二组的概率应均为 50%。由此可见，随机不等于随便，不能由研究者主观决定，任何带有研究者主观倾向的都不能算是随机。

完全随机设计只考虑一个因素，即分组因素。但分组因素可以有多个水平，即可以分为多组。各组间的例数可以相同，也可以不同，但例数相同时效率最高，因此如果没有特殊的理由需要组间例数不等，最好让各组例数相等。

## 第二节　完全随机设计的样本含量估计及 SAS 实现

在估计完全随机设计的样本含量前，通常需要事先确定以下几个因素：

1. 第一类错误概率 $\alpha$　第一类错误即假阳性错误。第一类错误概率设定得越小，所需样本含量越大，通常情况下取值为 0.05。

2. 第二类错误概率 $\beta$　第二类错误即假阴性错误，第二类错误概率设定得越小，即把握度 $1-\beta$ 设定得越高，所需样本含量越大。第二类错误概率一般取 0.1 或 0.2，即把握度取 0.9 或 0.8。这一取值跟研究质量和经费有关，如果经费充足，又想以较高把握得到预期结果，则可以适当提高把握度的取值。

3. 各组的均值或比例　如果观察结局为连续资料，需事先了解每组的预期均值及标准差。如果观察结局为分类资料，需事先了解每组的率或比例。一般组间差别越大，所需例数越少。通常情况下，我们所做的实验并不是前无古人，因此这些值可通过查阅以往文献获得。如果确实为世界首创,无任何可借鉴资料,那最好先做预实验,获得一定的资料,大致了解均数或比例等值。

4. 检验方式 需要事先确定双侧检验还是单侧检验。一般双侧检验所需样本含量大,单侧检验所需样本含量小。单侧或双侧检验的选择主要根据研究目的以及以往研究结果,如果 A 和 B 比较,除非十分确定 A 优于 B 或 B 优于 A 此时(可以选用单侧检验),否则,哪怕只有一个反对的声音,最好也选双侧检验。

5. 各组例数的分配 各组例数分配情况会影响样本量的大小。多次模拟和验证结果均显示,各组例数相等时的效率最高。例如,两组样本量分别为 5 和 45 时,其效率仅相当于两组例数均为 9。因此,如果没有特殊情况,最好保证各组例数相等。

表 2.1 列出了完全随机设计常用的样本含量计算公式。

**表 2.1 常用完全随机设计的样本含量计算公式**

| 组别数 | 指标类型 | 样本量计算公式 |
| --- | --- | --- |
| 两组比较 | 均值 | $n_c = \dfrac{(Z_{1-\alpha/2} + Z_{1-\beta})^2 s^2 (1 + 1/k)}{(\mu_t - \mu_c)^2}$ |
| 两组比较 | 率 | $n_c = \dfrac{[\pi_t(1-\pi_t)/k + \pi_c(1-\pi_c)](Z_{1-\alpha/2} + Z_{1-\beta})^2}{(\pi_t - \pi_c)^2}$ |
| 多组比较 | 均值 | $n = \dfrac{\psi^2 (\sum_{j=1}^{k} s_j^2 / k)}{\sum_{j=1}^{k} (\overline{X}_j - \overline{\overline{X}})^2 / (k-1)}$ |
| 多组比较 | 率 | $n = \dfrac{2\lambda}{(2 \sin^{-1}\sqrt{p_{\max}} - 2 \sin^{-1}\sqrt{p_{\min}})^2}$ |
| 两组比较 | 生存资料 | $n_c = \dfrac{(Z_{1-\alpha/2} + Z_{1-\beta})^2 \left[\dfrac{\sigma^2(\lambda_t)}{k} + \sigma^2(\lambda_c)\right]}{(\lambda_t - \lambda_c)^2}$ |

关于表 2.1 中符号的几点说明:

(1) $Z_{1-\alpha/2}$ 和 $Z_{1-\beta}$ 表示标准正态分布中 $1-\alpha/2$ 和 $1-\beta$ 对应的百分位数。

(2) 两组均值比较中,$n_c$ 表示对照组例数,$\mu_t$ 表示实验组均值,$\mu_c$ 表示对照组均值,$k$ 表示实验组与对照组例数的比例,$s$ 表示两组合并标准差。可通过下式计算:

$s = \sqrt{\dfrac{(n_1-1)s_1^2 + (n_2-1)s_2^2}{n_1 + n_2 - 2}}$,$s_1$、$s_2$ 分别是两组的标准差,$n_1$、$n_2$ 分别是两组的例数

(3) 两组率比较中,$n_c$ 表示对照组例数,$\pi_t$ 表示实验组比例,$\pi_c$ 表示对照组比例,$k$ 表示实验组与对照组例数的比例。

(4) 多组均值比较中,$n$ 为每组例数,$k$ 为组数,$\overline{X}_j$、$s_j$ 分别表示第 $j$ 组的均数和标准差,$\overline{X}$ 表示总均值,$\psi$ 值可通过查 $\psi$ 值表对应 $\alpha$、$\beta$、$v_1 = k-1$、$v_2 = k(n-1)$ 得到。由于该计算公式较为繁琐,这里不列出 $\psi$ 值表,仅在后面介绍如何用 SAS 来实现,对公式感兴趣的读者可参考相关文献。

(5) 多组率的比较中,$n$ 为每组例数,$\lambda$ 是以第一类概率 $\alpha$、把握度 $1-\beta$ 和组数查 $\lambda$ 界值表所得。$p_{\max}$、$p_{\min}$ 分别为多个组别中的最大率和最小率。常用 $\lambda$ 界值表见表 2.2。

表 2.2　常用 λ 界值表（$\alpha=0.05$）

| 组数 | 把握度（$1-\beta$） | | | |
| --- | --- | --- | --- | --- |
| | 0.6 | 0.7 | 0.8 | 0.9 |
| 2 | 4.90 | 6.17 | 7.85 | 10.51 |
| 3 | 6.21 | 7.70 | 9.63 | 12.65 |
| 4 | 7.15 | 8.79 | 10.9 | 14.17 |
| 5 | 7.92 | 9.68 | 11.94 | 15.41 |
| 6 | 8.59 | 10.45 | 12.83 | 16.47 |

（6）两组生存资料比较中，$\lambda_t$ 和 $\lambda_c$ 分别表示实验组和对照组的风险率（hazard rate），$\sigma^2(\lambda_t)$ 和 $\sigma^2(\lambda_c)$ 分别表示实验组和对照组风险率的方差，其计算公式为：

$$\sigma^2(\lambda_i) = \lambda_i^2 \left[1 + \frac{e^{-\lambda_i T} - e^{-\lambda_i (T-T_0)}}{\lambda_i T_0}\right]^{-1}$$

式中，$\lambda_i$ 表示实验组或对照组的风险率，$T_0$ 表示招募时间，$T$ 表示总的研究时间，$T-T_0$ 表示随访时间。当服从指数分布时，风险率和中位生存时间可进行换算，风险率＝ln2/中位生存时间。

样本含量估计在 SAS 中可通过 proc power 过程实现。对于完全随机设计，proc power 过程可实现两组和多组均值比较、两组率比较的样本含量估计。多组率比较时尚无法直接实现样本含量估计，需根据公式自行编程。proc power 过程常用语句有：

```
proc power <选项>;
twosamplemeans <选项>;      /* 两组均数比较的样本含量 */
twosamplefreq <选项>;       /* 两组率比较的样本含量 */
onewayanova <选项>;         /* 单因素方差分析的样本含量 */
twosamplesurvival <选项>;   /* 两组生存资料比较的样本含量 */
```

【命令解释】

【proc power】是必选语句，表示调用把握度或样本量估计的过程。其他语句根据研究目的选择其一即可。例如，估计两组均数比较的样本量，可同时用 proc power 和 twosamplemeans 语句；估计两组率比较的样本量，可同时用 proc power 和 twosamplefreq 语句。

【twosamplemeans】用于两组均值比较的样本量计算，该语句通常需指定以下条件：

| | |
| --- | --- |
| groupmeans=$\bar{x}_1 \mid \bar{x}_0$ | 指定两组样本均数，中间用"｜"隔开 |
| stddev= | 指定合并标准差，即合并方差的平方根。可通过查阅以往文献，获得两组的标准差和例数，据此计算 |
| alpha= | 指定第一类错误概率，默认为 0.05 |
| sides= | 指定单、双侧检验。2 表示双侧检验，这是系统默认值。1 表示单侧检验，单侧检验根据研究目的不同（$\mu_1 > \mu_2$ 或 $\mu_1 < \mu_2$）还可指定上限和下限，sides=u 表示上限（$\mu_1 > \mu_2$），sides=l（英文字母 l）表示下限（$\mu_1 < \mu_2$）|

| | |
|---|---|
| groupweights= | 指定每组例数权重。各组例数不同时,指定各组的例数权重。默认为每组例数相等 |
| power= | 指定把握度,该选项需配合"ntotal="选项使用 |
| ntotal= | 指定样本量。该选项与"power="选项必须同时指定其中之一,另一个为待估项。当指定 ntotal=某一具体值时,根据该值估计把握度;当指定"ntotal=.",表示样本含量待估,此时"power="必须指定具体值 |

【twosamplefreq】用于两组率比较的样本量计算,该语句通常需指定以下条件:

| | |
|---|---|
| groupproportions=(p1 p0) | 指定两组样本率,中间用空格隔开 |
| alpha= | 指定第一类错误概率,同 twosamplemeans 语句 |
| sides= | 指定单、双侧检验,同 twosamplemeans 语句 |
| groupweights= | 指定每组例数权重,同 twosamplemeans 语句 |
| power= | 指定把握度,同 twosamplemeans 语句 |
| ntotal= | 指定样本量,同 twosamplemeans 语句 |

【onewayanova】用于多组均值比较的样本量计算,该语句通常需指定以下条件:

| | |
|---|---|
| groupmeans= | 指定每组的预期均值,中间用"\|"隔开 |
| stddev= | 指定合并标准差:$s_c = \sqrt{(s_1^2 + s_2^2 + \cdots + s_k^2)/k}$,式中 $s_1$、$s_2$……$s_k$ 是各组的标准差,$k$ 是组数 |
| test= | 指定检验方法,overall 为总的组间比较,contrast 表示进行两两比较 |
| contrast= | 当 test=contrast 时,指定需要两两比较的组别。通常可将参照组设为-1,比较组设为 1,不参与比较的组设为 0。如三组比较时,(1 -1 0)表示 1 和 2 比较,(1 0 -1)表示 1 和 3 比较,(0 1 -1)表示 2 和 3 比较 |
| alpha= | 指定第一类错误概率,同 twosamplemeans 语句 |
| sides= | 指定单、双侧检验,同 twosamplemeans 语句 |
| groupweights= | 指定每组例数权重,同 twosamplemeans 语句 |
| power= | 指定把握度,同 twosamplemeans 语句 |
| ntotal= | 指定样本量,同 twosamplemeans 语句 |

【twosamplesurvival】用于两组生存资料比较的样本量计算,通常需指定以下条件:

| | |
|---|---|
| groupmedsurvtimes=(t1 t2) | 指定两组样本中位生存时间,中间用空格隔开 |
| accrualtime= | 指定受试者招募的时间 |
| followuptime= | 指定受试者随访的时间 |
| totaltime= | 指定受试者总时间,等于招募时间+随访时间。通常,招募时间、随访时间、总时间指定其中 2 个即可 |
| test= | 指定样本量计算所依据的统计方法,默认为 test=logrank,还可指定 gehan、taroneware 法,通常默认 logrank 法即可 |

| | |
|---|---|
| alpha= | 指定第一类错误概率，同 twosamplemeans 语句 |
| sides= | 指定单、双侧检验，同 twosamplemeans 语句 |
| groupweights= | 指定每组例数权重，同 twosamplemeans 语句 |
| power= | 指定把握度，同 twosamplemeans 语句 |
| ntotal= | 指定样本量，同 twosamplemeans 语句 |

## 一、两组均数比较的样本含量估计

**例 2.1** 某研究欲比较两种药物治疗糖尿病的效果，研究者采用完全随机设计，拟将糖尿病患者分为样本相等的两组，分别采用两种药物进行治疗，以空腹血糖降低值作为主要疗效指标。研究者希望能有 80% 的把握发现两种药物的真实差异。该研究应如何确定样本含量。

【例题分析】

空腹血糖值为连续资料，研究者通过以往文献获得两组空腹血糖均值和标准差分别为 $8.06\pm1.82$ 和 $7.23\pm1.52$，据此可计算出合并标准差为 1.68，设定 $\alpha=0.05$，$1-\beta=0.8$。

本例如果采用公式计算，可得：

$$n_c = \frac{(Z_{1-\alpha/2}+Z_{1-\beta})^2 s^2 (1+1)}{(\mu_t-\mu_c)^2} = \frac{2\times(1.96+0.84)^2\times 1.68^2}{(8.06-7.23)^2} = 65$$

即对照组需要 65 例，根据 1∶1 分配，两组共需 130 例。

程序 2.1 给出了 SAS 样本估算程序。

【程序 2.1】

```
proc power;                    /* 调用 proc power 命令 */
twosamplemeans                 /* 指定估计的类型是两组均数比较 */
groupmeans=8.06 | 7.23         /* 指定两组的均数 */
stddev=1.68                    /* 指定合并标准差 */
power=0.8                      /* 指定把握度为 0.8 */
ntotal=.;                      /* 表明要对样本含量进行估计 */
run;
```

【程序解释】

该程序共 7 行。第 1 行调用样本量计算过程，这是必需语句。第 2 行指定估算方法，这里比较的是两组均数的差值，因此用 twosamplemeans 语句。第 3~5 行分别指定相应条件，如均数、标准差、把握度。该程序未指定单侧或双侧检验、第一类错误概率以及每组例数比例，因此 SAS 分别默认为双侧检验、0.05 和例数相等。第 6 行的 "ntotal=." 是固定格式，表明这是待估的结果。实际应用时，读者只需将第 3~5 行的相应值进行修改，即可实现两组均数的样本量估计。

【结果输出】

结果共两部分。第一部分是基本信息，列出了两组均数、标准差、把握度（nominal power）、第一类错误（alpha）、单侧或双侧检验、两组例数比例等。

The POWER Procedure

Two-sample t Test for Mean Difference

Fixed Scenario Elements

| | |
|---|---|
| Distribution | Normal |
| Method | Exact |
| Group 1 Mean | 8.06 |
| Group 2 Mean | 7.23 |
| Standard Deviation | 1.68 |
| Nominal Power | 0.8 |
| Number of Sides | 2 |
| Null Difference | 0 |
| Alpha | 0.05 |
| Group 1 Weight | 1 |
| Group 2 Weight | 1 |

第二部分给出了样本含量估计值。结果表明，以空腹血糖值进行估计，共需132例研究对象才能保证有80%的把握发现两组的真实差异。

Computed N Total

| Actual Power | N Total |
|---|---|
| 0.804 | 132 |

## 二、两组率比较的样本含量估计

**例 2.2** 续例 2.1，假定研究者以空腹血糖疗效作为主要疗效指标，试进行样本含量估计。

【例题分析】

空腹血糖疗效为分类资料，研究者通过以往研究获得两组有效率分别为83%和71%。本例如果采用公式计算，可得：

$$n_c = \frac{[\pi_t(1-\pi_t)/k + \pi_c(1-\pi_c)](Z_{1-\alpha/2}+Z_{1-\beta})^2}{(\pi_t-\pi_c)^2}$$

$$= \frac{[(0.83 \times 0.17)+(0.71 \times 0.29)] \times (1.96+0.84)^2}{(0.83-0.71)^2} = 190$$

即对照组需要190例，根据1:1分配，两组共需380例。

程序2.2给出了SAS样本估算程序。

【程序 2.2】

```
proc power;                              /*调用proc power命令*/
twosamplefreq                            /*指定估计的类型是两组率比较*/
groupproportions=(0.83 0.71)             /*指定两组的有效率*/
power=0.8                                /*指定把握度为0.8*/
ntotal=.;                                /*表明要对样本含量进行估计*/
run;
```

【程序解释】

该程序共6行。第1行调用样本量计算过程。第2行指定估算方法，这里比较的是两组率的差异，因此用twosamplefreq语句。第3、4行分别指定每组率和把握度。第5行的"ntotal=."表明样本量为待估的结果。实际应用时，读者只需将第3、4行的相应值进行修改，即可实现两组率的样本量估计。

【结果输出】

结果共两部分。第一部分是基本信息,列出了两组率、把握度、第一类错误等信息。

The POWER Procedure

Pearson Chi-square Test for Two Proportions

Fixed Scenario Elements

| | |
|---|---|
| Distribution | Asymptotic normal |
| Method | Normal approximation |
| Group 1 Proportion | 0.83 |
| Group 2 Proportion | 0.71 |
| Nominal Power | 0.8 |
| Number of Sides | 2 |
| Null Proportion Difference | 0 |
| Alpha | 0.05 |
| Group 1 Weight | 1 |
| Group 2 Weight | 1 |

第二部分是样本估计值。结果表明,以血糖疗效值进行估计,共需 384 例研究对象才能有 80% 的把握发现两组的真实差异。

Computed N Total

| Actual Power | N Total |
|---|---|
| 0.800 | 384 |

### 三、多组均数比较的样本含量估计

**例 2.3** 某研究生观察三种饲料对小鼠体重的影响情况,研究者采用完全随机设计,将小鼠随机分为三组,希望能有 80% 的把握发现三种饲料对增重(g)的真实影响。该研究如何估计样本含量?

【例题分析】

该研究为完全随机设计,结果指标体重为连续变量。对于多组连续变量的比较,估计样本含量之前需要确定第一类错误概率和把握度,并通过预实验或以往研究了解每组的均数及标准差。研究者根据前期实验结果,获得三种饲料的增重均数分别为 61.4、72.2、68.7,标准差分别为 10.7、12.3、11.8,则合并标准差为 $\sqrt{(10.7^2+12.3^2+11.8^2)/3}=11.6$。程序 2.3 给出了以 $\alpha=0.05$,$1-\beta=0.8$ 时,多组样本均数比较的完全随机设计的样本估算程序。

【程序 2.3】

```
proc power;
    onewayanova                    /*表明对单因素方差分析进行样本估算*/
    test=overall                   /*表明是做三组间总体比较,而不是两两比较*/
    groupmeans=61.4|72.2|68.7      /*给出了三组的均数*/
    stddev=11.6                    /*给出了三组的合并标准差*/
    power=0.8                      /*指定把握度为 0.8*/
    ntotal=.;                      /*表明要对样本含量进行估计*/
run;
```

【程序解释】

该程序共 8 行。第 1 行调用样本量计算过程。第 2 行指定估算方法，这里估计的是三组均数的差值，因此用 onewayanova 语句。第 3 行指定做的是总体均值比较，而非两两比较。第 4~6 行分别指定各组均数、标准差、把握度。第 6 行的 "ntotal=." 表明对样本量进行估计。实际应用时，如果只做总体比较，则只需将第 4~6 行的相应值进行修改，即可实现多组均数的样本量估计。如果要想做两两比较，则需将第 3 行改为 test=contrast，并加入一行 contrast 语句，指定欲两两比较的组别。

【结果输出】

结果共两部分。第一部分是基本信息，列出了三组均数、合并标准差、把握度和第一类错误等。由于程序未指定 "groupweights=" 语句，故默认三组例数之比为 1:1:1。

The POWER Procedure

Overall F Test for One-Way ANOVA

Fixed Scenario Elements

| Method | Exact |
|---|---|
| Group Means | 61.4 72.2 68.7 |
| Standard Deviation | 11.6 |
| Nominal Power | 0.8 |
| Alpha | 0.05 |
| Group Weights | 1 1 1 |

第二部分是样本估计结果，表明三组共需 69 例，即每组 23 例，才能有 80% 的把握发现三组的真实差异。

Computed N Total

| Actual Power | N Total |
|---|---|
| 0.812 | 69 |

### 四、多组率比较的样本含量估计

**例 2.4** 现有三种防止脑出血复发的治疗方法，某研究者以治疗的有效率作为结局，采用完全随机设计比较三种方法的疗效，欲计算 80% 把握度下的最少样本量。

【例题分析】

该研究为完全随机设计，结果指标有效率为二分类变量。估计样本含量之前需要确定第一类错误概率 $\alpha$ 和把握度 $1-\beta$，并通过预实验或以往研究了解每组的预期有效率。研究者根据以往研究，获得三种治疗方法的有效率分别为 41%、60%、65%。本例设定 $\alpha=0.05$。从表 2.2 的 $\lambda$ 界值表可以查到，当 $\alpha=0.05$、$\beta=0.8$、组数=3 时，对应的 $\lambda$ 值为 9.63。

对于多组率的比较，SAS 中并无直接的样本含量估算命令，但可以根据表 2.1 中的计算公式简单编程实现。程序 2.4 给出了 $\alpha=0.05$、$1-\beta=0.8$ 时多组率比较的 SAS 计算过程。

【程序 2.4】

```
data multifreq;
groupmin=0.41;            /*指定多组中最小的率*/
groupmax=0.65;            /*指定多组中最大的率*/
lamda=9.63;               /*通过查表确定λ值*/
```

```
            ntotal=ceil(2 * lamda/(2 * (arsin(sqrt(groupmax))- arsin(sqrt(groupmin)))) * * 2);
         proc print;
         run;
```

【程序解释】

该程序共 7 行。第 1 行指定一个数据集，用于存储计算结果。第 2 行至第 5 行为样本含量计算过程，第 2 行输入多组中的最小的率。第 3 行输入多组中最大的率。第 4 行通过查表 2.2 给出 λ 值为 9.63。第 5 行求出每组的例数，这一行是计算公式。第 6 行和第 7 行输出结果。

程序 2.4 中，由于 λ 值是根据 α、β 和组数确定的，因此程序中无须再重复输入这三个指标，只要在表 2.2 中找到对应的 λ 值即可。实际应用时，读者只需对第 2、3、4 行改动相应的最小率、最大率和 λ 值，便可运行出结果。当组数为 2 时，计算结果跟采用 proc power 计算的两组率比较的样本量一致。

【结果输出】

结果输出很简单，给出了每组样本含量为 82 例，三组共需 246 例。

| Obs | groupmin | groupmax | lamda | ntotal |
|---|---|---|---|---|
| 1 | 0.41 | 0.65 | 9.63 | 82 |

### 五、两组生存资料比较的样本含量估计

**例 2.5** 某研究采用完全随机设计，比较两种药物对肺癌患者生存时间延长的效果，研究的主要疗效指标是生存时间（月）。根据以往文献发现，两组的中位生存时间分别约为 13 和 8 个月。该研究预计招募受试者的时间为 6 个月，并随访 30 个月，并且研究者希望能有 80% 的把握发现两种药物的真实差异。该研究应如何确定样本含量。

【例题分析】

本例如果采用公式计算，需先求得两组风险率分别为 $\lambda_t = \ln2/13 = 0.053$，$\lambda_c = \ln2/8 = 0.087$。据此可求得两组的风险率方差分别为：

$$\sigma^2(\lambda_t) = \lambda_t^2 \left(1 + \frac{e^{-\lambda_t T} - e^{-\lambda_t(T-T_0)}}{\lambda_t T_0}\right)^{-1} = 0.053^2 \times \left(1 + \frac{e^{-0.053 \times 36} - e^{-0.053 \times 30}}{0.053 * 6}\right)^{-1} = 0.003$$

$$\sigma^2(\lambda_c) = 0.087^2 \left(1 + \frac{e^{-0.087 \times 36} - e^{-0.087 \times 30}}{0.087 \times 6}\right)^{-1} = 0.008$$

据此可求得对照组所需样本量为：

$$n_c = \frac{(Z_{1-\alpha/2} + Z_{1-\beta})^2 \left[\frac{\sigma^2(\lambda_t)}{k} + \sigma^2(\lambda_c)\right]}{(\lambda_t - \lambda_c)^2} = \frac{(1.96 + 0.84)^2 \times (0.003 + 0.008)}{(0.053 - 0.087)^2} = 75$$

即对照组需 75 例，按 1∶1 的比例，试验组也需 75 例，两组共需 150 例。

程序 2.5 给出了 SAS 样本估算程序。

【程序 2.5】

```
proc power;                       /* 调用 proc power 命令 */
  twosamplesurvival               /* 指定估计的类型是两组生存时间比较 */
  groupmedsurvtimes=(13 8)        /* 指定两组中位生存时间 */
  accrualtime=6                   /* 指定招募时间为 6 个月 */
  followuptime=30                 /* 指定随访时间为 30 个月 */
  power=0.8                       /* 指定把握度为 0.8 */
```

```
                    ntotal=.;                /*表明要对样本含量进行估计*/
                    run;
```

【程序解释】

该程序第 3 行指定两组中位生存时间,第 4、5 行指定招募时间和随访时间,本例中位生存时间以月为单位,因此招募时间和随访时间也要为月数。followuptime=30 还可改为 totaltime=36,结果是一样的。由于未指定统计方法,因此默认为基于 log-rank 计算样本量。实际应用时,读者只需将第 3~5 行的相应值进行修改即可。

【结果输出】

第一部分结果显示,样本量是根据 log-rank 检验计算的,并给出了其他基本信息,如本例默认的是双侧检验,$\alpha$ 值为 0.05 等。

The POWER Procedure

Log-Rank Test for Two Survival Curves

Fixed Scenario Elements

| | |
|---|---|
| Method | Lakatos normal approximation |
| Form of Survival Curve 1 | Exponential |
| Form of Survival Curve 2 | Exponential |
| Accrual Time | 6 |
| Follow-up Time | 30 |
| Group 1 Median Survival Time | 13 |
| Group 2 Median Survival Time | 8 |
| Nominal Power | 0.8 |
| Number of Sides | 2 |
| Number of Time Sub-Intervals | 12 |
| Group 1 Loss Exponential Hazard | 0 |
| Group 2 Loss Exponential Hazard | 0 |
| Alpha | 0.05 |
| Group 1 Weight | 1 |
| Group 2 Weight | 1 |

第二部分结果表明,共需 152 例样本能够满足该设计的要求。

Computed N Total

| Actual Power | N Total |
|---|---|
| 0.802 | 152 |

## 第三节 完全随机设计的实施及 SAS 实现

完全随机设计的具体实施思路如下:

1. 选定研究对象,并将研究对象按一定特征(如姓氏笔画、动物体重等)编号排序。

2. 利用统计软件产生与研究对象例数相同的随机数字,并将随机数字与按编号排序的研究对象一一对应。

3. 将随机数字按大小顺序排列，并将之分为两组或多组，如无特殊情况，保证每组例数相等。

SAS 软件中可用 proc plan 命令进行实验设计分组，该命令的基本语句很简单：

> proc plan <选项>；
> factors 因素名=m<of n>选择方式；

【命令解释】

【proc plan】语句调用实验设计过程。该语句常用选项是"seed="，设定产生随机数的种子。不同的种子产生不同的随机数，相同的种子产生相同的随机数。该选项的默认值是电脑的时间，如果不指定任何种子数，则不同时间产生的随机数永远是不同的。如果想产生相同的随机数，必须指定种子的值，以后便可以用这一种子值，重现当时的随机数。种子数的设定并无严格规定，可以指定任意小于 $2^{31}-1$ 的数字。

【factors】语句指定随机数名称，并指定随机数的个数为 $m$ 个（$m$ 为正整数）。如果 $m$ 后面还有"of n"，表示产生不大于 $n$ 的 $m$ 个数值。例如，factors 5 of 10，表示产生小于等于 10 的 5 个随机数字。选择方式可以指定五种，但最常用的是 random（这也是默认的方式），即随机方式，通常指定这一选项即可。其他四种 ordered、cyclic、comb、perm 只用于某些特殊的设计，在后面章节会有相应介绍。

## 一、两组完全随机设计的实施

**例 2.6** 某医院欲比较两组药物治疗青光眼的效果，研究者采用完全随机设计方法，将 24 例青光眼患者平均分配到两组，接受不同治疗。试进行随机分组。

【例题分析】

首先将 24 例研究对象按姓氏笔画排序编号，然后产生 24 个不重复的随机数字，每一研究对象对应一个随机数字。将随机数字从小到大排序，第 1～12 个的随机数字分入 A 组，第 13～24 个的随机数字分入 B 组。由于随机数字与研究对象编号一一对应，将随机数字、组别、研究对象编号一一对应后便实现研究对象的随机分组。程序 2.6 给出了随机分组的程序。

【程序 2.6】

```
proc plan seed=120410;              /*指定种子数为120410,以便以后可以重现*/
factors rand=24 random;             /*产生随机排列的1～24的数*/
output out=outa;                    /*将随机排列的24个数输出到数据集outa*/
data outb;                          /*建立数据集outb*/
set outa;                           /*用set语句将数据集outa中的数据导入outb*/
if rand<=12 then group='A';
else group='B';
/*在1～24的数据中，利用if-else语句指定1～12号分入A组，13～24号分入B组*/
num=_n_;
/*产生变量num,其值等于数据的顺序号，也即研究对象的1～24的编号*/
proc print;                         /*将随机数字、分组标志、研究对象编号同时列出*/
run;
```

【程序解释】

该程序共 10 行（不含注释行），第 1、2 行的作用在于产生与样本量相同的 24 个随机数字,seed 选项的作用是可以通过这一种子值以后重现这 24 个随机数字。第 3~7 行的作用是对 24 个随机数字排序,并按一定规则分为两组。如果要每组例数相等,则"rand<="后的数字为样本量的一半,否则可自己指定数值。第 8 行的作用是列出实验对象的编号。第 9~10 行的作用是将随机数字、组别变量、对象编号输出。如果读者要实现其他样本含量的两组随机分组,只需将第 2 行的 rand=24 和第 6 行的 rand<=12 改为自己研究中的样本量和第一组例数即可,其他可保持不变。

【结果输出】

| Obs | rand | group | num |
|---|---|---|---|
| 1 | 9 | A | 1 |
| 2 | 10 | A | 2 |
| 3 | 21 | B | 3 |
| 4 | 8 | A | 4 |
| 5 | 4 | A | 5 |
| 6 | 19 | B | 6 |
| 7 | 1 | A | 7 |
| 8 | 5 | A | 8 |
| 9 | 20 | B | 9 |
| 10 | 14 | B | 10 |
| 11 | 13 | B | 11 |
| 12 | 15 | B | 12 |
| 13 | 12 | A | 13 |
| 14 | 3 | A | 14 |
| 15 | 17 | B | 15 |
| 16 | 11 | A | 16 |
| 17 | 18 | B | 17 |
| 18 | 7 | A | 18 |
| 19 | 16 | B | 19 |
| 20 | 23 | B | 20 |
| 21 | 6 | A | 21 |
| 22 | 24 | B | 22 |
| 23 | 22 | B | 23 |
| 24 | 2 | A | 24 |

结果中 rand 为随机数,group 为组别,num 为研究对象编号,obs 是 SAS 自动输出的顺序编号。

结果显示,编号 1 对应的随机数为 9,小于 12,因此分入 A 组;编号 2 对应的随机数为 10,小于 12,因此分入 A 组;……编号 23 对应的随机数为 22,大于 12,因此分入 B 组;编号 24 对应的随机数为 24,小于 12,因此分入 A 组。

## 二、多组完全随机设计的实施

**例 2.7** 假定研究者欲将例 2.1 中的 24 例研究对象平均分为 3 组,试进行随机分组。

【例题分析】

该例的基本思路与例 2.6 相同,只是分组有所不同,关键是将程序 2.6 第 6、7 行的 if-else 语句略作改动,其余不变。具体 SAS 实现过程见程序 2.7。

【程序 2.7】
```
proc plan seed=120412;          /*指定种子数为120412,以便以后可以重现*/
factors rand=24 random;         /*产生随机排列的 1~24 的数*/
output out=outa;                /*将随机排列的 24 个数输出到数据集 outa*/
data outb;                      /*建立数据集 outb*/
set outa;                       /*用 set 语句将数据集 outa 中的数据导入 outb*/
if rand<=8 then group='A';
else if rand<=16 then group='B';
else group='C';
/*这部分是分组的关键,根据随机数的大小排序,然后平均分配。对于 24 例数据,指定 1~8 号分入 A 组,9~16 号分入 B 组,17~24 号分入 C 组*/
num=_n_;
/*产生变量 num,其值等于数据的顺序号,也即研究对象的 1~24 的编号*/
proc print;                     /*将随机数字、分组标志、研究对象编号同时列出*/
run;
```

【程序解释】

该程序共 11 行。第 3~8 行的作用是对 24 个随机数字排序,并分为 3 组。本例三组例数相等,因此"rand<="后的数值分别为样本量的 1/3 和 2/3。其余行的作用同例 2.6。如果读者想实现其他样本含量的三组随机分组,只需将第 2 行的 rand=24 和第 6、7 行的 rand<=8、rand<=12 改为自己研究的样本量和第一、二组的例数即可。四组及更多组的随机分组,可继续加入 if 语句,同时改变"rand<="以及"group="后的值即可。

【结果输出】

| Obs | rand | group | num |
|---|---|---|---|
| 1 | 18 | C | 1 |
| 2 | 9 | B | 2 |
| 3 | 17 | C | 3 |
| 4 | 1 | A | 4 |
| 5 | 5 | A | 5 |
| 6 | 3 | A | 6 |
| 7 | 10 | B | 7 |
| 8 | 2 | A | 8 |
| 9 | 21 | C | 9 |
| 10 | 16 | B | 10 |
| 11 | 22 | C | 11 |
| 12 | 15 | B | 12 |
| 13 | 23 | C | 13 |
| 14 | 13 | B | 14 |
| 15 | 7 | A | 15 |
| 16 | 11 | B | 16 |
| 17 | 12 | B | 17 |
| 18 | 14 | B | 18 |
| 19 | 20 | C | 19 |

|    |    |   |    |
|----|----|---|----|
| 20 | 8  | A | 20 |
| 21 | 24 | C | 21 |
| 22 | 19 | C | 22 |
| 23 | 6  | A | 23 |
| 24 | 4  | A | 24 |

结果中的 rand、group、num、obs 含义同例 2.6 中的结果。

结果显示，编号 1 对应的随机数为 18，分入 C 组；编号 2 对应的随机数为 9，分入 B 组；……编号 23 对应的随机数为 6，分入 A 组；编号 24 对应的随机数为 4，分入 A 组。

## 第四节　完全随机设计的统计分析及 SAS 实现

完全随机设计的统计分析方法很丰富，需要根据资料类型、组别数、数据分布等采用不同的方法。

1. 定量资料的统计分析

（1）两组定量资料的比较：如果数据符合正态分布且方差齐，可考虑用 $t$ 检验。也可用方差分析，此时方差分析中的 $F$ 值为 $t$ 检验中 $t$ 值的平方。

如果两组数据符合正态分布但方差不齐，可以考虑用 Satterthwaite 近似 $t$ 检验，它通过对自由度的调整实现对 $t$ 检验结果的校正。

如果数据不符合正态分布，可以用非参数的 Wilcoxon 秩和检验。其思想是将所有样品按从小到大的秩次编号，然后分别计算各组的平均秩和，如果各组平均秩和相差较大，则认为组间分布差异有统计学意义；如果差别不大，则认为组间分布差异无统计学意义。

$t$ 检验在 SAS 中可用 proc ttest 过程实现，其常用语句为：

```
proc ttest;
class 分组变量;
var 分析变量;
```

【命令解释】

【proc ttest】语句调用 $t$ 检验过程。

【class】语句用于指定分组变量（处理因素）。

【var】语句用于指定分析变量（结果变量）。

Wilcoxon 秩和检验可通过 proc npar1way 过程实现，常用语句为：

```
proc npar1way <wilcoxon> <dscf>;
class 分组变量;
var 分析变量;
freq 频数变量;
```

【命令解释】

【proc npar1way】语句调用非参数检验过程，wilcoxon 选项用于输出 Wilcoxon 检验的结果。如果不加该选项，SAS 会自动输出 7 种非参数检验结果。为了简化输出，同时减少结果选择的困扰，通常加上该选项，使 SAS 仅输出 Wilcoxon 检验结果。dscf 选项输出

DSCF 两两比较结果,该法是 Dwass、Steel、Critchlow 和 Fligner 等提出的基于秩次的两两比较方法。

【class】语句指定分组变量。

【var】语句用于指定分析变量。

【freq】通常只在分类资料比较时才用得上,用于指定各类别的频数变量,定量资料的比较时一般不用。

(2) 多组定量资料的比较:如果数据符合正态性和方差齐性,可采用方差分析。完全随机设计的方差分析模型为:

$$y_{ij} = \mu + \alpha_i + \varepsilon_{ij}$$

式中,$y_{ij}$ 为处理因素的第 $i$ 个水平第 $j$ 个观测值,$\mu$ 为总均值,$\alpha_i$ 表示处理因素第 $i$ 个水平的效应,$\varepsilon_{ij}$ 为第 $i$ 个水平第 $j$ 个观测值的随机误差。

完全随机设计中,固定效应模型和随机效应模型的结果是一致的,其统计量计算及 SAS 分析语句见表 2.3。

表 2.3 完全随机设计方差分析的统计量计算及 SAS 语句

| 变异分解 | | | | SAS 语句 |
| --- | --- | --- | --- | --- |
| 变异来源 | 自由度 | 均方(MS) | $F$ 统计量 | |
| 处理 | $a-1$ | $MS_{处理}$ | $MS_{处理} / MS_{误差}$ | proc glm;<br>class trt;<br>model y=trt;<br>run; |
| 误差(处理内) | $N-a$ | $MS_{误差}$ | | |
| 合计 | $N-1$ | | | |

注:$a$ 为处理的水平数;SAS 语句中的 trt 表示处理因素,y 表示结果变量。

如果数据为正态分布但方差不齐,有时也采用 Welch 检验(可通过 proc glm 过程输出)。但通常情况下,即使方差不齐,只要不是很严重,仍可采用方差分析。只有在方差齐性偏离较大时才用该法或用非参数检验。

如果数据严重偏离正态分布或方差严重不齐,通常可采用非参数的 Kruskal‐Wallis 秩和检验,其思路与 Wilcoxon 秩和检验相似,只是用于多组间的比较。

方差分析的详细 SAS 过程在第一章已有介绍,Kruskal‐Wallis 秩和检验的 SAS 过程跟前面介绍的 Wilcoxon 检验一样,也是用 proc npar1way 过程。SAS 会自动根据组别数输出相应结果,当两组时输出 Wilcoxon 检验的结果,当 3 组及以上时输出 Kruskal‐Wallis 检验的结果。

2. **分类资料的统计分析** 如果分类资料是二分类或无序多分类资料,不管是两组还是多组,均可采用 $\chi^2$ 检验进行组间比较。$\chi^2$ 检验在 SAS 中可通过 proc freq 过程实现,常用语句有:

```
proc freq <选项>;
tables 行*列/<选项>;
weight 权重变量;
```

【命令解释】

【tables】语句的常用选项有:

| | |
|---|---|
| chisq | 可输出 Pearson $\chi^2$ 检验、似然比检验、Mantel-Haenszel 检验、phi 系数、列联系数等。四格表还可输出连续校正 $\chi^2$ 检验和 Fisher 确切检验 |
| fisher | 当行或列大于 2 时，该选项仍可输出 Fisher 确切检验 |

如果资料是有序多分类，可根据组别数分别采用 Wilcoxon 秩和检验或 Kruskal-Wallis 秩和检验。SAS 中的 proc npar1way 过程在前面已有介绍，由于是分类资料，通常需要用到 freq 语句指定类别的频数。

## 一、两组正态资料比较的统计分析

**例 2.8** 某医生采用完全随机设计，将两组糖尿病患者随机分配接受两种不同药物治疗，然后比较两组人群的血清总胆固醇含量，欲比较两种药物疗效是否有统计学差异。

表 2.4 两组人群的血清总胆固醇含量（mmol/L）

| 药物 A | 3.40 | 3.61 | 3.26 | 4.08 | 4.41 | 5.14 | 3.90 | 3.07 | 4.17 | 3.68 |
|---|---|---|---|---|---|---|---|---|---|---|
| | 3.70 | 3.59 | 3.58 | 3.97 | 4.21 | 4.70 | 4.77 | 4.33 | 3.43 | 3.79 |
| 药物 B | 4.58 | 4.86 | 4.05 | 4.14 | 5.46 | 5.24 | 4.35 | 5.97 | 4.54 | 5.37 |
| | 5.49 | 4.83 | 4.90 | 4.47 | 5.07 | 4.48 | 5.54 | 4.70 | 4.22 | 3.01 |

【例题分析】

首先明确该研究为两组比较，资料为连续资料，首先需进行正态性和方差齐性检验，然后根据情况选择 $t$ 检验或 Wilcoxon 秩和检验。

1. 正态性检验

【程序 2.8】

```
data example2_8;
do group=1 to 2;
do i=1 to 20;
input tc@@;
output;
end;
end;
cards;
3.40 3.61 3.26 4.08 4.41 5.14 3.90 3.07 4.17 3.68
3.70 3.59 3.58 3.97 4.21 4.70 4.77 4.33 3.43 3.79
4.58 4.86 4.05 4.14 5.46 5.24 4.35 5.97 4.54 5.37
5.49 4.83 4.90 4.47 5.07 4.48 5.54 4.70 4.22 3.01
;
proc univariate normal;          /* normal 选项执行正态性检验 */
class group;                     /* class 语句指定分组变量为 group */
var tc;                          /* var 语句指定分析变量为 tc */
run;
```

【程序解释】

该程序共包含两部分,第一部分是 data 语句至 proc 语句之前,这部分主要用于输入数据。这部分指定数据集名为 example2_8,组别用 group 表示,血清总胆固醇含量用 tc 表示。这些名称读者可以改为任意自己容易理解的英文。第二部分是 proc 语句,这部分主要是执行 proc univariate 过程,进行统计描述。这里主要用到其中的正态性检验部分。这部分的 class 与 var 语句所指定的变量应分别与 input 语句中指定的变量名一致。

【结果输出】

结果显示,A 组的血清总胆固醇符合正态分布($W=0.969$,$P=0.7292$),B 组的血清总胆固醇也符合正态分布($W=0.963$,$P=0.5974$)。

变量: TC
GROUP = 1
正态性检验

| 检验 | ------统计量------ | | ----------P 值*---------- | |
| --- | --- | --- | --- | --- |
| Shapiro - Wilk | W | 0.968794 | Pr < W | 0.7292 |
| Kolmogorov - Smirnov | D | 0.121789 | Pr > D | >0.1500 |
| Cramer - von Mises | W - Sq | 0.041122 | Pr > W - Sq | >0.2500 |
| Anderson - Darling | A - Sq | 0.258097 | Pr > A - Sq | >0.2500 |

GROUP = 2
正态性检验

| 检验 | ------统计量------ | | ----------P 值---------- | |
| --- | --- | --- | --- | --- |
| Shapiro - Wilk | W | 0.962621 | Pr < W | 0.5974 |
| Kolmogorov - Smirnov | D | 0.092842 | Pr > D | >0.1500 |
| Cramer - von Mises | W - Sq | 0.028097 | Pr > W - Sq | >0.2500 |
| Anderson - Darling | A - Sq | 0.254643 | Pr > A - Sq | >0.2500 |

两组数据均符合正态分布,下一步可进行方差齐性检验,判断应采用 $t$ 还是还是 $t'$ 检验。

2. 方差齐性检验及 $t$ 检验

【程序 2.8 续】

```
proc ttest;                /* 调用 t 检验分析程序 */
class group;               /* 指定分组变量为 group */
var tc;                    /* 指定分析变量为 tc */
run;
```

【程序解释】

该程序主要是调用 $t$ 检验过程,以 group 为分组变量,比较两组的 tc 是否有统计学差异。该程序省略了 data 语句的数据输入过程,因为 SAS 中数据集一旦调入,除非新建其他数据集,否则一直以当前数据集进行分析。因此 class 与 var 语句所指定的变量应与前面数据集 input 中指定的变量名一致。

【结果输出】

$t$ 检验的结果主要包括三部分。第一部分给出了两组的均数及均数的可信区间、两组的

---

\* 统计符号应为斜体,但为保持与 SAS 输出结果一致,书中结果展示部分维持 SAS 输出的格式。

标准差及标准差的可信区间、两组的标准误。还给出了两组差值的均数、标准差、标准误。本例结果显示，A 组和 B 组血清总胆固醇的均数分别为 3.9395 和 4.7635。

| group | Method | Mean | 95% CL Mean | | Std Dev | 95% CL Std Dev | |
| --- | --- | --- | --- | --- | --- | --- | --- |
| 1 | | 3.9395 | 3.6875 | 4.1915 | 0.5384 | 0.4094 | 0.7863 |
| 2 | | 4.7635 | 4.4507 | 5.0763 | 0.6683 | 0.5082 | 0.9761 |
| Diff (1-2) | Pooled | -0.8240 | -1.2125 | -0.4355 | 0.6068 | 0.4959 | 0.7821 |
| Diff (1-2) | Satterthwaite | -0.8240 | -1.2130 | -0.4350 | | | |

第二部分给出了两组比较的 $t$ 检验结果，其中 method 指明用的何种 $t$ 检验，第一行的 pooled 是常规的 $t$ 检验，用于方差齐的情形；第二行的 satterthwaite 表明采用的是 Satterthwaite $t$ 检验（即 $t'$ 检验），用于方差不齐的情形。本例结果显示，常规 $t$ 检验和 $t'$ 检验均表明两组差别有统计学意义。

| Method | Variances | DF | t Value | Pr > \|t\| |
| --- | --- | --- | --- | --- |
| Pooled | Equal | 38 | -4.29 | 0.0001 |
| Satterthwaite | Unequal | 36.353 | -4.29 | 0.0001 |

第三部分给出了方差齐性的检验结果，当 $P$ 值大于 0.05，可以认为方差齐。本例结果显示，两组方差齐（$F=1.54$，$P=0.3542$）。

| | Equality of Variances | | | |
| --- | --- | --- | --- | --- |
| Method | Num DF | Den DF | F Value | Pr > F |
| Folded F | 19 | 19 | 1.54 | 0.3542 |

实际上，这三部分结果可以倒过来看。首先看方差齐性检验结果，如果方差齐，则选择常规 $t$ 检验的结果；如果方差不齐，则选择 Satterthwaite $t$ 检验结果。如果结果显示两组差异有统计学意义，则结合两组的均值比较其实际大小。

本例分析结果表明，两组的血清总胆固醇含量差别有统计学意义（$t=-4.29$，$P=0.0001$），结合具体数值来看，B 组的血清总胆固醇含量高于 A 组。

## 二、两组非正态资料比较的统计分析

**例 2.9** 续例 2.8，假定例 2.8 中的正态性检验结果显示数据不满足正态分布，试对两组结果进行比较分析。

【例题分析】

当两组数据呈偏态分布时，通常采用非参数 Wilcoxon 秩和检验。程序 2.9 给出了 Wilcoxon 秩和检验的分析过程。

【程序 2.9】

```
proc npar1way wilcoxon;        /* wilcoxon 选项给出 Wilcoxon 检验 */
  class group;                 /* 指定分组变量为 group */
  var tc;                      /* 指定分析变量为 tc */
run;
```

【程序解释】

该程序主要是调用非参数检验过程，以 group 为分组变量，比较两组的 tc 是否有统计学差异。

【结果输出】

秩和检验的结果主要包括两部分。第一部分是统计描述,给出了两组的例数、秩和(sum of scores)、原假设真实的条件下每组的秩和(expected under H0)及标准差(std dev)、平均秩和(mean score)。"Average scores were used for ties"表明相同秩次采用了平均秩次的方法进行处理。

"expected under H0"表示如果原假设真实,即两组无统计学差异,则两组的秩和应该都是410。但实际情况并非如此,阴性组的秩和272.5低于410,而阳性组秩和547.5高于410。秩和检验的目的就是要通过秩和统计量来确定理论秩和与实际秩和的不同到底是由抽样误差造成的,还是两组确实存在差异。

Wilcoxon Scores (Rank Sums) for Variable tc
Classified by Variable group

| group | N | Sum of Scores | Expected Under H0 | Std Dev Under H0 | Mean Score |
|---|---|---|---|---|---|
| 1 | 20 | 272.50 | 410.0 | 36.966721 | 13.6250 |
| 2 | 20 | 547.50 | 410.0 | 36.966721 | 27.3750 |

Average scores were used for ties.

第二部分是统计分析结果。给出了Wilcoxon秩和检验结果($Z=-3.7060$,$P=0.0002$)和Kruskal-Wallis检验结果($\chi^2=13.8351$,$P=0.0002$)。这两个结果一致,$\chi^2$值是$Z$值的平方。

Wilcoxon Two-Sample Test

| Statistic | 272.5000 |
|---|---|
| Normal Approximation | |
| Z | -3.7060 |
| One-Sided Pr < Z | 0.0001 |
| Two-Sided Pr > \|Z\| | 0.0002 |
| t Approximation | |
| One-Sided Pr < Z | 0.0003 |
| Two-Sided Pr > \|Z\| | 0.0007 |

Z includes a continuity correction of 0.5.

Kruskal-Wallis Test

| Chi-Square | 13.8351 |
|---|---|
| DF | 1 |
| Pr > Chi-Square | 0.0002 |

本例秩和检验结果和$t$检验结果一致,均显示两组差异有统计学意义。但秩和检验的$P$值略高于$t$检验,提示了当数据符合正态分布时,秩和检验的效率不如$t$检验。

### 三、多组正态资料比较的统计分析

**例2.10** 某药厂研发一种新的降糖药,将实验药分为大剂量组和小剂量组,并采用某公认的阳性药物为对照。实验方法采用完全随机设计,按照一定的纳入和排除标准共选择

90例研究对象，将研究对象随机分为三组，分别服用相应的药物，治疗12周后，观察其餐后2小时的血糖降低值，数据如表2.5所示。欲比较三组的血糖降低值是否有统计学差异。

表2.5　三组人群的餐后2小时血糖变化值（mmol/L）

| 对照组 | 10.02 | −0.14 | −0.85 | −4.76 | −5.37 | −7.17 | 8.20 | −2.06 | −7.43 | −6.28 |
|---|---|---|---|---|---|---|---|---|---|---|
|  | 3.60 | 1.41 | 2.90 | −1.73 | 3.59 | −1.53 | −0.58 | −1.30 | 2.97 | −0.70 |
|  | 1.05 | −5.04 | −3.65 | −1.10 | −2.53 | −4.30 | 2.16 | −2.41 | −2.93 | −0.97 |
| 实验药小剂量组 | −4.98 | −2.40 | 2.32 | −7.50 | −7.09 | −4.15 | −4.74 | −0.97 | −2.11 | −4.22 |
|  | −3.70 | −1.55 | −4.85 | −3.05 | −8.04 | 1.97 | −10.23 | −8.74 | −2.00 | −3.16 |
|  | 0.20 | 0.60 | 4.70 | 0.00 | −2.60 | −3.60 | −3.70 | −6.10 | 0.50 | −3.40 |
| 实验药大剂量组 | −0.60 | 2.70 | −10.64 | −2.53 | −4.33 | 0.00 | −2.80 | 1.50 | −6.74 | −3.60 |
|  | −10.82 | −4.22 | −5.49 | 1.17 | −5.33 | 3.42 | −6.71 | −3.57 | −6.60 | −11.37 |
|  | −3.95 | −0.80 | −1.50 | −5.50 | −5.70 | 2.30 | −2.15 | −5.53 | 2.20 | −9.30 |

【例题分析】

该设计为三组连续资料的比较，首先需进行正态性和方差齐性检验，然后根据情况选择方差分析或Kruskal‐Wallis秩和检验。

1. 正态性检验

【程序2.10】

```
data example2_10；
do group=1 to 3；
do i=1 to 30；
input glu@@；
output；
end；
end；
cards；
  10.02  −0.14  −0.85  −4.76  −5.37  −7.17   8.20  −2.06  −7.43  −6.28
   3.60   1.41   2.90  −1.73   3.59  −1.53  −0.58  −1.30   2.97  −0.70
   1.05  −5.04  −3.65  −1.10  −2.53  −4.30   2.16  −2.41  −2.93  −0.97
  −4.98  −2.40   2.32  −7.50  −7.09  −4.15  −4.74  −0.97  −2.11  −4.22
  −3.70  −1.55  −4.85  −3.05  −8.04   1.97 −10.23  −8.74  −2.00  −3.16
   0.20   0.60   4.70   0.00  −2.60  −3.60  −3.70  −6.10   0.50  −3.40
  −0.60   2.70 −10.64  −2.53  −4.33   0.00  −2.80   1.50  −6.74  −3.60
 −10.82  −4.22  −5.49   1.17  −5.33   3.42  −6.71  −3.57  −6.60 −11.37
  −3.95  −0.80  −1.50  −5.50  −5.70   2.30  −2.15  −5.53   2.20  −9.30
；
proc univariate normal；       /* normal选项执行正态性检验*/
class group；                  /* class语句指定分组变量为group*/
var glu；                      /* var语句指定分析变量为glu*/
run；
```

【结果输出】

结果显示，三组的正态性检验结果 $P$ 值均大于 0.05，提示三组数据符合正态分布。

GROUP = 1

| 检验 | 统计量 | | $P$ 值 | |
|---|---|---|---|---|
| Shapiro – Wilk | W | 0.95261 | Pr < W | 0.1985 |
| Kolmogorov – Smirnov | D | 0.135704 | Pr > D | >0.1500 |
| Cramer – von Mises | W – Sq | 0.061699 | Pr > W – Sq | >0.2500 |
| Anderson – Darling | A – Sq | 0.412599 | Pr > A – Sq | >0.2500 |

GROUP = 2

| 检验 | 统计量 | | $P$ 值 | |
|---|---|---|---|---|
| Shapiro – Wilk | W | 0.989108 | Pr < W | 0.9859 |
| Kolmogorov – Smirnov | D | 0.089268 | Pr > D | >0.1500 |
| Cramer – von Mises | W – Sq | 0.033325 | Pr > W – Sq | >0.2500 |
| Anderson – Darling | A – Sq | 0.187366 | Pr > A – Sq | >0.2500 |

GROUP = 3

| 检验 | 统计量 | | $P$ 值 | |
|---|---|---|---|---|
| Shapiro – Wilk | W | 0.965783 | Pr < W | 0.4311 |
| Kolmogorov – Smirnov | D | 0.084713 | Pr > D | >0.1500 |
| Cramer – von Mises | W – Sq | 0.033364 | Pr > W – Sq | >0.2500 |
| Anderson – Darling | A – Sq | 0.279196 | Pr > A – Sq | >0.2500 |

2. 方差齐性检验及方差分析

【程序 2.10 续】

```
proc glm;
class group;           /* class 语句指定分组变量为 group */
model glu=group;       /* model 语句表明 glu 为分析变量,group 为分组变量 */
means group/hovtest=levene;
run;
```

【程序解释】

该程序主要是调用一般线性模型过程，执行方差分析。该过程必须先通过 class 语句指定分组变量（本例为 group），然后利用 model 语句进行组间比较，指定"="左边为分析变量，右边为分组变量。means 语句在这里的主要用途是利用选项"hovtest=levene"执行 Levene 方差齐性检验，读者还可指定其他检验方法。means 语句后指定 group，表示以 group 为组别，对各组之间进行方差齐性检验。

【结果输出】

结果主要包括三部分。第一部分是三组总的比较结果。总的方差分析表明三组的 glu 差异有统计学意义（$F=4.00$，$P=0.0217$）。

| Source | DF | Sum of Squares | Mean Square | F Value | Pr > F |
|---|---|---|---|---|---|
| Model | 2 | 120.380436 | 60.190218 | 4.00 | 0.0217 |
| Error | 87 | 1308.457730 | 15.039744 | | |
| Corrected Total | 89 | 1428.838166 | | | |

第一部分结果还给出了两种类型的离均差平方和（SS），即 Type I SS 和 Type III SS。由于各组例数相同，为均衡资料，因此两种类型的平方和结果一致。

| Source | DF | Type I SS | Mean Square | F Value | Pr > F |
|---|---|---|---|---|---|
| group | 2 | 120.3804356 | 60.1902178 | 4.00 | 0.0217 |

| Source | DF | Type III SS | Mean Square | F Value | Pr > F |
|---|---|---|---|---|---|
| group | 2 | 120.3804356 | 60.1902178 | 4.00 | 0.0217 |

第二部分是三组方差齐性检验结果，Levene 检验结果表明，三组方差齐（$F=0.58$，$P=0.5643$）。表明可以采用 $F$ 检验，即方差分析。

Levene's Test for Homogeneity of glu Variance
ANOVA of Squared Deviations from Group Means

| Source | DF | Sum of Squares | Mean Square | F Value | Pr > F |
|---|---|---|---|---|---|
| group | 2 | 491.9 | 245.9 | 0.58 | 0.5643 |
| Error | 87 | 37148.9 | 427.0 | | |

第三部分结果显示了三组的均数和标准差。可以看出，对照组降低幅度最小，大剂量组降低幅度最大，小剂量组降低幅度居中。

| Level of group | N | glu Mean | Std Dev |
|---|---|---|---|
| 1 | 30 | −0.89766667 | 4.08885338 |
| 2 | 30 | −3.08633333 | 3.40878630 |
| 3 | 30 | −3.54966667 | 4.09642357 |

上述结果只是给出了总的组间比较结果，显示三组总的有统计学差异，但并未说明具体是哪两组之间有差异。从均数来看，对照组和小剂量组、大剂量组的差别较大，而小剂量组和大剂量组的差别较小，到底哪两组有差别还需要进一步做组间两两比较。

3. 两两比较

【程序 2.10 续】

```
proc glm;
    class group;
    model glu=group;
    lsmeans group/tdiff adjust=bon;
run;
```

【程序解释】

该程序的主要用途是利用 proc glm 过程中的 lsmeans 语句执行方差分析的两两比较。lsmeans 语句后指定 group，表示以 group 为组别，执行各组之间的两两比较。选项 adjust=bon 指定两两比较的方法为 Bonferroni 法，读者还可指定其他方法。选项 tdiff 输出两两比较的 $t$ 值和 $P$ 值。

【结果输出】

结果输出了最小二乘均数以及两两比较的 $t$ 值和 $P$ 值。最小二乘均值是校正其他因素后的均值,本例只有一个分组变量,无其他因素,故最小二乘均数与普通均数相同。在多因素方差分析中二者不同。

两两比较结果中,右上结果与左下结果是相同的,只是比较的方向不同。第一行是对照组(1)与小剂量组(2)和大剂量组(3)的比较结果,结果显示对照组与小剂量组差异无统计学意义($t=2.186$, $P=0.0946$),与大剂量组差异有统计学意义($t=2.648$, $P=0.0288$)。第二行是小剂量组(2)与对照组(1)和大剂量组(3)的比较结果,结果显示小剂量组与大剂量组的差异无统计学意义($t=0.463$, $P=1.0000$)。

Least Squares Means
Adjustment for Multiple Comparisons: Bonferroni

| GROUP | GLU LSMEAN | LSMEAN Number |
|---|---|---|
| 1 | −0.89766667 | 1 |
| 2 | −3.08633333 | 2 |
| 3 | −3.54966667 | 3 |

Least Squares Means for Effect GROUP
t for H0: LSMean (i) =LSMean (j) / Pr > | t |
Dependent Variable: glu

| i/j | 1 | 2 | 3 |
|---|---|---|---|
| 1 |  | 2.185773 | 2.648494 |
|  |  | 0.0946 | 0.0288 |
| 2 | −2.18577 |  | 0.462721 |
|  | 0.0946 |  | 1.0000 |
| 3 | −2.64849 | −0.46272 |  |
|  | 0.0288 | 1.0000 |  |

本例分析结果表明,三组的血糖降低值差异总体上有统计学意义;两两比较结果显示,对照药与实验药的大剂量组差别有统计学意义,与实验药的小剂量组差别无统计学意义。

### 四、多组非正态资料比较的统计分析

**例 2.11** 续例 2.10,假定例 2.10 中的正态性检验结果显示数据不满足正态分布,试对三组结果进行比较分析。

【例题分析】

当多组数据呈偏态分布时,通常采用非参数 Kruskal - Wallis 秩和检验及 DSCF 两两比较。程序 2.11 给出了 Kruskal - Wallis 秩和检验及两两比较的分析过程。

【程序 2.11】

```
proc npar1way wilcoxon dscf;      /* wilcoxon 给出 kruskal-wallis 检验,dscf 执行两两比较 */
class group;                       /* class 语句指定分组变量为 group */
var glu;                           /* var 语句指定分析变量为 glu */
run;
```

【程序解释】

该程序主要是调用非参数检验过程,以 group 为分组变量,比较三组的 glu 是否有统计学差异。proc npar1way 的 wilcoxon 选项会根据组数自动判断,当组别数为 2 时,同时输出用于两组比较的 Wilcoxon 检验和用于多组比较的 Kruskal - Wallis 检验。当组别数大于 2

时，只输出 Kruskal-Wallis 检验。

【结果输出】

Kruskal-Wallis 法秩和检验的分析结果主要包括两部分。第一部分是统计描述，给出了两组的例数、秩和、平均秩和等。

Wilcoxon Scores (Rank Sums) for Variable glu
Classified by Variable group

| group | N | Sum of Scores | Expected Under H0 | Std Dev Under H0 | Mean Score |
|---|---|---|---|---|---|
| 1 | 30 | 1650.0 | 1365.0 | 116.830329 | 55.000000 |
| 2 | 30 | 1261.0 | 1365.0 | 116.830329 | 42.033333 |
| 3 | 30 | 1184.0 | 1365.0 | 116.830329 | 39.466667 |

Average scores were used for ties.

第二部分是统计分析结果。给出了 Kruskal-Wallis 法的检验结果及 DSCF 两两比较。结果显示，三组总的差异有统计学意义，而两两比较结果中最小的 $P$ 值为 0.0745，似乎提示任意两组均无差异，这种情况在总体比较的 $P$ 值在 0.05 附近时常会发生。此时也不要太为难，报告具体 $P$ 值即可，不要太拘泥于 0.05 的界值。如本例可以下结论为：对照组与大剂量组的差异有统计学意义，这一结论可能有 7.45% 的错误风险。至于这一结论到底是否被临床所接受，还需要结合专业知识来决定。

Kruskal-Wallis Test

| | |
|---|---|
| Chi-Square | 6.0956 |
| DF | 2 |
| Pr > Chi-Square | 0.0475 |

Pairwise Two-Sided Multiple Comparison Analysis
Dwass, Steel, Critchlow-Fligner Method
Variable: glu

| group | Wilcoxon Z | DSCF Value | Pr > DSCF |
|---|---|---|---|
| 1 vs. 2 | 2.0329 | 2.8750 | 0.1044 |
| 1 vs. 3 | 2.1807 | 3.0840 | 0.0745 |
| 2 vs. 3 | 0.4953 | 0.7005 | 0.8736 |

从结果可以看出，秩和检验比方差分析较为保守，不论是总的组间比较还是两两比较，秩和检验 $P$ 值均大于方差分析。提示方差分析在正态分布数据分析中效率高于秩和检验。

## 五、两组率比较的统计分析

**例 2.12** 为探索清除幽门螺杆菌是否可预防胃癌癌前病变，某研究在一胃癌高发地区筛查出 512 名幽门螺杆菌阳性患者，将其随机分为两组，实验组采用三联疗法清除幽门螺杆菌，对照组接受安慰剂。随访 3 年后，胃镜检查两组人群的胃黏膜病变情况，与基线相比分为病变进展和未进展。具体数据见表 2.6。

**表 2.6　不同幽门螺杆菌治疗组的胃病变进展情况**

|  | 病变无进展 | 病变进展 | 合计 |
|---|---|---|---|
| 对照组 | 138 | 118 | 256 |
| 实验组 | 167 | 89 | 256 |
| 合计 | 305 | 207 | 512 |

【例题分析】

该设计分两组，结果为二分类资料，目的是比较两组率的差异，通常可直接考虑采用 $\chi^2$ 检验分析。程序 2.12 给出了两组率比较的 $\chi^2$ 检验的 SAS 实现过程。

【程序 2.12】

```
data example2_12;
  do hp=1 to 2;              /* hp=1 表示对照组,hp=2 表示实验组 */
    do pro=1 to 2;           /* pro=1 表示无进展,pro=2 表示进展 */
      input f@@;              /* 输入例数 */
      output;
    end;
  end;
cards;
138 118
167 89
;
proc freq;                   /* 调用 freq 程序 */
weight f;                    /* 表明输入的 f 是一个权重值 */
tables hp*pro/chisq expected;
/* tables 语句列出列联表,chisq 选项调用 $\chi^2$ 检验结果,expected 输出理论频数 */
run;
```

【程序解释】

该程序的输入方式与连续资料比较的程序不同。连续资料比较的数据中，通过 input 语句指定输入 1 个或多个变量名，然后在 cards 语句后对应变量名逐列输入。本例中也可采用这种输入法，用 input 语句指定 hp 和 pro，但这种逐列输入方式需输入 512 行数据，非常繁琐。SAS 对于这种分类变量提供了较为方便的输入方式。

本例有两个变量 hp 和 pro，"do hp=1 to 2; do pro=1 to 2;"表示组成一个四格表，顺序分别为：hp=1, pro=1; hp=1, pro=2; hp=2, pro=1; hp=2, pro=2。"input f@@; output;"表示在四格表中按上面的顺序依次填入数据。这样就形成了表 2.4 中的数据顺序。由于 input 语句中的 f 表示每个格子里的例数，因此要把 f 放在程序步的 weight 语句中，SAS 自动识别 f 为频数。这种输入方式非常简单，但有几点要注意：do-end 循环顺序一定要和后面的数据对应，如果第一个 do 语句指定行变量，后面的数据就要先输入第一行的两个值，然后是第二行的两个值；"input f"后需要加两个@，保证数据都能被 SAS 读取；一定要有 output 语句，且要在 end 语句前，否则你会发现致命错误；weight 语句一定要指定频数变量，否则 SAS 会认为四格表中每个格子的例数均为 1。

proc freq 语句调用 freq 过程，可用于两组或多组的率或比例的比较。weight 语句在采用 do 循环语句输入数值时是必须指定的。tables 语句指定组别变量和分析变量,本例中分别为 hp 和 pro,两个变量之间用"*"连接。选项 chisq 执行 $\chi^2$ 检验,进行两组率比较。选项 expected 输出理论频数,理论频数可用于输出结果的选择依据。

【结果输出】

结果主要有三部分。第一部分是 2×2 表,给出了四格表的频数及相应比例。每个格子中有五行数据,分别为实际频数、理论频数、总例数百分比、行百分比、列百分比。

```
hp       pro
频数     |
期望     |
百分比   |
行百分比 |
列百分比 |      1 |      2 |   合计
---------+--------+--------+
       1 |    138 |    118 |    256
         |  152.5 |  103.5 |
         |  26.95 |  23.05 |  50.00
         |  53.91 |  46.09 |
         |  45.25 |  57.00 |
---------+--------+--------+
       2 |    167 |     89 |    256
         |  152.5 |  103.5 |
         |  32.62 |  17.38 |  50.00
         |  65.23 |  34.77 |
         |  54.75 |  43.00 |
---------+--------+--------+
合计         305      207      512
           59.57    40.43   100.00
```

第二部分是 $\chi^2$ 检验结果。给出了 7 个结果,其中卡方和连续校正卡方是实际中较常用的 2 个统计量。似然比卡方和 Mantel-Haenszel 卡方只是从不同角度计算的卡方。Phi 系数、列联系数、Cramer V 统计量是描述两变量相关程度的指标。多数情况下,直接采用卡方值即可。当有理论频数≥1 且≤5 时,可采用连续校正卡方。本例研究例数远远大于 40,且所有理论频数均大于 5,故直接选择 $\chi^2$ 值的结果即可。

| 统计量 | 自由度 | 值 | 概率 |
| --- | --- | --- | --- |
| 卡方 | 1 | 6.8202 | 0.0090 |
| 似然比卡方 | 1 | 6.8377 | 0.0089 |
| 连续校正卡方 | 1 | 6.3579 | 0.0117 |
| Mantel-Haenszel 卡方 | 1 | 6.8069 | 0.0091 |
| Phi 系数 | | -0.1154 | |
| 列联系数 | | 0.1147 | |
| Cramer V 统计量 | | -0.1154 | |

第三部分给出了 Fisher 确切检验的结果。当研究例数小于 40 或有理论频数小于 1 时,可采用这部分结果。Fisher 确切检验直接计算 $P$ 值,因而结果仅包含单侧和双侧 $P$ 值,而无类似于卡方值这样的统计量。Fisher 确切检验结果只需看双侧概率即可(除非你的设计是

单侧检验），本例双侧检验的 P 值为 0.0116。

Fisher 精确检验

| | |
|---|---|
| 单元格（1，1）频数（F） | 138 |
| 左侧 Pr <= F | 0.0058 |
| 右侧 Pr >= F | 0.9966 |
| 表概率（P） | 0.0024 |
| 双侧 Pr <= P | 0.0116 |

本次研究结果表明，实验组和对照组的进展率差异有统计学意义，结合具体数值可以看出，实验组的进展率低于对照组。

## 六、多组率比较的统计分析

**例 2.13** 某医院观察三种疗法治疗干眼症的临床疗效，将 72 例干眼症患者随机分为三组：A 组为针刺组，采用针刺穴位疗法；B 组为增液剂组，采用内服增液剂疗法；C 组为滴眼液组，外用滴眼液治疗。比较三组的治疗有效率，数据见表 2.7。

表 2.7 不同疗法治疗干眼症的效果

| | 有效 | 无效 | 合计 |
|---|---|---|---|
| 针刺组 | 19 | 5 | 24 |
| 增液剂组 | 18 | 6 | 24 |
| 滴眼液组 | 15 | 9 | 24 |
| 合计 | 52 | 20 | 72 |

【例题分析】

该设计分三组，结果为二分类资料，通常可直接考虑采用 $\chi^2$ 检验。如果多组间差别有统计学意义，还可根据研究目的进行两两比较。程序 2.13 给出了多组率比较的 $\chi^2$ 检验的 SAS 实现过程。

【程序 2.13】

```
data example2_13;
do group=1 to 3;          /*定义行变量,group 表示组别,共有 3 行*/
do effect=1 to 2;         /*定义列变量,effect 表示疗效,共有 2 列*/
input f@@;
output;
end;
end;
cards;
19 5
18 6
15 9
```

```
;
proc freq;
weight f;
tables group * effect/chisq;
run;
```

【程序解释】

该程序利用 do 循环语句分别输入三组疗法和两类疗效结果交叉组合形成的 6 个频数。"do group=1 to 3;"输入的是行变量,表明变量疗法有 3 行。"do effect=1 to 2;"输入的是列变量,表明结果有 2 列。过程步的 tables 语句指定分组变量 group 和分析变量 effect,选项 chisq 表示执行 $\chi^2$ 检验。两组或多组无序分类资料的比较过程与此相似,只需将数据输入过程中的第三行 do 语句改为研究变量的类别数即可,分析的过程不变。

【结果输出】

主要结果有两部分。第一部分是频数表。

```
group     effect
频数       |
百分比     |
行百分比   |
列百分比|      1|     2|   合计
--------+-------+-------+
      1 |    19 |     5 |    24
        | 26.39 |  6.94 | 33.33
        | 79.17 | 20.83 |
        | 36.54 | 25.00 |
--------+-------+-------+
      2 |    18 |     6 |    24
        | 25.00 |  8.33 | 33.33
        | 75.00 | 25.00 |
        | 34.62 | 30.00 |
--------+-------+-------+
      3 |    15 |     9 |    24
        | 20.83 | 12.50 | 33.33
        | 62.50 | 37.50 |
        | 28.85 | 45.00 |
--------+-------+-------+
   合计       52      20      72
            72.22   27.78  100.00
```

第二部分是 $\chi^2$ 检验分析结果,该研究中例数大于 40,且理论频数均大于 5,因此直接选择 $\chi^2$ 值。

| 统计量 | 自由度 | 值 | 概率 |
| --- | --- | --- | --- |
| 卡方 | 2 | 1.8000 | 0.4066 |
| 似然比卡方 | 2 | 1.7706 | 0.4126 |
| Mantel-Haenszel 卡方 | 1 | 1.6385 | 0.2005 |
| Phi 系数 | | 0.1581 | |
| 列联系数 | | 0.1562 | |

| | | | | |
|---|---|---|---|---|
| Cramer V 统计量 | | | | 0.1581 |

结果表明，三种疗法治疗干眼症疗效并无统计学差异（$\chi^2=1.8000$，$P=0.4066$）。

### 七、两组有序资料比较的统计分析

**例 2.14** 某医院为比较西医疗法和中西医疗法对视疲劳缓解的效果，将 100 例视疲劳患者随机分为两组，西医组采用矫正屈光不正、矫正眼位等措施治疗，中西医结合组另加一中医方治疗。治疗一疗程后，比较两组的视疲劳缓解效果。两组疗效情况见表 2.8。

表 2.8 两组视疲劳缓解情况

| | 显效 | 好转 | 无效 | 合计 |
|---|---|---|---|---|
| 西医组 | 6 | 33 | 11 | 50 |
| 中西医组 | 9 | 36 | 5 | 50 |
| 合计 | 15 | 69 | 16 | 100 |

【例题分析】

该设计的结果为多分类有序资料，有序资料的比较不能采用 $\chi^2$ 检验，而是秩和检验。由于本例为两组，因此可以采用两组比较的 Wilcoxon 秩和检验。

【程序 2.14】

```
data example2_14;
do group=1 to 2;            /*定义行变量,group 表示组别,共有 2 行*/
do effect=1 to 3;           /*定义列变量,effect 表示疗效,共有 3 列*/
input f@@;
output;
end;
end;
cards;
6 33 11
9 36 5
;
proc npar1way wilcoxon;     /*调用秩和检验程序,指定采用 wilcoxon 检验*/
class group;                /*指明分组变量*/
var effect;                 /*指明分析变量*/
freq f;                     /*freq 语句指定 f 为频数*/
run;
```

【程序解释】

该程序利用两个 do 语句输入 2 行 3 列频数，因此在调用 proc npar1way 过程时，必须用 freq 语句指定频数变量 f。class 和 var 语句分别指定分组变量和分析变量。多组有序资料的比较程序与此类似，只需在数据输入时将第二行的行数改为研究的组数即可，分析程序不变。

【结果输出】

结果主要有三部分。第一部分是数据描述，给出例数、秩和、平均得分等。

| group | N | Sum of Scores | Expected Under H0 | Std Dev Under H0 | Mean Score |
|---|---|---|---|---|---|
| 1 | 50 | 2715.50 | 2525.0 | 118.209496 | 54.310 |
| 2 | 50 | 2334.50 | 2525.0 | 118.209496 | 46.690 |

Average scores were used for ties.

第二部分是 Wilcoxon 检验的分析结果，结果显示，$Z=1.6073$，$P=0.1080$，表明两组疗效有统计学差异。结果还显示对 $Z$ 值进行了连续性校正（continuity correction）。

Wilcoxon Two-Sample Test

| Statistic | 2715.5000 |
|---|---|
| Normal Approximation | |
| Z | 1.6073 |
| One-Sided Pr > Z | 0.0540 |
| Two-Sided Pr > \|Z\| | 0.1080 |
| t Approximation | |
| One-Sided Pr > Z | 0.0556 |
| Two-Sided Pr > \|Z\| | 0.1112 |

Z includes a continuity correction of 0.5.

第三部分是 Kruskal-Wallis 检验的分析结果。结果与 Wilcoxon 检验结果一致。

Kruskal-Wallis Test

| Chi-Square | 2.5971 |
|---|---|
| DF | 1 |
| Pr > Chi-Square | 0.1071 |

本次结果表明，两组疗效差异无统计学意义。不能认为中西医组疗效优于西医组。

本例如果采用 $\chi^2$ 检验，结果与秩和检验略有差别。$\chi^2$ 检验不说明疗效问题，如果将结果指标的顺序打乱，如按"无效、显效、好转"的顺序排列，$\chi^2$ 检验的结果仍然不变，而秩和检验的结果则发生变化。说明 $\chi^2$ 检验不适用于有序资料的组间比较。

## 第五节 案例辨析

【案例1】某研究比较食物交换份法和基于血糖负荷概念的食物交换份法对妊娠期糖尿病孕妇的治疗作用，该研究共纳入符合入选标准的研究对象80例，将研究对象按自愿原则分为实验组和对照组，比较两组的差异。

辨析：该研究违背了随机原则，容易给结果带来偏倚。随机就是要保证每个研究对象分配到不同组别的概率是相等的，自愿分组显然无法保证这一点。自愿不等于随机，任何带有主观意愿的分组都不是随机分组。因为研究对象在自愿选择组别时，必然考虑诸多因素，如经济条件、体质状况、疾病程度等，从而导致两组人群的基线资料不一致，而且容易造成两组人群的例数相差较大，从而影响结果的可靠性。

随机分组主要就是通过随机数字来随机分配。本例正确的做法应是：

（1）将80例研究对象按一定顺序编号，如按姓氏笔画、入院时间等均可。

（2）利用SAS的proc plan过程产生80个随机数字，将这80个随机数字与研究对象的编号一一对应起来。

（3）将随机数字由小到大排序，前40例研究对象接受食物交换份法，后40例接受基于血糖负荷概念的食物交换份法。

【案例2】某研究为探讨不同方式对人工流产的健康孕妇的镇痛效果，将560人随机分为静脉给药、氧化亚氮（笑气）吸入、局部麻醉和对照组四组，比较四组人群的术中出血量及镇痛效果。出血量为连续资料，镇痛效果分为Ⅰ级、Ⅱ级和Ⅲ级，为三分类有序资料。该研究统计分析方法采用$t$检验和$\chi^2$检验，$t$检验用于分别比较对照组与其他三个实验组的出血量，$\chi^2$检验用于分别比较对照组与其他三个实验组的镇痛效果。出血量比较结果显示，三个实验组与对照组均无统计学差异。镇痛效果比较结果显示，对照组与三个实验组比较，$P$值均小于0.01。结果如表2.9所示。

表2.9 四组出血量及镇痛效果的比较

| | | 静脉给药 | 氧化亚氮（笑气）吸入 | 局部麻醉 | 对照 |
|---|---|---|---|---|---|
| 出血量（$\bar{x}\pm s$） | | 28.00±11.20 | 31.20±13.24 | 33.00±11.21 | 34.00±12.08 |
| 镇痛效果（例） | Ⅰ级 | 138 | 8 | 10 | 2 |
| | Ⅱ级 | 2 | 122 | 123 | 34 |
| | Ⅲ级 | 0 | 10 | 7 | 104 |

辨析：该研究为完全随机设计，共分4组。出血量为连续资料。分析方法可根据数据分布情况考虑采用方差分析或Kruskal-Wallis秩和检验。该研究未提供正态性检验的结果，但从表2.8的结果，每组的标准差均远远低于均数，且四组标准差相差不大，暂且假定数据服从正态分布且方差齐。因此，对于出血量的组间比较，应考虑采用方差分析而不是$t$检验。如果方差分析显示四组总的有差异，则进一步做两两比较。本文是三个实验组分别与对照比较，首先考虑的两两比较方法是Dunnett法，这是专门用于实验组分别与对照组比较的方法。如果四组两两都做比较，则可用Bonferroni法等其他方法。

镇痛效果为三分类有序资料。如要说明效果的差异，应采用Kruskal-Wallis秩和检验。如果采用$\chi^2$检验，只能说明四组之间Ⅰ、Ⅱ、Ⅲ级的构成不同，不能说明效果的差别。如果将Ⅱ级和Ⅲ级的数据对调一下顺序，$\chi^2$检验结果不会有任何变化，但秩和检验的结果会发生变化。也就是说，$\chi^2$检验的结果是不考虑等级顺序的。该研究显然不是为了说明Ⅰ、Ⅱ、Ⅲ级比例的不同，而是为了说明程度上的差异，因此应采用Kruskal-Wallis秩和检验。

另外，对于镇痛效果分析的另一个问题是：用$\chi^2$检验分别进行两两组间比较。与定量资料一样，如果多组之间总的差异有统计学意义，需要进一步做两两比较时，不宜分别对其中两组进行比较。分类资料常用的两两比较方法是Bonferroni法，该法通俗易用，就是根据比较次数的多少将检验水准变为0.05/比较次数，将计算出的$P$值与新的检验水准进行比较。该研究共四组，共需比较3次，此时检验水准应定为0.05/3=0.017，只有$P$值小于0.017才能认为差异有统计学意义。

（冯国双　刘晓存　吴松岭）

# 第三章 配对设计与分析

## 第一节 配对设计简介

### 一、配对设计简介

配对设计（paired design）是将研究对象首先按一定的条件（依专业知识确定）配成对子，然后将每对对子中的两个研究对象随机地分配到两个不同的处理组。通过配对可以保证每个对子中的两个研究对象的混杂因素（或非处理因素）达到一致，因此配对设计的效率通常要高于完全随机设计。

医学科研中常用的配对设计主要有两种情形：

1. 异体配对（在不同的研究对象中进行配对设计） 即将两个条件相同或相近的不同研究对象配成对子，分别施加不同的处理，比如双胞胎配对设计和非双胞胎配对设计。其优点是实验可以同期进行，可以排除时间、自然条件和人为因素的干扰。

2. 自身配对（在同一研究对象中进行配对设计） 主要设计方式有：

（1）自身前后对照设计：对同一研究对象施加某种处理的前后比较，该设计是作用于同一研究对象，因此抽样误差小。但通常难以控制处理因素施加前后的自然条件、环境等变化所产生的影响，因此不适用于时间较长的研究。

（2）自身两对称器官或组织对照设计：如左右眼对照、左右臂对照等。自身两对称器官或组织通常具有很好的同质性，但要注意其自身的相互影响。

### 二、配对设计的要点

1. 配对因素 配对因素通常是可能影响到研究结果的混杂因素，可以是一个，也可以是多个。配对因素的选择非常重要，一个好的配对设计应该是除研究者关注的处理因素外，其他可能影响结果的非处理因素应该尽量相同或相近。也就是说，除了处理因素不同，任何一个对子中的两个研究对象相似度最大化。

2. 随机分配 配对设计的随机分配是将每一个对子中的两例研究对象随机分配到不同的两个处理组，对子中任何一个研究对象被分到某一组的概率相等，均为50%。随机分配方法主要采用随机数字法，利用统计软件可以很容易实现。

## 第二节 配对设计的样本含量估计及 SAS 实现

配对设计的样本含量估计，除需确定第一类错误概率 $\alpha$、把握度 $1-\beta$、单双侧检验等常规条件外，还需要考虑以下两个条件：

1. 两组的均值（针对定量资料）或不一致的比例（针对分类资料） 定量资料的配对设计需事先了解两组的预期均值及其标准差，或者两组的预期差值及差值标准差。分类资料的配对设计需事先了解两组不一致的比例。例如，采用 AB 两种检测方法对一组研究对象进行某指标的检测，欲计算样本量，需了解 A 法检测阳性且 B 法检测阴性及 B 法检测阳性且

A 法检测阴性的比例。

2. 配对的对子中两个研究对象的相关系数　多数两组配对资料间会存在不同程度的相关性，尤其在自身配对中，因此样本计算时需考虑到这种相关性的影响。通常情况下，相关性越大，所需样本量越小；反之所需样本量越大。

定量资料配对设计的样本含量计算公式为：

$$n=\frac{(Z_{1-\alpha/2}+Z_{1-\beta})^2 s_d^2}{(\mu_t-\mu_c)^2}$$

式中，$Z_{1-\alpha/2}$ 和 $Z_{1-\beta}$ 表示标准正态分布中对应 $1-\alpha/2$ 和 $1-\beta$ 的百分位数，$\mu_t$ 和 $\mu_c$ 分别表示两组的均值，$\mu_t-\mu_c$ 为两组差值，$s_d$ 为差值的标准差，可通过下式计算：

$s_d=\sqrt{s_1^2+s_2^2-2\rho s_1 s_2}$，其中，$s_1$、$s_2$ 分别为两组标准差，$\rho$ 为两组资料的相关系数，大多数教材介绍的都是假定 $\rho$ 为 0.5 时的公式。

分类资料配对设计的样本含量主要是基于两组不一致的比例计算的。公式主要有 Miettinen (1968) 公式和 Connor (1987) 公式等，两种计算结果差别不大，这里只简单介绍一下 Connor (1987) 公式：

$$n=\frac{\{Z_{1-\alpha/2}(p_{10}+p_{01})^{\frac{1}{2}}+Z_{1-\beta}[p_{10}+p_{01}-(p_{01}-p_{10})^2]^{\frac{1}{2}}\}^2}{(p_{01}-p_{10})^2}$$

其中 $p_{10}$ 和 $p_{01}$ 分别为两组配对结果中不一致的比例。

配对设计样本含量估计也可通过 SAS 中的 proc power 过程来实现，包括定量资料和定性资料配对设计样本含量估计。该过程的主要语句有：

```
proc power <选项>;
pairedmeans<选项>;      /*定量资料配对设计的样本含量*/
pairedfreq<选项>;       /*定性资料配对设计的样本含量*/
```

【命令解释】

【proc power】语句在第二章已有详细介绍。配对设计中，也需要通过 "alpha=" "sides=" "power=" 等选项分别指定第一类错误概率、单侧或双侧检验、把握度等。但指定样本量估算时，不是 "ntotal="，而是 "npairs="，这一点需要注意。这几个选项这里不再重复介绍。

【pairedmeans】用于两组配对均值比较的样本量估计，有两种估计方式：

1. 同时指定两组配对均值的差值、差值标准差及相关系数

| | |
|---|---|
| meandiff= | 指定两组均值的预期差值 |
| stddev= | 指定预期差值标准差 |
| corr= | 指定配对资料的相关系数，可从文献获得或可根据专业知识估计 |

2. 同时指定两组的均值、标准差及相关系数

| | |
|---|---|
| pairedmeans=$\bar{x}_1$ \| $\bar{x}_0$ | 指定两组的均值，中间用 "\|" 隔开 |
| pairedstddevs = ($s_1$ $s_0$) | 指定两组的标准差，中间用空格隔开 |
| corr= | 指定配对资料的相关系数 |

注意：有的软件在进行配对设计的样本量估算时，不需要填写相关系数，并不是没有考虑到相关系数，而是默认相关系数为 0.5。

【pairedfreq】用于两组配对率或比例比较的样本量估计,需指定以下选项:

| | |
|---|---|
| dist= | 指定分布,通常指定基于二项分布正态近似的 dist=normal 即可 |
| method= | 指定样本量计算方法,可指定 method=connor、miettinen 等方法,分别对应 Connor 和 Miettinen 提出的样本量计算公式 |
| discproportions=$p_{01}$ \| $p_{10}$ | 指定两组不一致的比例,中间用"\|"隔开 |

## 一、定量资料的样本含量估计

**例 3.1** 某研究欲比较 IOL Master 与 Pentacam 两种仪器测量前房深度(ACD)和角膜中央厚度(CCT)之和的差异。研究者采用配对设计,拟纳入若干对正常眼,分别采用两种仪器测量 ACD 与 CCT 之和,以比较其差异。研究者希望能有 90% 的把握发现两种仪器测量的真实差异,试对样本含量进行估算。

【例题分析】

ACD 与 CCT 之和为定量资料。现指定 $\alpha=0.05$,$1-\beta=0.9$。研究者通过以往研究获得两组 ACD 与 CCT 之和均数和标准差分别 $3.78\pm0.25$ 和 $3.88\pm0.35$,且假定两正常眼相关系数为 0.6。如果将指标代入公式计算,可求得 $n=85$,即需 85 对样本。

程序 3.1 给出了 SAS 软件的实现过程。

【程序 3.1】

```
proc power;
pairedmeans                      /*指定采用定量资料配对设计的样本量估计*/
pairedmeans=3.78 | 3.88          /*指定两组的均数*/
corr=0.6                         /*指定相关系数*/
pairedstddevs=(0.25 0.35)        /*指定两组的标准差*/
power=0.9                        /*指定把握度为 0.9*/
npairs=.;                        /*表明要对样本含量进行估计*/
run;
```

【程序解释】

该程序共 8 行。第 1 行调用样本量计算过程。第 2 行的 pairedmeans 表明是对配对均值进行估算。第 3~6 行分别指定两组均数、相关系数、两组标准差和把握度。该程序未指定单双侧和第一类错误概率,SAS 分别默认为双侧和 0.05。第 7 行的 "npairs=." 是固定格式,表示样本量为待估结果。读者只需修改第 3~6 行的相应值,便可实现定量资料配对设计的样本量估计。

如果读者在查阅文献时只能获得两组差值和差值标准差,则可将第 3 行和第 5 行分别改为 "meandiff=" 和 "stddev=",分别指定差值和差值标准差,也可输出样本量估算结果。

【结果输出】

结果显示(省略基本信息的结果),至少需 87 对正常眼才能有 90% 的把握发现两组的真实差异,与公式计算结果基本一致。

| Computed N Pairs | |
|---|---|
| Actual Power | N Pairs |
| 0.903 | 87 |

## 二、分类资料的样本含量估计

**例 3.2** 某医院欲了解医学验光与常规验光对近视眼患者的散光检出效果是否相同，研究者采用配对设计方法，选择若干只近视眼患者的眼睛，同时分别采用医院验光和常规验光两种方法对其散光情况进行检查。研究者希望能有 80% 的把握发现两种方法检查出散光率的真实差异，问该研究应如何确定样本含量。

【例题分析】

本例中散光率为二分类资料，首先设定 $\alpha$ 和 $1-\beta$ 分别为 0.05 和 0.8，再通过查阅以往文献，发现医院验光结果为散光而常规验光结果为非散光的比例为 35%，医院验光结果为非散光而常规验光结果为散光的比例为 15%。根据这些条件，如果采用 Connor 的样本量计算公式，可求得共需 96 对样本。

程序 3.2 给出了采用 SAS 软件的样本量估算过程。

【程序 3.2】

```
proc power;
pairedfreq dist=normal method=connor
/* dist 指定近似正态分布，method 指定 Connor 近似二项分布法 */
discproportions=0.35 | 0.15    /* 指定不一致的比例 */
power=0.8                      /* 指定把握度为 0.8 */
npairs=. ;                     /* 表明要对样本含量进行估计 */
run;
```

【程序解释】

该程序中，第 2 行的 pairedfreq 指定是对配对分类资料的样本量进行估算，dist 指定为二项分布的正态近似，估计样本量时直接指定此选项即可，method 指定采用配对定性资料的 Connor 近似二项分布法，也可改为 Miettinen 法，结果差别不大。第 3 行和第 4 行分别指定不一致的比例和把握度。第 5 行表明对样本量进行估计。如果读者想根据其他条件值计算，可对第 3、4 行的相应值进行修改即可。

【结果输出】

结果显示（省略基本信息的结果），至少需 96 对研究对象才能以 80% 的把握发现两组的真实差异，结果与公式计算一致。

| Computed N Pairs | |
|---|---|
| Actual Power | N Pairs |
| 0.801 | 96 |

# 第三节 配对设计的实施

配对设计实施的基本思路如下：

1. 选定研究对象，根据专业知识将研究对象按一定条件（如性别、年龄等）配成对子，对每个对子进行编号排序，并对每个对子中的两个研究对象分别编号排序。
2. 对子编号顺序排序即可，无须随机。利用统计软件在每一个对子中产生两个随机数字，并与每一对子中的编号对应。根据随机数字将每一对中的两个研究对象分别分入相应的组别。

SAS 软件中可用 proc plan 命令进行配对设计分组，该命令的常用语句为：

> proc plan <选项>；
> factors 因素名＝m<of n>选择方式；

【命令解释】

【proc plan】语句调用实验设计过程，可通过 seed＝选项指定种子数。

【factors】语句通过指定因素名进行设计，由于同时存在配对因素和处理因素，因此需要指定两个因素。如 pair＝10、treat＝2，表示产生 10 个对子数，两种处理。对子的选择方式可以用 ordered，处理的选择方式必须用 random。

**例 3.3** 某医院欲研究眼球摘除和义眼台植入对兔眼眶骨细胞凋亡的影响，探讨义眼台植入对眼眶畸形发育防治的作用机制。研究者以 40 只新西兰幼兔为研究对象采用配对设计方法进行研究，问应如何进行配对随机分组。

【例题分析】

首先将 40 只新西兰幼兔，按同龄、健康、体重等条件配成 20 个对子，按顺序从 1 到 20 对每个对子编号，同时对每个对子中的 2 只新西兰幼兔按 1、2 顺序进行编号。然后产生 20 个配对对子序号，该序号顺序排序即可。同时在每个对子中产生两个随机数字，与对子中 2 只新西兰幼兔的序号一一对应。程序 3.3 给出了随机分组的 SAS 程序。

【程序 3.3】

```
proc plan seed=20120808;           /*指定种子数为 20120808*/
   factors pair=20 ordered treat=2;
/*产生 20 个对子，ordered 表示顺序排列；指定处理数为 2 个，默认随机排列*/
run;
```

【程序解释】

该程序共 3 行，第 1 行调用实验设计过程，seed 选项指定一个种子值，通过指定种子值可以重现当前结果。第 2 行利用 factors 语句产生配对因素和处理因素，配对因素命名为 pair 并指定数值为 20，处理因素命名为 treat 并指定数值为 2。配对因素顺序排列即可，因此 pair＝20 后指定 ordered，表示 1~20 顺序排列。处理因素应随机排列，因此其后不指定任何选项，即默认为 random，表示两个处理因素 1 和 2 是随机排列的。

【结果输出】

| pair | -treat- | |
|---|---|---|
| 1 | 1 | 2 |
| 2 | 1 | 2 |
| 3 | 2 | 1 |
| 4 | 2 | 1 |
| 5 | 1 | 2 |
| 6 | 2 | 1 |
| 7 | 1 | 2 |
| 8 | 1 | 2 |
| 9 | 1 | 2 |
| 10 | 1 | 2 |

| | | |
|---|---|---|
| 11 | 1 | 2 |
| 12 | 1 | 2 |
| 13 | 1 | 2 |
| 14 | 2 | 1 |
| 15 | 1 | 2 |
| 16 | 1 | 2 |
| 17 | 2 | 1 |
| 18 | 1 | 2 |
| 19 | 2 | 1 |
| 20 | 1 | 2 |

结果中，pair 为对子数，treat 为每个对子中 2 个研究对象的随机数字，用 1、2 表示，具体含义由研究者来定，如 1 表示实验组，2 表示对照组。

结果显示，第 1 对幼兔中，第 1 只分入处理组 1，第 2 只分入处理组 2；第 2 对幼兔中，第 1 只分入处理组 1，第 2 只分入处理组 2；第 3 对幼兔中，第 1 只分入处理组 2，第 2 只分入处理组 1；……第 20 对幼兔中，第 1 只分入处理组 1，第 2 只分入处理组 2。

## 第四节 配对设计资料的统计分析及 SAS 实现

配对设计的统计分析需要根据资料类型和数据分布选择不同的方法。

1. 定量资料的比较方法

（1）如果两配对资料的差值服从正态分布，可采用配对 $t$ 检验。配对 $t$ 检验实际上就是用两组差值的均值与 0 进行比较，如果差值均值与 0 相差较大，则提示两组配对资料的差异可能有统计学意义，否则可能无统计学意义。

（2）如果两组差值不符合正态分布，可采用 Wilcoxon 符号秩检验（signed rank test）。Wilcoxon 符号秩检验的基本思想是：按两组差值的绝对值大小排序，排列的序号称为秩。分别计算差值大于 0 和小于 0 的秩和，用 $T+$ 和 $T-$ 表示。理论上，如果两组差别只是由于抽样误差造成，则 $T+$ 和 $T-$ 应非常接近，都应大致等于 $n(n+1)/4$。如果与 $n(n+1)/4$ 差别较大，说明两组差值可能不是由于抽样误差造成，而是确实存在差异。

配对 $t$ 检验和 Wilcoxon 符号秩检验均可通过 proc univariate 过程实现，其常用语句为：

proc univariate;
var 差值变量；

在调用 proc univariate 命令前，必须现在数据集中产生一个差值，然后在 var 语句中指定该差值变量即可。

2. 分类资料的比较方法

（1）如果两组配对分类资料均为二分类资料（四格表），通常采用 McNemar 法。该法主要是利用配对资料中不一致的频数（即四格表中非对角线的频数）进行计算，其公式为：

$$\chi^2 = \frac{(n_{10}-n_{01})^2}{n_{10}+n_{01}}$$

式中，$n_{10}$ 和 $n_{01}$ 为两组配对资料不一致的例数。

当 $n_{10}+n_{01}<40$ 时,通常需要对公式进行校正,此时 McNemar 检验的公式变为:

$$\chi^2 = \frac{(|n_{10}-n_{01}|-1)^2}{n_{10}+n_{01}}$$

(2) 如果两组配对分类资料均为无序多分类（$R \times R$ 列联表）,可采用 Bowker 对称性检验,该法相当于 McNemar 法的扩展,也是检验非对角线的联合概率是否相同。

(3) 如果两组配对分类资料为有序多分类（$R \times R$ 列联表）,仍用 Wilcoxon 符号秩检验。

两组配对分类资料（二分类或无序多分类资料）的比较可通过 proc freq 过程实现,该语句在第二章已有介绍,但用于配对资料的比较时,需在 tables 语句中指定 agree 选项,如下列语句所示:

```
proc freq <选项>；
tables 行 * 列/agree；
weight 权重变量；
```

agree 选项可根据资料的分类不同输出 McNemar 法（当资料为 $2\times 2$ 表时）或 Bowker 法（当资料为 $R\times R$ 表时）。同时也会默认给出 Kappa 一致性检验结果,该检验结果与本章无关,在第九章有详细介绍。

## 一、定量资料的统计分析

**例 3.4** 某研究者采用配对设计,选择 26 对（52 只）正常眼,分别采用 IOL Master 与 Pentacam 两种仪器测量前房深度（ACD）和角膜中央厚度（CCT）,欲比较两种仪器测量 ACD 与 CCT 之和是否有统计学差异。两种测量方法测量的 ACD 与 CCT 之和见表 3.1。

**表 3.1 两种仪器测量正常眼 ACD 与 CCT 之和 (mm)**

| 序号 | IOL Master 法 | Pentacam 法 | 序号 | IOL Master 法 | Pentacam 法 |
| --- | --- | --- | --- | --- | --- |
| 1 | 3.94 | 3.99 | 14 | 3.78 | 3.98 |
| 2 | 4.02 | 4.23 | 15 | 3.72 | 4.12 |
| 3 | 3.34 | 3.81 | 16 | 3.56 | 3.79 |
| 4 | 3.63 | 3.92 | 17 | 3.66 | 3.88 |
| 5 | 3.31 | 3.92 | 18 | 3.55 | 3.85 |
| 6 | 3.41 | 3.82 | 19 | 3.77 | 3.81 |
| 7 | 3.53 | 3.91 | 20 | 3.45 | 3.67 |
| 8 | 3.61 | 3.78 | 21 | 3.48 | 3.68 |
| 9 | 3.72 | 3.82 | 22 | 3.30 | 3.78 |
| 10 | 3.71 | 4.02 | 23 | 4.04 | 4.12 |
| 11 | 3.73 | 3.93 | 24 | 3.98 | 4.09 |
| 12 | 4.02 | 4.04 | 25 | 3.76 | 3.95 |
| 13 | 3.45 | 3.89 | 26 | 3.59 | 3.80 |

【例题分析】

该研究为自身器官配对设计,结果指标为连续变量。可先进行结果差值的正态性检验,根据是否符合正态分布选择配对 $t$ 检验或 Wilcoxon 符号秩检验。SAS 中的 proc univariate 过程可同时实现正态性检验,并输出配对 $t$ 检验或 Wilcoxon 符号秩检验结果。具体见程序 3.4。

【程序 3.4】

```
data example3_4;
input no x1 x2;
/*no 为对子序号,x1 和 x2 分别代表配对设计中 IOL Master 与 Pentacam 的测量结果*/
d=x2-x1;            /*产生新的变量 d,用来表示两组结果的差值*/
cards;
1    3.94    3.99
2    4.02    4.23
3    3.34    3.81
……(省略中间数据)
24   3.98    4.09
25   3.76    3.95
26   3.59    3.80
;
run;
proc univariate normal;   /*调用 proc univariate 命令,其中 normal 执行正态性检验*/
var d;                    /*指定分析变量为两组差值 d*/
run;
```

【程序解释】

该程序需要注意是对两组差值进行分析,因此在前面的数据步产生一个新的变量 d 表示两组差值,$x_1-x_2$ 或 $x_2-x_1$ 均可。后面的过程步用 var 语句指定是对该差值变量 d 作分析。其余语句含义可参见第二章的相关内容。

【结果输出】

所有结果可以分为三个部分。第一部分是差值的统计描述,包括均值、标准差、中位数、变异系数等各种统计描述指标。

矩

| | | | |
|---|---|---|---|
| N | 26 | 权重总和 | 26 |
| 均值 | 0.25153846 | 观测总和 | 6.54 |
| 标准差 | 0.15106799 | 方差 | 0.02282154 |
| 偏度 | 0.52811214 | 峰度 | -0.2135177 |
| 未校平方和 | 2.2156 | 校正平方和 | 0.57053846 |
| 变异系数 | 60.0576118 | 标准误差均值 | 0.02962687 |

基本统计测度

| 位置 | | 变异性 | |
|---|---|---|---|
| 均值 | 0.251538 | 标准差 | 0.15107 |
| 中位数 | 0.215000 | 方差 | 0.02282 |
| 众数 | 0.200000 | 极差 | 0.59000 |
| | | 四分位极差 | 0.21000 |

第二部分是与 0 相比的统计学检验结果，包括配对 $t$ 检验、符号检验和 Wilcoxon 符号秩检验。符号检验是用大于 0 的个数减小于 0 的个数再除以 2，本例 26 个差值均大于 0，因此符号检验的统计量是（26－0）/2＝13，该法所用的信息较少，实际中应用并不多。

当差值符合正态分布时，可选用配对 $t$ 检验结果，如果偏离正态分布，最好选用符号秩检验结果。

位置检验：Mu0＝0

| 检验 | | 统计量 | | P 值 |
|---|---|---|---|---|
| Student t | t | 8.490214 | Pr＞｜t｜ | ＜.0001 |
| 符号 | M | 13 | Pr＞＝｜M｜ | ＜.0001 |
| 符号秩 | S | 175.5 | Pr＞＝｜S｜ | ＜.0001 |

本例配对 $t$ 检验和 Wilcoxon 符号秩检验均显示，与 0 相比差异有统计学意义。

第三部分是正态性检验结果。Shapiro‑Wilk 检验结果显示符合正态分布（$P=0.2816$）。

正态性检验

| 检验 | | 统计量 | | P 值 |
|---|---|---|---|---|
| Shapiro‑Wilk | W | 0.953632 | Pr＜W | 0.2816 |
| Kolmogorov‑Smirnov | D | 0.172072 | Pr＞D | 0.0461 |
| Cramer‑von Mises | W‑Sq | 0.093437 | Pr＞W‑Sq | 0.1337 |
| Anderson‑Darling | A‑Sq | 0.486759 | Pr＞A‑Sq | 0.2144 |

第四部分列出了相应的分位数，如 99％分位数、95％分位数等。还列出了最大和最小的 5 个观测值。这部分通常可用于检测是否存在异常值。

分位数（定义 5）

| 分位数 | 估计值 |
|---|---|
| 100％ 最大值 | 0.610 |
| 99％ | 0.610 |
| 95％ | 0.480 |
| 90％ | 0.470 |
| 75％ Q3 | 0.380 |
| 50％ 中位数 | 0.215 |
| 25％ Q1 | 0.170 |
| 10％ | 0.050 |
| 5％ | 0.040 |
| 1％ | 0.020 |
| 0％ 最小值 | 0.020 |

极值观测

| ----最小值---- | | ----最大值---- | |
|---|---|---|---|
| 值 | 观测 | 值 | 观测 |
| 0.02 | 12 | 0.41 | 6 |
| 0.04 | 19 | 0.44 | 13 |
| 0.05 | 1 | 0.47 | 3 |

| | | | | |
|---|---|---|---|---|
| | 0.08 | 23 | 0.48 | 22 |
| | 0.10 | 9 | 0.61 | 5 |

本例结果显示,两组差值符合正态分布,可采用配对 $t$ 检验的结果,$t=8.49$,$P<0.0001$。提示两组差值有统计学意义。由于差值 d＝$x_2-x_1$ 反映了 Pentacam 法减 IOL Master 法的结果,而且差值均值为 0.2515,大于 0,因此可以认为 Pentacam 法的结果要高于 IOL Master 法。

## 二、二分类资料的统计分析

**例 3.5** 某医院采用配对设计方法,选择 72 只近视眼患者的眼睛,分别采用医学验光与常规验光对近视眼患者的散光检出效果进行测量,比较两种方法对近视患者眼睛散光检出率是否存在统计学差异。医学验光与常规验光对近视眼患者的散光检出情况见表 3.2。

表 3.2　医学验光与常规验光对近视眼患者的散光检出情况

| 医学验光 | 常规验光 | | 合计 |
| --- | --- | --- | --- |
| | 散光 | 不散光 | |
| 散光 | 10 ($a$) | 15 ($b$) | 25 ($n_1$) |
| 不散光 | 33 ($c$) | 14 ($d$) | 47 ($n_2$) |
| 合计 | 43 ($m_1$) | 29 ($m_2$) | 72 ($n$) |

【例题分析】

该资料为配对设计二分类资料,可以整理成表 3.2 样式的 2×2 表。配对资料的比较可采用 McNemar 检验,主要是利用非对角线的两个数据(即 $b$ 和 $c$)。程序 3.5 给出了 McNemar 法的实现过程。

【程序 3.5】

```
data example3_5;
do med=1 to 2;
do ord=1 to 2;
input f @@;
output;
end;
end;
cards;
10 15 33 14
;
proc freq;
weight f;                    /* weight 语句指定 f 为权重值,实际表示频数 */
tables med*ord/ agree;       /* agree 选项可输出 McNemar 检验结果 */
run;
```

【程序解释】

该程序的数据步利用两个 do 循环语句输入四个数据。用 med 表示医学验光,ord 表示常规验光,1 和 2 分别表示散光和不散光。输入的四个数据分别对应表 3.2 中的四种组合。

过程步中的 weight 语句表示 f 为频数，tables 语句中的 agree 选项可输出 McNemar 检验。

【结果输出】

程序 3.5 结果主要有三部分。第一部分给出四格表的频数及各自的百分比。

```
med      ord
频数   |
百分比 |
行百分比|
列百分比|        1|       2|   合计
--------+--------+--------+
    1  |    10  |    15  |    25
       | 13.89  | 20.83  | 34.72
       | 40.00  | 60.00  |
       | 23.26  | 51.72  |
--------+--------+--------+
    2  |    33  |    14  |    47
       | 45.83  | 19.44  | 65.28
       | 70.21  | 29.79  |
       | 76.74  | 48.28  |
--------+--------+--------+
   合计      43       29      72
            59.72    40.28   100.00
```

第二部分是 McNemar 检验结果，可以认为两种验光的散光率有统计学差异（$P=0.0094$）。

```
          McNemar 检验
       ─────────────────────
       统计量（S）   6.7500
       自由度           1
       Pr > S       0.0094
```

第三部分是 Kappa 一致性检验结果，这是 agree 选项的附带结果，主要用于两种方法的一致性检验（见第九章）。本例主要是检验两种方法的差异，因此这部分结果无须理会。

```
        简单 Kappa 系数
     ─────────────────────
     Kappa           -0.2586
     渐近标准误差     0.1059
     95% 置信下限    -0.4662
     95% 置信上限    -0.0510
```

本例 McNemar 检验结果显示，两种验光方式的散光率有统计学差异。结合具体数值可以看出，常规验光的散光率（59.72%）要高于医学验光的散光率（34.72%）。

### 三、多分类资料的统计分析

**例 3.6** 某医院对 90 例眼睛曲光不正常患者（180 只眼）采用两种方法（A 和 B 方法）进行术前中央角膜厚度（CCT）测量，测量结果见表 3.3。试比较这两种方法测量结果是否有差别。

表 3.3　A 和 B 两种方法测量 CCT 情况

| A 方法 | B 方法 | | | 合计 |
| --- | --- | --- | --- | --- |
| | 很厚 | 较厚 | 一般 | |
| 很厚 | 20 ($A_{11}$) | 25 ($A_{12}$) | 35 ($A_{13}$) | 80 ($n_1$) |
| 较厚 | 10 ($A_{21}$) | 15 ($A_{22}$) | 18 ($A_{23}$) | 43 ($n_2$) |
| 一般 | 30 ($A_{31}$) | 16 ($A_{32}$) | 11 ($A_{33}$) | 57 ($n_3$) |
| 合计 | 60 ($m_1$) | 56 ($m_2$) | 64 ($m_3$) | 180 ($n$) |

【例题分析】

该资料为配对设计的三分类资料，可以整理成表 3.3 样式的 3×3 列联表。本例的测量结果为多分类，可根据研究目的将其视为无序或有序。如果研究目的是比较两种测量结果的分布是否不同，可将其作为无序分类资料，采用 Bowker 对称性检验；如果目的是比较两种测量结果是否有程度上的差异，应将其作为有序分类资料，采用 Wilcoxon 符号秩检验。

1. 无序分类资料的 Bowker 对称性检验

【程序 3.6】

```
data example3_6;
do a=1 to 3;
do b=1 to 3;
input f @@;
output;
end;
end;
cards;
20 25 35
10 15 18
30 16 11
;
proc freq;
weight f;
tables a*b/agree;
run;
```

【程序解释】

与程序 3.5 相比，该程序只是在数据输入时指定行变量和列变量的取值为 1、2、3，其余语句完全一致。在 SAS 中，不管是二分类资料分析时采用的 McNemar 法还是多分类资料分析时采用的 Bowker 法，都采用 agree 选项实现。SAS 自动判断是二分类资料还是多分类资料，并自动输出 McNemar 法或 Bowker 法的结果。

【结果输出】

结果输出与程序 3.5 相似，分别给出了频数表、Bowker 对称性检验结果和 Kappa 一致性检验结果。本例只关注 Bowker 对称性检验结果即可。结果显示，两种方法的测量结果在

0.05 的检验水准上并无统计学差异（$P=0.0741$）。

```
              a      b
              频数   |
              百分比 |
              行百分比|
              列百分比|      1|      2|      3|  合计
              --------+-------+-------+-------+
                   1 |    20 |    25 |    35 |    80
                     | 11.11 | 13.89 | 19.44 | 44.44
                     | 25.00 | 31.25 | 43.75 |
                     | 33.33 | 44.64 | 54.69 |
              --------+-------+-------+-------+
                   2 |    10 |    15 |    18 |    43
                     |  5.56 |  8.33 | 10.00 | 23.89
                     | 23.26 | 34.88 | 41.86 |
                     | 16.67 | 26.79 | 28.13 |
              --------+-------+-------+-------+
                   3 |    30 |    16 |    11 |    57
                     | 16.67 |  8.89 |  6.11 | 31.67
                     | 52.63 | 28.07 | 19.30 |
                     | 50.00 | 28.57 | 17.19 |
              --------+-------+-------+-------+
              合计       60      56      64     180
                       33.33   31.11   35.56  100.00

                        对称性检验
                    ---------------------
                    统计量（S）    6.9308
                    自由度              3
                    Pr > S         0.0741

                         Kappa 统计量
    统计量              值   渐近标准误差              95% 置信限
    ---------------------------------------------------------------
    简单 Kappa       -0.1196      0.0495         -0.2167    -0.0225
    加权的 Kappa     -0.1907      0.0566         -0.3016    -0.0798
```

本例 Bowker 对称性检验结果显示，两种方法对术前中央角膜厚度的检测结果其分布并无统计学差异。

2. 有序分类资料的 Wilcoxon 符号秩检验

【程序 3.7】
```
data example3_7;
do a=1 to 3;                  /*A 法的检查结果分别赋值 1、2、3*/
do b=1 to 3;                  /*B 法的检查结果分别赋值 1、2、3*/
input f @@;
d=b-a;                        /*产生两组的差值 d*/
output;
end;
end;
```

```
    cards;
    20 25 35
    10 15 18
    30 16 11
    ;
    proc univariate;
    freq f;
    var d;
    run;
```

【程序解释】

该程序与程序 3.4 相似，不同的只是数据类型。程序 3.4 是连续资料，而这里是有序分类资料。但其分析思路相同，都是先计算两种检测结果的差值，然后对差值进行分析。由于有序分类资料各类别的值是人为赋予的，可以赋值 1、2、3，也可以是 3、4、5，不影响分析结果。但两种结果的赋值一定要相同，不能一个赋值为 1、2、3，而另一个为 3、4、5。

【结果输出】

结果输出与程序 3.4 相似，这里仅列出统计学检验的结果，省略其他统计描述结果。

```
                 位置检验：Mu0＝0
检验        ---统计量---        --------P 值--------
Student t    t   1.493639     Pr > |t|     0.1370
符号         M      11         Pr >= |M|    0.0693
符号秩       S     552.5       Pr >= |S|    0.2064
```

结果显示，$P=0.2064$，提示两组的检测结果并无统计学差异，可以认为两种检测结果并无程度上的差异。

## 第五节  案例辨析

【案例 1】某研究采用配对设计对 25 例（50 眼）开角型青光眼患者进行光学相干断层成像术（OCT）与图形视网膜电图（PERG）检查，采用配对 $\chi^2$ 检验比较两种检查在青光眼中的异常率。研究中将 50 只青光眼分成早期 22 眼，进展期与晚期 28 眼，分别进行异常率的比较，结果如表 3.4。

表 3.4  OCT 与 PERG 在青光眼中异常率的比较

| | OCT | | PERG | | $\chi^2$ 值 | $P$ 值 |
|---|---|---|---|---|---|---|
| | 异常眼 | 异常率（%） | 异常眼 | 异常率（%） | | |
| 早期（22 眼） | 9 | 40.9 | 17 | 77.3 | 4.57 | <0.05 |
| 进展期与晚期（28 眼） | 22 | 78.6 | 23 | 82.1 | 0.09 | >0.05 |
| 合计（50 眼） | 31 | 62.0 | 40 | 80.0 | 4.26 | <0.05 |

辨析：该研究采用的是自身配对设计方法，分别对早期、进展期与晚期、合计采用配对 $\chi^2$ 检验。方法选择并无问题，但从数据中可以看出，不管是早期还是进展期与晚期，其不一

致的例数均不大可能大于40。如早期分析的22只青光眼，可以整理成表3.5的形式：

**表3.5　OCT与PERG对早期青光眼的检查结果**

| OCT | PERG | | 小计 |
| --- | --- | --- | --- |
| | 异常 | 正常 | |
| 异常 | a | b | 9 |
| 正常 | c | d | 13 |
| 合计 | 17 | 5 | 22 |

可以看出，早期青光眼 $b+c$ 的例数肯定小于40，此时最好对配对 $\chi^2$ 检验进行校正，采用校正的McNemar检验，否则容易产生假阳性。

假定四格表中的a、b、c、d四个数分别为7、2、10、3，则可通过下面简单的计算程序实现校正的McNemar检验：

```
data adjmc;
input f11 f12 f21 f22;          /*分别代表四格表中的a、b、c、d*/
mc_adj=(abs(f12-f21)-1)**2/(f12+f21);  /*计算校正公式*/
p=1-probchi(mc_adj,1);          /*计算自由度为1时的p值*/
cards;
7 2 10 3
;
proc print;
run;
```

【案例2】某医院欲探讨小梁切除术中应用不同浓度丝裂霉素（MMC）的作用，将48例（62眼）POAG患者随机配对分为两组，配对条件包括：年龄差别≤3岁，性别、眼别相同，视力差别≤0.1，C/D差别≤0.1，眼压差别≤5mmHg。一组在常规小梁切除术中辅助用0.1mg/ml丝裂霉素，另一组在术中使用0.2mg/ml丝裂霉素，术后随访一年。两组术后眼压均有下降，与术前眼压比较，差异有高度显著性（$P<0.01$），而两组间术后眼压比较，差异无显著性（$P>0.05$）。结果见表3.6。

**表3.6　术前术后眼压比较**

| 分组 | 术前眼压 $\bar{x}\pm s$ | 术后眼压 $\bar{x}\pm s$ | P值 |
| --- | --- | --- | --- |
| 0.1mg/ml | 4.81±0.72 | 2.04±0.40 | <0.01 |
| 0.2mg/ml | 5.02±0.95 | 1.91±0.37 | <0.01 |
| P值 | >0.05 | >0.05 | |

辨析：从该研究的目的来看，是想比较两组前后差异以及两组间差异。两组前后差异属于配对设计，作者对两组分别作配对 $t$ 检验，比较治疗前后的差别情况，只要数据符合正态

分布，这种分析并无不妥。但作者分别于术前和术后做两组间的比较并不能反映两组间是否有差异。

该研究中，两组间比较最好是先求出术后-术前的差值，然后比较两组的差值。从表3.6中可以看出，0.1mg/ml组术后均值降低了2.77，而0.2mg/ml组的术后均值降低了3.11，二者差值为0.34，说明0.2mg/ml组的降压效果优于0.1mg/ml组。而如果仅看术后两组均值，差值仅为0.13。因此如果仅对术后两组比较，并不反映两种方法的真实降压效果，用差值比较则可较好地反映出两组降压效果。此外也可考虑采用协方差分析，将术前眼压值作为协变量进行校正，然后比较术后的组间差异。

（刘世炜　冯国双）

# 第四章 随机区组设计与分析

## 第一节 随机区组设计简介

随机区组设计(randomized block design)又称配伍组设计,是配对设计的扩展。所谓"对",是两个的意思;"伍"则具有三个以上的含义,俗话说,三人为伍。因此仅从其名称便可以知道配对设计是两组配对,而配伍组设计则是多组配比。随机区组设计与配对设计相比,仅仅是处理组的增多,其设计与分析思路都是一致的。

随机区组设计是先将研究对象按一定的条件(依专业知识确定)配成一个组,称为区组或配伍组,然后将每个区组中的 $k$($k \geqslant 3$) 个研究对象随机地分配到 $k$ 个不同的组别,给予不同的处理因素或安慰剂等。

随机区组设计与配对设计相似,均是事先按一定的因素配成一个组,然后在组内随机分配研究对象。随机区组设计的思路与配对设计完全相同,只不过配对设计配成的组是 2 组,而随机区组设计配成的组是 $k$($k \geqslant 3$) 组。

常见的随机区组设计有两种:完全随机区组设计和平衡不完全随机区组设计。

### 一、完全随机区组设计

这是实际中最常用的设计形式,通常所说的随机区组设计都是指完全随机区组设计。这种设计方式将每个区组中的 $k$ 个研究对象随机分配到 $k$ 个不同的处理组,每一区组内研究对象数与处理组数相等,每一处理组内的研究对象数均等于区组数,每个研究对象接受一种处理因素。表 4.1 给出了一个 6 种处理、10 个区组的完全随机区组设计形式。

表 4.1 6 种处理、10 个区组的完全随机区组设计形式

| 处理因素 | 区组 | | | | | | | | | |
|---|---|---|---|---|---|---|---|---|---|---|
| | 1 | 2 | 3 | 4 | 5 | 6 | 7 | 8 | 9 | 10 |
| | f | d | d | b | f | b | c | d | f | e |
| | a | f | c | c | d | e | e | e | d | d |
| | e | e | f | d | b | c | a | a | e | b |
| | c | a | e | a | a | d | d | b | b | a |
| | d | b | a | e | e | a | b | f | a | c |
| | b | c | b | f | c | f | f | c | c | f |

表 4.1 中,每一区组内均有随机分配的 6 种处理,每一处理组内均有 10 例研究对象,总例数为处理数×区组数=6×10=60。

### 二、平衡不完全随机区组设计

医学研究中有时由于实验条件所限(如每天能做的实验次数有限),一个区组内无法安排所有的处理因素,即区组内的研究对象数少于处理数,此时可以按一定规则在每个区组内只安排部分处理,这种设计称为不完全随机区组设计。

如果每个区组施加的处理数相等，称为平衡不完全区组设计。如果每个区组施加的处理数不相等，称为不平衡不完全区组设计。不平衡不完全区组设计应用很少且较为复杂，本书不作介绍。

平衡不完全随机区组设计的两个重要特征是平衡和不完全区组。所谓平衡，是指任意两个处理出现在区组内的次数相同。假设 $t$ 为处理数，$b$ 为区组数，$r$ 为每种处理的重复数，$k$ 为区组容量，即每个区组包含的处理数，$\lambda$ 表示任意两种处理同时出现的区组数。平衡不完全随机区组设计必须符合以下三个特征：

1. 总例数 $N=bk=tr$；
2. $b \geqslant t$，$r \geqslant k$；
3. $\lambda = r(k-1)/(t-1)$。

平衡不完全区组设计可以取 $\binom{t}{k} = b$ 个区组，意思是从 $t$ 个处理中任取 $k$ 个放入一个区组，如此的区组共有 $b$ 个。不过通常也可取少于 $\binom{t}{k}$ 个区组得到平衡的设计。

表 4.2 给出了一个 6 种处理、10 个区组的平衡不完全随机区组的设计，即 $t=6$，$b=10$，$r=5$，$k=3$，$bk=tr=30$，$\lambda=r(k-1)/(t-1)=2$。表中任意两种处理出现的次数均相同，ab、ac、bc 等任意两组处理出现的次数均为 2 次，如 ab 出现在区组 1 和 2，bc 出现在区组 1 和 6。

**表 4.2　6 种处理、10 个区组的平衡不完全随机区组设计形式**

| | 区组 | | | | | | | | | |
|---|---|---|---|---|---|---|---|---|---|---|
| | 1 | 2 | 3 | 4 | 5 | 6 | 7 | 8 | 9 | 10 |
| 处理因素 | a | a | a | a | a | b | b | b | c | c |
| | b | b | c | d | e | c | d | e | d | d |
| | c | d | e | f | f | f | e | f | e | f |

表 4.2 还可以列成表 4.3 的形式，这样每个区组中的处理如何分配更加清楚。

**表 4.3　6 种处理、10 个区组的平衡不完全随机区组设计形式**

| | | 区组 | | | | | | | | | |
|---|---|---|---|---|---|---|---|---|---|---|---|
| | | 1 | 2 | 3 | 4 | 5 | 6 | 7 | 8 | 9 | 10 |
| 处理因素 | a | △ | △ | △ | △ | △ | | | | | |
| | b | △ | △ | | | | △ | △ | △ | | |
| | c | △ | | △ | | | △ | | | △ | △ |
| | d | | △ | | △ | | | △ | | △ | △ |
| | e | | | △ | | △ | | △ | △ | △ | |
| | f | | | | △ | △ | △ | | △ | | △ |

## 第二节 随机区组设计的样本含量估计及 SAS 实现

随机区组设计的样本量估计实际上就是估计每个处理组所需的区组数，公式为：

$$b \geq \frac{2MSE(Z_{1-\alpha/2}+Z_{1-\beta})^2}{\delta^2}$$

其中，$b$ 为区组数，即每个处理所需研究对象数；$MSE$ 为误差均方；$\delta$ 为组间差值。$Z_{1-\alpha/2}$ 和 $Z_{1-\beta}$ 表示标准正态分布中对应 $1-\alpha/2$ 和 $1-\beta$ 的百分位数。$MSE$ 和 $\delta$ 需要从以往文献中获得，$\delta$ 通常可选用多组中最小的差值，这样计算样本量比较有保证。

目前 SAS 尚无随机区组设计样本量的估计程序，可根据计算公式自己编程实现。

**例 4.1** 某医院欲采用完全随机区组设计研究 3 种药物对青光眼眼压的降压效果，为了更好地了解各种药物的降压效果，研究者同时设立一个空白对照组，即不给予任何药物处理。设定 $\alpha$ 和 $1-\beta$ 分别为 0.05 和 0.9，试分析共需多少例样本才能发现各药物降压效果的差异。

【例题分析】

本例采用完全随机区组设计，已设定 $\alpha$ 和 $1-\beta$ 分别为 0.05 和 0.9，通过查阅文献，发现 MSE 为 5.50（表 4.4），且各组间最小差异为 3.1，因此设定 $\delta=3.1$，以此进行计算。

**表 4.4 以往文献的方差分析结果**

| 变异来源 | 自由度 | 平方和（SS） | 均方（MS） | F 值 |
| --- | --- | --- | --- | --- |
| 处理因素 | $t-1=5$ | 132.93 | 26.59 | 4.83 |
| 区组 | $r-1=3$ | 13.19 | 4.41 | |
| 误差 | $(r-1)(t-1)=15$ | 82.82 | 5.50 | |
| 合计 | $n-1=23$ | 228.94 | | |

程序 4.1 给出了基于公式自行编写的样本量计算过程。

【程序 4.1】

```
data example4_1;
alpha=0.05;                    /*指定第一类错误α值*/
beta=0.1;                      /*指定第二类错误β值*/
delta=3.1;                     /*指定组间最小差值*/
mse=5.5;                       /*指定误差均方*/
b=ceil(2*mse*(probit(1-alpha/2)+probit(1-beta))**2/delta**2);
label alpha="α";
label beta="β";
label delta="δ";
label mse="误差均方";
label b="所需区组数";
proc print noobs label;
run;
```

【程序解释】

该程序第 1 行建立数据集,第 2~5 行要求输入各指标的值,第 6 行是公式计算过程,第 7~11 行通过 label 语句定义各指标的含义,方便结果的阅读。第 12~13 行打印输出各指标值及计算的样本量。读者只需修改第 2~5 行的不同值,便可输出其他的计算结果。

【结果输出】

结果显示,以 $\alpha=0.05$ 和 0.9 的把握度,至少需要 13 个区组,即每个处理组至少需要 13 例研究对象。

| $\alpha$ | $\beta$ | $\delta$ | 误差均方 | 所需区组数 |
|---|---|---|---|---|
| 0.05 | 0.1 | 3.1 | 5.5 | 13 |

## 第三节 随机区组设计实施及 SAS 实现

完全随机区组设计与不完全随机区组设计的总体思路差不多,但不完全随机区组设计更为复杂,下面分别介绍。

### 1. 完全随机区组设计及 SAS 实现

(1) 选定研究对象,根据专业知识将研究对象按一定条件(如性别、年龄、体重等)配成若干个区组,对每个区组编号排序,对每个区组中的 $k$($k \geqslant 3$)个研究对象也按一定规则编号排序。

(2) 将区组顺序排列,并在每一区组中产生 $k$ 个随机数字,与 $k$ 个研究对象的编号一一对应,将 $k$ 个研究对象分入随机数字所对应的处理组中。

完全随机区组设计的 SAS 程序与配对设计的语句格式相同,也是通过 proc plan 的 factors 语句实现,只是指定的处理因素数不同。其常用语句为:

```
proc plan <选项>;
factors 因素名=m<of n>选择方式;
```

【命令解释】

【proc plan】语句调用实验设计过程,可通过 seed= 选项指定种子数,默认为电脑系统时间。

【factors】语句指定因素名、因素值及因素值的选择方式,可以指定多个因素及不同的选择方式。完全随机区组设计是区组和处理因素的全面组合,因此只需在 factors 语句中指定区组因素、处理因素及其选择方式即可。如 block=10 treat=6,表示产生 6 种处理、10 个区组的设计。区组的排列方式可以用 ordered,处理的排列方式必须用 random。

### 2. 平衡不完全随机区组设计及 SAS 实现

(1) 先确定区组数。为了达到平衡的目的,区组数并不是随意而定,应满足 $r(k-1)/(t-1)=\lambda$ 是一个自然数。通常区组数可取 $\binom{t}{k}=b$ 个,但也可少于这一数值。

(2) 确定区组数后,首先将研究对象按某因素配成若干个区组,然后在每个区组内从 $t$ 个处理中随机选择 $k$ 种处理,并进行随机分配。

平衡不完全区组设计已有不少现成的表格可以套用,分别列出了不同处理数、区组数、重复数、区组容量下的相应设计形式,可供读者查阅。当然,目前 SAS 也已经可以实现平衡不完全区组的设计过程，因此也可直接利用 SAS 软件来实现。

平衡不完全随机区组设计在 SAS 中可以采用 proc optex 过程实现，该过程可用于最优化实验设计（optimal experimental designs），尤其适用于非标准化的设计，如非全面组合的设计，不规则设计等。平衡不完全随机区组设计实际上是区组因素与处理因素的非全面组合的一种设计，因此可以用 proc optex 过程来实现。

proc optex 过程属于 SAS QC 模块，因此必须保证 SAS 软件已经安装了 QC 模块。该过程语句和选项很多，这里仅简单介绍与本章有关的语句：

> proc optex<选项>;
> class 分类变量<选项>;
> model 效应</选项>;
> blocks <选项>;
> output out=数据集名<选项>;

【proc optex】语句调用最优化设计过程，该语句常用的有 2 个选项：

| coding= | coding 是指自变量产生线性模型的方式，通常可指定 none、static、orth、orthcan 四种方式。这里涉及较多的效应设计矩阵的知识，不做过多介绍。默认的是 static，但实际中最常用的是 orth，即正交设计形式。如果读者对此不了解，可直接指定 coding=orth，或参阅 SAS QC 手册。 |
|---|---|
| seed= | 指定种子值，用以产生随机数字，如果不指定，默认的是系统时间 |

【blocks】语句用于存在区组因素等协变量时的最优化设计。常用选项有：

| structure=（b）k | 指定区组数为 b、区组容量为 k 的区组设计 |
|---|---|

【class】语句用于指定分类自变量，在随机区组中也就是区组因素和处理因素。

【model】语句用于指定准备分析的效应，可以指定主效应、交互效应等。对于随机区组设计，只有主效应，因此直接指定 class 语句中的区组因素和处理因素即可。

【output】语句将设计结果通过 out=选项保存到另一数据集中。

进行平衡不完全随机区组设计时，需要先建立一个完全随机区组设计的形式，然后利用 proc optex 从中寻找最优的平衡不完全随机区组设计。

## 一、完全随机区组设计的实施

**例 4.2** 某研究欲比较三种营养素对小鼠的增重效果，研究者选择 30 只小鼠，采用随机区组设计，以窝别作为区组标志，共分 10 个区组，每个区组内的 3 只小鼠随机饲以相应的营养素。试对该研究进行随机分组。

【例题分析】

该研究首先将 30 只小鼠按窝别分为 10 个区组，按 1～10 的顺序编号，并对每个组中的 3 只小鼠按体重大小顺序编号 1、2、3。利用 SAS 程序产生 10 个区组序号，每一区组中产生 3 个随机数字，与原有编号一一对应，原有编号所对应的随机数字分别表示小鼠随机接受的营养素。程序 4.2 给出了随机区组设计的 SAS 程序。

【程序 4.2】
```
proc plan seed=20120923;              /* 指定种子数为 20120923 */
factors block=10 ordered treat=3 random;
/* 顺序产生 10 个区组,每一区组内随机产生 3 个处理 */
run;
```

【程序解释】

完全随机区组设计的 SAS 程序与配对设计基本相同,利用 factors 语句分别产生区组(block)和处理(treat)两个因素,区组共 10 个,顺序排列,处理数为 3 个,随机排列。

【结果输出】

| block | - treat - | | |
|---|---|---|---|
| 1 | 2 | 1 | 3 |
| 2 | 1 | 3 | 2 |
| 3 | 1 | 2 | 3 |
| 4 | 2 | 3 | 1 |
| 5 | 1 | 3 | 2 |
| 6 | 3 | 1 | 2 |
| 7 | 2 | 1 | 3 |
| 8 | 3 | 2 | 1 |
| 9 | 3 | 1 | 2 |
| 10 | 1 | 2 | 3 |

结果中,block 为区组,treat 表示每个区组中的 3 个处理,1、2、3 分别表示营养素 A、B、C。

根据结果,第 1 个区组的 3 只小鼠中,第 1 只接受营养素 B,第 2 只接受营养素 A,第 3 只接受营养素 C;第 2 个区组的 3 只小鼠中,第 1 只接受营养素 A,第 2 只接受营养素 C,第 3 只接受营养素 B;……第 10 个区组的 3 只小鼠中,第 1 只接受营养素 A,第 2 只接受营养素 B,第 3 只接受营养素 C。

## 二、平衡不完全区组设计的实施

**例 4.3** 为比较 5 种化学药物对杀灭蚜虫的效果,某实验室对结果进行检测。由于实验室条件所限,每天只能检测 3 种化学药物,因此采用了平衡不完全区组设计,分多天完成检测。问如何进行设计分组。

【例题分析】

该设计拟采用平衡不完全随机区组设计,区组因素是天,每天作为一个区组。处理因素为 5 种化学药物,每天检测 3 种,也就是从 5 种处理中取出 3 种安排到一个区组,区组数可以考虑为 $\binom{5}{3}=10$ 个,也就是说,可以分 10 天完成检测。因此首先可产生 10 个区组,然后在每一区组内安排 5 种处理中的 3 个。具体设计过程见程序 4.3。

【程序 4.3】
```
data crbd;
do treatment = 1 to 5;
output;
end;
```

```
/*首先建立一个数据集,里面包含所有的 5 种处理*/
proc optex data=crbd seed=73462 coding=orth;
/*data 表示最优化设计是基于数据集 crbd 进行的,seed 选项指定种子数,coding 选项指定为正交设计
形式*/
    class treatment;              /*指定自变量 treatment 为分组变量*/
    model treatment;              /*指定效应只有 treatment 一个主效应*/
    blocks structure=(10)3;       /*指定区组结构为 10 个区组,区组容量为 3*/
    output out=bibd;              /*将设计结果输出到数据集 bibd*/
run;
proc transpose data=bibd out=bib(drop=_NAME_);
    by block;
run;
/*利用 transpose 语句将设计结果的显示形式按 block 重新转置,便于阅读*/
proc print data=bib noobs;
run;
```

**【程序解释】**

平衡不完全随机区组设计首先建立一个数据集,包含完全随机区组设计的所有数据点,然后利用 proc optex 调用建立的数据集,从中选择部分数据点,产生最优化设计。平衡不完全随机区组设计中,除区组因素外,只有一个处理因素,因此建立的数据集仅包含一个 treatment 因素,赋值为 1~5,分别表示 5 种处理。proc optex 过程中,class 语句和 model 语句也仅指定 treatment 一个因素即可。区组因素利用 blocks 语句产生,指定 10 个区组,区组容量为 3。然后将产生的随机数字保存到数据集 bibd 中。

proc transpose 过程实际上只是锦上添花,proc optex 已经输出了设计结果,只是显示形式不够明了,因此利用 proc transpose 过程可以更条理地显示结果。

如果读者要实现其他区组数或处理数的设计,只需修改第 2 行 treatment 指定的处理数以及第 8 行 blocks 语句指定的区组数和区组容量即可,其他语句无须任何改动。

**【结果输出】**

结果主要有两部分,第一部分给出了各种最优化的效率,D、A 分别表示 D 最优和 A 最优,这是两个最常用的最优准则,具体公式这里不做介绍。其思想是根据最优准则,从候选数据点中选择部分设计点(如本例从 10×5 个数据点中选择 10×3 个),使设计达到最优。

第一部分的结果显示,根据两个最优准则设计的平衡不完全随机区组设计,其效率相当于完全随机区组设计的 83.33%。

| Design Number | Treatment D-Efficiency | Treatment A-Efficiency | Block Design D-Efficiency |
|---|---|---|---|
| 1 | 83.3333 | 83.3333 | 100.0000 |
| 2 | 83.3333 | 83.3333 | 100.0000 |
| 3 | 83.3333 | 83.3333 | 100.0000 |
| 4 | 83.3333 | 83.3333 | 100.0000 |
| 5 | 83.3333 | 83.3333 | 100.0000 |
| 6 | 83.3333 | 83.3333 | 100.0000 |
| 7 | 83.3333 | 83.3333 | 100.0000 |

|       |          |          |          |
|-------|----------|----------|----------|
| 8     | 83.3333  | 83.3333  | 100.0000 |
| 9     | 83.3333  | 83.3333  | 100.0000 |
| 10    | 83.3333  | 83.3333  | 100.0000 |

第二部分是设计的结果，这是经 proc transpose 转置后的形式，即 10×3 的形式，否则应产生 30 行数字，即 30×1 的形式。

| BLOCK | COL1 | COL2 | COL3 |
|-------|------|------|------|
| 1     | 2    | 3    | 5    |
| 2     | 2    | 1    | 4    |
| 3     | 1    | 5    | 2    |
| 4     | 3    | 4    | 1    |
| 5     | 5    | 4    | 3    |
| 6     | 2    | 4    | 5    |
| 7     | 2    | 3    | 1    |
| 8     | 3    | 1    | 5    |
| 9     | 4    | 2    | 3    |
| 10    | 4    | 1    | 5    |

结果中 COL1、COL2、COL3 分别表示每一区组中可安排的 3 种处理，也就是每天能做的 3 种检测。假定数字 1～5 分别表示 A、B、C、D、E 五种化学药物，则第 1 天可分别检测 B、C、E 三种化学药物，第 2 天可分别检测 B、A、D 三种化学药物，……第 10 天可分别检测 D、A、E 三种化学药物。如果列成表格形式，则如表 4.5 所示。

**表 4.5　5 种处理、10 个区组的平衡不完全设计结果**

|      |   | 区组 |   |   |   |   |   |   |   |   |    |
|------|---|---|---|---|---|---|---|---|---|---|----|
|      |   | 1 | 2 | 3 | 4 | 5 | 6 | 7 | 8 | 9 | 10 |
| 处理因素 | a |   | △ | △ | △ |   |   | △ | △ |   | △  |
|      | b | △ | △ | △ |   |   |   | △ | △ |   |    |
|      | c | △ |   |   |   | △ | △ |   | △ | △ |    |
|      | d |   | △ |   | △ | △ | △ |   |   | △ | △  |
|      | e | △ |   | △ |   | △ | △ |   | △ |   | △  |

本例 $t=5$，$b=10$，$r=6$，$k=3$，$bk=tr=30$，$\lambda=r(k-1)/(t-1)=6\times(3-1)/(5-1)=3$，任意两对处理出现的次数均为 3，满足平衡不完全随机区组设计的基本要求。

## 第四节　随机区组设计的统计分析及 SAS 实现

随机区组设计的统计分析需要在分析模型中加入区组因素，这样才能体现出区组的作用。不同类型的资料需要采用不同的分析方法和 SAS 程序。

1. 定量资料的比较方法

（1）如果数据服从正态分布，完全随机区组设计和不完全随机区组设计均可采用随机区组方差分析。

随机区组方差分析模型为：
$$y_{ij} = \mu + \alpha_i + \beta_j + \varepsilon_{ij}$$

式中，$y_{ij}$ 为处理因素的第 $i$ 个水平第 $j$ 个观测值，$\mu$ 为总均值，$\alpha_i$ 表示处理因素第 $i$ 个水平的效应，$\beta_j$ 表示第 $j$ 个区组的效应，$\varepsilon_{ij}$ 为随机误差。

随机区组设计的方差分析表见表 4.6。

**表 4.6 随机区组设计方差分析的统计量计算及 SAS 语句**

| 变异来源 | 变异分解 | | | SAS 语句 |
|---|---|---|---|---|
| | 自由度 | 均方（MS） | F 统计量 | |
| 处理 | $a-1$ | $MS_{处理}$ | $MS_{处理} / MS_{误差}$ | proc glm; |
| 区组 | $b-1$ | $MS_{区组}$ | $MS_{区组} / MS_{误差}$ | class trt block; |
| 误差（处理内） | $(a-1)(b-1)$ | $MS_{误差}$ | | model y=trt block; |
| 合计 | $N-1$ | | | run; |

注：$a$ 为处理的水平数，$b$ 为区组数，$N$ 为总例数；SAS 语句中的 trt 表示处理因素，block 表示区组因素，y 表示结果变量。

（2）如果数据不符合正态分布，完全随机区组设计可采用 Friedman 秩和检验，平衡不完全随机区组设计可采用 Durbin 检验。

Friedman 秩和检验的公式为：
$$M = \frac{12}{bk(k+1)} \sum R_j^2 - 3b(k+1)$$

其中，$k$ 为处理组数，$b$ 为区组数，$R_j$ 为第 $j$ 个处理组的秩和。

Durbin 检验的公式为：
$$D = \frac{12(t-1)}{rt(k-1)(k+1)} \sum_{j=1}^{t} R_j^2 - \frac{3r(t-1)(k+1)}{k-1}$$

其中，$t$ 为处理组数，$k$ 为区组中的观测个数（$k<t$），$r$ 为每一处理的重复次数，也就是每一处理组的例数，$R_j$ 为第 $j$ 个处理组的秩和。

可以看出，当 $t=k$ 时，就成了完全随机区组设计，此时 Durbin 检验即为 Friedman 检验。

Friedman 秩和检验和 Durbin 检验均可通过 proc freq 过程来实现，该过程与这两种检验有关的语句有：

```
proc freq <选项>;
tables 区组 * 分组变量 * 分析变量/<选项>;
```

其中，proc freq 为必需语句，tables 语句要注意顺序，一定要区组因素在最前，分析变量在最后，区组因素、分组因素、分析变量之间用"*"连接。tables 常用的选项有：

| noprint | 该选项禁止交叉列表的输出，主要是为了抑制一些不相关的结果的输出。如果想输出数据列表，就不加该选项 |
|---|---|
| cmh2 | 该选项给出相关性检验值及行平均得分差值 |
| scores= | 该选项指定行平均得分差值中得分的类型，scores=rank 表明以平均秩次作为得分值，此时输出的便是 Friedman 秩和检验或 Durbin 检验结果 |

2. 分类资料的比较方法　分类资料的比较也可采用 Friedman 秩和检验或 Durbin 检验，因为这两种检验都是基于秩和的检验，因此只要给分类资料赋一定的值，仍可根据其赋值大小排序并求秩和，按秩和检验的方法来处理。

## 一、完全随机区组设计的统计分析

**例 4.4**　某研究所欲了解羊膜和结膜细胞外基质（EcM）对小梁切除术后滤过泡的影响，采用完全随机区组设计，将 30 只新西兰白兔以窝别为配伍因素分为 10 个区组，每个区组 3 只。分别在右眼行单纯小梁切除术（对照组）、小梁切除联合羊膜移植术（羊膜组）、小梁切除联合 EcM 移植（结膜 EcM 组），观察并比较术后第 7 天的术眼眼压。结果见表 4.7。试比较三组差异是否有统计学意义。

表 4.7　三种手术方法对新西兰白兔眼压的测量值（mmHg）

| 区组 | 对照组 | 羊膜组 | 结膜 EcM 组 |
|---|---|---|---|
| 1 | 19.20 | 12.80 | 11.29 |
| 2 | 18.45 | 12.76 | 11.93 |
| 3 | 17.88 | 11.27 | 12.35 |
| 4 | 19.12 | 12.47 | 12.60 |
| 5 | 20.22 | 13.79 | 11.35 |
| 6 | 21.36 | 13.97 | 12.50 |
| 7 | 19.89 | 12.98 | 11.37 |
| 8 | 17.98 | 10.79 | 11.51 |
| 9 | 18.10 | 10.95 | 11.90 |
| 10 | 17.52 | 11.10 | 11.72 |

【例题分析】

该研究采用了完全随机区组设计，比较三种方法对眼压值的影响。随机区组设计中，区组因素主要是为了校正某因素的影响，区组间有无差异并不是我们所关注的，关键是看处理组间的差异。首先需进行正态性检验和方差齐性检验，如满足条件可直接采用随机区组方差分析，否则可考虑用 Friedman 秩和检验。

1. 正态性检验

【程序 4.4】

```
data example4_4;
do block=1 to 10;
do treat=1 to 3;
input x @@;
output;
end;
end;
cards;
19.20   12.80   11.29
18.45   12.76   11.93
```

```
17.88    11.27    12.35
19.12    12.47    12.60
20.22    13.79    11.35
21.36    13.97    12.50
19.89    12.98    11.37
17.98    10.79    11.51
18.10    10.95    11.90
17.52    11.10    11.72
;
run;
proc univariate normal;          /* normal 选项执行正态性检验 */
class treat;                     /* class 语句指定分组变量为 treat */
var x;                           /* var 语句指定分析变量为 x */
run;
```

**【结果输出】**

Shapiro-Wilk 检验结果显示，三个处理组数据均服从正态分布，$P$ 值均在 0.2 以上。

treat = 1

正态性检验

| 检验 | -----统计量----- | | -------- $P$ 值-------- | |
|---|---|---|---|---|
| Shapiro-Wilk | W | 0.930854 | Pr < W | 0.4563 |
| Kolmogorov-Smirnov | D | 0.165055 | Pr > D | >0.1500 |
| Cramer-von Mises | W-Sq | 0.048633 | Pr > W-Sq | >0.2500 |
| Anderson-Darling | A-Sq | 0.316565 | Pr > A-Sq | >0.2500 |

treat = 2

| 检验 | -----统计量----- | | -------- $P$ 值-------- | |
|---|---|---|---|---|
| Shapiro-Wilk | W | 0.89919 | Pr < W | 0.2147 |
| Kolmogorov-Smirnov | D | 0.205546 | Pr > D | >0.1500 |
| Cramer-von Mises | W-Sq | 0.071977 | Pr > W-Sq | 0.2407 |
| Anderson-Darling | A-Sq | 0.442767 | Pr > A-Sq | 0.2325 |

treat = 3

| 检验 | -----统计量----- | | -------- $P$ 值-------- | |
|---|---|---|---|---|
| Shapiro-Wilk | W | 0.901441 | Pr < W | 0.2272 |
| Kolmogorov-Smirnov | D | 0.156922 | Pr > D | >0.1500 |
| Cramer-von Mises | W-Sq | 0.056292 | Pr > W-Sq | >0.2500 |
| Anderson-Darling | A-Sq | 0.389557 | Pr > A-Sq | >0.2500 |

**2. 方差齐性检验**

**【程序 4.4 续】**

```
proc glm data=example4_4;
class treat;
model x=treat;
means treat/hovtest;
run;
```

【程序解释】

方差齐性检验通过调用 proc glm 过程，利用 means 语句的 hovtest 选项实现，由于 hovtest 未指定任何检验方法，因此默认为 Levene 齐性检验方法。

【结果输出】

结果给出了方差分析及方差齐性检验两个结果，这里仅列出方差齐性检验结果。Levene 检验结果显示，三组间方差齐（$F=3.12$，$P=0.0604$）。

Levene's Test for Homogeneity of x Variance
ANOVA of Squared Deviations from Group Means

| Source | DF | Sum of Squares | Mean Square | F Value | Pr > F |
| --- | --- | --- | --- | --- | --- |
| treat | 2 | 7.9042 | 3.9521 | 3.12 | 0.0604 |
| Error | 27 | 34.2106 | 1.2671 | | |

3. 方差分析

【程序 4.4 续】

```
proc glm data=example4_4;
class treat block;
model x=treat block;
lsmeans treat/adjust=dunnett tdiff;
run;
```

【程序解释】

随机区组方差分析的过程与完全随机设计基本相同，只是考虑到了区组因素，在 model 语句中增加了区组变量。lsmeans 语句进行两两比较，本例有明显的对照组，采用了 Dunnett 法，分别做两种处理与对照的比较。由于 Dunnett 法未指定对照组，因此默认为以最小值为参照。本例对照组、羊膜组、结膜 EcM 组分别赋值为 1、2、3，因此最小值也就是对照组，即以对照组作为参照，羊膜组、结膜 EcM 组分别与对照组比较。

【结果输出】

主要结果可以分为三部分，第一部分是总的方差分析结果，$F=51.68$，$P<0.0001$，说明处理因素和区组因素对结果总的影响是有统计学意义的。

| Source | DF | Sum of Squares | Mean Square | F Value | Pr > F |
| --- | --- | --- | --- | --- | --- |
| Model | 11 | 336.1201600 | 30.5563782 | 51.68 | <.0001 |
| Error | 18 | 10.6430267 | 0.5912793 | | |
| Corrected Total | 29 | 346.7631867 | | | |

第二部分分别给出了处理和区组对结果的影响结果。可以看出，三种处理之间差异有统计学意义（$F=269.36$，$P<0.0001$），区组之间差异也有统计学意义（$F=3.30$，$P=0.0148$）。说明不仅处理因素间有差异，区组（窝别）之间也有差别。这实际上提示，如果不以窝别进行配伍，可能确实会对结果造成偏倚。如果 model 语句不加 block 变量，结果会差别较大，这从反面说明了配伍的必要性。

Type Ⅰ SS 和 Type Ⅲ SS 分别是 Ⅰ 型和 Ⅲ 型的离均差平方和，在均衡的数据中二者相等。

| Source | DF | Type I SS | Mean Square | F Value | Pr > F |
|---|---|---|---|---|---|
| treat | 2 | 318.5345067 | 159.2672533 | 269.36 | <.0001 |
| block | 9 | 17.5856533 | 1.9539615 | 3.30 | 0.0148 |

| Source | DF | Type III SS | Mean Square | F Value | Pr > F |
|---|---|---|---|---|---|
| treat | 2 | 318.5345067 | 159.2672533 | 269.36 | <.0001 |
| block | 9 | 17.5856533 | 1.9539615 | 3.30 | 0.0148 |

第二部分是 Dunnett 两两比较结果。结果显示，两个处理组与对照组相比，差异均有统计学意义，$P$ 值均小于 0.0001。

Least Squares Means
Adjustment for Multiple Comparisons: Dunnett
H0: LSMean=Control

| treat | x LSMEAN | t Value | Pr > \|t\| |
|---|---|---|---|
| 1 | 18.9720000 | | |
| 2 | 12.2880000 | −19.44 | <.0001 |
| 3 | 11.8520000 | −20.70 | <.0001 |

本例分析结果显示，在校正了区组因素（窝别）的影响后，三种手术方式对结果的影响是有统计学差异的。结合均值看出，羊膜组和结膜 EcM 组的眼压值均远远低于对照组，说明这两种手术方式降压效果均优于对照。

**例 4.5** 续例 4.4，假定例 4.4 中三组处理的数据不符合正态分布，试比较三组差异。
【例题分析】
完全随机区组设计当数据不符合正态分布时，通常采用 Friedman 秩和检验，两两比较在 SAS 中尚无直接语句实现，通常有两种方法实现：
(1) 根据两两比较公式，自行编程实现。
两两比较 Z 检验公式为：

$$Z = \frac{\overline{R}_A - \overline{R}_B}{\sqrt{\frac{k(k+1)}{6b}}}$$

式中，$\overline{R}_A$ 和 $\overline{R}_B$ 分别为欲比较两组的平均秩和，$b$ 为区组数，$k$ 为组数。
根据该公式计算的 $P$ 值，不必再经过 Bonferroni 法的校正，直接与检验水准比较即可。
(2) 采用秩转换方差分析，先分别在每一区组内对原始数据排序，根据排序结果将每一区组内的原始数据转换为秩次，然后对秩次进行随机区组的方差分析。
本例首先采用 Friedman 秩和检验进行三组间比较，如果组间有统计学差异，则进一步采用秩转换方差分析，利用 proc rank 和 proc glm 实现两两比较，具体见程序 4.5。
【程序 4.5】
```
data example4_5;
do block=1 to 10;
do treat=1 to 3;
input x @@;
```

```
    output;
  end;
end;
cards;
  19.20   12.80   11.29
  18.45   12.76   11.93
  17.88   11.27   12.35
  19.12   12.47   12.60
  20.22   13.79   11.35
  21.36   13.97   12.50
  19.89   12.98   11.37
  17.98   10.79   11.51
  18.10   10.95   11.90
  17.52   11.10   11.72
;
proc freq;
  tables block * treat * x/noprint scores=rank cmh2;
  /* scores 选项和 cmh2 选项输出基于秩次的行平均得分差值 */
run;
```

**【程序解释】**

该程序最关键的是要注意 tables 语句中三个变量的顺序，必须是区组变量 * 处理因素 * 变量值，顺序不能调换。选项 scores 必须指定 rank，cmh2 是固定写法，noprint 只是控制结果输出的多少，加上该选项后，结果仅输出与 Friedman 检验相关的结果。

**【结果输出】**

结果共输出两行结果，我们只需看"行均值得分差值"即可，"非零相关"是用于相关性检验的，与本例研究无关。结果显示，三种处理组总的差异有统计学意义（$\chi^2=15.0000$，$P=0.0006$）。

Cochran-Mantel-Haenszel 统计量（基于秩得分）

| 统计量 | 备择假设 | 自由度 | 值 | 概率 |
|---|---|---|---|---|
| 1 | 非零相关 | 1 | 11.2500 | 0.0008 |
| 2 | 行均值得分差值 | 2 | 15.0000 | 0.0006 |

由于总的组间差异有统计学意义，因此有必要进一步做两两比较，以便做更具体的分析。

**【程序 4.5 续】**

```
proc rank data=example4_5;
  var x;                  /* var 语句指明对 x 进行编秩 */
  ranks rx;               /* ranks 语句将对 x 编秩后的秩次变量命名为 rx */
  by block;               /* by 语句要求按 block 分别编秩,即每个区组分别编秩 */
run;
proc glm;
  class treat block;
```

model rx=treat block;
lsmeans treat/adjust=dunnett tdiff;
run;

**【程序解释】**

程序 4.5 包括排序 (proc rank) 和方差分析 (proc glm) 两个过程。排序过程需要注意是对每一区组内的数值排序，而不是所有数值排序，因此需用 by 语句指定按 block 分别排序，这是与完全随机设计不同之处。方差分析过程与程序 4.4 相同，只是因变量不是原来的 x，而是排序后的秩次变量 rx。

**【结果输出】**

为节省篇幅，这里仅列出 Dunnett 两两比较的结果。可以看出，羊膜组、结膜 EcM 组与对照组相比，差异均有统计学意义，其平均秩次均低于对照组。

```
                    Least Squares Means
         Adjustment for Multiple Comparisons: Dunnett
                    H0: LSMean=Control
treat        rx LSMEAN        t Value       Pr > |t|
1            3.00000000
2            1.50000000       -6.36         <.0001
3            1.50000000       -6.36         <.0001
```

**例 4.6** 三名医生对 10 例乳腺检查的影像学结果进行评判，评判结果分为正常、良性、可疑良性、可疑恶性、恶性共 5 级，分别用 1、2、3、4、5 表示。评判结果见表 4.8，试分析三名医生的评判结果是否有差异。

表 4.8 三名医生对 10 例患者检查的评价结果

| 患者 | 评价者 1 | 评价者 2 | 评价者 3 |
| --- | --- | --- | --- |
| 1 | 1 | 1 | 1 |
| 2 | 1 | 1 | 1 |
| 3 | 2 | 3 | 2 |
| 4 | 4 | 4 | 5 |
| 5 | 2 | 2 | 2 |
| 6 | 3 | 2 | 3 |
| 7 | 2 | 2 | 2 |
| 8 | 1 | 1 | 1 |
| 9 | 3 | 3 | 2 |
| 10 | 2 | 2 | 3 |

**【例题分析】**

本研究可以看做是一个完全随机区组设计，区组因素是做检查的患者，每一患者有 3 个评判结果。结果为分类资料，分别取值 1、2、3、4、5 代表不同级别。可以考虑采用 Friedman 秩和检验分析，其分析过程与例 4.5 完全相同，只是例 4.5 是由于不符合正态分布而采用，本例是由于等级资料而采用。分析过程见程序 4.6。

【程序 4.6】

```
data example4_6;
do block=1 to 10;
do treat=1 to 3;
input x @@;
output;
end;
end;
cards;
1 1 1
1 1 1
2 3 2
4 4 5
2 2 2
3 2 3
2 2 2
1 1 1
3 3 2
2 2 3
;
proc freq;
tables block * treat * x/noprint scores=rank cmh2;
/* scores 选项和 cmh2 选项输出基于秩次的行平均得分差值 */
run;
```

【结果输出】

行均值得分差值结果显示，三名医师的评判结果并无统计学差异（$\chi^2 = 0.40$，$P = 0.8187$）。

Cochran‐Mantel‐Haenszel 统计量（基于秩得分）

| 统计量 | 备择假设 | 自由度 | 值 | 概率 |
|---|---|---|---|---|
| 1 | 非零相关 | 1 | 0.3000 | 0.5839 |
| 2 | 行均值得分差值 | 2 | 0.4000 | 0.8187 |

## 二、平衡不完全区组设计的统计分析

**例 4.7** 某研究观察三种药物降低眼压的效果，为尽量减少混杂因素的影响，欲采用随机区组设计，每一患者的两只眼睛给予不同药物。由于处理数 3 大于区组容量 2，因此拟采用平衡不完全随机区组设计。研究者随机选择 15 例患者，设计好平衡不完全随机区组的格式，每例患者的两只眼睛随机接受 3 种药物中的两种，如表 4.9 所示，患者 1 左眼接受 A 药，右眼接受 B 药；患者 2 左眼接受 A 药，右眼接受 C 药；依此类推。观察三种药物的降压效果。试分析三种药物在降低眼压效果方面是否有差异。

## 表 4.9 三种药物的眼压降低值（疗前值－疗后值）

| 患者编号 | 眼压降低值 | | |
|---|---|---|---|
| | A 药 | B 药 | C 药 |
| 1 | 9.06 | 7.21 | |
| 2 | 6.43 | | 5.34 |
| 3 | 8.10 | 6.76 | |
| 4 | 8.50 | | 7.53 |
| 5 | 7.64 | 5.96 | |
| 6 | 9.83 | | 6.73 |
| 7 | 7.34 | | 6.50 |
| 8 | | 6.84 | 7.67 |
| 9 | 6.94 | 5.84 | |
| 10 | 6.90 | | 7.50 |
| 11 | | 8.72 | 7.89 |
| 12 | 9.91 | 5.34 | |
| 13 | | 5.70 | 8.07 |
| 14 | | 6.33 | 7.95 |
| 15 | | 7.54 | 6.47 |

【例题分析】

该研究为平衡不完全区组设计，它与完全随机区组设计的区别主要在设计上，具体分析过程则完全相同，只是将设计中缺少的部分作为缺失值看待。首先也是先进行正态性检验和方差齐性检验，然后根据结果选择方差分析或 Durbin 检验。

1. 正态性检验和方差齐性检验

【程序 4.7】

data example4_7;
do block=1 to 15;
do treat=1 to 3;
input x @@;
output;
end;
end;
cards;
9.06   7.21   .
6.43   .      5.34
8.10   6.76   .
8.50   .      7.53
7.64   5.96   .
9.83   .      6.73

```
7.34    .       6.50
.       6.84    7.67
6.94    5.84    .
6.90    .       7.50
.       8.72    7.89
9.91    5.34    .
.       5.70    8.07
.       6.33    7.95
.       7.54    6.47
;
run;
proc univariate normal;
class treat;
var x;
run;
proc glm;
class treat block;
model x=treat;
means treat/hovtest;
run;
```

**【程序解释】**

该程序关键要注意数据输入方式，表 4.5 中空缺的部分全部作为缺失值，在 SAS 中数据缺失值用"."表示，因此只需把空缺的数值标为"."即可。然后利用 proc univariate 语句的 normal 选项实现正态性检验，利用 proc glm 中 means 语句的 hovtest 选项实现方差齐性检验。

**【结果输出】**

为节省篇幅，这里仅列出正态性检验和方差齐性检验结果。正态检验结果显示，三组基于 Shapiro - Wilk 统计量计算的 $P$ 值均大于 0.1，提示满足正态性。

```
                       treat = 1
检验                 -----统计量-----         ---------- P 值----------
Shapiro - Wilk        W     0.933122        Pr < W             0.4793
Kolmogorov - Smirnov  D     0.134743        Pr > D            >0.1500
Cramer - von Mises    W-Sq  0.03671         Pr > W-Sq         >0.2500
Anderson - Darling    A-Sq  0.272408        Pr > A-Sq         >0.2500

                       treat = 2
检验                 -----统计量-----         ---------- P 值----------
Shapiro - Wilk        W     0.945782        Pr < W             0.6189
Kolmogorov - Smirnov  D     0.143354        Pr > D            >0.1500
Cramer - von Mises    W-Sq  0.033253        Pr > W-Sq         >0.2500
Anderson - Darling    A-Sq  0.250492        Pr > A-Sq         >0.2500
```

|  |  | treat = 3 |  |  |
| --- | --- | --- | --- | --- |
| 检验 |  | -----统计量----- | ---------- P 值---------- |  |
| Shapiro-Wilk | W | 0.88171 | Pr < W | 0.1365 |
| Kolmogorov-Smirnov | D | 0.248924 | Pr > D | 0.0786 |
| Cramer-von Mises | W-Sq | 0.085814 | Pr > W-Sq | 0.1553 |
| Anderson-Darling | A-Sq | 0.51426 | Pr > A-Sq | 0.1476 |

方差齐性检验结果中，Levene 法提示三组方差齐（$F=0.84$，$P=0.4422$）。

Levene's Test for Homogeneity of x Variance
ANOVA of Squared Deviations from Group Means

| Source | DF | Sum of Squares | Mean Square | F Value | Pr > F |
| --- | --- | --- | --- | --- | --- |
| treat | 2 | 2.3782 | 1.1891 | 0.84 | 0.4422 |
| Error | 27 | 38.1722 | 1.4138 |  |  |

由于数据满足正态性和方差齐性，可以考虑采用随机区组的方差分析。

### 2. 方差分析及两两比较

【程序 4.7 续】

proc glm data=example4_7;
class treat block;
model x=treat block;
lsmeans treat/adjust=bon tdiff;
run;

【程序解释】

方差分析过程同程序 4.4，两两比较采用 Bonferroni 法，也可换用其他方法。

【结果输出】

结果显示，处理因素差异有统计学意义（$P=0.0057$），区组因素无统计学意义（$P=0.2936$）。由于本例数据不是像完全随机区组中的均衡数据，因此结果中 TypeⅠSS 和 TypeⅢSS 的 $P$ 值不同。TypeⅠSS 仅对分析变量校正了其前的变量，本例 model 语句中，treat 在前，block 在后。由于 treat 前并无变量，因此 treat 未校正任何变量，block 前有 treat 变量，因此 block 校正了 treat 变量。TypeⅢSS 是校正了模型中所有变量，即 treat 校正了 block 变量，block 变量也校正了 treat 变量。因此，TypeⅠSS 和 TypeⅢSS 的 block 都是校正了 treat 的结果，二者相同，而 treat 的结果不同。

这里我们选择 TypeⅢSS 的结果，即校正 block 后 treat 的影响。如果选择 TypeⅠSS 的结果，相当于未校正 block 的影响，此时 treat 的影响等同于完全随机设计的结果，区组的作用就体现不出了。

| Source | DF | TypeⅠSS | Mean Square | F Value | Pr > F |
| --- | --- | --- | --- | --- | --- |
| treat | 2 | 10.59720667 | 5.29860333 | 5.67 | 0.0169 |
| block | 14 | 17.75526000 | 1.26823286 | 1.36 | 0.2936 |

| Source | DF | TypeⅢSS | Mean Square | F Value | Pr > F |
| --- | --- | --- | --- | --- | --- |
| treat | 2 | 14.71352000 | 7.35676000 | 7.88 | 0.0057 |
| block | 14 | 17.75526000 | 1.26823286 | 1.36 | 0.2936 |

两两比较结果显示，A 药与 B 药差异有统计学意义（$P=0.0052$），A 药与 C 药差别无统计学意义，但 $P$ 值并不大（$P=0.0859$），B 药和 C 药则无统计学差异（$P=0.4985$）。

The GLM Procedure

Least Squares Means

Adjustment for Multiple Comparisons: Bonferroni

| treat | x LSMEAN | LSMEAN Number |
|---|---|---|
| 1 | 8.34733333 | 1 |
| 2 | 6.38733333 | 2 |
| 3 | 7.11933333 | 3 |

Least Squares Means for Effect treat

t for H0: LSMean (i) =LSMean (j) / Pr > |t|

Dependent Variable: x

| i/j | 1 | 2 | 3 |
|---|---|---|---|
| 1 | | 3.927907 | 2.460954 |
| | | 0.0052 | 0.0859 |
| 2 | -3.92791 | | -1.46695 |
| | 0.0052 | | 0.4985 |
| 3 | -2.46095 | 1.466953 | |
| | 0.0859 | 0.4985 | |

**例 4.8** 续例 4.7，假定例 4.6 中的数据不满足正态性条件，试进行组间比较。

【例题分析】

对于平衡不完全区组设计，如果数据不满足正态性条件，可采用 Durbin 检验。Durbin 检验可以看做是 Friedman 检验的扩展，尽管二者计算公式不同，但在 SAS 中所用的分析过程完全一致。程序 4.8 给出了 Durbin 检验的分析过程。

【程序 4.8】

```
data example4_8;
do block=1 to 15;
do treat=1 to 3;
input x @@;
output;
end;
end;
cards;
9.06   7.21   .
6.43   .      5.34
8.10   6.76   .
8.50   .      7.53
7.64   5.96   .
9.83   .      6.73
7.34   .      6.50
.      6.84   7.67
```

```
       6.94    5.84     .
       6.90     .      7.50
        .      8.72    7.89
       9.91    5.34     .
        .      5.70    8.07
        .      6.33    7.95
        .      7.54    6.47
       ;
run;
proc freq;
tables block * treat * x/noprint scores=rank cmh2;
run;
```

【程序解释】

Durbin 检验的 SAS 过程与程序 4.5 的 Friedman 检验完全相同,只是数据输入方式不同。各语句的解释参见程序 4.5。

【结果输出】

Durbin 检验结果显示,三组间差异有统计学意义($P=0.0312$)。

Cochran-Mantel-Haenszel 统计量(基于秩得分)

| 统计量 | 备择假设 | 自由度 | 值 | 概率 |
|---|---|---|---|---|
| 1 | 非零相关 | 1 | 3.2667 | 0.0707 |
| 2 | 行均值得分差值 | 2 | 6.9333 | 0.0312 |

由于组间差异有统计学意义,本例还可进一步做两两比较,其分析过程与程序 4.5 完全相同,读者可自行尝试分析。

## 第五节 案例辨析

【案例】某医院欲探讨准分子激光原位角膜磨镶术(LASIK)对患者视野的影响,对实施 LASIK 的 46 例近视患者分别于术前以及术后 1 天、1 个月、3 个月、6 个月用 Humphrey 视野计 30-2SITA 快速阈值检测程序行视野检查。该研究采用随机区组设计的方差分析,分析各时间点视野指数是否有统计学差异。部分分析结果列于表 4.10。

表 4.10 LASK 手术前后不同时间患者视力和视野各项指数

| 时间 | MD | $t$ 值 | PSD | $t$ 值 |
|---|---|---|---|---|
| 术前 | 2.79±1.13 |  | 1.51±0.37 |  |
| 术后 1 天 | 4.76±1.54* | -4.46 | 1.39±0.21 | 1.21 |
| 术后 1 个月 | 4.39±1.28* | -4.29 | 1.47±0.15 | 1.05 |
| 术后 3 个月 | 4.28±1.07* | -4.10 | 1.38±0.16 | 1.21 |
| 术后 6 个月 | 4.07±1.17* | -3.83 | 1.44±0.13 | 1.13 |

辨析：该研究比较有代表性，目前临床中有不少类似研究，即对同一群患者施加干预后分别观察疗前和疗后不同时间点的指标值。以往通常将此类设计归为随机区组设计中，统计分析采用随机区组方差分析。但随着近几年统计学的发展，尤其是非独立数据的发展，多数统计学家认为此类设计应看做是重复测量设计，分析方法最好采用重复测量方差分析（重复测量设计与分析见第十章）。

在随机区组设计中，每一区组中的处理是随机分配的，而本例研究中，时间点是无法随机分配的，只能是依次观察。而且同一研究对象的多次观察之间很可能具有一定的相关性，除非数据满足一定的条件（球性条件）才能用随机区组方差分析（详见第十章），否则最好采用重复测量的方差分析。

（刘世炜　冯国双）

# 第五章 拉丁方设计与分析

## 第一节 拉丁方设计简介

### 一、拉丁方设计

拉丁方设计（Latin square design）是随机区组设计的扩展，随机区组设计通过"局部控制"的思想消除一个干扰因素对结果造成的影响，拉丁方设计则可以同时控制两个干扰因素，因此比随机区组设计效率更高，当然由此也带来实施困难的增加。

所谓拉丁方就是 $r$ 个拉丁字母排成 $r$ 行 $r$ 列的方阵，使得每行每列中的每个字母都只出现一次，这样的方阵称为 $r$ 阶拉丁方或者 $r×r$ 拉丁方。分别按照拉丁方的字母、行和列安排处理因素和干扰因素的实验设计称为拉丁方设计。

假定以拉丁字母 A、B、C、D、E 等表示处理因素，阿拉伯数字 1、2、3、4、5 等和罗马数字 Ⅰ、Ⅱ、Ⅲ、Ⅳ、Ⅴ 等分别表示 2 个区组因素，则 2×2、3×3、4×4、5×5 的拉丁方设计形式分别为：

```
  2×2            3×3                4×4                   5×5
  Ⅰ Ⅱ          Ⅰ Ⅱ Ⅲ            Ⅰ Ⅱ Ⅲ Ⅳ             Ⅰ Ⅱ Ⅲ Ⅳ Ⅴ
1 A B        1 A B C            1 A B C D             1 A D B E C
2 B A        2 B C A            2 B C D A             2 D A C B E
             3 C A B            3 C D A B             3 C B E D A
                                4 D A B C             4 B E A C D
                                                      5 E C D A B
```

图 5.1 几种常见的拉丁方设计形式

拉丁方设计可以看做是含 2 个区组的随机区组设计。如果仅看行的区组（阿拉伯数字），不考虑列的区组（罗马数字），这就是一个完全随机区组设计。如果仅看列的区组，不考虑行的区组，这也是一个完全随机区组设计。不管在行或列方向上，每一处理因素都有 $r$ 个水平，而且每一行或每一列中都只出现一次。

如果拉丁方的第一行和第一列的字母都是按顺序排列的，这种拉丁方也称为标准拉丁方，如图 5.1 中的 3×3 拉丁方和 4×4 拉丁方。图 5.1 中的 5×5 拉丁方则不是标准拉丁方，因为第一行或第一列的字母不是按顺序排列的。标准拉丁方随着阶数的增加而迅速增加，如 3×3 拉丁方的标准拉丁方只有 1 个，4×4 拉丁方的标准拉丁方有 4 个，5×5 拉丁方的标准拉丁方有 56 个等。对于每个 $k$ 阶标准拉丁方，可变化出 $k!(k-1)!$ 个不同的拉丁方，如 3 阶标准拉丁方可以变化出 12 种，4 阶标准拉丁方可以变化出 144 种等。

拉丁方设计有以下几个特点：

（1）拉丁方设计是三因素的实验，通常情况下，只有一个是研究因素，另外两个是研究者欲控制的干扰因素。与随机区组设计控制一个干扰因素相比，拉丁方可以多控制一个因素，从而降低了实验误差，提高了研究精度。

（2）拉丁方设计可以大大减少实验次数，相比于完全的三因素实验，拉丁方设计可以节省 $r^3-r^2$ 个实验样品。如 $3\times3$ 的拉丁方设计可以节省 18 例样品，$4\times4$ 的拉丁方设计则可以节省 48 例样品，这在实验中是相当可观的。因此拉丁方设计非常适合于某些难以获得的动物实验或较为昂贵的实验，如以犬类、牛类等作为研究对象的研究等。

（3）从拉丁方设计中可以看出，拉丁方每行和每列中的字母都只出现而且只允许出现一次，因此拉丁方设计要求三个实验因素的水平数必须相等，且三个因素之间无交互作用。这一点在不少实验中难以满足，这是限制拉丁方设计广泛应用的一个主要原因。

一般来讲，凡是三因素实验，如果每一因素的水平数相等，均可考虑采用拉丁方设计。实际中较常用的情形是：当以某一研究对象作为区组，且实验顺序对结果存在影响，此时研究对象和实验顺序作为 2 个区组，然后随机分配处理因素。例如，研究 4 种抗凝药物的效果，拉丁方的行区组是 4 名受试对象，列区组是 4 次时间，相当于每一受试对象在每一时间点接受一种药物。这种研究也称为交叉设计（见第八章）。

## 二、重复拉丁方设计

有时使用一个拉丁方设计可能例数较少，所得结果不够精确，此时可以把几个阶数相等的拉丁方组合起来，称为重复拉丁方。

重复拉丁方主要有 4 种方法：
（1）各个小拉丁方具有相同的行区组和列区组。
（2）各个小拉丁方具有相同的行区组、不同的列区组。
（3）各个小拉丁方具有相同的列区组、不同的行区组。
（4）各个小拉丁方具有不同的行区组和列区组。

例如，研究三种不同针法对缺血性脑卒中的治疗效果，以三个针刺时机、三个刺激量作为 2 个区组因素，实行拉丁方设计。重复拉丁方的方法（1）表示每次重复都采用相同的针刺时机和刺激量，方法（2）表示每次重复采用相同的针刺时机和不同的刺激量，方法（3）表示每次重复采用不同的针刺时机和相同的刺激量，方法（4）表示每次重复采用不同的针刺时机和不同的刺激量。

不少交叉设计（见第八章）都是采用重复拉丁方设计方法，如随机选择 20 名受试对象，研究两种药物的疗效，第一个周期随机选择 10 例（编号 1、4、6、7、9、12、13、15、17、19）给药物 A，另外 10 例给药物 B；第二周期给予与第一周期相反的处理。这可以看作是有两行（2 个周期）和两种处理（2 种药物）的 10 个重复拉丁方（表 5.1）。

**表 5.1  两周期、两种处理的 10 次重复拉丁方设计**

| | Ⅰ | | Ⅱ | | Ⅲ | | Ⅳ | | Ⅴ | | Ⅵ | | Ⅶ | | Ⅷ | | Ⅸ | | Ⅹ | |
|---|---|---|---|---|---|---|---|---|---|---|---|---|---|---|---|---|---|---|---|---|
| 对象 | 1 | 2 | 3 | 4 | 5 | 6 | 7 | 8 | 9 | 10 | 11 | 12 | 13 | 14 | 15 | 16 | 17 | 18 | 19 | 20 |
| 周期 1 | A | B | B | A | B | A | A | B | A | B | B | A | A | B | B | A | A | B | A | B |
| 周期 2 | B | A | A | B | A | B | B | A | B | A | A | B | B | A | A | B | B | A | B | A |

## 三、尧敦方设计

尧敦方设计（Youden square design）是一种不完全的拉丁方设计，类似于平衡不完随机区组设计。在三因素的拉丁方设计中，当处理水平数固定的情况下，如果其他两个区组因素中有一个水平数小于处理水平数，此时不满足拉丁方设计中水平数必须相等的条件，可以考虑采用尧敦方设计。尧敦方设计虽然称为 Youden square，但它实际上已经不是 square 了，因为行列数并不相等。

通常所说的尧敦方的形式是列区组的水平数 $k$ 小于行区组水平数 $b$（等同于处理水平数 $t$）的设计，该设计共 $bc$ 个受试对象。如果仅看列区组，不考虑行区组，尧敦方设计是一个完全随机区组设计；如果仅看行区组，不考虑列区组，尧敦方设计则是一个平衡不完全随机区组设计。图 5.2 给出了 3×2、4×3 两个尧敦方设计的形式。

```
        3×2              4×3
      Ⅰ   Ⅱ         Ⅰ   Ⅱ   Ⅲ
    1 A   B       1 A   B   D
    2 B   C       2 B   C   A
    3 C   A       3 C   D   B
                  4 D   A   C
```

**图 5.2　几种常见的尧顿方设计形式**

尧敦方设计的主要特点为：

(1) 处理水平数 $t$ 等同于行数 $b$，处理水平重复数 $r$ 等同于列数 $k$。处理水平每列出现 1 次，每行最多出现 1 次。

(2) 每一对处理在行区组中出现的次数 $\lambda=r(k-1)/(t-1)$，是一自然数。如 3×2 尧敦方设计中，$\lambda=2\times(2-1)/(3-1)=1$，每一对处理（AB、AC、BC）在行区组中各出现 1 次；4×3 尧敦方设计中，$\lambda=3\times(3-1)/(4-1)=2$，每一对处理（AB、AC、AD、BC、BD、CD）在行区组中各出现 2 次。

**四、希腊拉丁方设计**

随机区组设计可以控制一个干扰因素，拉丁方设计可以控制 2 个干扰因素，如果想控制 3 个干扰因素，则可以采用拉丁方设计的扩展——希腊拉丁方设计（Graeco - Latin square design）。

希腊拉丁方设计可以允许从不同方向上考虑共 4 个变量，即行、列、希腊字母、处理因素。希腊拉丁方设计中，任一处理水平在每一行、每一列和每一个希腊字母都只出现一次。图 5.3 给出了 3×3 和 4×4 两种希腊拉丁方设计的形式。

```
          3×3                          4×4
       Ⅰ    Ⅱ    Ⅲ              Ⅰ    Ⅱ    Ⅲ    Ⅳ
    1  Aα   Bβ   Cγ           1  Aα   Bβ   Cγ   Dδ
    2  Bγ   Cα   Aβ           2  Bδ   Aγ   Dβ   Cα
    3  Cβ   Aγ   Bα           3  Cβ   Dα   Aδ   Bγ
                              4  Dγ   Cδ   Bα   Aβ
```

**图 5.3　几种常见的希腊拉丁方设计形式**

希腊拉丁方设计中，行、列和拉丁字母的含义与拉丁方设计一样，分别表示 2 个区组因素和 1 个处理因素。与拉丁方设计不同的是，多了第三个区组因素，用希腊字母表示。

希腊拉丁方设计的特点是：

（1）每一拉丁字母在每行每列中都仅出现一次（组成一个拉丁方设计），每一希腊字母在每行和每列中也仅出现一次（组成一个拉丁方设计）。每一拉丁字母与每一希腊字母仅相遇一次。如 3×3 希腊拉丁方中，Aα、Bβ 等都仅出现一次。

（2）希腊拉丁方设计从行、列、希腊字母三个方向上控制实验误差，比拉丁方设计的效率更高。但需要满足的条件也更为严格，因此实际中应用并不是太广泛。

## 第二节 拉丁方设计的实施及 SAS 实现

不同类型的拉丁方设计总体思路相仿，但在 SAS 中实现的程序不同。拉丁方设计的基本思路为：

（1）确定处理因素和区组因素的水平数，选取一个标准拉丁方；

（2）利用随机数字对标准拉丁方的行和列随机排列，即分别对行、列的随机重排使得标准拉丁方随机化；

（3）利用随机数字对处理因素随机排列，在行、列中随机分配处理因素。

1. 拉丁方设计和尧敦方设计的 SAS 实现　拉丁方设计和尧敦方设计在 SAS 中均可用 proc plan 命令实现，主要语句有：

> proc plan <选项>；
> factors 因素名=m<of n>选择方式；
> treatments 因素名=m<of n>选择方式；
> output out=数据集名<因素水平设定方式>；

【命令解释】

【proc plan】语句调用实验设计过程，可利用 seed= 选项指定种子数，如不指定默认为电脑的系统时间。

【factors】语句指定因素名、因素值及因素值的选择方式，可以指定多个因素及不同的选择方式。如 factors t=3 表示按一定的顺序产生 1、2、3 三个数值；factors t=3 of 4 表示按一定顺序从 1、2、3、4 中产生其中 3 个数值。

因素值的选择方式主要有 5 种：

| | |
|---|---|
| random | 即随机方式，这是默认的方式 |
| ordered | 即顺序方式；如 factors t=4 ordered，表示按 1、2、3、4 的次序排列 |
| cyclic | 即循环方式，这种方式还可在选择方式中继续指定循环方式，形式为 cyclic <（循环值）><增量>，意思是在括号中指定一系列循环值，并按增量值进行循环，如果不指定增量，则默认为 1。如 factors t=3 cyclic (1 2 3)，表示按 {123}、{231}、{312}、……的顺序循环排列，每一循环比前一个循环增加 1；factors t=3 cyclic (1 2 3) 2，表示按 {123}、{312}、{231}、……的顺序循环排列，每一循环比前一个循环增加 2；factors t=3 cyclic (1 2 3) 3，表示按 {123}、{123}、{123}、……的顺序循环排列，每一循环比前一个循环增加 3 |
| perm | 即排列（permutation）方式，如 factors t=3 perm，可产生 {123}、{132}、{213}、{231}、{312}、{321} 6 种排列方式 |

| | |
|---|---|
| comb | 即组合（combination）方式，如 factors t＝3 of 4 comb，可产生 {123}、{124}、{134}、{234} 4 种组合方式 |

【treatments】语句指定处理因素及其数值选择方式，其语句格式与 factors 相同。

【output】语句通过"out＝"将设计结果输出到新数据集中。因素设定水平用于对各因素的水平值进行设定，主要有两种方式：

| | |
|---|---|
| nvals＝ | 指定一系列空格隔开的数值，如 nvals＝（1 2 3 4），表示该因素在结果中显示为 1、2、3、4 的数值形式，如果不指定，默认为 nvals＝（1 2 3……n） |
| cvals＝ | 指定一系列空格隔开的带引号的字符，如 cvals＝（'A''B''C''D'），表示该因素在结果显示为 A、B、C、D 的字符形式 |

nvals 和 cvals 后还可用 ordered 或 random 指定这些值的排列方式，如果不指定，默认为 ordered。例如：

output out＝design a nvals(1 2 3) random
b cvals('A' 'B' 'C')；

表示将设计结果输出到名为 design 的数据集，数据集中的 a 因素显示为 1、2、3 的形式，随机排列；b 因素显示为 A、B、C 的形式，顺序排列。

2. 希腊拉丁方设计的 SAS 实现　希腊拉丁方设计在 SAS 中可利用 proc factex 命令实现，该过程主要用于析因设计（见第六章），有时也用于希腊拉丁方设计。这里仅介绍与希腊拉丁方设计有关的部分语句：

> proc factex；
> factors 因素名</选项>；
> size 设计大小；
> model 模型设定方式；
> output out＝数据集</选项>；

【proc factex】语句表示调用析因设计过程，该语句可不指定任何选项。

【factors】语句指定设计因素，可同时指定多个因素。该语句只有一个选项 nlev，用于指定各因素的水平数。如 factors a b/nlev＝3，表示产生 a、b 两个 3 水平的变量。

【size】指定实验设计大小，也就是设计的单元数，希腊拉丁方中也就是因素水平数的平方。该语句的主要选项是 design＝n。例如 size design＝16，表示产生一个 4×4 的拉丁方。

【model】语句指定模型分析的形式，可通过选项 estimate 来指定模型中的效应，如 estimate＝（a b c）表明仅含主效应，无交互作用；estimate＝（a b c a*b a*c）表明含主效应和 2 个一阶交互效应。拉丁方设计是不考虑交互效应的，因此直接在 estimate 中指定各变量即可。

【output】语句可通过 out＝将设计结果输出到新数据集中，该语句可通过 nvals 和 cvals 两个选项对输出结果中变量水平值的显示形式进行设置。nvals＝（1 2 3 … n）用于指定一系列数值，cvals＝（'字符1' '字符2' …）用于指定若干字符。其用法同 proc plan 中的相同选项。

## 一、拉丁方、尧敦方设计的实施

**例 5.1** 为研究 4 种营养素（A、B、C、D）对小鼠体重增加的作用，考虑到小鼠的种系和体重对结果会有一定影响，因此采用拉丁方设计，选择 4 个种系（r1、r2、r3、r4），并按体重大小分为 4 类（w1、w2、w3、w4），将这 2 个非处理因素作为区组因素，以消除其影响。试分析该研究应如何进行随机分组。

【例题分析】

本例如果采用手工设计，可通过以下四个步骤完成：

第 1 步，首先确定该研究中三个因素的水平数均为 4，因此可先随机选择一个 4×4 的标准拉丁方。

第 2 步，对标准拉丁方的列进行调换。利用 Excel 的 rand（）函数产生四个随机数字，分别为 0.0727、0.1088、0.4736、0.0667，大小顺序分别为 2、3、4、1。因此将标准拉丁方的原有的 4 列按这一顺序调换。

第 3 步，对拉丁方的行再进行调换。利用 Excel 的 rand（）函数产生四个随机数字，分别为 0.3883、0.2732、0.6714、0.5484，大小顺序分别为 2、1、4、3。因此再将拉丁方的 4 行按这一顺序调换。

第 4 步，对拉丁方的字母再进行调换。利用 Excel 的 rand（）函数产生四个随机数字，分别为 0.9630、0.9442、0.3208、0.4338，大小顺序分别为 4、3、1、2。因此 A、B、C、D 四种处理再按这一顺序调换。

整个调换过程见图 5.4。

| 标准方顺序 | | | | | 列调换后 | | | | | 行调换后 | | | | | 字母调换后 | | | |
|---|---|---|---|---|---|---|---|---|---|---|---|---|---|---|---|---|---|---|
| | 1 | 2 | 3 | 4 | | 2 | 3 | 4 | 1 | | 2 | 3 | 4 | 1 | | 2 | 3 | 4 | 1 |
| 1 | A | B | C | D | 1 | B | C | D | A | 2 | C | D | A | B | 2 | A | B | D | C |
| 2 | B | C | D | A | 2 | C | D | A | B | 1 | B | C | D | A | 1 | C | A | B | D |
| 3 | C | D | A | B | 3 | D | A | B | C | 4 | A | B | C | D | 4 | D | C | A | B |
| 4 | D | A | B | C | 4 | A | B | C | D | 3 | D | A | B | C | 3 | B | D | C | A |

**图 5.4　4×4 拉丁方的随机设计过程**

整个设计过程看似繁琐，实际并不难，只要有了随机数字，根据随机数字的大小分别对行、列和处理因素进行调换即可。当然，我们也可很方便地利用 SAS 软件来实现拉丁方的设计。程序 5.1 给出了拉丁方设计过程。

【程序 5.1】

```
proc plan seed=37430;
factors r=4 ordered w=4 ordered / noprint;
```
/*factors 语句指定种系变量 r 和体重变量 w，各有四个水平，顺序排列，noprint 表示不输出这部分结果，因为这只是中间过程。读者也可不加该选项，输出这部分结果*/

```
treatments treat=4 cyclic;
```
/*treatments 语句指定处理因素，4 个水平，按循环顺序排列。由于未指定循环形式，因此默认为 1、2、3、4，循环增量默认为 1，也就是{1234}、{2341}、{3412}等顺序*/

```
output out=latin44
```

r nvals=(1 2 3 4) random

w nvals=(1 2 3 4) random

treat cvals=('A' 'B' 'C' 'D') random;

/* output 语句表示将设计结果输出到数据集 latin44，并指定变量 r 和 w 均显示为 1234 的数值形式，随机排列；treat 显示为 ABCD 的形式，随机排列 */

run;

proc sort data=latin44 out=latin44;

by r w;

/* proc sort 过程将数据集 latin44 按行和列排序，并将排序后的结果输出到数据 latin44 */

proc transpose data=latin44

out =lt44(drop=_NAME_);

by r;

var treat;

/* proc transpose 过程主要作用是将原来竖排显示的数据变为行列相等的"方"形 */

proc print data=lt44 noobs;

run;

【程序解释】

程序 5.1 包括四部分过程，分别是 proc plan、proc sort、proc transpose 和 proc print。其中，proc plan 是产生随机数字以及形成拉丁方设计的关键，其余过程主要是格式的整理，将设计结果变成拉丁方的形式。

proc plan 过程中，需要注意 factors 语句指定 2 个区组因素，顺序排序即可；treatments 语句指定处理因素，需循环方式排列，以保证每行每列的每一处理水平只出现一次。output 语句中对 3 个变量水平的指定主要是为了以自己的方式对变量的水平赋值，不加也可以输出结果。

proc sort 和 proc transpose 过程主要是格式的整理，因为 proc plan 所输出的结果是一个 16 行竖排的结果，经这两个过程整理后，变成了我们熟悉的 4×4 拉丁方的格式。

如果读者要实现其他阶次的拉丁方设计，只需修改第 2 行的行区组因素、列区组因素值和第 3 行的处理因素值，并注意修改第 5、6、7 行的对应值即可。

本例如果要改为尧敦方设计，只需将第 2 行的列区组因素 w=4 改为 w=3，同时将第六行的 w nvals= (1 2 3 4) 改为 w nvals= (1 2 3)，便可输出一个 4×3 的尧敦方设计方案。其他阶次的尧敦方设计以此类推。

【结果输出】

结果给出了设计好的拉丁方形式，其中第一列的 1、2、3、4 分别表示 4 个种系，第一行的 COL1、COL2、COL3、COL4 分别表示 4 种体重。

| r | COL1 | COL2 | COL3 | COL4 |
|---|------|------|------|------|
| 1 | A | C | B | D |
| 2 | C | D | A | B |
| 3 | B | A | D | C |
| 4 | D | B | C | A |

结果显示，当种系 r 和体重均为 1 时，给予处理 A；当种系 r 为 1 且体重为 2 时，给予处理 C；……当种系 r 为 4 且体重为 4 时，给予处理 A；以此类推。

注意这一结果与手工利用随机数设计的结果不同,这是很正常的,因为不大可能产生完全相同的随机数字,因此结果也会差别很大,只要结果是利用随机数字产生即可。

## 二、希腊拉丁方设计的实施

**例 5.2** 续例 5.1,假定研究者认为小鼠进食量也会影响到结果,为了消除这一因素的影响,研究者按进食量多少分为 4 类。这样整个研究中共 3 个需要消除的干扰因素,因此采用希腊拉丁方设计进行设计分组。

【例题分析】

希腊拉丁方设计较为繁琐,可直接采用 proc factex 实现,具体见程序 5.2。

【程序 5.2】

```
proc factex;
factors r w f treat /nlev=4;
/* 通过 factors 语句指定 4 个因素,treat 为处理因素,其余为干扰因素,因素水平数均为 4 */
size design=16;              /* 指定设计的单元数为 16,即 4×4 的拉丁方设计 */
model estimate=(r w f treat);  /* 指定模型中仅有各因素的主效应,无交互效应 */
output out=greece
f cvals=('α' 'β' 'γ' 'δ')
treat cvals=('A' 'B' 'C' 'D');
/* 将结果输出到数据集 greece,并指定变量 f 输出希腊字母形式,treat 输出拉丁字母形式 */
proc transpose data=greece
out =greece(drop=_NAME_);
by r;
var f treat;
/* 利用 transpose 过程将结果转换为容易阅读的拉丁方形式 */
proc print data=greece noobs;
run;
```

【程序解释】

该程序主要通过 factex 过程实现希腊拉丁方设计,从 SAS 语句来看并不难理解,只需指定四个变量及每个变量的水平数,然后指定设计的单元格数即可。transpose 过程主要用于结果的转置输出,使结果易于阅读。

如果要实现其他阶次的希腊拉丁方设计,只需修改第 2 行和第 3 行的水平数和总单元格数即可,如 5 阶次可改为 nlev=5 和 design=25。

本例如果删掉一个变量及其相关语句(如删除 f 变量及 output 中的 f cvals 等语句),则输出的是普通拉丁方设计,读者可自行验证。

【结果输出】

输出结果比拉丁方的结果略微复杂,第一列的 0、1、2、3 分别表示 1、2、3、4 四个种系,第一行的 COL1、COL2、COL3、COL4 分别表示 4 种体重,α、β、γ、δ 分别表示四种进食量。可以看出,每一拉丁字母和希腊字母仅相遇 1 次,符合希腊拉丁方设计的特征。

| r | COL1 | COL2 | COL3 | COL4 |
|---|------|------|------|------|
| 0 | α | δ | β | γ |
| 0 | A | D | B | C |
| 1 | δ | α | γ | β |

| 1 | C | B | D | A |
| 2 | β | γ | α | δ |
| 2 | D | A | C | B |
| 3 | γ | β | δ | α |
| 3 | B | C | A | D |

根据结果可以设计:当种系 r=1、体重 w=1、进食量=α 时,给予处理 A;当种系 r=1、体重=2、进食量=δ 时,给予处理 D;……当种系 r=4、体重=4、进食量=α 时,给予处理 D;依此类推。

## 第三节 拉丁方设计的统计分析及 SAS 实现

拉丁方设计、尧敦方设计、希腊拉丁方设计的统计分析思路差不多,是将行、列或希腊字母作为区组因素,分析处理因素的作用,而重复拉丁方设计还需要考虑到重复因素,分析更为复杂一些。

1. **定量资料的分析** 拉丁方设计的方差分析模型为:

$$y_{ijk}=\mu+\alpha_i+\beta_j+\gamma_k+\varepsilon_{ijk}$$

式中,$y_{ijk}$ 为第 $i$ 个处理、第 $j$ 行、第 $k$ 列的观测值,$\mu$ 为总均值,$\alpha_i$ 表示第 $i$ 个处理因素的效应,$\beta_j$ 表示第 $j$ 个区组 1 的效应(行效应),$\gamma_k$ 表示第 $k$ 个区组 2 的效应(列效应),$\varepsilon_{ijk}$ 为随机误差。

该模型中,处理、行、列之间无任何交互效应,是完全可加的。

拉丁方设计的方差分析与前几章介绍的一样,均可采用 proc glm 过程实现。但在具体分析过程中,不同的拉丁方设计之间有一定差别,尤其是重复拉丁方设计,由于行区组、列区组都有可能重复或不重复,因此所对应的误差不同,分析语句也有所差别。各种拉丁方设计的方差分析过程及 SAS 语句见表 5.2。

**表 5.2 常见拉丁方设计的方差分析的 SAS 语句**

| 设计类型 | 变异分解 | | | | SAS 语句 |
| --- | --- | --- | --- | --- | --- |
| | 变异来源 | 自由度 | 均方(MS) | F 统计量 | |
| 拉丁方设计 | trt | $p-1$ | $MS_{trt}$ | $MS_{trt}/MS_e$ | proc glm; |
| | row | $p-1$ | $MS_{row}$ | | class trt row col; |
| | col | $p-1$ | $MS_{col}$ | | model y=trt row col; |
| | error | $(p-1)(p-2)$ | $MS_e$ | | run; |
| | total | $p^2-1$ | | | |
| 不完全拉丁方(尧敦方)设计 | trt | $p-1$ | $MS_{trt}$ | $MS_{trt}/MS_e$ | proc glm; |
| | row | $p-1$ | $MS_{row}$ | | class trt row col; |
| | col | $k-1$ | $MS_{col}$ | | model y=trt row col; |
| | error | $(p-1)(k-2)$ | $MS_e$ | | run; |
| | total | $pk-1$ | | | |

| 设计类型 | 变异分解 | | | | SAS 语句 |
|---|---|---|---|---|---|
| | 变异来源 | 自由度 | 均方 (MS) | F 统计量 | |
| 希腊拉丁方设计 | trt | $p-1$ | $MS_{trt}$ | $MS_{trt}/MS_e$ | proc glm; |
| | row | $p-1$ | $MS_{row}$ | | class trt row col gr; |
| | col | $p-1$ | $MS_{col}$ | | model y=trt row col gr; |
| | gr | $p-1$ | $MS_{gr}$ | | run; |
| | error | $(p-1)(p-3)$ | $MS_e$ | | |
| | total | $p^2-1$ | | | |
| 重复拉丁方设计（行列均相同） | trt | $p-1$ | $MS_{trt}$ | $MS_{trt}/MS_e$ | proc glm; |
| | row | $p-1$ | $MS_{row}$ | | class trt row col rep; |
| | col | $p-1$ | $MS_{col}$ | | model y=trt row col rep; |
| | rep | $r-1$ | $MS_{rep}$ | | run; |
| | error | $(p-1)[r(p+1)-2]$ | $MS_e$ | | |
| | total | $rp^2-1$ | | | |
| 重复拉丁方设计（行不同、列相同） | trt | $p-1$ | $MS_{trt}$ | $MS_{trt}/MS_e$ | proc glm; |
| | row | $r(p-1)$ | $MS_{row}$ | | class trt row col rep; |
| | col | $p-1$ | $MS_{col}$ | | model y=trt row(rep) col rep; |
| | rep | $r-1$ | $MS_{rep}$ | | run; |
| | error | $(rp-2)(p-1)$ | $MS_e$ | | |
| | total | $rp^2-1$ | | | |
| 重复拉丁方设计（行相同列不同） | trt | $p-1$ | $MS_{trt}$ | $MS_{trt}/MS_e$ | proc glm; |
| | row | $p-1$ | $MS_{row}$ | | class trt row col rep; |
| | col | $r(p-1)$ | $MS_{col}$ | | model y=trt row col(rep) rep; |
| | rep | $r-1$ | $MS_{rep}$ | | run; |
| | error | $(rp-2)(p-1)$ | $MS_e$ | | |
| | total | $rp^2-1$ | | | |
| 重复拉丁方设计（行列均不同） | trt | $p-1$ | $MS_{trt}$ | $MS_{trt}/MS_e$ | proc glm; |
| | row | $r(p-1)$ | $MS_{row}$ | | class trt row col rep; |
| | col | $r(p-1)$ | $MS_{col}$ | | model y=trt row(rep) col(rep) rep; |
| | rep | $r-1$ | $MS_{rep}$ | | run; |
| | error | $(p-1)[r(p-1)-1]$ | $MS_e$ | | |
| | total | $rp^2-1$ | | | |

注：trt、row、col、gr、rep 分别表示处理因素、行区组、列区组、希腊字母因素、重复因素，error 表示误差。

拉丁方设计通常较多用于实验室设计，多数资料是服从正态分布的。如果资料不符合正态分布，可以考虑将数据进行转换（如对数转换等），使之满足正态性假设，然后采用方差分析。或者也可采用基于秩的方差分析，将数据编秩，然后对秩次进行方差分析。

2. 分类资料的分析　拉丁方设计中鲜有分类资料，当结果为分类资料（二分类或有序、无序多分类）时，可以考虑用 logistic 回归，以结果作为因变量，以处理因素、行区组、列区组等作为自变量，进行多因素 logistic 回归分析。logistic 回归较为复杂，关于该方法的介绍超出了本书的范围。如有读者感兴趣，可参考冯国双等（2012）的专著。

一、拉丁方设计的统计分析

**例 5.3**　某研究以小鼠为研究对象分析四种药物对血糖升高的作用，考虑到小鼠的体质和药物剂量可能会影响到结果，因此采用拉丁方设计，以窝别和剂量作为区组因素，共选择 16 只小鼠，分 4 个窝别（用 1、2、3、4 表示），每个药物分 4 种剂量（用 I、II、III、IV 表示），给予不同的 4 种药物（用 A、B、C、D 表示）。拉丁方设计形式及观察结果见表 5.3。试对该数据进行分析。

表 5.3 四种药物对血糖升高值（mmol/L）的影响

| 窝别 | 剂量 | | | |
|---|---|---|---|---|
| | I | II | III | IV |
| 1 | (C) 2.33 | (B) 4.33 | (A) 2.94 | (D) 5.11 |
| 2 | (B) 2.78 | (A) 2.72 | (D) 4.33 | (C) 3.06 |
| 3 | (A) 1.88 | (D) 3.56 | (C) 2.86 | (B) 3.89 |
| 4 | (D) 4.54 | (C) 2.28 | (B) 4.39 | (A) 2.72 |

【例题分析】

本例研究目的非常明确，采用拉丁方设计控制 2 个区组因素，只要数据大致服从正态分布、方差齐性，可直接采用方差分析。程序 5.3 给出了拉丁方设计方差分析的过程，其中 lit、dos、med 和 y 分别表示窝别、剂量、药物和观察结果。

【程序 5.3】

```
data example5_3;
input lit dos med y;
cards;
1 1 3 2.33
1 2 2 4.33
1 3 1 2.94
1 4 4 5.11
2 1 2 2.78
2 2 1 2.72
2 3 4 4.33
2 4 3 3.06
3 1 1 1.88
3 2 4 3.56
3 3 3 2.86
3 4 2 3.89
4 1 4 4.54
4 2 3 2.28
4 3 2 4.39
4 4 1 2.72
;
proc univariate normal;
class med;
var y;
run;
proc glm;
```

```
class lit dos med ;
model y=med dos lit;
lsmeans med/tdiff adjust=bon;
run;
```

**【程序解释】**

proc univariate 用于正态性检验，这在前几章已经反复提过，这里不再赘述。proc glm 用于方差分析及两两比较。尽管在设计时我们会考虑哪个是处理因素，哪个是区组因素，但在 SAS 程序中并不区分，所有变量均放到 model 语句的右边即可。

**【结果输出】**

正态性检验和方差齐性检验均显示满足方差分析的条件，为节省篇幅，省略这部分结果，只列出我们所需要的方差分析及两两比较的结果。

方差分析结果显示，四种药物之间差异有统计学意义（$P=0.0037$），而不同窝别、不同剂量之间的差异无统计学意义。

| Source | DF | Type I SS | Mean Square | F Value | Pr > F |
|---|---|---|---|---|---|
| med | 3 | 9.79815000 | 3.26605000 | 14.49 | 0.0037 |
| dos | 3 | 1.72805000 | 0.57601667 | 2.56 | 0.1513 |
| lit | 3 | 0.92940000 | 0.30980000 | 1.37 | 0.3378 |

| Source | DF | Type III SS | Mean Square | F Value | Pr > F |
|---|---|---|---|---|---|
| med | 3 | 9.79815000 | 3.26605000 | 14.49 | 0.0037 |
| dos | 3 | 1.72805000 | 0.57601667 | 2.56 | 0.1513 |
| lit | 3 | 0.92940000 | 0.30980000 | 1.37 | 0.3378 |

Bonferroni 法两两比较结果显示，药物 A 和 D、C 和 D 之间差异有统计学意义，A 和 B、B 和 C 比较的 $P$ 值略高于 0.05，也不能就此认为差异一定无统计学意义。如有可能，最好扩大样本例数再进行验证。

Least Squares Means
Adjustment for Multiple Comparisons: Bonferroni

| med | y LSMEAN | LSMEAN Number |
|---|---|---|
| 1 | 2.56500000 | 1 |
| 2 | 3.84750000 | 2 |
| 3 | 2.63250000 | 3 |
| 4 | 4.38500000 | 4 |

Least Squares Means for Effect med
t for H0: LSMean (i) =LSMean (j) / Pr > |t|

| i/j | 1 | 2 | 3 | 4 |
|---|---|---|---|---|
| 1 |  | −3.82014 | −0.20106 | −5.42117 |
|   |  | 0.0526 | 1.0000 | 0.0098 |
| 2 | 3.820141 |  | 3.619081 | −1.60103 |
|   | 0.0526 |  | 0.0667 | 0.9629 |
| 3 | 0.20106 | −3.61908 |  | −5.22011 |

|   | 1.0000 | 0.0667 |  | 0.0119 |
|---|---|---|---|---|
| 4 | 5.421174 | 1.601034 | 5.220114 | |
|   | 0.0098 | 0.9629 | 0.0119 | |

## 二、尧敦方设计的统计分析

**例 5.4** 续例 5.3，假定例 5.3 的研究中由于小鼠数量有限，每一窝别只能找到 3 只符合条件的小鼠，因此剂量只能改为 3 种。此时该研究变为 4 个窝别、3 种剂量、4 种药物的尧敦方实验。设计形式及观察结果见表 5.4。试对该数据进行分析。

表 5.4　四种药物对血糖升高值 (mmol/L) 的影响

| 窝别 | 剂量 | | |
|---|---|---|---|
|  | Ⅰ | Ⅱ | Ⅲ |
| 1 | (C) 2.33 | (B) 4.33 | (A) 2.94 |
| 2 | (B) 2.78 | (A) 2.72 | (D) 4.33 |
| 3 | (A) 1.88 | (D) 3.56 | (C) 2.86 |
| 4 | (D) 4.54 | (C) 2.28 | (B) 4.39 |

【例题分析】

尧敦方设计与拉丁方设计相比，只是列区组少了 1 个类别，二者分析过程是完全相同的。本例尧敦方设计的方差分析程序见程序 5.4。

【程序 5.4】

```
data example5_4;
input lit dos med y;
cards;
1 1 3 2.33
1 2 2 4.33
1 3 1 2.94
2 1 2 2.78
2 2 1 2.72
2 3 4 4.33
3 1 1 1.88
3 2 4 3.56
3 3 3 2.86
4 1 4 4.54
4 2 3 2.28
4 3 2 4.39
;
proc glm;
class lit dos med ;
model y=med dos lit;
run;
```

【结果输出】

方差分析给出了 Type Ⅰ SS 和 Type Ⅲ SS 的结果。由于数据非均衡，因此二者结果不同。根据 Type Ⅲ SS 的结果，四种药物之间差异无统计学意义（$P=0.0894$），不同窝别、不同剂量之间的差异也无统计学意义。

| Source | DF | Type Ⅰ SS | Mean Square | F Value | Pr > F |
|---|---|---|---|---|---|
| med | 3 | 6.77550000 | 2.25850000 | 6.44 | 0.0802 |
| dos | 2 | 1.12055000 | 0.56027500 | 1.60 | 0.3371 |
| lit | 3 | 0.85787500 | 0.28595833 | 0.82 | 0.5648 |

| Source | DF | Type Ⅲ SS | Mean Square | F Value | Pr > F |
|---|---|---|---|---|---|
| med | 3 | 6.21267500 | 2.07089167 | 5.90 | 0.0894 |
| dos | 2 | 1.12055000 | 0.56027500 | 1.60 | 0.3371 |
| lit | 3 | 0.85787500 | 0.28595833 | 0.82 | 0.5648 |

### 三、希腊拉丁方设计的统计分析

**例 5.5** 某中药研究所欲分析不同针刺穴位对治疗脑卒中的效果，考虑到不同病程、不同时辰、不同刺激量可能会影响到效果，因此采用希腊拉丁方设计，设置病程（用 1、2、3、4 表示）、时辰（用 Ⅰ、Ⅱ、Ⅲ、Ⅳ 表示）、刺激量（用 α、β、γ、δ 表示）三个区组因素，考查不同针刺穴位（用 A、B、C、D）的效果。以疗效评分作为分析结果。本研究设计形式及数据见表 5.4，试对结果进行分析。

表 5.5 不同病程、时辰、刺激量、穴位的脑卒中治疗效果

| 病程 | 时辰 | | | |
|---|---|---|---|---|
| | Ⅰ | Ⅱ | Ⅲ | Ⅳ |
| 1 | (Aα) 2.31 | (Dδ) 1.47 | (Bβ) 1.03 | (Cγ) 1.59 |
| 2 | (Cδ) 1.42 | (Bα) 1.01 | (Dγ) 1.63 | (Aβ) 2.06 |
| 3 | (Dβ) 2.41 | (Aγ) 2.52 | (Cα) 1.41 | (Bδ) 1.67 |
| 4 | (Bγ) 0.97 | (Cβ) 1.99 | (Aδ) 1.58 | (Dα) 1.19 |

【例题分析】

希腊拉丁方设计比普通的拉丁方设计多了一个区组因素，设计上尽管不同，但 SAS 分析程序相同，只是在 model 语句中多增加一个区组因素即可。分析过程见程序 5.5，其中，d、t、c、x、y 分别表示病程、时辰、刺激量、穴位和评分结果。

【程序 5.5】

```
data example5_5;
input d t c x y;
cards;
1 1 1 1 2.31
1 2 4 4 1.47
1 3 2 2 1.03
1 4 3 3 1.59
2 1 4 3 1.42
2 2 1 2 1.01
2 3 3 4 1.63
2 4 2 1 2.06
3 1 2 4 2.41
```

```
3  2  3  1  2.52
3  3  1  3  1.41
3  4  4  2  1.67
4  1  3  2  0.97
4  2  2  3  1.99
4  3  4  1  1.58
4  4  1  4  1.19
;
proc glm;
class d t c x ;
model y= d t c x;
run;
```

【结果输出】

结果仅列出我们所需的部分,由于希腊拉丁方设计是均衡设计,Type I SS 和 Type III SS 的结果相同。可以看出,针刺不同穴位的疗效评分并无统计学差异($P=0.1296$),其他三个区组因素对疗效评分的影响也无统计学差异。

| Source | DF | Type I SS | Mean Square | F Value | Pr > F |
|---|---|---|---|---|---|
| d | 3 | 0.75262500 | 0.25087500 | 1.81 | 0.3193 |
| t | 3 | 0.32947500 | 0.10982500 | 0.79 | 0.5739 |
| c | 3 | 0.36832500 | 0.12277500 | 0.88 | 0.5388 |
| x | 3 | 1.80612500 | 0.60204167 | 4.34 | 0.1296 |

| Source | DF | Type III SS | Mean Square | F Value | Pr > F |
|---|---|---|---|---|---|
| d | 3 | 0.75262500 | 0.25087500 | 1.81 | 0.3193 |
| t | 3 | 0.32947500 | 0.10982500 | 0.79 | 0.5739 |
| c | 3 | 0.36832500 | 0.12277500 | 0.88 | 0.5388 |
| x | 3 | 1.80612500 | 0.60204167 | 4.34 | 0.1296 |

### 四、重复拉丁方设计的统计分析

**例 5.6** 某研究欲比较同一药物的三种剂型的生物效应,将 12 例健康志愿者随机分为 4 组,每组 3 例。整个研究过程包括 3 个周期,每组的 3 例受试者在第一周期随机给予溶剂、片剂、胶囊三种剂型之一,经过一定时间的清洗期后,在第二、三周期再随机给予某种剂型。测定口服药物后血药浓度-时间曲线下面积(AUC,$\mu g/ml$)。设计形式及测定结果见表 5.6。试对本例进行分析。

表 5.6 不同受试者、周期、剂型的 AUC

| 组别 | 受试者编号 | 周期 | | |
|---|---|---|---|---|
| | | 1 | 2 | 3 |
| 1 | 1 | (A) 1799 | (C) 1846 | (B) 2147 |
| 1 | 2 | (C) 2075 | (B) 1156 | (A) 1777 |
| 1 | 3 | (B) 1396 | (A) 868 | (C) 2291 |
| 2 | 4 | (B) 3100 | (A) 3065 | (C) 4077 |
| 2 | 5 | (C) 1451 | (B) 1217 | (A) 1288 |

续表

| 组别 | 受试者编号 | 周期 | | |
|---|---|---|---|---|
| | | 1 | 2 | 3 |
| 2 | 6 | (A) 3174 | (C) 1714 | (B) 2919 |
| 3 | 7 | (C) 1430 | (A) 836 | (B) 1063 |
| 3 | 8 | (A) 1186 | (B) 642 | (C) 1183 |
| 3 | 9 | (B) 1135 | (C) 1305 | (A) 984 |
| 4 | 10 | (C) 873 | (A) 1426 | (B) 1540 |
| 4 | 11 | (A) 2061 | (B) 2433 | (C) 1337 |
| 4 | 12 | (B) 1053 | (C) 1534 | (A) 1583 |

【例题分析】

本例是Ⅰ期临床实验常见的设计方法，是4个重复的3×3拉丁方，相当于一个3×3交叉设计（详见第八章）。每一组中有3例受试对象、3个周期、3种剂型，组成一个3×3拉丁方。表5.2中已经提到，重复拉丁方根据区组因素是否重复，所设定的模型也不同。本例周期是重复的，四次重复拉丁方所用的是相同的三个周期；受试者则是不重复的，四个拉丁方中是不同的3例受试者，此时受试者的方差来源实际上度量了在4次重复中的变异，因此分析时需要考虑到受试者重复所产生的变异。这里的重复拉丁方实际上相当于一个嵌套设计（见第十一章），受试者嵌套于组别之中。

具体分析过程见程序5.6，其中sq表示4次拉丁方的重复因素，no表示受试者，per表示周期，treat表示三种剂型，y为测定结果AUC。

【程序5.6】

```
data example5_6;
input sq no per treat $ y;
cards;
1 1 1 A 1799
1 1 2 C 1846
1 1 3 B 2147
1 2 1 C 2075
1 2 2 B 1156
1 2 3 A 1777
1 3 1 B 1396
1 3 2 A  868
1 3 3 C 2291
2 4 1 B 3100
2 4 2 A 3065
2 4 3 C 4077
2 5 1 C 1451
2 5 2 B 1217
2 5 3 A 1288
```

```
2  6   1  A  3174
2  6   2  C  1714
2  6   3  B  2919
3  7   1  C  1430
3  7   2  A   836
3  7   3  B  1063
3  8   1  A  1186
3  8   2  B   642
3  8   3  C  1183
3  9   1  B  1135
3  9   2  C  1305
3  9   3  A   984
4  10  1  C   873
4  10  2  A  1426
4  10  3  B  1540
4  11  1  A  2061
4  11  2  B  2433
4  11  3  C  1337
4  12  1  B  1053
4  12  2  C  1534
4  12  3  A  1583
;
proc glm;
class sq no per treat；
model y＝sq no(sq) per treat;
run;
```

【程序解释】

该程序首先要明白数据输入，总的数据共 36 行，共 4 次重复，每一重复的拉丁方有 9 行数据，这 9 行数据实际上就是普通的拉丁方数据的形式。

本例由于每次重复拉丁方的受试者不同，根据表 5.2 的小结，需要在受试者变量 no 后用括号加上重复因素。如果每次重复的周期也不同，则需要在周期变量 per 后也用括号加上这一因素。如果每次重复受试者和周期都相同，则这两个变量后无须加任何变量。

【结果输出】

结果显示，在校正了周期、受试者、重复因素后，三种剂型间差异无统计学意义（$P=0.8217$）。

| Source | DF | Type Ⅰ SS | Mean Square | F Value | Pr＞F |
| --- | --- | --- | --- | --- | --- |
| sq | 3 | 8636113.556 | 2878704.519 | 14.02 | ＜.0001 |
| no（sq） | 8 | 7748946.667 | 968618.333 | 4.72 | 0.0023 |
| per | 2 | 737750.722 | 368875.361 | 1.80 | 0.1916 |
| treat | 2 | 81458.389 | 40729.194 | 0.20 | 0.8217 |

| Source | DF | Type Ⅲ SS | Mean Square | F Value | Pr > F |
| --- | --- | --- | --- | --- | --- |
| sq | 3 | 8636113.556 | 2878704.519 | 14.02 | <.0001 |
| no (sq) | 8 | 7748946.667 | 968618.333 | 4.72 | 0.0023 |
| per | 2 | 737750.722 | 368875.361 | 1.80 | 0.1916 |
| treat | 2 | 81458.389 | 40729.194 | 0.20 | 0.8217 |

（王园园　冯国双）

# 第六章 析因设计与分析

## 第一节 析因设计简介

### 一、基本概念

析因实验设计（factorial experimental design）是一种多处理因素设计。多处理因素，顾名思义，设计中包含多个处理因素（2个及2个以上），且每个因素至少有2个水平。前几章介绍的完全随机设计、随机区组设计、拉丁方设计属于单处理因素设计，尽管随机区组设计和拉丁方设计形式上包含多个因素，但研究者所关注的处理因素只有1个，其余因素为区组因素，是为了提高结果的精确度而将这些因素包含进来的，这些因素的作用并不是研究者所关心的。多因素实验设计中，每个因素都是研究者所关注的处理因素。

析因设计是指在每一次完全实验或每一次重复中，处理包括所有因素的所有可能水平的组合。例如，因素 A、B、C 分别有 2、2、3 个水平，则实验共安排 $2\times2\times3=12$ 个处理。当这些因素被安排在析因设计中时，通常是交叉的（crossed），有的书中也称为交叉设计（crossed design），这与本书第八章所介绍的交叉设计（crossover design）是两个不同的概念。由于国内各领域翻译不统一，读者阅读文献时需要注意其原文含义。由于析因设计安排了所有因素的可能水平的组合，因此是一种全面实验。

析因设计的处理因素通常用大写字母 A、B、C、……表示，因素水平则用因素字母加下标 1、2、3、……表示。如两个因素 A 和 B 各有 2 个水平，分别可表示为 $A_1$、$A_2$、$B_1$、$B_2$，相应的析因设计可称为 $2\times2$ 析因设计。表 6.1 给出了一个 $2\times2$ 析因设计的形式。

**表 6.1 $2\times2$ 析因设计实验方案**

| A 因素 | B 因素 | |
|---|---|---|
| | $B_1$ | $B_2$ |
| $A_1$ | $A_1B_1$ | $A_1B_2$ |
| $A_2$ | $A_2B_1$ | $A_2B_2$ |

如果析因设计中每个因素的水平数相等，这种析因设计称为齐水平析因设计，如 $2\times2\times2$ 析因设计、$3\times3$ 析因设计等；如果每个因素的水平数不同，称为混水平析因设计，如 $2\times2\times3$ 析因设计、$3\times4$ 析因设计等。

析因设计的特点：

1. 可同时研究多个处理因素，可同时估计处理因素的主效应和交互效应；

2. 析因设计扩大了实验的研究范围，由于实验包含了所有因素水平的组合，因此可以从较大实验范围内选出最佳的组合处理；

3. 析因设计通常需要每一处理至少有 2 次重复，否则无法估计交互效应。重复数的增

加可以降低实验误差,提高研究精度;

4. 析因设计的主要缺点是,当因素数增加时,实验的处理数呈几何倍数增加,有时在实际中难以实现。因此,当因素及水平数较多时,实际中一般不采用因素全面组合的析因设计,宜采用部分组合的正交设计、均匀设计等优选实验方案,减少实验次数。

## 二、析因设计中的效应

因素的效应通常定义为当因素的水平改变时所引起的结果测量值的变化。前几章介绍的几种设计都仅研究某一因素的主效应(main effects),而析因设计中不仅可研究处理因素的主效应,还可分析多个处理因素之间的交互效应(interaction)。

考虑表 6.2 的一个 2×2 析因设计,研究食物中蛋白和脂肪含量对小鼠体重增长(克/每周)的影响。因素 A 为食物中蛋白含量,包含 2 个水平,分别为蛋白含量正常和蛋白含量缺乏;因素 B 为食物中脂肪含量,同样包含正常和缺乏 2 个水平。

表 6.2  2×2 析因设计数据

| A 因素 | B 因素 | |
|---|---|---|
| | 正常 | 缺乏 |
| 正常 | 44 | 36 |
| 缺乏 | 32 | 30 |

单独效应表示其他因素固定在某一水平时,另一因素不同水平间的差别。例如,当因素 B 为正常时,因素 A 的单独效应为 $32-44=-12$;当因素 B 为缺乏时,因素 A 的单独效应为 $30-36=-6$。

主效应表示因素各水平间的平均差别,也就是简单效应的平均值。例如,因素 A 的主效应为 $(32+30)/2-(44+36)/2=-9$,即因素 A 从正常到缺乏其平均结果降低了 9g。同理,因素 B 的主效应为 $(36+30)/2-(44+32)/2=-5$,也就是因素 B 从正常到缺乏其平均结果降低了 5g。

如果一个因素的单独效应随其他因素水平的不同而不同,这种情况称这两个因素之间存在交互效应。例如表 6.2 中,在因素 B 正常的情况下,因素 A 的单独效应为 $32-44=-12$;在因素 B 缺乏的情况下,因素 A 的单独效应为 $30-36=-6$。这两个值并不相同,因此可以说因素 A 的效应依赖于因素 B 的不同水平,或者说,在因素 B 的不同水平下因素 A 的效应不同,这时我们认为因素 A 和 B 之间存在交互效应。

交互效应大小为因素的简单效应的差值的平均值,如表 6.2 中因素 A 与因素 B 的交互效应为 $[(-6)-(-12)]/2=3$。交互效应为正值,说明存在正的交互效应,也就是说,因素 B 的缺乏可以进一步增强因素 A 缺乏对体重的降低作用。

我们还可以用图示来解释交互效应,图 6.1 中可以看出,B 因素正常情况下,A 因素两个水平差别大;B 因素缺乏情况下,A 因素两个水平差别小。因此如果用图示来表示,当两个因素存在交互效应,图中显示为两条不平行的曲线。如果不存在交互效应,两条曲线是平行的。

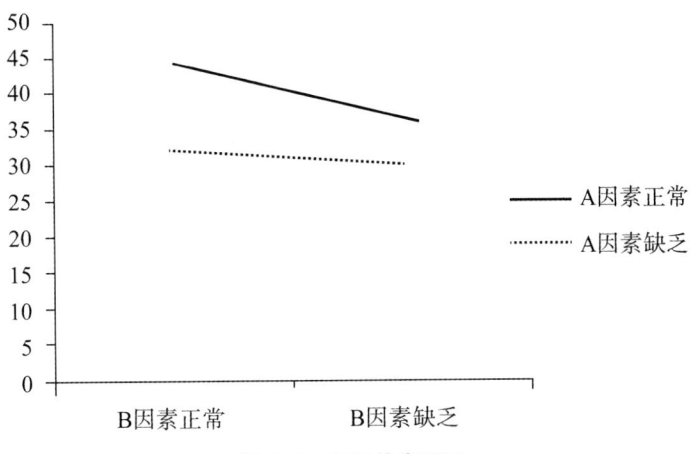

图 6.1 交互效应图示

两个因素之间的交互效应称为一阶交互效应,三个因素的交互效应称为二阶交互效应,以此类推,$n$ 个因素的交互效应称为 $n-1$ 阶交互效应。实际中通常只分析到一阶交互效应,因为二阶及以上的交互效应解释过于复杂,有时甚至无法解释。

一般来说,析因设计首先应分析交互效应,如果因素间不存在交互效应,只需分析其主效应即可。如果发现存在交互效应,主效应便不是分析重点,应重点分析交互效应,因为此时主效应已经没有太大意义,而对因素组合的分析更具有实际意义。

**三、析因设计的主要用途**

析因设计最初主要用于工业上的工艺优化、工业发酵条件的优化设计等领域,现在已广泛应用于医学领域的动物实验、新药临床试验、微生物培养条件优化等领域。它可以分析各个实验因素的主效应和各因素间的交互效应,还可以确定最适宜的实验因素水平的组合,即寻找最佳实验点。

## 第二节 析因设计的样本含量估计及 SAS 实现

析因设计包含多个因素,因此其样本含量的估计除需确定第一类错误概率 $\alpha$、把握度 $1-\beta$、单双侧检验等常规条件外,还需要考虑以下两个条件:①各因素的均值;②误差标准差或误差均方平方根(root MSE)。

析因设计样本含量估计可通过 SAS 中的 proc glmpower 过程实现,该过程主要用于一般线性模型的样本量或把握度估计,第二章所介绍的 proc power 语句通常只用于单因素的样本量或把握度估计,而 proc glmpower 过程可用于多因素的样本量或把握度估计。如果仅指定一个因素,proc glmpower 和 proc power 所得结果是一致的。proc glmpower 过程的主要语句有:

```
proc glmpower <选项>;
class 变量;
model 因变量=自变量;
power<选项>;
```

【命令解释】

【proc glmpower】语句调用 glmpower 过程，用于一般线性模型的样本量或把握度估计。

【class】语句指定分析的2个或多个研究变量。

【model】语句指定因变量与自变量。因变量通常为事先通过文献或预实验所获得的均值，自变量为 class 语句中的多个研究变量。

【power】语句是执行样本量估计的主要语句，该语句的常用选项有：

| | |
|---|---|
| stddev= | 指定误差标准差或误差均方平方根，这通常需要通过预实验方差分析的结果中获得 |
| power= | 指定把握度，该选项需配合"ntotal="选项使用 |
| ntotal= | 指定样本量。该选项与"power="选项必须同时指定其中之一，另一个为待估项。当指定 ntotal=某一具体值时，根据该值估计把握度；当指定"ntotal=."时，表示样本含量待估，此时"power="必须指定具体值 |

析因设计的样本量估计需要分两步：

1. 根据以往文献或预实验获得析因设计中各组合条件下的均值，建立数据集。
2. 调用 proc glmpower 过程，调入含均值的数据集，指定相关语句计算样本量。

**例 6.1** 某研究拟观察 A、B 两种药物对降低谷丙转氨酶的效果，研究共分为四组：空白组（A、B 药均不用）、A 药组、B 药组、A+B 药组。根据以往动物研究模型，四组均值分别为 40、47、52、77。而且从方差分析结果可以得到误差均方 MSE 为 53，可求得其平方根为 7.28。设定该研究的 $\alpha$ 和 $\beta$ 分别为 0.05 和 0.2，试据此对样本含量进行估计。

【例题分析】

该研究首先需建立一数据集，包含四组的均值，然后采用 proc glmpower 过程调用该数据集，并指定其他条件进行样本量估计。具体过程见程序 6.1。

【程序 6.1】

```
data example6_1;
input a b mean;
cards;
1 1 40
2 1 47
1 2 52
2 2 77
;
run;
/*上面一段语句是建立一个数据集，其中包含a、b两个因素的水平及四组均值*/
proc glmpower data=example6_1;    /*利用 data 选项将前面的数据集导入*/
class a b;                         /*指定分类变量为a、b*/
model mean=a|b;                    /*指定分析模型，研究因素包括a、b及a和b的交互项*/
power
stddev=7.28                        /*指定误差均方平方根为7.28*/
power=0.8                          /*指定把握度为0.8*/
ntotal=.;                          /*指定对样本量进行估计*/
run;
```

## 【程序解释】

该程序一定要先建立数据集，而且数据集中的变量名应与后面 proc glmpower 过程中指定的变量名相同。model 语句中的 "a | b" 表示同时指定 a、b 的主效应和交互效应，因为从前期数据可以看出，a、b 之间可能具有一定的交互效应，因此最好将交互效应考虑在内。两个以上的因素分析与此相仿，只是在 model 语句中指定多个因素即可，是否需要指定交互效应，根据研究目的而定。

## 【结果输出】

| Index | Source | Test DF | Error DF | Actual Power | N Total |
|-------|--------|---------|----------|--------------|---------|
| 1 | a | 1 | 8 | 0.913 | 12 |
| 2 | b | 1 | 4 | 0.856 | 8 |
| 3 | a*b | 1 | 20 | 0.821 | 24 |

结果分别给出了对应 a、b、a*b 三个效应下的样本量估计结果。可以看出，如果仅比较 b 之间的差值，只需 8 例（即每组 2 例）即可。如果要比较 a 之间的差异，需要 12 例（即每组 3 例）。如果还要考虑 a、b 之间的交互效应，则至少需要 24 例（即每组 6 例）。

## 第三节 析因设计的实施及 SAS 实现

析因设计实施的关键是确定各处理因素数及水平数，一旦确定后，也就确定了总的处理组数，此时可以采用前几章的完全随机设计、随机区组设计、拉丁方设计等进行设计。例如，2×3 析因设计，共 6 个处理组，可以将其作为 6 组的完全随机设计；如果考虑控制 1 个区组因素，可以将其作为 6 组的随机区组设计；如果考虑 2 个控制因素，可以采用 6×6 的拉丁方设计等。通常析因设计每个处理组内至少需 2 例实验样品，且每个处理组的数量相等。

SAS 软件中可通过 proc factex 过程实现析因设计，该过程的基本语句为：

```
proc factex;
factors 因素名</选项>;
output out=数据集</选项>;
```

## 【命令解释】

【proc factex】语句表示调用析因设计过程，该语句可不指定任何选项。

【factors】语句通过指定因素名开始设计过程，可同时指定多个因素。该语句只有一个选项 nlev，用于指定各因素的水平数。如 factors a b/nlev=3，表示产生 a、b 两个 3 水平的变量。如果不指定 nlev，则默认全部因素的水平数均为 2。

【output】语句可通过 out=将设计结果输出到新数据集中，该语句的主要选项有：

| nvals=（1 2 3 …… n） | 指定一系列空格隔开的数值，如 nvals=（1 2 3 4），表示该因素在结果中显示为 1、2、3、4 的数值形式，如果不指定，默认为 nvals=（1 2 3 …… n） |
|---|---|
| cvals=（'字符1''字符2'……） | 指定一系列空格隔开的带引号的字符，如 cvals=（'A''B''C''D'），表示该因素在结果显示为 A、B、C、D 的字符形式 |

| | |
|---|---|
| randomize（种子值） | 通过指定种子值，将设计结果随机化。种子值必须在括号中，如果不指定，默认为电脑时钟时间 |
| pointrep= | 指定每种处理重复的次数，指定的数值必须为正整数。这种情况下的随机是以实验点（处理）为单位进行随机 |
| designrep= | 指定整个实验的重复次数，指定的数值必须为正整数。这种情况下的随机是以重复的个体为单位进行随机 |

如果 output 语句中不通过 nvals 或 cvals 指定因素水平的显示值，则对 2 个水平的因素默认显示的是 -1 和 +1，对 3 个水平的因素默认显示的是 -1、0、+1，对 $q$ 个水平（$q>3$）以上的因素默认显示的是 0、1、2、……$q-1$。

例如：
```
output out=design a nvals (1 2 3)
             b cvals ('A' 'B' 'C')
   randomize (12345);
run;
```

表示将设计结果输出到名为 design 的数据集，数据集中的 a 因素的 3 个水平分别显示为 1、2、3，b 因素的 3 个水平分别显示为 A、B、C，并根据种子值产生随机数字，将 3×3 共 9 种处理随机安排。

## 一、齐水平析因设计的实施

**例 6.2** 某研究者拟用析因实验设计观察小鼠种系（昆明种、泸白种）、体重（13～15g、24～25g）和性别（雄性、雌性）对皮内移植 SRS 瘤细胞体积（$cm^3$）的影响。3 个因素组合共 8 种处理，研究者拟对每一处理重复 3 次，即每一处理安排 3 只小鼠，共 24 只小鼠。试对该实验进行随机设计。

【例题分析】

该研究中三个因素水平数均为 2，是一个齐水平的析因设计。三个因素各水平的全面组合很简单，但通常需要对组合的处理进行随机化。程序 6.2 给出了 SAS 实现过程。

【程序 6.2】
```
proc factex;
  factors species weight sex;              /*指定3个因素,默认水平数为2*/
  output out=encodeddesign pointrep=3
    /*将设计结果输出到数据集 encodeddesign,每一实验处理的重复数为3*/
  species cvals=('kunming' 'lubai')
  weight cvals=('13-15' '24-25')
  sex cvals=('male' 'female')
  randomize;
    /*对3个处理因素指定各水平的显示值,randomize选项对实验结果随机化*/
  proc print;
run;
```

【程序解释】

该程序第 2 行通过 factors 语句指定 3 个变量，由于未指定 nlev 选项，因此 3 个因素的水平数均默认为 2。第 3 行将结果输出到新数据集中，并利用 pointrep 指定重复次数为 3。

由于指定的是 pointrep，而不是 designrep，因此实际上是对 8 种处理进行随机，而不是对 24 只小鼠随机。第 4～6 行利用 cvals 对 3 个因素的每个水平设置其显示形式，如果不写这三行也可，但结果显示的是 -1、1 的形式。第 7 行对结果进行随机化，如果不加该选项，结果就是按 3 个因素的各水平顺序排列，即 $A_1B_1C_1$、$A_1B_1C_2$、……、$A_2B_2C_1$、$A_2B_2C_2$。由于 randomize 后未指定种子数，默认是电脑的时间，因此每次运行的结果是不相同的。

【结果输出】

| Obs | species | weight | sex |
|---|---|---|---|
| 1 | lubai | 24-25 | male |
| 2 | lubai | 24-25 | male |
| 3 | lubai | 24-25 | male |
| 4 | lubai | 13-15 | female |
| 5 | lubai | 13-15 | female |
| 6 | lubai | 13-15 | female |
| 7 | lubai | 24-25 | female |
| 8 | lubai | 24-25 | female |
| 9 | lubai | 24-25 | female |
| 10 | kunming | 24-25 | female |
| 11 | kunming | 24-25 | female |
| 12 | kunming | 24-25 | female |
| 13 | kunming | 13-15 | female |
| 14 | kunming | 13-15 | female |
| 15 | kunming | 13-15 | female |
| 16 | lubai | 13-15 | male |
| 17 | lubai | 13-15 | male |
| 18 | lubai | 13-15 | male |
| 19 | kunming | 13-15 | male |
| 20 | kunming | 13-15 | male |
| 21 | kunming | 13-15 | male |
| 22 | kunming | 24-25 | male |
| 23 | kunming | 24-25 | male |
| 24 | kunming | 24-25 | male |

从结果可以看出，每三行的结果是相同的，也就是说，结果只是对 8 种处理进行了随机，而每种处理中的 3 只小鼠并未随机。该结果显示，泸白种、24～25g、雄性的组合作为第一种处理，泸白种、13～15g、雌性的组合作为第二种处理，……昆明种、24～25g、雄性的组合作为第八种处理。

如果本例要以个体（小鼠）为随机单位，对 24 只小鼠进行随机化，需将程序 6.2 第 3 行中的 pointrep 改为 designrep，则结果变为：

| Obs | species | weight | sex |
|---|---|---|---|
| 1 | lubai | 24-25 | female |
| 2 | kunming | 24-25 | female |
| 3 | kunming | 24-25 | male |

| | | | |
|---|---|---|---|
| 4 | lubai | 13-15 | male |
| 5 | lubai | 13-15 | female |
| 6 | lubai | 24-25 | male |
| 7 | kunming | 13-15 | female |
| 8 | kunming | 13-15 | male |
| 9 | lubai | 24-25 | female |
| 10 | kunming | 24-25 | female |
| 11 | lubai | 13-15 | male |
| 12 | kunming | 13-15 | male |
| 13 | lubai | 24-25 | male |
| 14 | kunming | 13-15 | female |
| 15 | lubai | 13-15 | female |
| 16 | kunming | 24-25 | male |
| 17 | lubai | 13-15 | female |
| 18 | kunming | 13-15 | female |
| 19 | kunming | 24-25 | male |
| 20 | kunming | 13-15 | male |
| 21 | lubai | 24-25 | male |
| 22 | lubai | 13-15 | male |
| 23 | lubai | 24-25 | female |
| 24 | kunming | 24-25 | female |

可以看出，结果是对整个实验的随机，也就是对24只小鼠进行随机分配。读者可以对比程序6.2的结果，不难发现pointrep和designrep的区别。结果显示，第1只小鼠为泸白种、24～25g、雌性，第2只小鼠为昆明种、24～25g、雌性，……第23只小鼠为泸白种、24～25g、雌性，第24只小鼠为昆明种、24～25g、雌性。

### 二、混水平析因设计的实施

**例6.3** 续例6.2，假定种系和性别不变，体重改为3个水平，即13～15g、19～20g、24～25g，此时3个因素组合共12种处理，每种处理重复2次。试对该实验进行随机设计。

【例题分析】

该研究中三个因素水平数不等，是一个混水平的析因设计。混水平析因设计通常可将水平数相同的因素归为一类，每个类均进行析因设计，分别以前一个类的实验次数作为后一个类的重复次数。程序6.3给出了混水平析因设计的设计过程。

【程序6.3】

```
proc factex;
factors species sex;
output out=design1
species cvals=('kunming' 'lubai')
sex cvals=('male' 'female')
designrep=2;
run;
    /*上面一段程序产生一个两因素两水平的析因设计,每一处理重复2次*/
factors weight/nlev=3;
```

```
    output out=design2
    weight cvals=('13-15' '19-20' '24-25')
    designrep=design1
    randomize;
run;
    /*上面一段程序产生另外一个析因设计,只含一个三水平的因素,指定的处理的重复次数为第一段
程序输出的数据集*/
    proc print data=design2;
run;
```

【程序解释】

该程序是通过 2 段程序产生 2 个析因设计,每一个析因设计中的因素水平数相同。第一段程序的析因设计包含 2 个两水平的因素,第二段程序包含 1 个三水平的因素。两段程序分开看都不难理解,其关键是靠第二段程序中的 designrep=SAS data 选项将第一段程序产生的组合包含进来。第一段程序已经形成了一个 2×2 的析因设计,通过 designrep=SAS data 选项再形成一个 4×3 的析因设计,这样最终产生一个 2×2×3 的混水平析因设计。

【结果输出】

| Obs | species | sex | weight |
|---|---|---|---|
| 1 | kunming | male | 24-25 |
| 2 | kunming | male | 13-15 |
| 3 | kunming | male | 19-20 |
| 4 | lubai | male | 13-15 |
| 5 | lubai | male | 19-20 |
| 6 | lubai | male | 24-25 |
| 7 | kunming | female | 19-20 |
| 8 | kunming | female | 24-25 |
| 9 | kunming | female | 13-15 |
| 10 | lubai | female | 13-15 |
| 11 | lubai | female | 19-20 |
| 12 | lubai | female | 24-25 |
| 13 | lubai | male | 24-25 |
| 14 | lubai | male | 19-20 |
| 15 | lubai | male | 13-15 |
| 16 | lubai | female | 19-20 |
| 17 | lubai | female | 24-25 |
| 18 | lubai | female | 13-15 |
| 19 | kunming | female | 19-20 |
| 20 | kunming | female | 24-25 |
| 21 | kunming | female | 13-15 |
| 22 | kunming | male | 13-15 |
| 23 | kunming | male | 19-20 |
| 24 | kunming | male | 24-25 |

## 第四节 析因设计的统计分析及 SAS 实现

析因设计通常需要考虑到交互效应，因此在统计分析模型需要考虑加上交互项，这是与前几章介绍的统计分析不同之处。

1. 定量资料的分析 析因设计的方差分析模型为：

$$y_{ijk} = \mu + \alpha_i + \beta_j + (\alpha\beta)_{ij} + \varepsilon_{ijk}$$

式中，$\mu$ 为总均值，$\alpha_i$ 表示因素 A 第 $i$ 个水平的效应，$\beta_j$ 表示因素 B 第 $j$ 个水平的效应，$(\alpha\beta)_{ij}$ 表示因素 A 与因素 B 的交互效应，$\varepsilon_{ijk}$ 为随机误差。

如果数据不符合正态分布，可以将数据进行正态性转换，或采用基于秩的方差分析，对原始数据编秩后再进行方差分析。

如果析因设计模型中所有因素均为固定效应，此时为固定效应模型；如果所有因素均为随机效应，此时为随机效应模型；如果析因设计的因素中既有固定效应，也有随机效应，则为混合效应模型。不同模型所对应的统计量不尽相同，SAS 命令也不相同。表 6.3 列出了各种模型的统计量计算及 SAS 语句。

表 6.3 常见析因设计的方差分析及 SAS 语句

| 类型 | 变异分解 | | | | SAS 语句 |
|---|---|---|---|---|---|
| | 变异来源 | 自由度 | 均方（MS） | F 统计量 | |
| 固定效应模型 | A | $a-1$ | $MS_A$ | $MS_A/MS_e$ | proc glm; |
| | B | $b-1$ | $MS_B$ | $MS_B/MS_e$ | class A B; |
| | AB | $(a-1)(b-1)$ | $MS_{AB}$ | $MS_{AB}/MS_e$ | model y=A B A*B; |
| | error | $ab(n-1)$ | $MS_e$ | | run; |
| | total | $abn-1$ | | | |
| 随机效应模型 | A | $a-1$ | $MS_A$ | $MS_A/MS_{AB}$ | proc glm; |
| | B | $b-1$ | $MS_B$ | $MS_B/MS_{AB}$ | class A B; |
| | AB | $(a-1)(b-1)$ | $MS_{AB}$ | $MS_{AB}/MS_e$ | model y=A B A*B; |
| | error | $ab(n-1)$ | $MS_e$ | | random A B A*B/test; |
| | total | $abn-1$ | | | run; |
| 混合效应模型 | A (fixed) | $a-1$ | $MS_A$ | $MS_A/MS_{AB}$ | proc mixed covtest; |
| | B(random) | $b-1$ | $MS_B$ | $MS_B/MS_e$ | class A B; |
| | AB | $(a-1)(b-1)$ | $MS_{AB}$ | $MS_{AB}/MS_e$ | model y=A; |
| | error | $ab(n-1)$ | $MS_e$ | | random B A*B; |
| | total | $abn-1$ | | | run; |

注：A、B、AB 分别表示因素 A、因素 B、因素 A 与因素 B 的交互项；A（fixed）表示因素 A 为固定效应，B（random）表示因素 B 为随机效应。

固定效应模型和随机效应模型通常可采用 proc glm 过程实现，混合效应模型通常可采用 proc mixed 过程实现，其常用语句为：

```
proc mixed covtest;
class 分组变量;
model 分析变量=分组变量;
random 随机变量;
```

【命令解释】

【proc mixed】调用混合效应模型的程序，选项 covtest 用于对随机效应的检验。

【class】语句指定分组变量。

【model】语句指定固定效应变量，用于分析固定效应。

【random】语句指定随机效应变量，用于分析随机效应。

由于实际分析中绝大多数的析因设计是固定效应模型，因此这里对混合效应模型和随机效应模型的 SAS 语句不做过多介绍，读者在实际分析时可参考表 6.3 的 SAS 语句。

2. 分类资料的分析　分类资料的分析可采用 logistic 回归。logistic 回归主要用于因变量为分类变量的分析。该方法理论较为复杂，这里仅从应用的角度，简单介绍其常用语句：

```
proc logistic;
class 自变量;
model 因变量=自变量;
freq 变量;
```

【proc logistic】调用 logistic 回归分析过程。该语句通常需要加上 descending 选项。SAS 中默认的是较小值（如 $y=0$）与较大值（如 $y=1$）相比的结果，该选项将这一默认值改为较大值与较小值比较。如果我们把事件发生赋值为 1（即 $y=1$），事件未发生赋值为 0（即 $y=0$），需要加上这一选项，以便给出发生与不发生相比的结果，否则给出的是不发生与发生相比的结果。

【class】指定研究的处理因素，如果处理因素为多个水平，且想详细了解各组间差异，可通过"param=reference"和"ref="这两个选项指定处理因素的参照水平，其余水平均与该参照水平作比较。如某变量 g 为 3 水平因素，用 1、2、3 表示，如果要产生 2 与 1、3 与 1 的比较结果，可写为：

class param=reference ref="1";

【model】指定结果变量和处理因素。

【freq】主要用于以列联表形式输入数据的情形，用来指定各类别的频数。

## 一、定量资料的析因设计分析

**例 6.4**　某研究用浓氨水致咳的小鼠模型，采用析因设计观察芒果苷和槲皮素对镇咳的效果。共设置 4 种处理：生理盐水组、单纯芒果苷组、单纯槲皮素组、芒果苷+槲皮素组。每组安排 6 只小鼠，观察四组小鼠的咳嗽次数。观察数据见表 6.4。试对该研究进行统计分析。

表 6.4　不同处理下 6 只小鼠的咳嗽次数

| 芒果苷 | 槲皮素 | | | | | | | | | | |
|---|---|---|---|---|---|---|---|---|---|---|---|
| | 使用 | | | | | | 不使用 | | | | |
| 使用 | 6 | 9 | 7 | 4 | 4 | 3 | 16 | 11 | 13 | 10 | 19 | 14 |
| 不使用 | 15 | 22 | 21 | 17 | 21 | 18 | 17 | 22 | 23 | 25 | 22 | 19 |

【例题分析】

本例是一个 2×2 齐水平的析因设计，结果为定量资料，研究者欲分析因素的主效应及一阶交互效应。程序 6.3 给出了本例的分析过程（省略了正态性检验和方差齐性检验的过程）。

【程序 6.4】

```
data example6_4;
do mgg=1 to 2;              /* mgg 表示芒果苷,1 表示使用,2 表示不使用 */
do hps=1 to 2;              /* hps 表示槲皮素,1 表示使用,2 表示不使用 */
do rep=1 to 6;              /* rep 表示 6 次重复,即 6 只小鼠 */
input cough@@;
output;
end;
end;
end;
cards;
6  9  7  4  4  3
16 11 13 10 19 14
15 22 21 17 21 18
17 22 23 25 22 19
;
proc glm;
class mgg hps;
model cough=mgg hps mgg*hps;   /* mgg*hps 表示 mgg 与 hps 的交互项 */
run;
```

【程序解释】

该程序与前几章的 glm 过程基本相同，只是在 model 中多了因素间的交互项，交互项是用"*"将 2 个或多个因素连接起来。程序 6.4 的 model 语句还可写成"model cough=mgg|hps"，产生的结果相同。

【结果输出】

结果给出了总的方差分析及各因素主效应和交互效应的检验结果。总的方差分析结果显示模型有统计学意义（$F=37.00$，$P<0.0001$）。

| Source | DF | Sum of Squares | Mean Square | F Value | Pr > F |
|---|---|---|---|---|---|
| Model | 3 | 886.166667 | 295.388889 | 37.00 | <.0001 |
| Error | 20 | 159.666667 | 7.983333 | | |
| Corrected Total | 23 | 1045.833333 | | | |

由于析因设计是平衡资料，Type Ⅰ SS 和 Type Ⅲ SS 的结果相等。结果显示，芒果苷、槲皮素及二者的交互项均有统计学意义，提示这两种成分可能对镇咳有一定的作用，而且两种成分同时使用也会产生联合作用。

| Source | DF | Type Ⅰ SS | Mean Square | F Value | Pr > F |
|---|---|---|---|---|---|
| mgg | 1 | 661.5000000 | 661.5000000 | 82.86 | <.0001 |
| hps | 1 | 170.6666667 | 170.6666667 | 21.38 | 0.0002 |
| mgg * hps | 1 | 54.0000000 | 54.0000000 | 6.76 | 0.0171 |

| Source | DF | Type Ⅲ SS | Mean Square | F Value | Pr > F |
|---|---|---|---|---|---|
| mgg | 1 | 661.5000000 | 661.5000000 | 82.86 | <.0001 |
| hps | 1 | 170.6666667 | 170.6666667 | 21.38 | 0.0002 |
| mgg * hps | 1 | 54.0000000 | 54.0000000 | 6.76 | 0.0171 |

由于交互项有统计学意义，因此我们没有必要关注主效应，而应重点分析两种因素组合的四种处理。下面我们进一步对四种处理进行比较。

【程序6.4续】

```
proc glm;
class mgg hps;
model cough=mgg hps mgg * hps;
lsmeans mgg * hps/adjust=bon tdiff slice=mgg slice=hps;
/* lsmeans 语句对四种处理进行两两比较，adjust=bon 表示采用 Bonferroni 法进行校正，tdiff 输出两两比较的 t 值和 P 值，slice 表示控制 mgg（hps）分析 hps（mgg）的效应 */
run;
```

【程序解释】

该程序利用 lsmeans 语句对 mgg 与 hps 组合的四种处理进行两两比较，注意 lsmeans 语句中指定的分析变量必须在 model 语句中出现过，否则无法分析。程序中 slice 选项的作用是控制其中一个因素，显示另一因素的效应，该选项对于详细分析因素的作用较为有用。

【结果输出】

结果省略了总的方差分析结果及因素的主效应、交互效应的检验结果。

lsmeans 语句给出了最小二乘均数，即校正其他因素后的均数，在平衡数据中等同于普通均数，因此这里列出的均数实际上也就是四种处理的均值。可以看出，mgg=1 且 hps=1 时咳嗽次数均值最低，即同时使用芒果苷和槲皮素的均值最低。两种成分均不使用时均值最高。

The GLM Procedure

Least Squares Means

Adjustment for Multiple Comparisons: Bonferroni

| mgg | hps | cough LSMEAN | LSMEAN Number |
|---|---|---|---|
| 1 | 1 | 5.5000000 | 1 |
| 1 | 2 | 13.8333333 | 2 |
| 2 | 1 | 19.0000000 | 3 |
| 2 | 2 | 21.3333333 | 4 |

Bonferroni 法进行两两比较结果显示，除 3 和 4 之外，其余任意两组差异均有统计学意义。从上面的均值可以看出，1 表示同时使用芒果苷和槲皮素，2 表示单独使用芒果苷，3 表示单独使用槲皮素，4 表示二者都不使用。因此 3 和 4 比较显示的是单独使用槲皮素的效果，2 和 4 比较显示的是单独使用芒果苷的效果，1 和 4 比较显示了二者联合作用的效果，2 和 3 比较显示了芒果苷对槲皮素的效果，1 和 2、3 比较显示了联合作用对芒果苷、槲皮素的效果。

根据两两比较结果，并结合四组均值，可以看出，单独槲皮素的镇咳效果并不明显，单独使用芒果苷对镇咳有一定的效果，芒果苷的镇咳效果优于槲皮素，两种成分联合使用的效果优于单独使用。

Least Squares Means for Effect mgg * hps
t for H0: LSMean (i) = LSMean (j) / Pr > |t|
Dependent Variable: cough

| i/j | 1 | 2 | 3 | 4 |
|---|---|---|---|---|
| 1 |  | −5.10843 | −8.27565 | −9.70601 |
|  |  | 0.0003 | <.0001 | <.0001 |
| 2 | 5.108428 |  | −3.16723 | −4.59758 |
|  | 0.0003 |  | 0.0291 | 0.0010 |
| 3 | 8.275653 | 3.167225 |  | −1.43036 |
|  | <.0001 | 0.0291 |  | 1.0000 |
| 4 | 9.706013 | 4.597585 | 1.43036 |  |
|  | <.0001 | 0.0010 | 1.0000 |  |

下面是 slice 选项给出的结果，分别给出了控制 mgg 后 hps 的效应以及控制 hps 后 mgg 的效用。

结果显示，当 mgg=1 即使用芒果苷的情况下，使用槲皮素和不使用槲皮素的咳嗽次数有统计学差异（$P<0.0001$）；当 mgg=2 即不使用芒果苷的情况下，使用槲皮素和不使用槲皮素的咳嗽次数无统计学差异（$P=0.1681$）。也就是说，单独使用槲皮素时，咳嗽次数并无减少；而与芒果苷联合使用时，咳嗽次数有显著减少。这与两两比较结果是一致的。

在 hps=1 即使用槲皮素的情况下，使用和不使用芒果苷的咳嗽次数有统计学差异（$P<0.0001$）；在 hps=2 即不使用槲皮素的情况下，使用和不使用芒果苷的咳嗽次数也有统计学差异（$P=0.0002$）。也就是说，单独使用芒果苷时，咳嗽次数比不使用要少；与槲皮素联合使用时，咳嗽次数也有显著减少。这与两两比较结果也是一致的。

mgg * hps Effect Sliced by mgg for cough

| mgg | DF | Sum of Squares | Mean Square | F Value | Pr > F |
|---|---|---|---|---|---|
| 1 | 1 | 208.333333 | 208.333333 | 26.10 | <.0001 |
| 2 | 1 | 16.333333 | 16.333333 | 2.05 | 0.1681 |

mgg * hps Effect Sliced by hps for cough

| hps | DF | Sum of Squares | Mean Square | F Value | Pr > F |
|---|---|---|---|---|---|
| 1 | 1 | 546.750000 | 546.750000 | 68.49 | <.0001 |
| 2 | 1 | 168.750000 | 168.750000 | 21.14 | 0.0002 |

## 二、分类资料的析因设计分析

**例 6.5** 某医院采用析因设计，开展一项大规模的临床试验，分析清除幽门螺杆菌（Hp）和服用 Cox-2 抑制剂对阻止胃黏膜病变进展的作用。研究共分为四个组：安慰剂对照组、单纯清除 Hp 组、单纯服用 Cox-2 抑制剂组、清除 Hp 联合服用 Cox-2 抑制剂组。四组的观察结果见表 6.5。试对研究结果进行分析。

表 6.5 四种处理组的胃黏膜病变进展结果

| Hp 清除 | Cox-2 抑制剂 | 胃黏膜病变 | |
|---|---|---|---|
| | | 未进展 | 进展 |
| 未清除 | 未服用 | 197 | 57 |
| | 服用 | 194 | 33 |
| 清除 | 未服用 | 205 | 38 |
| | 服用 | 183 | 24 |

【例题分析】

本例是一个 2×2 齐水平的析因设计，结果为二分类变量，通常可采用 logistic 回归分析因素的主效应及交互效应。程序 6.5 给出了本例 logistic 回归的分析过程。

【程序 6.5】

```
data example6_5;
do hp=1 to 2;              /* hp 表示幽门螺杆菌,1 表示未清除,2 表示清除 */
do cox=1 to 2;             /* cox 表示 Cox-2 抑制剂,1 表示未服用,2 表示服用 */
do path=1 to 2;            /* path 表示胃黏膜病变,1 表示未进展,2 表示进展 */
input f@@;
output;
end;
end;
end;
cards;
197  57
194  33
205  38
183  24
;
proc logistic descending;
/* proc logistic 调用 logistic 回归分析过程,descending 表示将因变量按降序排序 */
freq f;                    /* freq 表示 f 是一个频数 */
model path=hp cox hp*cox;  /* model 指定主效应和交互效应 */
run;
```

【程序解释】

该程序调用 logistic 回归分析过程，首先利用三个 do 循环语句输入数据，由于输入的 8 个数值只是各类的频数，而不是像身高、体重等具有实际的意义，因此需要在过程步中通过

freq 语句指定输入的变量 f 是一个频数，如果没有 freq 语句，SAS 默认为每一类别的例数都是 1。

在 proc logistic 过程中，默认的是对因变量较小的值分析。如本例中，1 表示未进展，2 表示进展，则默认分析的是对未进展的影响，但本例想了解的是两种干预对进展的影响，因此需要在 proc logistic 语句后加上 descending 选项，将因变量的值降序排序，这样就变为对进展的分析。

model 语句的指定方式与 proc glm 过程中相同，也是用"*"连接各个自变量表示交互项。

【结果输出】

该程序输出的结果较多，为节省篇幅，这里仅列出与结果有关的内容。参数估计结果显示，hp*cox 无统计学意义（$P=0.6161$），即两种干预之间无交互效应。

Analysis of Maximum Likelihood Estimates

| Parameter | DF | Estimate | Standard Error | Wald Chi-Square | Pr > ChiSq |
|---|---|---|---|---|---|
| Intercept | 1 | -0.0785 | 0.8220 | 0.0091 | 0.9239 |
| hp | 1 | -0.6305 | 0.5458 | 1.3345 | 0.2480 |
| cox | 1 | -0.7164 | 0.5573 | 1.6521 | 0.1987 |
| hp*cox | 1 | 0.1852 | 0.3693 | 0.2514 | 0.6161 |

由于交互项无统计学意义，因此我们不考虑交互项，仅分析两个因素的主效应。将程序 6.5 中 model 语句的 hp*cox 去掉，仅保留两个因素的主效应。

【程序 6.5 续】

```
proc logistic descending;
  freq f;
  model path=hp cox;
run;
```

这里主要列出参数估计和 OR（odds ratio）值估计结果。结果显示，清除幽门螺杆菌和服用 Cox-2 抑制剂对胃黏膜病变的影响均有统计学意义。SAS 结果中默认的是较大值与较小值比较的结果，如 hp 的参数估计值为负值（-0.3727），说明 hp=2 和 hp=1 相比进展的比例降低，也就是说，清除幽门螺杆菌后胃黏膜病变进展的比例降低。cox 的参数估计值含义与此类似。

Analysis of Maximum Likelihood Estimates

| Parameter | DF | Estimate | Standard Error | Wald Chi-Square | Pr > ChiSq |
|---|---|---|---|---|---|
| Intercept | 1 | -0.4452 | 0.3762 | 1.4004 | 0.2367 |
| hp | 1 | -0.3727 | 0.1806 | 4.2614 | 0.0390 |
| cox | 1 | -0.4531 | 0.1827 | 6.1513 | 0.0131 |

OR 值反映了结局发生的风险，结果显示，hp 的 OR 值为 0.689，说明 hp=2 与 hp=1 相比，进展的风险降低，也就是说，清除幽门螺杆菌的人群发生进展的风险仅为未清除幽门螺杆菌人群的 68.9%。cox 的 OR 值为 0.636，说明服用 Cox-2 抑制剂的人群发生进展的风险为未服用 Cox-2 抑制剂人群的 63.6%。

```
                Odds Ratio Estimates
                 Point           95% Wald
    Effect     Estimate      Confidence Limits
    hp          0.689        0.484      0.981
    cox         0.636        0.444      0.909
```

本例最终结果提示，清除幽门螺杆菌和服用 Cox-2 抑制剂对降低胃黏膜病变进展有一定的抑制作用，但二者联合应用并未发现有抑制作用。

## 第五节 案例辨析

【案例】某研究欲分析某药物对骨质疏松的治疗效果，该研究将 24 只小鼠分为 3 组，第 1 组为正常对照组，第 2 组应用常规药物（A），第 3 组联合应用常规药物和该新药（A+B）。研究者对观测结果分析后，发现第 3 组和第 2 组之间差异有统计学意义，结论认为新药对治疗骨质疏松有效。

辨析：该研究涉及两个因素，每一因素各有 2 个水平，分别为常规药物（A）使用和不使用、新药（B）使用和不使用，因此两个因素组合后为 4 种处理。该研究中第 3 组比第 2 组多了 B 药，作者将两组的差异归因于多增加的 B 药的效果，认为新药对治疗骨质疏松有效，这一结论是错误的。因为如果 A 和 B 之间有交互效应，第 3 组就不仅包含 B 的作用，而且有 A、B 之间的交互作用。两组有差异可能是因为 B 的作用，也可能是因为 A 和 B 的交互作用。因此除非确定 A 和 B 之间完全独立，否则不能下结论认为两组差异是由于增加了 B 药造成的。

该研究正确做法是增加一组单独新药（B）组，这样就形成一个 2×2 的析因设计，既可以检验 A 和 B 的主效应，也可分析二者的交互效应。

（张　华　刁玉涛　冯国双）

# 第七章 正交设计与分析

## 第一节 正交设计简介

### 一、正交设计简介

正交设计（orthogonal design）也是多处理因素的设计方法。第六章介绍的析因设计是各因素各水平的全面组合，当研究因素和水平都较少时较为方便，一旦因素数或水平数较多，析因设计的缺点便暴露出来了。如 3 个三水平的因素全面组合数为 $3^3=27$ 次，4 个三水平的因素全面组合数为 $3^4=81$ 次，这在实际中几乎是不可能实现的，此时采用正交设计是一种更好的选择。正交设计不是全面组合，而是各因素水平的部分组合，是从全面实验中挑选出部分有代表性的点（处理组合），这些有代表性的点具备"均匀分散，整齐可比"的特点，通过这部分代表性的点可以取得与全面组合相近的效率，是一种高效率、快速、经济的实验设计方法。

正交这一概念，是从空间解析几何中两个向量正交的定义引申而来。在数学上，如果 $n$ 维空间中的两个向量 $a_1$、$a_2$、……$a_n$ 和 $b_1$、$b_2$、……$b_n$ 的内积之和为零，也就是 $a_1b_1+a_2b_2+……+a_nb_n=0$，则称这两个向量之间正交，它们在空间中交角为 90°。

正交设计是用一系列规格化的正交表来安排各实验因素及其水平组合的过程。与析因设计相比，正交设计是以牺牲某些高阶交互效应项为代价，来换取较少的实验次数，从而达到安排多个实验因素且取得较可靠实验结果的目的。如 4 个三水平的因素，如果采用析因设计，需要 81 个处理，而如果采用正交设计，只需 9 次即可。

如果某一实验可采用析因设计，且所需要的实验次数太多、高阶交互效应可以忽略不计时，为了减少实验次数，可以考虑选用正交设计。

### 二、正交表与交互表

由于正交设计是因素水平的部分组合，因此如何从全面实验中选择部分实验是正交设计的关键。目前已经发展出一套成熟的正交表，可直接根据已有的正交表来安排实验。如表 7.1 是一个简单的含 4 个三水平因素的正交表。

表 7.1　4 个三水平因素的正交实验方案

| 处理 | 实验因素 | | | |
| --- | --- | --- | --- | --- |
| | A | B | C | D |
| 1 | 1 | 1 | 3 | 2 |
| 2 | 1 | 2 | 1 | 1 |
| 3 | 1 | 3 | 2 | 3 |
| 4 | 2 | 1 | 2 | 1 |
| 5 | 2 | 2 | 3 | 3 |
| 6 | 2 | 3 | 1 | 2 |

续表

| 处理 | 实验因素 | | | |
|---|---|---|---|---|
| | A | B | C | D |
| 7 | 3 | 1 | 1 | 3 |
| 8 | 3 | 2 | 2 | 2 |
| 9 | 3 | 3 | 3 | 1 |

从表 7.1 可以很容易看出，4 个因素的组合仅仅是部分组合，但这些部分组合并不是随意选择的，而是十分巧妙地考虑到了各实验点在空间分布的均匀性和可比性。因此尽管实验点远远少于析因设计，但分析效率并不因此降低。

总的来看，正交表具有以下 3 个特性：

1. 表中任一列中不同数字出现的次数相同，出现次数 $\lambda=n/m_i$，$n$ 为处理数，$m_i$ 为因素水平数。如表 7.1 中，每一列的 1、2、3 均出现 9/3＝3 次。

2. 任意两列中，各种不同水平的所有组合均出现，而且出现的次数相等，也就是说，任一两因素的组合为全面组合。出现次数 $\lambda=n/m_i m_j$，其中 $n$ 为处理数，$m_i$ 为第 $i$ 列因素的水平数，$m_j$ 为第 $j$ 列因素的水平数。如表 7.1 中，共有（1 1）、（1 2）、（1 3）、（2 1）、（2 2）、（2 3）、（3 1）、（3 2）、（3 3）9 种排列，任意两列均出现这 9 种组合，每种组合出现的次数为 9/（3×3）＝1。

3. 任一列中任一水平下都均匀地包含着其他列的各个水平。如表 7.1 中，第一列的 A 因素共有 3 个水平 1，这 3 个水平 1 中包含了 B、C、D 三个因素的所有水平。同理，A 因素的水平 2 也包含了 B、C、D 三个因素的所有水平……。这体现了正交设计的均衡性。

正交表可分为两种类型：齐水平正交表和混水平正交表。

如果各因素的水平数均相等，称为齐水平的正交表。齐水平正交表通常用 $L_t(n^q)$ 的形式表示，$L$ 表示正交表，$t$ 表示处理数，$n$ 表示因素的水平数，$q$ 表示最大可容纳的因素数。如 $L_9(3^4)$ 表示实验共有 9 个处理，最多可安排 4 个因素，每个因素水平数为 3。

如果各因素的水平数不等，称为混水平的正交表。混水平的正交表通常表示为 $L_t(m^p \times n^q)$，其中 $t$ 表示处理数，$m$、$n$ 表示因素的水平数，$p$、$q$ 表示最大可容纳的因素数。如 $L_{16}(4^3 \times 2^6)$ 表示实验共有 16 个处理，最多可安排 3 个四水平的因素和 6 个两水平的因素。

如果不考虑因素间的交互效应，直接根据正交表安排相应因素即可。如果要考查交互效应，还需结合与正交表配套的交互表，查看交互项应放置的位置。在正交设计中，交互项必须安排在固定列上，而不是随意安排。

表 7.2 至表 7.14 列出了常见的几个正交表及交互表。

**表 7.2　$L_4(2^3)$ 齐水平正交表**

| 实验号 | 列号 | | |
|---|---|---|---|
| | 1 | 2 | 3 |
| 1 | 1 | 1 | 1 |
| 2 | 1 | 2 | 2 |
| 3 | 2 | 1 | 2 |
| 4 | 2 | 2 | 1 |

注：任意两列间的交互项出现于另外一列

表 7.3　$L_8(2^7)$ 齐水平正交表

| 实验号 | 列号 | | | | | | |
|---|---|---|---|---|---|---|---|
| | 1 | 2 | 3 | 4 | 5 | 6 | 7 |
| 1 | 1 | 1 | 1 | 1 | 1 | 1 | 1 |
| 2 | 1 | 1 | 1 | 2 | 2 | 2 | 2 |
| 3 | 1 | 2 | 2 | 1 | 1 | 2 | 2 |
| 4 | 1 | 2 | 2 | 2 | 2 | 1 | 1 |
| 5 | 2 | 1 | 2 | 1 | 2 | 1 | 2 |
| 6 | 2 | 1 | 2 | 2 | 1 | 2 | 1 |
| 7 | 2 | 2 | 1 | 1 | 2 | 2 | 1 |
| 8 | 2 | 2 | 1 | 2 | 1 | 1 | 2 |

表 7.4　$L_8(4×2^4)$ 混水平正交表

| 实验号 | 列号 | | | | |
|---|---|---|---|---|---|
| | 1 | 2 | 3 | 4 | 5 |
| 1 | 1 | 1 | 1 | 1 | 1 |
| 2 | 1 | 2 | 2 | 2 | 2 |
| 3 | 2 | 1 | 1 | 2 | 2 |
| 4 | 2 | 2 | 2 | 1 | 1 |
| 5 | 3 | 1 | 2 | 1 | 2 |
| 6 | 3 | 2 | 1 | 2 | 1 |
| 7 | 4 | 1 | 2 | 2 | 1 |
| 8 | 4 | 2 | 1 | 1 | 2 |

表 7.5　$L_{16}(2^{15})$ 齐水平正交表

| 实验号 | 列号 | | | | | | | | | | | | | | |
|---|---|---|---|---|---|---|---|---|---|---|---|---|---|---|---|
| | 1 | 2 | 3 | 4 | 5 | 6 | 7 | 8 | 9 | 10 | 11 | 12 | 13 | 14 | 15 |
| 1 | 1 | 1 | 1 | 1 | 1 | 1 | 1 | 1 | 1 | 1 | 1 | 1 | 1 | 1 | 1 |
| 2 | 1 | 1 | 1 | 1 | 1 | 1 | 1 | 2 | 2 | 2 | 2 | 2 | 2 | 2 | 2 |
| 3 | 1 | 1 | 1 | 2 | 2 | 2 | 2 | 1 | 1 | 1 | 1 | 2 | 2 | 2 | 2 |
| 4 | 1 | 1 | 1 | 2 | 2 | 2 | 2 | 2 | 2 | 2 | 2 | 1 | 1 | 1 | 1 |
| 5 | 1 | 2 | 2 | 1 | 1 | 2 | 2 | 1 | 1 | 2 | 2 | 1 | 1 | 2 | 2 |
| 6 | 1 | 2 | 2 | 1 | 1 | 2 | 2 | 2 | 2 | 1 | 1 | 2 | 2 | 1 | 1 |
| 7 | 1 | 2 | 2 | 2 | 2 | 1 | 1 | 1 | 1 | 2 | 2 | 2 | 2 | 1 | 1 |
| 8 | 1 | 2 | 2 | 2 | 2 | 1 | 1 | 2 | 2 | 1 | 1 | 1 | 1 | 2 | 2 |
| 9 | 2 | 1 | 2 | 1 | 2 | 1 | 2 | 1 | 2 | 1 | 2 | 1 | 2 | 1 | 2 |
| 10 | 2 | 1 | 2 | 1 | 2 | 1 | 2 | 2 | 1 | 2 | 1 | 2 | 1 | 2 | 1 |
| 11 | 2 | 1 | 2 | 2 | 1 | 2 | 1 | 1 | 2 | 1 | 2 | 2 | 1 | 2 | 1 |
| 12 | 2 | 1 | 2 | 2 | 1 | 2 | 1 | 2 | 1 | 2 | 1 | 1 | 2 | 1 | 2 |
| 13 | 2 | 2 | 1 | 1 | 2 | 2 | 1 | 1 | 2 | 2 | 1 | 1 | 2 | 2 | 1 |
| 14 | 2 | 2 | 1 | 1 | 2 | 2 | 1 | 2 | 1 | 1 | 2 | 2 | 1 | 1 | 2 |
| 15 | 2 | 2 | 1 | 2 | 1 | 1 | 2 | 1 | 2 | 2 | 1 | 2 | 1 | 1 | 2 |
| 16 | 2 | 2 | 1 | 2 | 1 | 1 | 2 | 2 | 1 | 1 | 2 | 1 | 2 | 2 | 1 |

### 表 7.6  $L_8(2^7)$ 和 $L_{16}(2^{15})$ 的交互表

| 1 | 2 | 3 | 4 | 5 | 6 | 7 | 8 | 9 | 10 | 11 | 12 | 13 | 14 | 15 |
|---|---|---|---|---|---|---|---|---|----|----|----|----|----|----|
| (1) | 3 | 2 | 5 | 4 | 7 | 6 | 9 | 8 | 11 | 10 | 13 | 12 | 15 | 14 |
|  | (2) | 1 | 6 | 7 | 4 | 5 | 10 | 11 | 8 | 9 | 14 | 15 | 12 | 13 |
|  |  | (3) | 7 | 6 | 5 | 4 | 11 | 10 | 9 | 8 | 15 | 14 | 13 | 12 |
|  |  |  | (4) | 1 | 2 | 3 | 12 | 13 | 14 | 15 | 8 | 9 | 10 | 11 |
|  |  |  |  | (5) | 3 | 2 | 13 | 12 | 15 | 14 | 9 | 8 | 11 | 10 |
|  |  |  |  |  | (6) | 1 | 14 | 15 | 12 | 13 | 10 | 11 | 8 | 9 |
|  |  |  |  |  |  | (7) | 15 | 14 | 13 | 12 | 11 | 10 | 9 | 8 |
|  |  |  |  |  |  |  | (8) | 1 | 2 | 3 | 4 | 5 | 6 | 7 |
|  |  |  |  |  |  |  |  | (9) | 3 | 2 | 5 | 4 | 7 | 6 |
|  |  |  |  |  |  |  |  |  | (10) | 1 | 6 | 7 | 4 | 5 |
|  |  |  |  |  |  |  |  |  |  | (11) | 7 | 6 | 5 | 4 |
|  |  |  |  |  |  |  |  |  |  |  | (12) | 1 | 2 | 3 |
|  |  |  |  |  |  |  |  |  |  |  |  | (13) | 3 | 2 |
|  |  |  |  |  |  |  |  |  |  |  |  |  | (14) | 1 |

注：左边框内是 $L_8(2^7)$ 的交互表，整个表是 $L_{16}(2^{15})$ 的交互表

### 表 7.7  $L_{16}(4^2 \times 2^9)$ 混水平正交表

| 实验号 | 列号 | | | | | | | | | | |
|---|---|---|---|---|---|---|---|---|---|---|---|
|  | 1 | 2 | 3 | 4 | 5 | 6 | 7 | 8 | 9 | 10 | 11 |
| 1 | 1 | 1 | 1 | 1 | 1 | 1 | 1 | 1 | 1 | 1 | 1 |
| 2 | 1 | 2 | 1 | 1 | 1 | 2 | 2 | 2 | 2 | 2 | 2 |
| 3 | 1 | 3 | 2 | 2 | 2 | 1 | 1 | 1 | 2 | 2 | 2 |
| 4 | 1 | 4 | 2 | 2 | 2 | 2 | 2 | 2 | 1 | 1 | 1 |
| 5 | 2 | 1 | 1 | 2 | 2 | 1 | 2 | 2 | 1 | 2 | 2 |
| 6 | 2 | 2 | 1 | 2 | 2 | 2 | 1 | 1 | 2 | 1 | 1 |
| 7 | 2 | 3 | 2 | 1 | 1 | 1 | 2 | 2 | 2 | 1 | 1 |
| 8 | 2 | 4 | 2 | 1 | 1 | 2 | 1 | 1 | 1 | 2 | 2 |
| 9 | 3 | 1 | 2 | 1 | 2 | 2 | 1 | 2 | 2 | 1 | 2 |
| 10 | 3 | 2 | 2 | 1 | 2 | 1 | 2 | 1 | 1 | 2 | 1 |
| 11 | 3 | 3 | 1 | 2 | 1 | 2 | 1 | 2 | 1 | 2 | 1 |
| 12 | 3 | 4 | 1 | 2 | 1 | 1 | 2 | 1 | 2 | 1 | 2 |
| 13 | 4 | 1 | 2 | 2 | 1 | 2 | 2 | 1 | 2 | 2 | 1 |
| 14 | 4 | 2 | 2 | 2 | 1 | 1 | 1 | 2 | 1 | 1 | 2 |
| 15 | 4 | 3 | 1 | 1 | 2 | 2 | 2 | 1 | 1 | 1 | 2 |
| 16 | 4 | 4 | 1 | 1 | 2 | 1 | 1 | 2 | 2 | 2 | 1 |

表 7.8　$L_{16}(4^3 \times 2^6)$ 混水平正交表

| 实验号 | 列号 | | | | | | | | |
|---|---|---|---|---|---|---|---|---|---|
| | 1 | 2 | 3 | 4 | 5 | 6 | 7 | 8 | 9 |
| 1 | 1 | 1 | 1 | 1 | 1 | 1 | 1 | 1 | 1 |
| 2 | 1 | 2 | 2 | 1 | 1 | 2 | 2 | 2 | 2 |
| 3 | 1 | 3 | 3 | 2 | 2 | 1 | 1 | 2 | 2 |
| 4 | 1 | 4 | 4 | 2 | 2 | 2 | 2 | 1 | 1 |
| 5 | 2 | 1 | 2 | 2 | 2 | 1 | 2 | 1 | 2 |
| 6 | 2 | 2 | 1 | 2 | 2 | 2 | 1 | 2 | 1 |
| 7 | 2 | 3 | 4 | 1 | 1 | 1 | 2 | 2 | 1 |
| 8 | 2 | 4 | 3 | 1 | 1 | 2 | 1 | 1 | 2 |
| 9 | 3 | 1 | 3 | 1 | 2 | 2 | 2 | 2 | 1 |
| 10 | 3 | 2 | 4 | 1 | 2 | 1 | 1 | 1 | 2 |
| 11 | 3 | 3 | 1 | 2 | 1 | 2 | 2 | 1 | 2 |
| 12 | 3 | 4 | 2 | 2 | 1 | 1 | 1 | 2 | 1 |
| 13 | 4 | 1 | 4 | 2 | 1 | 2 | 1 | 2 | 2 |
| 14 | 4 | 2 | 3 | 2 | 1 | 1 | 2 | 1 | 1 |
| 15 | 4 | 3 | 2 | 1 | 2 | 2 | 1 | 1 | 1 |
| 16 | 4 | 4 | 1 | 1 | 2 | 1 | 2 | 2 | 2 |

表 7.9　$L_9(3^4)$ 齐水平正交表

| 实验号 | 列号 | | | |
|---|---|---|---|---|
| | 1 | 2 | 3 | 4 |
| 1 | 1 | 1 | 1 | 1 |
| 2 | 1 | 2 | 2 | 2 |
| 3 | 1 | 3 | 3 | 3 |
| 4 | 2 | 1 | 2 | 3 |
| 5 | 2 | 2 | 3 | 1 |
| 6 | 2 | 3 | 1 | 2 |
| 7 | 3 | 1 | 3 | 2 |
| 8 | 3 | 2 | 1 | 3 |
| 9 | 3 | 3 | 2 | 1 |

注：任意两列间的交互项出现于另外两列

表 7.10　$L_{27}(3^{13})$ 齐水平正交表

| 实验号 | 列号 | | | | | | | | | | | | |
|---|---|---|---|---|---|---|---|---|---|---|---|---|---|
| | 1 | 2 | 3 | 4 | 5 | 6 | 7 | 8 | 9 | 10 | 11 | 12 | 13 |
| 1 | 1 | 1 | 1 | 1 | 1 | 1 | 1 | 1 | 1 | 1 | 1 | 1 | 1 |
| 2 | 1 | 1 | 1 | 1 | 2 | 2 | 2 | 2 | 2 | 2 | 2 | 2 | 2 |
| 3 | 1 | 1 | 1 | 1 | 3 | 3 | 3 | 3 | 3 | 3 | 3 | 3 | 3 |
| 4 | 1 | 2 | 2 | 2 | 1 | 1 | 1 | 2 | 2 | 2 | 3 | 3 | 3 |
| 5 | 1 | 2 | 2 | 2 | 2 | 2 | 2 | 3 | 3 | 3 | 1 | 1 | 1 |
| 6 | 1 | 2 | 2 | 2 | 3 | 3 | 3 | 1 | 1 | 1 | 2 | 2 | 2 |
| 7 | 1 | 3 | 3 | 3 | 1 | 1 | 1 | 3 | 3 | 3 | 2 | 2 | 2 |
| 8 | 1 | 3 | 3 | 3 | 2 | 2 | 2 | 1 | 1 | 1 | 3 | 3 | 3 |
| 9 | 1 | 3 | 3 | 3 | 3 | 3 | 3 | 2 | 2 | 2 | 1 | 1 | 1 |
| 10 | 2 | 1 | 1 | 3 | 1 | 2 | 3 | 1 | 2 | 3 | 1 | 2 | 3 |
| 11 | 2 | 1 | 2 | 3 | 2 | 3 | 1 | 2 | 3 | 1 | 2 | 3 | 1 |
| 12 | 2 | 1 | 3 | 3 | 3 | 1 | 2 | 3 | 1 | 2 | 3 | 1 | 2 |
| 13 | 2 | 2 | 1 | 1 | 1 | 2 | 3 | 2 | 3 | 1 | 3 | 1 | 2 |
| 14 | 2 | 2 | 2 | 1 | 2 | 3 | 1 | 3 | 1 | 2 | 1 | 2 | 3 |
| 15 | 2 | 2 | 3 | 1 | 3 | 1 | 2 | 1 | 2 | 3 | 2 | 3 | 1 |
| 16 | 2 | 3 | 1 | 2 | 1 | 2 | 3 | 3 | 1 | 2 | 2 | 3 | 1 |
| 17 | 2 | 3 | 2 | 2 | 2 | 3 | 1 | 1 | 2 | 3 | 3 | 1 | 2 |
| 18 | 2 | 3 | 3 | 2 | 3 | 1 | 2 | 2 | 3 | 1 | 1 | 2 | 3 |
| 19 | 3 | 1 | 3 | 2 | 1 | 3 | 2 | 1 | 3 | 2 | 1 | 3 | 2 |
| 20 | 3 | 1 | 3 | 2 | 2 | 1 | 3 | 2 | 1 | 3 | 2 | 1 | 3 |
| 21 | 3 | 1 | 3 | 2 | 3 | 2 | 1 | 3 | 2 | 1 | 3 | 2 | 1 |
| 22 | 3 | 2 | 1 | 3 | 1 | 3 | 2 | 2 | 1 | 3 | 3 | 2 | 1 |
| 23 | 3 | 2 | 1 | 3 | 2 | 1 | 3 | 3 | 2 | 1 | 1 | 3 | 2 |
| 24 | 3 | 2 | 1 | 3 | 3 | 2 | 1 | 1 | 3 | 2 | 2 | 1 | 3 |
| 25 | 3 | 3 | 2 | 1 | 1 | 3 | 2 | 3 | 2 | 1 | 2 | 1 | 3 |
| 26 | 3 | 3 | 2 | 1 | 2 | 1 | 3 | 1 | 3 | 2 | 3 | 2 | 1 |
| 27 | 3 | 3 | 2 | 1 | 3 | 2 | 1 | 2 | 1 | 3 | 1 | 3 | 2 |

表 7.11　$L_{27}(3^{13})$ 的交互表

| 1 | 2 | 3 | 4 | 5 | 6 | 7 | 8 | 9 | 10 | 11 | 12 | 13 |
|---|---|---|---|---|---|---|---|---|---|---|---|---|
| (1) | 3 | 2 | 2 | 6 | 5 | 5 | 9 | 8 | 8 | 12 | 11 | 11 |
| | 4 | 4 | 3 | 7 | 7 | 6 | 10 | 10 | 9 | 13 | 13 | 12 |
| | (2) | 1 | 1 | 8 | 9 | 10 | 5 | 6 | 7 | 5 | 6 | 7 |
| | | 4 | 3 | 11 | 12 | 13 | 11 | 12 | 13 | 8 | 9 | 10 |
| | | (3) | 1 | 9 | 10 | 8 | 7 | 5 | 6 | 6 | 7 | 5 |
| | | | 2 | 13 | 11 | 12 | 12 | 13 | 11 | 10 | 8 | 9 |
| | | | (4) | 10 | 8 | 9 | 6 | 7 | 5 | 7 | 5 | 6 |
| | | | | 12 | 13 | 11 | 13 | 11 | 12 | 9 | 10 | 8 |

续表

| 1 | 2 | 3 | 4 | 5 | 6 | 7 | 8 | 9 | 10 | 11 | 12 | 13 |
|---|---|---|---|---|---|---|---|---|----|----|----|----|
|   |   |   |   | (5) | 1<br>7 | 1<br>6 | 2<br>11 | 3<br>13 | 4<br>12 | 2<br>8 | 4<br>10 | 3<br>9 |
|   |   |   |   |   | (6) | 1<br>5 | 4<br>13 | 2<br>12 | 3<br>11 | 3<br>10 | 2<br>9 | 4<br>8 |
|   |   |   |   |   |   | (7) | 3<br>12 | 4<br>11 | 2<br>13 | 4<br>9 | 3<br>8 | 2<br>10 |
|   |   |   |   |   |   |   | (8) | 1<br>10 | 1<br>9 | 2<br>5 | 3<br>7 | 4<br>6 |
|   |   |   |   |   |   |   |   | (9) | 1<br>8 | 4<br>7 | 2<br>6 | 3<br>5 |
|   |   |   |   |   |   |   |   |   | (10) | 3<br>6 | 4<br>5 | 2<br>7 |
|   |   |   |   |   |   |   |   |   |    | (11) | 1<br>13 | 1<br>12 |
|   |   |   |   |   |   |   |   |   |    |    | (12) | 1<br>11 |

表 7.12  $L_{18}$($2 \times 3^7$) 混水平正交表

| 实验号 | 列号 | | | | | | | |
|---|---|---|---|---|---|---|---|---|
|  | 1 | 2 | 3 | 4 | 5 | 6 | 7 | 8 |
| 1 | 1 | 1 | 1 | 1 | 1 | 1 | 1 | 1 |
| 2 | 1 | 1 | 2 | 2 | 2 | 2 | 2 | 2 |
| 3 | 1 | 1 | 3 | 3 | 3 | 3 | 3 | 3 |
| 4 | 1 | 2 | 1 | 1 | 2 | 2 | 3 | 3 |
| 5 | 1 | 2 | 2 | 2 | 3 | 3 | 1 | 1 |
| 6 | 1 | 2 | 3 | 3 | 1 | 1 | 2 | 2 |
| 7 | 1 | 3 | 1 | 2 | 1 | 3 | 2 | 3 |
| 8 | 1 | 3 | 2 | 3 | 2 | 1 | 3 | 1 |
| 9 | 1 | 3 | 3 | 1 | 3 | 2 | 1 | 2 |
| 10 | 2 | 1 | 1 | 3 | 3 | 2 | 2 | 1 |
| 11 | 2 | 1 | 2 | 1 | 1 | 3 | 3 | 2 |
| 12 | 2 | 1 | 3 | 2 | 2 | 1 | 1 | 3 |
| 13 | 2 | 2 | 1 | 2 | 3 | 1 | 3 | 2 |
| 14 | 2 | 2 | 2 | 3 | 1 | 2 | 1 | 3 |
| 15 | 2 | 2 | 3 | 1 | 2 | 3 | 2 | 1 |
| 16 | 2 | 3 | 1 | 3 | 2 | 3 | 1 | 2 |
| 17 | 2 | 3 | 2 | 1 | 3 | 1 | 2 | 3 |
| 18 | 2 | 3 | 3 | 2 | 1 | 2 | 3 | 1 |

## 表 7.13 $L_{16}(4^5)$ 齐水平正交表

| 实验号 | 列号 | | | | |
|---|---|---|---|---|---|
| | 1 | 2 | 3 | 4 | 5 |
| 1 | 1 | 1 | 1 | 1 | 1 |
| 2 | 1 | 2 | 2 | 2 | 2 |
| 3 | 1 | 3 | 3 | 3 | 3 |
| 4 | 1 | 4 | 4 | 4 | 4 |
| 5 | 2 | 1 | 2 | 3 | 4 |
| 6 | 2 | 2 | 1 | 4 | 3 |
| 7 | 2 | 3 | 4 | 1 | 2 |
| 8 | 2 | 4 | 3 | 2 | 1 |
| 9 | 3 | 1 | 3 | 4 | 2 |
| 10 | 3 | 2 | 4 | 3 | 1 |
| 11 | 3 | 3 | 1 | 2 | 4 |
| 12 | 3 | 4 | 2 | 1 | 3 |
| 13 | 4 | 1 | 4 | 2 | 3 |
| 14 | 4 | 2 | 3 | 1 | 4 |
| 15 | 4 | 3 | 2 | 4 | 1 |
| 16 | 4 | 4 | 1 | 3 | 2 |

注：任意两列间的交互项出现于另外三列

## 表 7.14 $L_{25}(5^6)$ 齐水平正交表

| 实验号 | 列号 | | | | | |
|---|---|---|---|---|---|---|
| | 1 | 2 | 3 | 4 | 5 | 6 |
| 1 | 1 | 1 | 1 | 1 | 1 | 1 |
| 2 | 1 | 2 | 2 | 2 | 2 | 2 |
| 3 | 1 | 3 | 3 | 3 | 3 | 3 |
| 4 | 1 | 4 | 4 | 4 | 4 | 4 |
| 5 | 1 | 5 | 5 | 5 | 5 | 5 |
| 6 | 2 | 1 | 2 | 3 | 4 | 5 |
| 7 | 2 | 2 | 3 | 4 | 5 | 1 |
| 8 | 2 | 3 | 4 | 5 | 1 | 2 |
| 9 | 2 | 4 | 5 | 1 | 2 | 3 |
| 10 | 2 | 5 | 1 | 2 | 3 | 4 |
| 11 | 3 | 1 | 3 | 5 | 2 | 4 |
| 12 | 3 | 2 | 4 | 1 | 3 | 5 |
| 13 | 3 | 3 | 5 | 2 | 4 | 1 |
| 14 | 3 | 4 | 1 | 3 | 5 | 2 |
| 15 | 3 | 5 | 2 | 4 | 1 | 3 |

| 实验号 | 列号 | | | | | |
|---|---|---|---|---|---|---|
| | 1 | 2 | 3 | 4 | 5 | 6 |
| 16 | 4 | 1 | 4 | 2 | 5 | 3 |
| 17 | 4 | 2 | 5 | 3 | 1 | 4 |
| 18 | 4 | 3 | 1 | 4 | 2 | 5 |
| 19 | 4 | 4 | 2 | 5 | 3 | 1 |
| 20 | 4 | 5 | 3 | 1 | 4 | 2 |
| 21 | 5 | 1 | 5 | 4 | 3 | 2 |
| 22 | 5 | 2 | 1 | 5 | 4 | 3 |
| 23 | 5 | 3 | 2 | 1 | 5 | 4 |
| 24 | 5 | 4 | 3 | 2 | 1 | 5 |
| 25 | 5 | 5 | 4 | 3 | 2 | 1 |

注：任意两列间的交互项出现于另外四列

### 三、正交设计的步骤

正交设计的关键是实验设计方案的确定，研究者应综合考虑实验的因素数、因素水平数、可承受的实验处理数等多个方面，选择合适的正交表，达到既能实现实验要求又能节省成本的目的。

1. 明确实验目的，确定研究指标。

2. 挑选研究因素，确定研究因素的水平。正交设计通常用于研究初期指标的筛选，因此水平数不宜设置过多，一般两水平或三水平即可，这样可以在一次实验中安排更多的因素，以达到筛选的目的。一旦筛选出重要因素后，可再根据实际情况详细设置水平数。

3. 根据因素数和水平数选择正交表，一般要求因素数≤正交表列数，且因素水平数与正交表对应的水平数一致。在满足这两个条件的前提下，选择较小的正交表。如4个三水平的因素，可以选择$L_9$（$3^4$）、$L_{27}$（$3^{13}$）等。如果不考虑交互效应，选择较小的$L_9$（$3^4$）即可安排4个因素；如果考虑交互效应，$L_9$（$3^4$）显然列数不够，可以采用$L_{27}$（$3^{13}$）。

4. 表头设计，这是至关重要的一步。即根据正交表列出实验方案，将各研究因素安排在正交表相应列中。如果实验数据无重复，即每一处理只有一个数据时，通常至少要留出一个空白列，用于估计误差；如果实验数据有重复，可以不设空白列，以获得较多信息。

例如，采用$L_8$（$2^7$）正交表时，如果安排三个因素，从表7.15可以看出，A、B、C三个因素只能安排在第1、2、4列上，而不能安排在其他列。也就是说，三个因素的组合必须按表7.3的$L_8$（$2^7$）正交表中第1、2、4列的水平来组合为8种处理，而不是按其他列来组合。如果每种处理无重复数据（即每一处理只有1个数据），此时最多只能安排3个一阶交互效应，因为必须至少留出一列空白作为误差的估计，否则无法分析。也就是说，如果采用$L_8$（$2^7$）正交表来安排3个因素，最多只能分析到一阶交互效应，无法分析二阶交互效应。对于3个以上的因素，也是同样的道理，4个因素最多只能分析2个一阶交互效应，如AB和AC、AB和BC等，但无法同时分析AB、AC和BC，因为此时未留出空白列来估计误差，结果无法计算。但如果每一处理有重复数据（即每一处理有2个以上的数据），此时便可同时分析AB、AC和BC的交互效应。

表头设计必须坚持一个原则：即不可混杂（confounding）。所谓混杂，是指正交表中同一列出现2个因素或2个交互项，或同时出现1个因素与1个交互项。如表7.15中，当安排 4 个因素时，用 $L_8(2^7)$ 正交表无法同时考查 AB 和 CD 的交互效应，因为根据 $L_8(2^7)$ 的设计规则，AB 和 CD 均出现在第 3 列，这就发生了混杂。此时如果第 3 列有统计学意义，难以分清是 AB 的作用还是 CD 的作用。也就是说，利用 $L_8(2^7)$ 正交表设计分析数据时，无法同时分析 AB 和 CD，只能分析其中之一。如果要同时考查 AB 和 CD 的交互作用，必须选择更大的正交表，如 $L_{16}(2^{15})$。

表 7.15 至表 7.18 列出了常见正交表的表头设计。

**表 7.15 $L_8(2^7)$ 正交表的表头设计**

| 因素数 | 列号 | | | | | | |
|---|---|---|---|---|---|---|---|
| | 1 | 2 | 3 | 4 | 5 | 6 | 7 |
| 3 | A | B | AB | C | AC | BC | |
| 4 | A | B | AB<br>CD | C | AC<br>BD | BC<br>AD | D |
| 4 | A | B<br>CD | AB | C<br>BD | AC | D<br>BC | AD |
| 5 | A<br>DE | B<br>CD | AB<br>CE | C<br>BD | AC<br>BE | D<br>AE<br>BC | E<br>AD |

**表 7.16 $L_8(4\times 2^4)$ 正交表的表头设计**

| 因素数 | 列号 | | | | |
|---|---|---|---|---|---|
| | 1 | 2 | 3 | 4 | 5 |
| 2 | A | B | AB$_1$ | AB$_2$ | AB$_3$ |
| 3 | A | B | C | | |
| 4 | A | B | C | D | |
| 5 | A | B | C | D | E |

**表 7.17 $L_{16}(2^{15})$ 正交表的表头设计**

| 因素数 | 列号 | | | | | | | | | | | | | | |
|---|---|---|---|---|---|---|---|---|---|---|---|---|---|---|---|
| | 1 | 2 | 3 | 4 | 5 | 6 | 7 | 8 | 9 | 10 | 11 | 12 | 13 | 14 | 15 |
| 4 | A | B | AB | C | AC | BC | | D | AD | BD | | CD | | | |
| 5 | A | B | AB | C | AC | BC | DE | D | AD | BD | CE | CD | BE | AE | E |
| 6 | A | B | AB<br>DE | C | AC<br>DF | BC<br>EF | | D | AD<br>BE<br>CF | BD<br>AE | E | CD<br>AF | F | | CE<br>BF |
| 7 | A | B | AB<br>DE<br>FG | C | AC<br>DF<br>EG | BC<br>EF<br>DG | | D | AD<br>BE<br>CF | BD<br>AE<br>CG | E | CD<br>AF<br>BG | F | G | CE<br>BF<br>AG |

续表

| 因素数 | 列号 | | | | | | | | | | | | | | |
|---|---|---|---|---|---|---|---|---|---|---|---|---|---|---|---|
| | 1 | 2 | 3 | 4 | 5 | 6 | 7 | 8 | 9 | 10 | 11 | 12 | 13 | 14 | 15 |
| 8 | A | B | AB<br>DE<br>FG<br>CH | C | AC<br>DF<br>EG<br>BH | BC<br>EF<br>DG<br>AH | H | D | AD<br>BE<br>CF<br>CH | BD<br>AE<br>CG<br>FH | E | CD<br>AF<br>BG<br>EH | F | G | CE<br>BF<br>AG<br>DH |

**表 7.18　$L_{27}$ ($3^{13}$) 正交表的表头设计**

| 因素数 | 列号 | | | | | | | | | | | | |
|---|---|---|---|---|---|---|---|---|---|---|---|---|---|
| | 1 | 2 | 3 | 4 | 5 | 6 | 7 | 8 | 9 | 10 | 11 | 12 | 13 |
| 3 | A | B | $AB_1$ | $AB_2$ | C | $AC_1$ | $AC_2$ | $BC_1$ | D | | $BC_2$ | | |
| 4 | A | B | $AB_1$<br>$CD_2$ | $AB_2$ | C | $AC_1$<br>$BD_2$ | $AC_2$ | $BC_1$<br>$AD_2$ | | $AD_1$ | $BC_2$ | $BD_1$ | $CD_1$ |
| 5 | A | B | $AB_1$<br>$CD_1$ | $AB_2$ | C | $AC_1$<br>$BD_1$ | $AC_2$ | $BC_1$<br>$AD_1$ | D | E | $BC_2$ | | |
| 6 | A | B | $AB_1$<br>$CD_1$ | $AB_2$ | C | $AC_1$<br>$BD_1$ | $AC_2$ | $BC_1$<br>$AD_1$ | D | E | $BC_2$ | F | |

### 四、正交设计主要用途

正交实验设计可以在不降低实验效率的同时节约实验成本，因此在不少领域其应用范围都要比析因设计更加广泛。

正交设计主要用于工业上的工艺优化等领域，现在也广泛应用于医学领域的动物实验、微生物培养条件优化等领域。它可以分析各个实验因素的主效应和各因素间的低阶交互效应，还可以确定最适宜的实验因素水平的组合，即寻找最佳实验点。

正交设计通常用于因素筛选，一般在研究初期对各因素了解较少，此时可尽可能多地安排因素，以期筛选出重要因素。当筛选出重要因素后，可以考虑有交互效应的正交表，进一步详细分析这些因素之间的相互作用。

## 第二节　正交设计的实施及 SAS 实现

正交实验设计的实施可利用正交表手工设计，也可通过 SAS 中的 proc factex 过程来实现。proc factex 并不是专门的正交设计过程，而是可以实现分式析因设计（fractional factorial design）。分式析因设计是比正交设计更为广泛的一个概念，通俗来讲，也就是部分析因设计。正交实验设计是分式析因设计的主要方法，因此 proc factex 实际上包含了正交设计的实现思路。但由于 proc factex 并非专门的正交设计过程，因此有时给出的设计与正交表并不完全一致，但仍具有“均匀分散、整齐可比”的性质。proc factex 过程的主要语法为：

```
proc factex;
factors 因素名</选项>;
size 设计大小;
model 模型设定方式;
output out=数据集</选项>;
```

【命令解释】

【factors】语句定义实验因素和因素水平数。如果加上选项"nlev=",可用于指定因素的水平数。如 factors a b/nlev=3,表示产生 a、b 两个三水平的变量。如果不加该选项,默认所有因素水平数均为 2。

【size】指定实验设计大小,也就是总处理数。该语句的主要选项是 design=n,n 必须是 nlev 选项指定的水平数的幂次方。例如 size design=8,表示产生一个含 8 个处理组的正交设计。该语句是正交设计的关键,如果无该语句,默认产生全面组合的析因设计。如果研究者对处理数已有预期,可直接指定 design=n;如果对设计大小事先一无所知,还可以指定 design=min 或 design=max,由软件自行寻找最小或最大的实验处理数。

【model】语句指定模型分析的形式,可通过选项 estimate 来指定模型中的效应,如 estimate=(a b c)表明仅含主效应,无交互效应;estimate=(a b c a*b a*c)表明含主效应和 2 个一阶交互效应;estimate=(a|b|c)表明含主效应和所有交互效应。如不加该语句,默认为所有效应,包括主效应和所有阶次的效应。

【output】语句通过 out=SAS data 将设计结果输出到新数据集中。还可通过 nvals 和 cvals 两个选项对输出结果中变量水平值的显示形式进行设置。nvals=(1 2 3 … n)用于指定一系列数值,cvals=('字符1' '字符2' …)用于指定若干字符。选项 randomize 将结果随机化,选项 pointrep 和 designrep 指定每一处理或实验的重复数。这几个选项的具体用法在第六章已有介绍,这里不再重复。

## 一、齐水平正交设计的实施

**例 7.1** 某研究者采用正交实验设计法优化半夏泻心汤的水提醇沉工艺条件,考查加水量、浸泡时间、煎煮时间对半夏泻心汤水提醇沉工艺的影响。实验设计的因素与水平见表 7.19,试进行正交实验设计。

**表 7.19 三个实验因素及其水平**

| 水平 | 因素 | | |
|---|---|---|---|
| | 加水量(倍) | 浸泡时间(min) | 煎煮时间(min) |
| 1 | 10 | 30 | 20 |
| 2 | 15 | 45 | 30 |
| 3 | 20 | 60 | 40 |

【例题分析】

本研究共 3 个研究因素,各有 3 个水平,如果按析因设计进行全面组合,共需 3×3×3=27 次处理。考虑到实际条件的制约,可采用正交设计以降低成本。该研究中因素均为三水平，因此可以考虑三水平的正交表，又由于因素只有 3 个，因此 $L_9(3^4)$ 可以满足要求。利用 $L_9(3^4)$ 正交表来安排因素，空出第 4 列，将 $L_9(3^4)$ 中 1、2、3 列水平（1、2、3）替换为研究因素的水平，第 4 列不安排因素，不予考虑。最终实验安排如表 7.20 所示。

表 7.20　三因素三水平的正交实验安排

| 处理 | 实验因素 | | |
|---|---|---|---|
| | 加水量（倍） | 浸泡时间（min） | 煎煮时间（min） |
| 1 | 10 | 30 | 40 |
| 2 | 10 | 45 | 20 |
| 3 | 10 | 60 | 30 |
| 4 | 15 | 30 | 30 |
| 5 | 15 | 45 | 40 |
| 6 | 15 | 60 | 20 |
| 7 | 20 | 30 | 20 |
| 8 | 20 | 45 | 30 |
| 9 | 20 | 60 | 40 |

如果采用 SAS 软件来设计，可通过程序 7.1 来实现。

【程序 7.1】

```
proc factex;                                    /*调用 factex 过程进行正交设计*/
factors water soaktime decoctiontime/nlev=3;    /*指定 3 个实验因素及其水平数*/
size design=min;                                /*规定该设计的实验次数为最小*/
model estimate=(water soaktime decoctiontime);  /*指定分析效应仅含主效应*/
output out=orthdesign                           /*将设计结果输出到数据集 orthdesign*/
    water nvals=(10 15 20)                      /*定义加水量的 3 个水平的显示值*/
    soaktime nvals=(30 45 60)                   /*定义浸泡时间的 3 个水平的显示值*/
    decoctiontime nvals=(20 30 40);             /*定义煎煮时间的 3 个水平的显示值*/
proc print;
run;
```

【程序解释】

实现正交设计的关键是 size 语句和 model 语句。model 语句指定欲分析的效应，这一点需要在设计时就先确定。size 语句指定处理总数，通常可参考正交表来定，如本例为 3 个三水平的因素，考虑用 $L_9(3^4)$，因此可直接指定 design=9。或者像该程序的写法，直接写 design=min，由软件自行寻找最小的处理数。output 语句通过"nvals="指定 3 个因素 3 个水平的显示值，由于指定的是数值，因此用 nvals，如果指定为字符，需用 cvals。如果不指定，结果将显示 −1、0、1 的形式。

【结果输出】

| Obs | water | soaktime | decoctiontime |
|-----|-------|----------|---------------|
| 1 | 10 | 30 | 20 |
| 2 | 10 | 45 | 40 |
| 3 | 10 | 60 | 30 |
| 4 | 15 | 30 | 40 |
| 5 | 15 | 45 | 30 |
| 6 | 15 | 60 | 20 |
| 7 | 20 | 30 | 30 |
| 8 | 20 | 45 | 20 |
| 9 | 20 | 60 | 40 |

结果给出了 9 种处理的组合形式，如果对照一下表 7.20 的正交表，可以发现两个结果第 3 列的水平安排不同。但 SAS 输出结果仍满足"均匀分散、整齐可比"的性质，任意一列各水平都出现 3 次，任意两列的 2 个组合都只出现一次，结果仍然体现了正交的特点。

本例给出的结果是按各因素水平顺序安排处理，如果要避免实验顺序造成的误差，可在 output 语句中加入 randomize 选项，使 9 次处理随机排列。

**例 7.2** 在一项临床药理实验中，为研究不同因素对药物降血压效果的影响，考虑以下 4 个因素：药物剂量（25mg、50mg）、性别（男、女）、年龄（≥50 岁、＜50 岁）、体型（正常、肥胖）。研究者除考虑各因素的主效应外，还欲考查药物剂量与性别、年龄之间是否存在交互效应。根据实际条件，研究者计划每一处理安排 6 例病例。试对该研究进行随机设计。

【例题分析】

本实验涉及 4 个两水平的研究因素，若进行析因设计，需要做 $2^4 = 16$ 次实验，每组安排 6 例，则共需 96 例研究对象。由于本例仅打算考查 2 个一阶交互效应，为减少研究成本，可以考虑用正交设计。

本例共 4 个因素，首先考虑选择 $L_8(2^7)$。根据 $L_8(2^7)$ 的表头设计（见表 7.15），对于 4 个因素，A、B、C、D 应分别安排在 1、2、4、7 列。再根据 $L_8(2^7)$（见表 7.3）中 1、2、4、7 列的水平，将 1、2 分别改为各因素的真实水平即可。最终本例安排因素水平见表 7.21。

表 7.21　四因素两水平的正交实验安排

| 处理 | 实验因素 | | | |
|------|----------|---|---|---|
| | 药物剂量（mg） | 性别 | 年龄（岁） | 体型 |
| 1 | 25 | 男 | ≥50 | 正常 |
| 2 | 25 | 男 | ＜50 | 肥胖 |
| 3 | 25 | 女 | ≥50 | 肥胖 |
| 4 | 25 | 女 | ＜50 | 正常 |
| 5 | 50 | 男 | ≥50 | 肥胖 |
| 6 | 50 | 男 | ＜50 | 正常 |
| 7 | 50 | 女 | ≥50 | 正常 |
| 8 | 50 | 女 | ＜50 | 肥胖 |

本例如果采用 proc factex 过程来实现,其 SAS 程序如下:

【程序 7.2】

```
proc factex;
    factors dose sex age wt;              /*指定 4 个实验因素及其水平数*/
    size design=min;                      /*规定该设计的实验次数为最小次数*/
    model estimate=(dose sex age wt dose*sex dose*age);
    /*指定分析效应含主效应及两个交互效应*/
    output out=orthdesign                 /*将设计结果输出到数据集 orthdesign*/
        dose nvals=(25 50)                /*定义剂量的 2 个水平的输出形式*/
        sex cvals=('男' '女')              /*定义性别的 2 个水平的输出形式*/
        age cvals=('≥50' '<50')           /*定义年龄的 2 个水平的输出形式*/
        wt cvals=('正常' '肥胖')           /*定义体型的 2 个水平的输出形式*/
        designrep=6;                      /*指定实验重复 6 次*/
proc print;
run;
```

【程序解释】

该程序与程序 7.1 基本相同,只是因素数和水平数不同。由于本例考虑交互项,因此在 model 语句中增加了 2 个交互项。又由于本例为重复实验,因此加上 designrep 选项指定重复次数。

【结果输出】

| Obs | dose | sex | age | wt |
|---|---|---|---|---|
| 1 | 25 | 男 | ≥50 | 正常 |
| 2 | 25 | 男 | <50 | 肥胖 |
| 3 | 25 | 女 | ≥50 | 肥胖 |
| 4 | 25 | 女 | <50 | 正常 |
| 5 | 50 | 男 | ≥50 | 肥胖 |
| 6 | 50 | 男 | <50 | 正常 |
| 7 | 50 | 女 | ≥50 | 正常 |
| 8 | 50 | 女 | <50 | 肥胖 |
| 9 | 25 | 男 | ≥50 | 正常 |
| 10 | 25 | 男 | <50 | 肥胖 |
| 11 | 25 | 女 | ≥50 | 肥胖 |
| 12 | 25 | 女 | <50 | 正常 |
| 13 | 50 | 男 | ≥50 | 肥胖 |
| 14 | 50 | 男 | <50 | 正常 |
| 15 | 50 | 女 | ≥50 | 正常 |
| 16 | 50 | 女 | <50 | 肥胖 |
| 17 | 25 | 男 | ≥50 | 正常 |
| 18 | 25 | 男 | <50 | 肥胖 |
| 19 | 25 | 女 | ≥50 | 肥胖 |
| 20 | 25 | 女 | <50 | 正常 |
| 21 | 50 | 男 | ≥50 | 肥胖 |
| 22 | 50 | 男 | <50 | 正常 |

| | | | | |
|---|---|---|---|---|
| 23 | 50 | 女 | ≥50 | 正常 |
| 24 | 50 | 女 | <50 | 肥胖 |
| 25 | 25 | 男 | ≥50 | 正常 |
| 26 | 25 | 男 | <50 | 肥胖 |
| 27 | 25 | 女 | ≥50 | 肥胖 |
| 28 | 25 | 女 | <50 | 正常 |
| 29 | 50 | 男 | ≥50 | 肥胖 |
| 30 | 50 | 男 | <50 | 正常 |
| 31 | 50 | 女 | ≥50 | 正常 |
| 32 | 50 | 女 | <50 | 肥胖 |
| 33 | 25 | 男 | ≥50 | 正常 |
| 34 | 25 | 男 | <50 | 肥胖 |
| 35 | 25 | 女 | ≥50 | 肥胖 |
| 36 | 25 | 女 | <50 | 正常 |
| 37 | 50 | 男 | ≥50 | 肥胖 |
| 38 | 50 | 男 | <50 | 正常 |
| 39 | 50 | 女 | ≥50 | 正常 |
| 40 | 50 | 女 | <50 | 肥胖 |
| 41 | 25 | 男 | ≥50 | 正常 |
| 42 | 25 | 男 | <50 | 肥胖 |
| 43 | 25 | 女 | ≥50 | 肥胖 |
| 44 | 25 | 女 | <50 | 正常 |
| 45 | 50 | 男 | ≥50 | 肥胖 |
| 46 | 50 | 男 | <50 | 正常 |
| 47 | 50 | 女 | ≥50 | 正常 |
| 48 | 50 | 女 | <50 | 肥胖 |

结果中每 8 行是一次实验，每次实验相同，重复 6 次，共 48 行。可以看出，每一次实验各因素的水平安排与根据正交表的安排是完全一致的。

## 二、混水平正交设计的实施

混水平的正交设计通常可由齐水平正交设计转化而来，常用的转化方法有 3 种：

1. 并列法（juxtaposed） 该法主要是将原有的齐水平正交表转化为混水平正交表。如 $L_8(2^7)$ 可将第 1 列与第 2 列组合，变为 1、2、3、4 共 4 个水平，作为新的一列。又由于第 3 列是第 1 列和第 2 列的交互项，因此删除第 3 列。这样原来的 7 列变成了 5 列，而且第 1 列是 4 个水平，也就是将齐水平的 $L_8(2^7)$ 转化成了混水平的 $L_8(4\times 2^4)$。

2. 拟水平法（pseudo-level） 如果少数研究因素的水平数比正交表给出的水平数少，此时可采用拟水平法。例如研究 3 个因素，其中 A、B 是 3 水平，C 是 2 水平，此时可将 C 因素增加一个虚拟的水平，如将其中水平 2 多重复一次，变为 1、2、2。这样就变成了 3 个 3 水平的因素，可以直接采用 $L_9(3^4)$，根据 $L_9(3^4)$ 进行设计。由于因素 C 的 2 个水平次数不等，水平 2 出现的次数是水平 1 的 2 倍，因此该表实际上已经不是"正交"表了。

3. 拟因素法（pseudo-factor） 如果少数研究因素的水平数比正交表给出的水平数多，此时可采用拟因素法。拟水平法是多产生一个虚拟的水平，而拟因素法是多产生一个虚拟的因素，通过产生虚拟的因素，使研究因素满足某一正交表，然后按该正交表来设计。例如研究 3 个因素，其中 A、B 是 2 水平，C 是 4 水平，此时可将 C 因素分解为 2 个虚拟因素，每一因素均为 2 水平。这样就变成了 4 个 2 水平的因素，可以直接采用 $L_8(2^7)$，根据 $L_8(2^7)$ 进行设计。同样，严格来说，拟因素法产生的正交表也不是严格的正交表，因为已经失去了正交性。

**例 7.3（拟水平法）** 某研究采用正交设计分析 LASIK 术后角膜曲率的影响因素，考虑的因素有 3 个——术前眼压、术前屈光度、残留角膜基质床厚度，分别用 A、B、C 表示。术前眼压取 2 个水平——正常、较高，术前屈光度取 3 个水平——低度、中度、高度，残留角膜基质床厚度取 3 个水平——小、中、大。试进行正交设计。

【例题分析】

本实验共 3 个因素，其中 2 个因素是三水平，只有 1 个因素是二水平，因此考虑以三水平的正交表为基础来设计，根据因素数，考虑选择 $L_9(3^4)$。由于术前眼压具有 2 个水平，比三水平要少，因此可以考虑用拟水平法，将术前眼压增加 1 个拟水平（如正常、较高、较高）。此时相当于 3 个三水平的设计，可直接按 $L_9(3^4)$ 的正交表来设计（表 7.22）。

表 7.22 三因素三水平的正交实验安排

| 处理 | 实验因素 | | |
| --- | --- | --- | --- |
| | 术前眼压 | 术前屈光度 | 残留角膜基质床厚度 |
| 1 | 正常 | 低度 | 大 |
| 2 | 正常 | 中度 | 小 |
| 3 | 正常 | 高度 | 中 |
| 4 | 较高 | 低度 | 中 |
| 5 | 较高 | 中度 | 大 |
| 6 | 较高 | 高度 | 小 |
| 7 | 较高 | 低度 | 小 |
| 8 | 较高 | 中度 | 中 |
| 9 | 较高 | 高度 | 大 |

本例的 SAS 设计过程见程序 7.3。

【程序 7.3】

```
proc factex;
    factors a b c/nlev=3;              /*指定 a、b、c 3 个因素均为三水平*/
    size design=min;
    model estimate=(a b c);            /*指定模型仅分析 3 个因素的主效应*/
    output out=mixed
    a cvals=('正常' '较高' '较高')
    /*指定 a 的 3 个水平的输出形式,注意这里指定了 2 个"较高",将其水平改变为 2*/
    b cvals=('低度' '中度' '高度')
    c cvals=('小' '中' '大')
    designrep=3;
```

```
proc print;
run;
```

【程序解释】

拟水平法的关键有前后两步：前面增加虚拟的水平，以便找到一个合适的正交表；后面利用 output 语句的 cvals 或 nvals 选项，将增加的虚拟其水平减少到原来的水平。本例对术前眼压增加了 1 个"较高"，使其水平数增加为 3。也可增加 1 个"正常"，效率是相同的。

【结果输出】

| Obs | a | b | c |
|---|---|---|---|
| 1 | 正常 | 低度 | 小 |
| 2 | 正常 | 中度 | 大 |
| 3 | 正常 | 高度 | 中 |
| 4 | 较高 | 低度 | 大 |
| 5 | 较高 | 中度 | 中 |
| 6 | 较高 | 高度 | 小 |
| 7 | 较高 | 低度 | 中 |
| 8 | 较高 | 中度 | 小 |
| 9 | 较高 | 高度 | 大 |
| 10 | 正常 | 低度 | 小 |
| 11 | 正常 | 中度 | 大 |
| 12 | 正常 | 高度 | 中 |
| 13 | 较高 | 低度 | 大 |
| 14 | 较高 | 中度 | 中 |
| 15 | 较高 | 高度 | 小 |
| 16 | 较高 | 低度 | 中 |
| 17 | 较高 | 中度 | 小 |
| 18 | 较高 | 高度 | 大 |
| 19 | 正常 | 低度 | 小 |
| 20 | 正常 | 中度 | 大 |
| 21 | 正常 | 高度 | 中 |
| 22 | 较高 | 低度 | 大 |
| 23 | 较高 | 中度 | 中 |
| 24 | 较高 | 高度 | 小 |
| 25 | 较高 | 低度 | 中 |
| 26 | 较高 | 中度 | 小 |
| 27 | 较高 | 高度 | 大 |

结果包括重复的 3 次实验，每 9 行是一次实验，每次实验的结果相同。尽管每次实验的安排与正交表所得结果不同，但效率相同。

**例 7.4（拟因素法）** 某研究欲考查某膨化食品的体积与油温、物料含水量及油炸时间的关系，欲采用正交设计来寻找最优的组合参数。油温共 4 个水平，分别为 210、220、230、240；物料含水量共 2 个水平，为 2.0 和 4.0；油炸时间共 2 个水平，为 30 和 40。试对该实验进行设计。

【例题分析】

本实验共 3 个因素,其中 2 个因素是二水平,只有 1 个因素是四水平,因此考虑以 2 水平的正交表为基础来设计,根据因素数,考虑选择 $L_8$($2^7$)。由于油温具有 4 个水平,比 2 水平要多,因此可以考虑用拟因素法,将油温分解为 2 个因素(如 temp1 和 temp2),这两个拟因素均为二水平,此时相当于 4 个二水平的设计,可直接按 $L_8$($2^7$)的正交表来设计(表 7.23)。最后再将 temp1 和 temp2 组合为一个四水平的因素,最终形成混水平表。

表 7.23  四因素二水平的正交实验安排

| 处理 | 实验因素 | | | |
| --- | --- | --- | --- | --- |
| | temp1 | temp2 | 物料含水量 | 油炸时间 |
| 1 | 1 | 1 | 2.0 | 30 |
| 2 | 1 | 1 | 4.0 | 40 |
| 3 | 1 | 2 | 2.0 | 40 |
| 4 | 1 | 2 | 4.0 | 30 |
| 5 | 2 | 1 | 2.0 | 40 |
| 6 | 2 | 1 | 4.0 | 30 |
| 7 | 2 | 2 | 2.0 | 30 |
| 8 | 2 | 2 | 4.0 | 40 |

本例的 SAS 设计过程见程序 7.4。

【程序 7.4】

```
proc factex;
factors temp1 temp2 water time ;
/*定义拟因素 temp1 和 temp2,这两个因素均为二水平,组合后相当于四水平的油温因素*/
model estimate=(temp1|temp2 water time);
/*规定估计 4 个因素的主效应,其中 temp1|temp2 表示油温的主效应。*/
size design=min;
output out=design
[temp1 temp2]=temp nvals=(210 220 230 240)
/*将 temp1、temp2 还原为四水平的油温因素,并定义其 4 个水平的输出形式*/
water nvals=(2 4)       /*定义物料含水量的 2 个水平的输出形式*/
time nvals=(30 40);     /*定义油炸时间的 2 个水平的输出形式*/
proc print;
var temp water time; /*指定结果中只显示 temp、water、time 这 3 个主因素。*/
run;
```

【程序解释】

该程序的关键是定义拟因素,一旦定义了拟因素,其他分析过程与齐水平的正交设计基本相同,只是注意在 model 语句中定义效应时,几个拟因素合起来才表示原因素的主效应。如果 model 语句中还要考查交互效应,仍是将 temp1 | temp2 作为一个因素,如要考查油温与油炸时间的交互效应,可写为 temp1 | temp2 * time。最后在 output 语句中将几个拟因素

合并为原因素。

本例中油温是 4 个水平，恰好分解为 2 个二水平的因素。如果油温为三水平，仍是将其分解为 2 个二水平的因素，只是最后在 output 语句中合并时其中一个水平值出现 2 次，这样保证其水平数为 3。如可写为 [temp1 temp2] = temp nvals = (210 220 230 230)。

【结果输出】

| Obs | temp | water | time |
| --- | --- | --- | --- |
| 1 | 210 | 2 | 30 |
| 2 | 210 | 4 | 40 |
| 3 | 230 | 2 | 40 |
| 4 | 230 | 4 | 30 |
| 5 | 220 | 2 | 40 |
| 6 | 220 | 4 | 30 |
| 7 | 240 | 2 | 30 |
| 8 | 240 | 4 | 40 |

结果给出了含 1 个四水平、2 个二水平变量的正交设计，可以看出，该结果与利用正交表的设计结果完全一致。

## 第三节　正交设计的统计分析及 SAS 实现

正交设计与析因设计的差别主要在实验设计上，正交设计需要均匀、整齐地选择部分实验点，因此比析因设计更为复杂。一旦选择好了实验点，收集数据后，正交设计统计分析的 SAS 程序与析因设计完全相同。读者可参考第六章的介绍，这里不再赘述。但在分析时必须注意，由于正交设计只是因素的部分组合，因此并不是所有的交互效应都可以分析，尤其是高阶交互效应。最好在分析前看一下正交表的表头设计，以便合理安排分析效应。

### 一、定量资料的正交设计分析

**例 7.5**　某研究采用正交设计考查某膨化食品的体积与油温、物料含水量及油炸时间的关系。油温共 4 个水平，分别为 210、220、230、240℃；物料含水量共 2 个水平，为 2.0 和 4.0；油炸时间共 2 个水平，为 30 和 40。根据 $L_8$（$4×2^4$）正交表（表 7.4）及其表头设计（表 7.16）安排正交设计，每种处理下获得的数据见表 7.24，试对该结果进行分析。

表 7.24　不同油温、物料含水量、油炸时间的正交设计及结果

| 实验号 | 油温 | 物料含水量 | 油炸时间 | 体积 |
| --- | --- | --- | --- | --- |
| 1 | 210 | 2.0 | 30 | 209 |
| 2 | 210 | 4.0 | 40 | 208 |
| 3 | 220 | 2.0 | 40 | 215 |
| 4 | 220 | 4.0 | 30 | 220 |
| 5 | 230 | 2.0 | 40 | 252 |
| 6 | 230 | 4.0 | 30 | 248 |
| 7 | 240 | 2.0 | 30 | 237 |
| 8 | 240 | 4.0 | 40 | 231 |

【例题分析】

该研究是一个无重复的混水平正交设计，根据 $L_8(4×2^4)$ 的表头设计，只能安排 3 个因素的主效应，无法分析交互效应。由于只有 3 个因素，因此 $L_8(4×2^4)$ 可以留出 2 个空白列作为误差估计用。分别以 temp、water、time 表示油温、物料含水量和油炸时间，则数据分析过程见程序 7.5。

【程序 7.5】

```
data example7_5;
input temp water time y@;
cards;
210  2.0  30  209
210  4.0  40  208
220  2.0  40  215
220  4.0  30  220
230  2.0  40  252
230  4.0  30  248
240  2.0  30  237
240  4.0  40  231
;
proc glm;
class temp water time;
model y=temp water time;
run;
```

【程序解释】

该程序比较简单，根据表 7.24 的正交设计将 3 个因素的水平及实验结果输入数据集，利用 proc glm 过程实现方差分析。由于只分析主效应，因此 model 语句中直接指定 3 个因素即可。

【结果输出】

Type Ⅲ SS 的分析结果显示，油温对体积的影响有统计学意义，物料含水量和油炸时间无统计学意义。由于本例资料是均衡的，因此 Type Ⅰ SS 和 Type Ⅲ SS 的结果相等。

| Source | DF | Type Ⅰ SS | Mean Square | F Value | Pr > F |
|---|---|---|---|---|---|
| temp | 3 | 2019.000000 | 673.000000 | 50.79 | 0.0194 |
| water | 1 | 4.500000 | 4.500000 | 0.34 | 0.6190 |
| time | 1 | 8.000000 | 8.000000 | 0.60 | 0.5185 |

| Source | DF | Type Ⅲ SS | Mean Square | F Value | Pr > F |
|---|---|---|---|---|---|
| temp | 3 | 2019.000000 | 673.000000 | 50.79 | 0.0194 |
| water | 1 | 4.500000 | 4.500000 | 0.34 | 0.6190 |
| time | 1 | 8.000000 | 8.000000 | 0.60 | 0.5185 |

分析结果提示不同温度对体积大小是有影响的，如果要进一步考查哪种温度下体积最高，可输出不同水平下的均值，并进行两两比较。

【程序 7.5 续】
```
proc glm;
class temp water time;
model y=temp water time;
lsmeans temp/adjust=bon tdiff;
/* lsmeans 语句要求输出 temp 不同水平的最小二乘均值,并进行两两比较 */
run;
```

【结果输出】

这里仅列出最小二乘均值及两两比较结果。由于是均衡资料,此处的最小二乘均值等同于普通均值。可以看出,油温在 230℃时体积最高。两两比较结果显示,油温 230℃与 210℃相比体积的差异有统计学意义,其余比较无统计学意义。

Least Squares Means
Adjustment for Multiple Comparisons: Bonferroni

| temp | y LSMEAN | LSMEAN Number |
|------|----------|---------------|
| 210 | 208.500000 | 1 |
| 220 | 217.500000 | 2 |
| 230 | 250.000000 | 3 |
| 240 | 234.000000 | 4 |

Least Squares Means for Effect temp
t for H0: LSMean (i) = LSMean (j) / Pr > |t|
Dependent Variable: y

| i/j | 1 | 2 | 3 | 4 |
|-----|---|---|---|---|
| 1 |  | −2.47249 | −11.4009 | −7.00539 |
|  |  | 0.7918 | 0.0456 | 0.1186 |
| 2 | 2.47249 |  | −8.92844 | −4.5329 |
|  | 0.7918 |  | 0.0739 | 0.2723 |
| 3 | 11.40093 | 8.928437 |  | 4.395538 |
|  | 0.0456 | 0.0739 |  | 0.2883 |
| 4 | 7.005389 | 4.532899 | −4.39554 |  |
|  | 0.1186 | 0.2723 | 0.2883 |  |

总之,本次实验分析结果提示,研究的 3 个因素中,仅油温对膨化效果有影响,油温在 230℃时膨化效果最好,210℃时膨化效果不好。

**例 7.6** 某医学研究所动物中心采用正交设计,分析核黄素(a)、胆碱(b)、烟酸(c)和维生素 $B_1$(d)4 种维生素对动物生长过缓的影响,同时考查核黄素与胆碱($a \times b$)、核黄素与烟酸($a \times c$)之间的交互效应。每种维生素均设为 2 个水平——无(1)或有(2),研究者计划每一种处理安排 2 次重复实验。由于该研究中因素均为二水平,且只有 4 个因素的主效应及 2 个一阶交互效应,因此用 $L_8(2^7)$ 正交表来设计。正交设计及观察结果见表 7.25,试对该研究数据进行分析。

表 7.25  4 个二水平因素的正交设计及实验结果

| 实验号 | 核黄素（a） | 胆碱（b） | 烟酸（c） | 维生素 $B_1$（d） | 体重 1 | 体重 2 |
|---|---|---|---|---|---|---|
| 1 | 1 | 1 | 1 | 1 | 162 | 165 |
| 2 | 1 | 1 | 2 | 2 | 172 | 170 |
| 3 | 1 | 2 | 1 | 2 | 168 | 170 |
| 4 | 1 | 2 | 2 | 1 | 190 | 188 |
| 5 | 2 | 1 | 1 | 2 | 162 | 169 |
| 6 | 2 | 1 | 2 | 1 | 182 | 181 |
| 7 | 2 | 2 | 1 | 1 | 178 | 180 |
| 8 | 2 | 2 | 2 | 2 | 215 | 226 |

【例题分析】

本例是重复 2 次的齐水平正交设计，根据 $L_8(2^7)$ 正交表进行设计。研究共 4 个因素，根据表 7.16 的表头设计，对于有重复的设计，4 个因素最多只能分析 4 个主效应和 3 个一阶交互效应，而且在分析各因素主效应的情况下，交互项 ab 和 cd、ac 和 bd、bc 和 ad 无法同时分析。该研究欲分析主效应及 ab、ac 的交互效应，满足 $L_8(2^7)$ 正交设计的要求。数据分析过程见程序 7.6。

【程序 7.6】

```
data example7_6;
input a b c d@;
do i=1 to 2;
input y@@;
output;
end;
cards;
1 1 1 1 162 165
1 1 2 2 172 170
1 2 1 2 168 170
1 2 2 1 190 188
2 1 1 2 162 169
2 1 2 1 182 181
2 2 1 1 178 180
2 2 2 2 215 226
;
proc glm;
class a b c d;
model y=a b c d a*b a*c/ss3;
run;
```

【程序解释】

该程序主要在数据输入上利用了@符号的技巧，首先输入 4 个研究因素 a、b、c、d，利用 1 个 @ 使记录保持在此行，然后输入 2 次重复结果值。还有一种较为繁琐但容易理解的输入方式，就是将因素重复输入 2 次，数据输入共 16 行，这样 input 语句直接写 input a b c d y；即可。数据分析过程仍是用 proc glm 来实现，在 model 中指定因素主效应及交互效应，并用 ss3 选项仅输出 Type Ⅲ 的结果。

【结果输出】

Type Ⅲ 分析结果显示，除因素 d 以外，其他 3 个因素的主效应对体重的影响均有统计学意义，a 和 b、a 和 c 的交互项在 0.1 的水平上有统计学意义。

| Source | DF | Type Ⅲ SS | Mean Square | F Value | Pr > F |
|---|---|---|---|---|---|
| a | 1 | 729.000000 | 729.000000 | 14.29 | 0.0043 |
| b | 1 | 1444.000000 | 1444.000000 | 28.31 | 0.0005 |
| c | 1 | 1806.250000 | 1806.250000 | 35.42 | 0.0002 |
| d | 1 | 42.250000 | 42.250000 | 0.83 | 0.3865 |
| a * b | 1 | 210.250000 | 210.250000 | 4.12 | 0.0729 |
| a * c | 1 | 225.000000 | 225.000000 | 4.41 | 0.0651 |

尽管 a 和 b、a 和 c 交互效应在 0.05 的水平上无统计学意义，但考虑到其 $P$ 值仅略大于 0.05，因此仍尝试对这 2 个交互项进行详细分析。

【程序 7.6 续】

```
proc glm;
class a b c d;
model y=a b c d a*b a*c/ss3;
lsmeans a*b a*c/adjust=bon tdiff;
/* lsmeans 语句要求输出 a*b、a*c 组合下的最小二乘均值,并进行两两比较 */
run;
```

【结果输出】

结果分别给出了核黄素与胆碱（a×b）、核黄素与烟酸（a×c）的交互项的分析结果。

核黄素与胆碱（a×b）的分析结果显示，2 和 2 组合（含核黄素，含胆碱）的均值最高，1 和 1 组合（不含核黄素，不含胆碱）的均值最低。两两比较结果显示，4 与 1、2、3 的差异均有统计学意义。也就是说，食物中含核黄素和胆碱时，其生长发育效果要优于不含核黄素和胆碱或仅含一种的情形。

Least Squares Means
Adjustment for Multiple Comparisons: Bonferroni

| a | b | y LSMEAN | LSMEAN Number |
|---|---|---|---|
| 1 | 1 | 167.250000 | 1 |
| 1 | 2 | 179.000000 | 2 |
| 2 | 1 | 173.500000 | 3 |
| 2 | 2 | 199.750000 | 4 |

Least Squares Means for Effect a * b
t for H0: LSMean (i) = LSMean (j) / Pr > |t|
Dependent Variable: y

| i/j | 1 | 2 | 3 | 4 |
|---|---|---|---|---|
| 1 |  | -2.32685 | -1.23768 | -6.43596 |
|  |  | 0.2699 | 1.0000 | 0.0007 |
| 2 | 2.326847 |  | 1.089162 | -4.10911 |
|  | 0.2699 |  | 1.0000 | 0.0158 |
| 3 | 1.237684 | -1.08916 |  | -5.19827 |
|  | 1.0000 | 1.0000 |  | 0.0034 |
| 4 | 6.435959 | 4.109112 | 5.198275 |  |
|  | 0.0007 | 0.0158 | 0.0034 |  |

核黄素与烟酸（a×c）的分析结果与 a×b 的结果基本一致，也是提示同时含两种维生素时，其生长发育效果优于仅含一种或两种均不含的情形。

Least Squares Means
Adjustment for Multiple Comparisons: Bonferroni

| a | c | y LSMEAN | LSMEAN Number |
|---|---|---|---|
| 1 | 1 | 166.250000 | 1 |
| 1 | 2 | 180.000000 | 2 |
| 2 | 1 | 172.250000 | 3 |
| 2 | 2 | 201.000000 | 4 |

Least Squares Means for Effect a * c
t for H0: LSMean (i) = LSMean (j) / Pr > |t|
Dependent Variable: y

| i/j | 1 | 2 | 3 | 4 |
|---|---|---|---|---|
| 1 |  | -2.72291 | -1.18818 | -6.88153 |
|  |  | 0.1410 | 1.0000 | 0.0004 |
| 2 | 2.722906 |  | 1.534729 | -4.15862 |
|  | 0.1410 |  | 0.9553 | 0.0147 |
| 3 | 1.188177 | -1.53473 |  | -5.69335 |
|  | 1.0000 | 0.9553 |  | 0.0018 |
| 4 | 6.881525 | 4.15862 | 5.693348 |  |
|  | 0.0004 | 0.0147 | 0.0018 |  |

## 二、分类资料的正交设计分析

**例 7.7** 某研究采用正交设计分析不同因素对药物降血压效果（有效、无效）的影响，考虑以下 4 个因素：药物剂量（25、50）、性别（男、女）、年龄（≥50、＜50）、体型（正常、肥胖）。研究者除考虑各因素的主效应外，还欲考查药物剂量与性别、年龄之间是否存在交互效应。根据实际条件，研究者计划每一处理安排 6 例病例。研究结果见表 7.26，其中 y1 至 y6 表示 6 次重复测量，也就是 6 名研究对象的结果，0 表示无效，1 表示有效。试对结果进行分析。

表 7.26　四因素两水平的正交实验安排

| 实验号 | 药物剂量 | 性别 | 年龄 | 体形 | y1 | y2 | y3 | y4 | y5 | y6 |
|---|---|---|---|---|---|---|---|---|---|---|
| 1 | 25 | 男 | ≥50 | 正常 | 0 | 1 | 0 | 0 | 1 | 0 |
| 2 | 25 | 男 | <50 | 肥胖 | 1 | 0 | 0 | 1 | 0 | 1 |
| 3 | 25 | 女 | ≥50 | 肥胖 | 0 | 0 | 1 | 1 | 0 | 1 |
| 4 | 25 | 女 | <50 | 正常 | 0 | 1 | 0 | 0 | 0 | 0 |
| 5 | 50 | 男 | ≥50 | 肥胖 | 1 | 0 | 0 | 1 | 0 | 1 |
| 6 | 50 | 男 | <50 | 正常 | 1 | 1 | 0 | 1 | 1 | 1 |
| 7 | 50 | 女 | ≥50 | 正常 | 1 | 1 | 1 | 1 | 0 | 0 |
| 8 | 50 | 女 | <50 | 肥胖 | 0 | 1 | 1 | 1 | 1 | 1 |

【例题分析】

本例设计过程见例 7.2，确定了 8 个处理组后，在每一处理组安排相应水平的 6 名研究对象，获得研究数据。该研究结果为二分类资料，可以采用 logistic 回归进行多因素分析。分别以 dose、sex、age、wt 代表四个研究因素，具体分析过程见程序 7.7。

【程序 7.7】

```
data example7_7;
input dose sex$ age$ wt$ @;
/*由于性别、年龄、体形是文本型变量,因此这3个变量后加上一个"$"符号*/
do i=1 to 6;
input y@@;
output;
end;
cards;
25  男   ≥50  正常  0 1 0 0 1 0
25  男   <50  肥胖  1 0 0 1 0 1
25  女   ≥50  肥胖  0 0 1 1 0 1
25  女   <50  正常  0 1 0 0 0 0
50  男   ≥50  肥胖  1 0 0 1 0 1
50  男   <50  正常  1 1 0 1 1 1
50  女   ≥50  正常  1 1 1 1 0 0
50  女   <50  肥胖  0 1 1 1 1 1
;
proc logistic;
class dose sex age wt/param=reference ref=first;
model y=dose sex age wt dose*sex dose*age;
run;
```

【程序解释】

该程序的数据输入方式与程序 7.6 相似，只不过这里是重复 6 次，因此写为 do i=1 to 6。数据分析调用 proc logistic 过程，用 class 语句指定四个研究因素，并在 model 语句中指定欲分析的 4 个主效应及 2 个交互效应。proc logistic 是非常复杂的一个过程，对该命令的详细介绍超出了本书范畴，本例仅仅给出了最简单的分析命令，如果读者欲了解更多分析语句，可参考 SAS 手册。

【结果输出】

为节省篇幅，这里仅列出参数估计的结果。首先发现，2 个交互项均无统计学意义，因此考虑去掉交互项后重新分析。

Analysis of Maximum Likelihood Estimates

| Parameter | | | DF | Estimate | Standard Error | Wald Chi-Square | Pr > ChiSq |
|---|---|---|---|---|---|---|---|
| Intercept | | | 1 | 0.2861 | 0.7849 | 0.1329 | 0.7155 |
| dose | 50 | | 1 | -1.9416 | 1.1175 | 3.0185 | 0.0823 |
| sex | 女 | | 1 | 0.3890 | 0.8610 | 0.2041 | 0.6514 |
| age | ≥50 | | 1 | -0.3890 | 0.8610 | 0.2041 | 0.6514 |
| wt | 正常 | | 1 | 0.4902 | 0.6603 | 0.5511 | 0.4579 |
| dose*sex | 50 | 女 | 1 | -0.9804 | 1.3206 | 0.5511 | 0.4579 |
| dose*age | 50 | ≥50 | 1 | 1.7584 | 1.3327 | 1.7407 | 0.1871 |

将程序 7.7 中 model 语句的 dose*sex 和 dose*age 两个交互项去掉，运行后结果显示，仅 dose 有统计学意义（$P=0.0225$）。dose 结果中第二列显示的是 50，表明给出的是 50 与 25 相比的结果。由于在 proc logistic 语句后没有加 descending 选项，因此 SAS 内部默认的是对较小的结果值的估计，本例对无效和有效分别赋值为 0 和 1，因此给出的是对无效的结果估计。由于 dose 的参数估计值（-1.4229）是负值，因此结果反映了：50 与 25 相比，无效的可能性更低，反过来也就是说，有效的可能性更高，即剂量为 50 的降压效果更好。

Analysis of Maximum Likelihood Estimates

| Parameter | | DF | Estimate | Standard Error | Wald Chi-Square | Pr > ChiSq |
|---|---|---|---|---|---|---|
| Intercept | | 1 | 0.1483 | 0.6605 | 0.0504 | 0.8224 |
| dose | 50 女 | 1 | -1.4229 | 0.6237 | 5.2054 | 0.0225 |
| sex | 女 | 1 | -0.0244 | 0.6224 | 0.0015 | 0.9687 |
| age | ≥50 | 1 | 0.3841 | 0.6225 | 0.3808 | 0.5372 |
| wt | 正常 | 1 | 0.3841 | 0.6225 | 0.3808 | 0.5372 |

## 第四节 案例辨析

【案例 1】 某研究欲分析葛根素的最佳提取工艺，考虑 3 个影响因素，每个因素各取 3 个水平：溶剂用量（6 倍、8 倍、10 倍）、煎熬时间（40 分钟、60 分钟、80 分钟）、煎熬次数（1、2、3），研究指标为葛根素含量。该研究采用如下过程：①比较溶剂用量的 3 个水平之间葛根素含量的差异，结果发现 8 倍最优；②比较煎熬时间的 3 个水平之间葛根素含量的差异，结果发现 80 分钟最优；③比较煎熬次数的 3 个水平之间葛根素含量的差异，结果发现 3 次最优。因此作者将这三次结果综合起来，认为最佳提供工艺为"溶剂用量 8 倍+煎熬时间 80 分钟+煎熬次数 3 次"。

辨析：该研究涉及 3 个因素，每一因素各有 3 个水平。各因素之间很可能会存在一定的交互效应，仅考虑1个因素时所得的最优条件，与同时考虑3个因素所得的最优条件不一定相同。本研究分别做了3次单因素分析，然后将单因素分析结果合并起来，直接作为多个因素的最终结果，实际上忽略了多因素之间可能存在的交互效应。

本研究的正确做法应是采用析因设计或正交设计，考虑到研究中因素和水平数较多，因此正交设计更为合适。根据该研究的条件，可以考虑采用 $L_9(3^4)$ 齐水平正交表，如果还想分析多个交互项，也可采用 $L_{27}(3^{13})$ 正交表，根据研究目的而定。根据正交设计表安排相应实验因素，然后采用方差分析，寻找出最优的实验条件。

【案例2】 某研究欲分析某中药的最佳提取工艺，考虑7个影响因素（分别用 A-G 表示），每个因素各取2个水平。该研究采用了 $L_8(2^7)$ 正交表，每一列安排1个因素，结果如表7.27所示。

**表7.27 实验方案与结果**

| 实验号 | 列号 | | | | | | | 结果 |
|---|---|---|---|---|---|---|---|---|
| | 1 | 2 | 3 | 4 | 5 | 6 | 7 | |
| 1 | 1 | 1 | 1 | 1 | 1 | 1 | 1 | 0.18 |
| 2 | 1 | 1 | 1 | 2 | 2 | 2 | 2 | 0.25 |
| 3 | 1 | 2 | 2 | 1 | 1 | 2 | 2 | 0.26 |
| 4 | 1 | 2 | 2 | 2 | 2 | 1 | 1 | 0.32 |
| 5 | 2 | 1 | 2 | 1 | 2 | 1 | 2 | 0.15 |
| 6 | 2 | 1 | 2 | 2 | 1 | 2 | 1 | 0.14 |
| 7 | 2 | 2 | 1 | 1 | 2 | 2 | 1 | 0.11 |
| 8 | 2 | 2 | 1 | 2 | 1 | 1 | 2 | 0.13 |

该研究采用方差分析，求出每一因素的 $F$ 值和 $P$ 值（结果省略），并根据结果认为最佳工艺为 A1B2C1D1E2F2G1。

辨析：该研究可以明显看出结果有问题。正交设计表中，如果实验结果仅重复1次，必须至少留出一列空白列，以作为误差估计用，否则无法对因素进行估计。该研究选择了 $L_8(2^7)$ 正交表，并将7个因素安排在7列，未留出任何空白列，是无法计算出结果的，显然作者的结果是有问题的。

如果研究者确实想研究7个因素，可以有两种选择：（1）选择 $L_8(2^7)$ 正交表，每次实验至少重复2次。（2）选择更大的正交表，如 $L_{16}(2^{15})$ 正交表，此时不仅可以考虑因素的主效应，还可以安排交互效应。

（刁玉涛　冯国双）

# 第八章 交叉设计与分析

## 第一节 交叉设计简介

### 一、交叉设计简介

医学实验中,比较两种或多种处理之间的差异时,即使对多个条件(如年龄、体重等)进行配比,各组间在许多方面的差异仍可能会影响到实验结果。基于"最好的配对就是自身"这一理念,交叉设计(crossover design)采用自身配对的思想,可以很好地处理这一问题。

以 2×2 交叉设计为例,其基本设计过程为:首先将研究对象随机分为两组,第 1 组先接受 A 处理,经过一段洗脱期(washout period)消除 A 处理的影响后,再接受 B 处理,即第 1 组的实验顺序为 AB。第 2 组先接受 B 处理,经过一段洗脱期消除 B 处理的影响后,再接受 A 处理,即第 2 组的实验顺序为 BA。两种处理在实验过程中交叉进行,所以称为交叉设计。图 8.1 是一个 2×2 交叉设计的基本过程图。

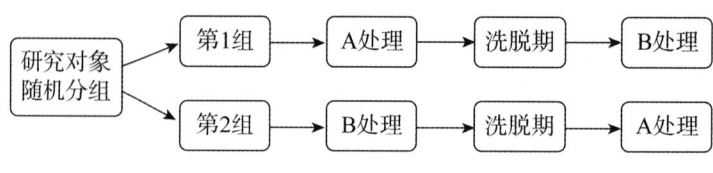

**图 8.1  2×2 交叉设计基本流程图**

交叉设计可根据处理因素及实验阶段的不同分为多种类型,如 2 个处理因素、2 个实验阶段的交叉设计为 2×2 交叉设计,3 个处理因素、3 个实验阶段的交叉设计称为 3×3 交叉设计等。不同类型的交叉设计其设计思路基本相同,如 3×3 交叉设计,首先将研究对象随机分为 3 组,每组分别在 3 个时期按 ABC、BCA、CAB 的顺序进行实验。其他类型的交叉设计以此类推。

### 二、交叉设计的特点

1. 同时包含了自身对照和组间对照的设计思路,既可进行组间比较,又控制了研究对象间的差异,能用较小的样本获得较高研究效率,且能控制时间因素(实验阶段)对处理方式的影响。

2. 每一受试对象均按随机原则和一定的实验顺序接受实验处理和对照处理,遵循了伦理原则,并保证了公平性。

3. 交叉设计过程中必须有一个洗脱期(清除阶段),即在实施两个处理的中间环节设置一段时间的观察期,该期间内受试对象不接受任何处理,以保证前一处理的残余效应(carryout effect)已经消失,受试对象已回复到实验前的状态,接受下一处理时不会再受到前一处理的影响。洗脱期的长短可根据不同实验条件及处理因素来决定,如果某处理的效应很快达到高峰,且很快消失,洗脱期可以短一些;如果处理效应持续时间较长,则洗脱期应长一些。例如,阿司匹林对血小板的影响需要1周左右消失,则洗脱期可设为10天左右。

4. 进行交叉时,处理因素与实验阶段间应无交互作用。

5. 交叉实验一般设置的处理因素不宜过多,通常为2~4个,实际中最常用的是2×2交叉设计。

6. 交叉设计一般适用于慢性病的研究,不适应于存在自愈倾向及病程较短的疾病。

7. 交叉设计过程较严密,对设计、实验过程要求较高,一旦有受试对象失访或退出,会影响到实验的全面安排和统计分析。

## 第二节 交叉设计的样本含量估计及 SAS 实现

2×2交叉设计的样本量估算同配对设计,读者可参考第三章的公式及SAS语句介绍。

**例 8.1** 某研究欲采用2×2交叉设计比较噻吗洛尔凝胶液与传统滴眼液降低眼压的效果。通过文献查阅,两组差值及标准差约为$2\pm1.8$mmHg,该研究拟在0.05的检验水准下、以90%的把握度发现两组差异,试问共需多少例研究对象。

【例题分析】

2×2交叉设计的样本量计算与配对设计是相同的,估算时需要已知两组差值、标准差及相关系数,本例未获得相关系数,假定其为0.5,这是多数软件的默认值。计算过程见程序8.1。

【程序8.1】

```
proc power;
    pairedmeans              /*指定采用定量资料配对设计的样本量估计*/
    meandiff=2               /*指定两组差值的均数*/
    corr=0.5                 /*指定相关系数*/
    stddev=1.8               /*指定两组差值的标准差*/
    power=0.9                /*指定把握度为0.9*/
    npairs=.;                /*表明要对样本含量进行估计*/
run;
```

【程序解释】

第1行调用样本量计算过程。第2行的pairedmeans表明是对配对均值进行估算。第3~6行分别指定两组差值均数、相关系数、两组差值标准差和把握度。SAS默认检验为双侧,一类错误为0.05。第7行的"npairs="表示样本量为待估结果。读者只需修改第3~6行的相应值,便可实现定量资料2×2交叉设计的样本量估计。

【结果输出】

Computed N Pairs

| Actual Power | N Pairs |
|---|---|
| 0.912 | 11 |

结果省略基本信息部分,可以看出,至少需11对研究对象才能以90%的把握发现两组的真实差异。

**例 8.2** 某研究欲观察两种降血糖药物对糖尿病患者的降糖效果,拟采用 2×2 交叉设计,研究结局根据评分计算有效率。综合以往研究,设定 A 药和 B 药的有效率分别为 78% 和 68%,且 A 药有效 B 药无效的比例为 22%,B 药有效 A 药无效的比例为 12%,试分析当检验水准为 0.05、把握度为 80% 时共需多少例样本。

【例题分析】

本例中结局为二分类资料,对于配对的二分类资料,我们需要的信息不是两组的阳性率,而是两组不一致的比例。本例采用第三章介绍的 Connor 法进行计算,见程序 8.2。

【程序 8.2】

```
proc power;
pairedfreq dist=normal method=connor
    /*dist 指定近似正态分布,method 指定 Connor 近似二项分布法*/
discproportions=0.22|0.12        /*指定不一致的比例*/
power=0.8                        /*指定把握度为 0.8*/
npairs=.;                        /*表明要对样本含量进行估计*/
run;
```

【程序解释】

该程序中,第 2 行的 pairedfreq 指定是对配对分类资料的样本量进行估算,此时 dist 通常直接指定 normal 即可,method 指定采用 Connor 近似二项分布法。第 3 行和第 4 行分别指定不一致的比例和把握度。第 5 行表明对样本量进行估计。如果读者想根据其他条件值计算,可对第 3、4 行的相应值进行修改。

【结果输出】

结果显示(省略基本信息的结果),至少需 265 对研究对象才能以 80% 的把握发现两组的真实差异。

| Computed N Pairs | |
|---|---|
| Actual Power | N Pairs |
| 0.801 | 265 |

## 第三节 交叉设计的实施及 SAS 实现

交叉设计的基本思路为:

1. 选定研究对象,将研究对象随机分为两组或多组,每组接受不同的处理顺序。
2. 随机确定各组的处理顺序,如 2×2 交叉设计中,第一组随机安排 AB 顺序,第二组安排 BA 顺序。

交叉设计与配对设计的 SAS 语法类似,可用 proc plan 命令实现,具体语句及用法可参见第五章的详细介绍。

**例 8.3** 某研究欲采用 2×2 交叉设计比较噻吗洛尔凝胶液与传统滴眼液降低眼压的效果。该研究随机选择了 12 名青光眼患者,随机分为两个顺序组,分别接受不同的处理顺序。试对该研究进行随机设计。

## 【例题分析】

2×2 交叉设计的 SAS 分析思路是：先产生两个时期及两个时期所对应的处理，然后将受试对象随机分配到不同的处理顺序上。具体过程见程序 8.3。

### 【程序 8.3】

```
proc plan seed=130308;
factors subject=12 random period=2 ordered;
/* factors 语句产生随机的 12 名研究对象，以及 2 个顺序排列的时期 */
treatments treatment=2 cyclic;
/* treatments 语句指定处理因素共 2 个水平，并产生{12}、{21}两个顺序 */
run;
```

### 【程序解释】

该程序的思路是：利用 factors 语句产生随机排列的 12 例研究对象，每一研究对象对应 1、2 两个时期，然后在两个时期分别安排两种处理，其中 6 例按 {12} 顺序安排，另外 6 例按 {21} 顺序安排。

对程序 8.3 略作修改，便可实现其他的交叉设计。例数多少通过 subject 来指定，时期由 period 来指定，处理数由 treatment 来控制。如 3×3 交叉设计，可将 period 和 treatment 均改为 3，其余不变。4×4 交叉设计，可将 period 和 treatment 均改为 4，以此类推。

### 【结果输出】

| subject | - period - | | - treatment - | |
|---|---|---|---|---|
| 2 | 1 | 2 | 1 | 2 |
| 5 | 1 | 2 | 2 | 1 |
| 6 | 1 | 2 | 1 | 2 |
| 10 | 1 | 2 | 2 | 1 |
| 3 | 1 | 2 | 1 | 2 |
| 4 | 1 | 2 | 2 | 1 |
| 1 | 1 | 2 | 1 | 2 |
| 11 | 1 | 2 | 2 | 1 |
| 8 | 1 | 2 | 1 | 2 |
| 7 | 1 | 2 | 2 | 1 |
| 12 | 1 | 2 | 1 | 2 |
| 9 | 1 | 2 | 2 | 1 |

阅读结果之前，必须事先按一定条件（如入院顺序）将研究对象编号，并明确 1 和 2 各自代表的处理组（如 1 表示噻吗洛尔凝胶液，2 表示传统滴眼液）。

结果显示，12 例研究对象按 {12} 和 {21} 的顺序分为两组，接受 {12} 顺序的编号为 2、6、3、1、8、12；接受 {21} 顺序的编号为 5、10、4、11、7、9。也就是说，编号为 1、2、3、6、8、12 的受试者先接受噻吗洛尔凝胶液治疗，经过一定洗脱期后，再接受传统滴眼液治疗；而编号为 4、5、7、9、10、11 的受试者先接受传统滴眼液治疗，经过一定洗脱期后，再接受噻吗洛尔凝胶液治疗。

## 第四节　交叉设计的统计分析及 SAS 实现

由于交叉设计的特殊性，其资料分析不仅要考虑处理效应，而且要考虑到不同顺序、不同时期对受试者的影响，因此模型中应加入这些因素。不管是 2×2 交叉设计，还是 3×3、4×4 等交叉设计，其差别主要是在设计中处理、顺序等的设置上，分析模型是相同的。

1. 定量资料的分析　交叉设计的方差分析模型为：

$$y_{ijk} = \mu + \alpha_{ij} + \beta_j + \delta_{ik} + \gamma_{i,j-1} + e_{ijk}$$

式中，$\mu$ 为总体均值；$\alpha_{ij}$ 表示第 $i$ 顺序组第 $j$ 时期的效应，相当于处理的效应；$\beta_j$ 表示第 $j$ 时期的效应，$\delta_{ik}$ 表示第 $i$ 组第 $k$ 个受试对象的效应；$\gamma_{i,j-1}$ 表示第 $j-1$ 时期的处理在第 $j$ 时期的后续效应，反映了处理顺序的效应；$e_{ijk}$ 为随机误差。

交叉设计中，处理和时期的效应都是在受试者内对比的基础上进行的，因此其统计量的计算是以个体内误差作为分母。处理顺序与受试者是一种嵌套关系，即受试者嵌套于处理顺序之内，每一处理顺序包含若干受试对象。因此处理顺序的效应不能以个体内误差为分母，而是以个体间误差为分母，而且需要在模型中体现出嵌套关系。有时可能还需要考虑处理与顺序的交互效应，以分析是否不同顺序的处理效应有所不同，此时可在模型中加入二者的交互项。由于处理因素是以个体内误差为分母，因此二者的交互项也是以个体内误差为分母，SAS 软件中直接加入二者乘积即可，无须重新指定误差。

表 8.1 列出了交叉设计方差分析模型的统计量计算及 SAS 语句。

**表 8.1　交叉设计的方差分析及 SAS 语句**

| 类型 | 变异分解 | | | | SAS 语句 |
|---|---|---|---|---|---|
| | 变异来源 | 自由度 | 均方（MS） | F 统计量 | |
| 交叉设计 | 个体间 | $n-1$ | | | proc glm; |
| | 后续效应（顺序） | 1 | $MS_{顺序}$ | $MS_{顺序}/MS_{e(个体间)}$ | class seq sub trt period; |
| | 误差（个体间） | $n-2$ | $MS_{e(个体间)}$ | | model y= seq sub（seq） |
| | 个体内 | $n$ | | | trt period; |
| | 处理 | 1 | $MS_{处理}$ | $MS_{处理}/MS_{e(个体内)}$ | test h= seq e= sub（seq）; |
| | 时期 | 1 | $MS_{时期}$ | $MS_{时期}/MS_{e(个体内)}$ | random sub（seq）; |
| | 误差（个体内） | $n-2$ | $MS_{e(个体内)}$ | | run; |

注：SAS 语句中的 seq、sub、trt、period 分别表示顺序、受试者、处理、时期四个因素。如果需要考虑处理与顺序的交互项，则模型变为 model y= seq sub（seq）trt period seq*trt；。test 语句和 random 语句产生相同的结果，相当于用两种方式来指定处理顺序的误差项，效果是等价的。

交叉设计除可用 proc glm 过程实现外，还可用 proc ttest 过程实现，该过程更为简洁，如果对 proc glm 过程觉得难以理解的话，可考虑用 proc ttest 过程，该过程中与交叉设计有关的语句为：

proc ttest;
var 变量1 变量2 …/crossover=（变量1 变量2 …）;

该过程主要通过 var 语句来实现交叉设计的分析，var 语句根据交叉设计的类型指定 2 个或多个结果变量，crossover 选项指定施加在 2 个或多个时期的处理因素。

proc ttest 用于交叉设计需注意：①不可与 class 语句同时使用，当指定 crossover 选项时，不能使用 class 语句；②该过程无法分析处理顺序的效应，只能分析处理和时期的效应，因此该过程主要用于假定无后续效应（顺序）的情形。如果认为后续效应（顺序）可能对结果造成影响，最好采用 proc glm 过程实现。

2. **分类资料的分析** 分类资料的分析可采用广义估计方程（generalized estimating equations，GEE），广义估计方程常用于重复测量资料的分析，适用于正态分布、二项分布、Poisson 分布等多种类型的资料。交叉设计实际上是对同一个体重复测量了多次，因此当结局为分类资料时，可以用广义估计方程来分析。广义估计方程及其 SAS 语句的介绍可参考第十章的相关内容，这里不重复介绍。

### 一、定量资料的交叉设计分析

**例 8.4** 某研究采用 2×2 交叉设计观察两种安眠药（分别用 a、b 表示）的效果，将 12 例研究对象随机分为两个顺序组，第一组的 6 例受试者中采用 ab 的处理顺序，第二组的 6 例受试者采用 ba 的处理顺序，研究指标为睡眠时间（分钟），试对结果进行分析。

表 8.2 12 例研究对象不同时期、处理的睡眠时间（分钟）

| 顺序组 | 编号 | 时期 1 | 处理 1 | 睡眠时间 1 | 时期 2 | 处理 2 | 睡眠时间 2 |
| --- | --- | --- | --- | --- | --- | --- | --- |
| 1 | 1 | 1 | a | 20 | 2 | b | 30 |
| 1 | 2 | 1 | a | 40 | 2 | b | 50 |
| 1 | 3 | 1 | a | 30 | 2 | b | 40 |
| 1 | 4 | 1 | a | 30 | 2 | b | 50 |
| 1 | 5 | 1 | a | 20 | 2 | b | 40 |
| 1 | 6 | 1 | a | 30 | 2 | b | 30 |
| 2 | 7 | 1 | b | 30 | 2 | a | 20 |
| 2 | 8 | 1 | b | 40 | 2 | a | 50 |
| 2 | 9 | 1 | b | 30 | 2 | a | 10 |
| 2 | 10 | 1 | b | 40 | 2 | a | 30 |
| 2 | 11 | 1 | b | 20 | 2 | a | 10 |
| 2 | 12 | 1 | b | 50 | 2 | a | 30 |

【例题分析】

交叉设计的数据形式看起来可能比较别扭，表 8.2 中的数据形式是以每一受试者作为一条记录，在 SAS 分析中，我们一般需要将数据转换一下，变为每一结果作为一条记录，也就是将表 8.2 的 12 行改为 24 行数据。表 8.2 中，时期 1 和时期 2 这两列其实有点多余，但转换为 24 行数据后就很有必要了，因此放在表中可使读者弄清数据结构。

交叉设计的方差分析需要考虑的因素较多，而且顺序与受试对象之间具有嵌套结构，各因素统计量计算所用的误差不同，这些都需要在程序中体现出来。

【程序 8.4】

```
data example8_4;
input seq sub period trt $ y;
/* seq、sub、period、trt 分别表示顺序、受试者、时期、处理，处理用字母表示，因此加上 $ */
cards;
1    1    1    a    20
1    2    1    a    40
1    3    1    a    30
1    4    1    a    30
1    5    1    a    20
1    6    1    a    30
2    7    1    b    30
2    8    1    b    40
2    9    1    b    30
2    10   1    b    40
2    11   1    b    20
2    12   1    b    50
1    1    2    b    30
1    2    2    b    50
1    3    2    b    40
1    4    2    b    50
1    5    2    b    40
1    6    2    b    30
2    7    2    a    20
2    8    2    a    50
2    9    2    a    10
2    10   2    a    30
2    11   2    a    10
2    12   2    a    30
;
proc glm;
class seq sub period trt;
model y=seq sub(seq) period trt;
/* sub(seq)表示 sub 嵌套于 seq 之内，指定受试者与顺序之间的嵌套关系 */
test h=seq e=sub(seq);
/* test 语句指定 seq 的误差项为 sub(seq)，而不是默认的个体内误差 */
random sub(seq)/test;
/* random 语句指定 sub(seq)为随机效应，test 表示对随机效应进行检验 */
run;
```

【程序解释】

交叉设计的 SAS 分析有两个关键之处，一是数据的输入形式，一定要明确时期、处理、顺序之间对应的赋值，这一点很容易让初学者迷惑。读者可对照 SAS 程序中的数据和表 8.2 的数据仔细琢磨一下二者关系。二是方差分析模型的结构，交叉设计中受试者作为随机效应嵌套于顺序之内,因此需要在 model 语句中加入嵌套结构 sub(seq),而且需要利用 test 语句或 random 指定 seq 计算所用的误差。这里的 test 语句和 random 语句产生的结果是相同的,都加在程序中主要是为了给读者展示两个语句的结果,实际分析时可选择任一语句。

【结果输出】

结果主要输出三部分,分别对应 SAS 语句中的 model、test 和 random 的输出结果。第一部分是 model 语句的输出结果,此时所有因素的统计量都是以个体内误差作为分母计算出来的。如 seq 的 $F$ 值为 $104.167/44.167=2.36$,trt 的 $F$ 值为 $704.167/44.167=15.94$。

这部分结果中,时期、处理、受试者之间差异的检验是正确的,因为他们都是以个体内误差作为分母计算的。而顺序的结果则不能作为下结论的依据,因为顺序应该以个体间误差作为分母,通常个体内误差小于个体间误差,因此这部分结果中顺序容易出现假阳性。

| Source | DF | Sum of Squares | Mean Square | F Value | Pr>F |
|---|---|---|---|---|---|
| Model | 13 | 2754.166667 | 211.858974 | 4.80 | 0.0089 |
| Error | 10 | 441.666667 | 44.166667 | | |
| Corrected Total | 23 | 3195.833333 | | | |

| Source | DF | Type I SS | Mean Square | F Value | Pr>F |
|---|---|---|---|---|---|
| seq | 1 | 104.166667 | 104.166667 | 2.36 | 0.1556 |
| sub(seq) | 10 | 1941.666667 | 194.166667 | 4.40 | 0.0142 |
| period | 1 | 4.166667 | 4.166667 | 0.09 | 0.7650 |
| trt | 1 | 704.166667 | 704.166667 | 15.94 | 0.0025 |

| Source | DF | Type III SS | Mean Square | F Value | Pr>F |
|---|---|---|---|---|---|
| seq | 1 | 104.166667 | 104.166667 | 2.36 | 0.1556 |
| sub(seq) | 10 | 1941.666667 | 194.166667 | 4.40 | 0.0142 |
| period | 1 | 4.166667 | 4.166667 | 0.09 | 0.7650 |
| trt | 1 | 704.166667 | 704.166667 | 15.94 | 0.0025 |

第二部分是 test 语句的输出结果,由于 test 重新指定了顺序的误差项,因此这部分结果中顺序的统计量计算是以个体间误差作为分母,即 seq 的 $F$ 值为 $104.167/194.167=0.54$。这部分结果反映了顺序的真实效应。

Tests of Hypotheses Using the Type III MS for sub(seq) as an Error Term

| Source | DF | Type III SS | Mean Square | F Value | Pr>F |
|---|---|---|---|---|---|
| seq | 1 | 104.1666667 | 104.1666667 | 0.54 | 0.4807 |

第三部分是 random 语句的输出结果,这部分结果很明确地展示了不同因素所对应的误差项,seq 对应的误差为 sub(seq),也就是个体间误差;而 sub、period 和 trt 对应的误差为 error,也就是个体内误差。其结果与 test 语句是一致的。

The GLM Procedure

| Source | Type III Expected Mean Square |
|---|---|
| seq | Var (Error) + 2 Var (sub (seq)) + Q (seq) |
| sub (seq) | Var (Error) + 2 Var (sub (seq)) |
| period | Var (Error) + Q (period) |
| trt | Var (Error) + Q (trt) |

The GLM Procedure

Tests of Hypotheses for Mixed Model Analysis of Variance

| Source | DF | Type III SS | Mean Square | F Value | Pr>F |
|---|---|---|---|---|---|
| seq | 1 | 104.166667 | 104.166667 | 0.54 | 0.4807 |
| Error: MS (sub (seq)) | 10 | 1941.666667 | 194.166667 | | |

| Source | DF | Type III SS | Mean Square | F Value | Pr>F |
|---|---|---|---|---|---|
| sub (seq) | 10 | 1941.666667 | 194.166667 | 4.40 | 0.0142 |
| period | 1 | 4.166667 | 4.166667 | 0.09 | 0.7650 |
| trt | 1 | 704.166667 | 704.166667 | 15.94 | 0.0025 |
| Error: MS (Error) | 10 | 441.666667 | 44.166667 | | |

总之，本例分析结果显示，顺序、时期对睡眠的影响无统计学意义，两种药物之间的睡眠时间差异有统计学意义，不同受试者之间的睡眠时间也有统计学差异。本例分析结果可以看出，如果不指定受试者与顺序的嵌套关系，容易得出假阳性错误。

该例分析中，处理顺序对结果的影响不大，也可用 proc ttest 过程来实现对处理和时期的分析。分析过程见程序 8.5。

【程序 8.5】
```
data example8_5;
INPUT id trt1 y1 trt2 y2;
CARDS;
1    1    20    2    30
2    1    40    2    50
3    1    30    2    40
4    1    30    2    50
5    1    20    2    40
6    1    30    2    30
7    2    30    1    20
8    2    40    1    50
9    2    30    1    10
10   2    40    1    30
11   2    20    1    10
12   2    50    1    30
;
proc ttest;
var y1 y2 / crossover= (trt1 trt2);
```

/* var 语句指定两个时期的结果 y1 和 y2，crossover 选项指定两次处理 */
run;

【程序解释】

该程序的数据输入方式与 proc glm 过程中不同，是以每一受试者作为一条记录输入的，与表 8.2 的形式相同，只是去掉了顺序因素。通过 var 语句指定两次结果，crossover 选项指定两次处理，这些都不难理解。

【结果输出】

结果主要可以分为三部分，第一部分是对结果的描述，给出了不同时期、处理下的均数、标准差、可信区间等。如第 1、4 行给出的是处理顺序 1 的统计描述，此时第 1 时期给予处理 1，第 2 时期给予处理 2。第 2、3 行给出的是处理顺序 2 的统计描述，此时第 1 时期给予处理 2，第 2 时期给予处理 1。这部分结果较多，但意义较明确，读者不难明白各行含义。

| Sequence | Treatment | Period | N | Mean | Std Dev | Std Err | Minimum | Maximum |
|---|---|---|---|---|---|---|---|---|
| 1 | 1 | 1 | 6 | 28.3333 | 7.5277 | 3.0732 | 20.0000 | 40.0000 |
| 2 | 1 | 2 | 6 | 25.0000 | 15.1658 | 6.1914 | 10.0000 | 50.0000 |
| 2 | 2 | 1 | 6 | 35.0000 | 10.4881 | 4.2817 | 20.0000 | 50.0000 |
| 1 | 2 | 2 | 6 | 40.0000 | 8.9443 | 3.6515 | 30.0000 | 50.0000 |
| 1 | Diff (1−2) | | 6 | −11.6667 | 7.5277 | 3.0732 | −20.0000 | 0 |
| 2 | Diff (1−2) | | 6 | −10.0000 | 10.9545 | 4.4721 | −20.0000 | 10.0000 |
| Both | Diff (1−2) | | | −10.8333 | 4.6993 | 2.7131 | | |
| Both | | Diff (1−2) | | −0.8333 | 4.6993 | 2.7131 | | |

| Sequence | Treatment | Period | Method | Mean | 95% CL Mean | | Std Dev | 95% CL Std Dev | |
|---|---|---|---|---|---|---|---|---|---|
| 1 | 1 | 1 | | 28.3333 | 20.4335 | 36.2332 | 7.5277 | 4.6989 | 18.4626 |
| 2 | 1 | 2 | | 25.0000 | 9.0845 | 40.9155 | 15.1658 | 9.4666 | 37.1957 |
| 2 | 2 | 1 | | 35.0000 | 23.9934 | 46.0066 | 10.4881 | 6.5467 | 25.7232 |
| 1 | 2 | 2 | | 40.0000 | 30.6136 | 49.3864 | 8.9443 | 5.5831 | 21.9368 |
| 1 | Diff (1−2) | | | −11.6667 | −19.5665 | −3.7668 | 7.5277 | 4.6989 | 18.4626 |
| 2 | Diff (1−2) | | | −10.0000 | −21.4960 | 1.4960 | 10.9545 | 6.8379 | 26.8670 |
| Both | Diff (1−2) | | Pooled | −10.8333 | −16.8786 | −4.7881 | 4.6993 | 3.2835 | 8.2469 |
| Both | Diff (1−2) | | Satterthwaite | −10.8333 | −16.9856 | −4.6811 | | | |
| Both | Diff (1−2) | | Pooled | −0.8333 | −6.8786 | 5.2119 | 4.6993 | 3.2835 | 8.2469 |
| Both | Diff (1−2) | | Satterthwaite | −0.8333 | −6.9856 | 5.3189 | | | |

第二部分是处理和时期的分析结果，分别给出了 pooled 和 Satterthwaite 法的结果，分别对应方差齐性和方差不齐的情形。本例方差齐，因此直接看 pooled 结果即可。结果显示，处理间差异有统计学意义（$P=0.0025$），时期间差异无统计学意义（$P=0.7650$），与方差分析的结果一致。

| Treatment | Period | Method | Variances | DF | t Value | Pr>\|t\| |
|---|---|---|---|---|---|---|
| Diff (1-2) | | Pooled | Equal | 10 | -3.99 | 0.0025 |
| Diff (1-2) | | Satterthwaite | Unequal | 8.8612 | -3.99 | 0.0032 |
| | Diff (1-2) | Pooled | Equal | 10 | -0.31 | 0.7650 |
| | Diff (1-2) | Satterthwaite | Unequal | 8.8612 | -0.31 | 0.7658 |

第三部分是方差齐性检验结果，本例结果显示两组方差齐（$P=0.4297$），因此只看第二部分的 pooled 结果即可。

| | Equality of Variances | | | |
|---|---|---|---|---|
| Method | Num DF | Den DF | F Value | Pr>F |
| Folded F | 5 | 5 | 2.12 | 0.4297 |

此外，结果还给出了不同处理、不同时期交叉组合共 4 种情形下的频数分布图、箱式图、轮廓（profile）图、一致性（agreement）图和 QQ 图，分别见图 8.2 至图 8.6。

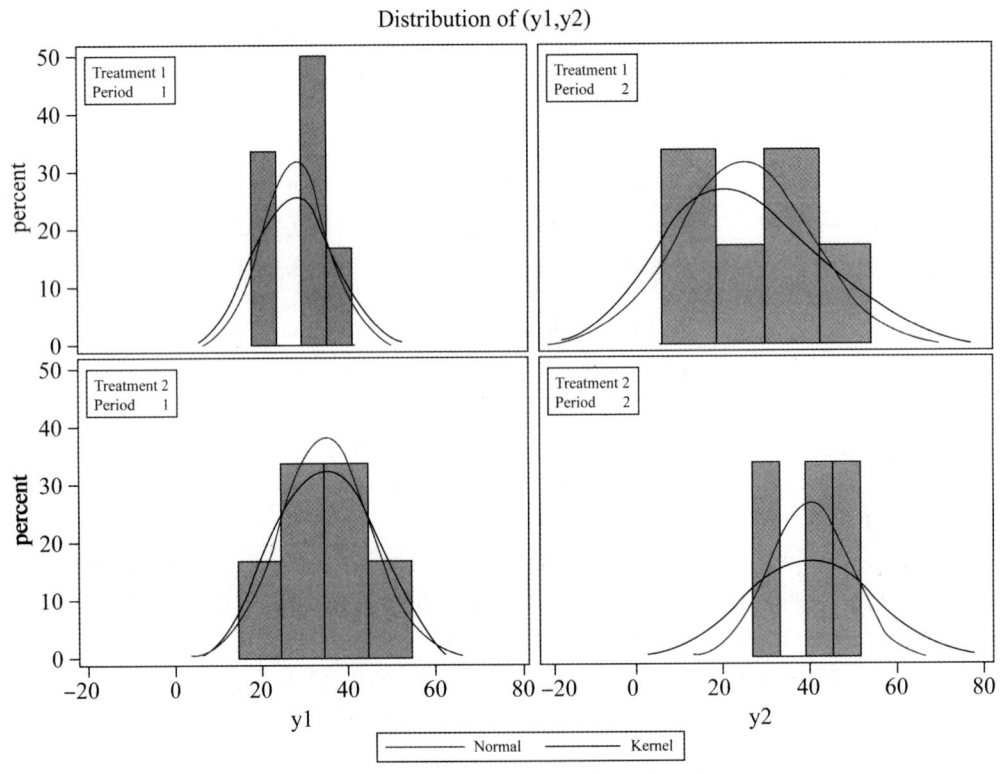

图 8.2　例 8.4 中不同处理、时期下的频数分布图

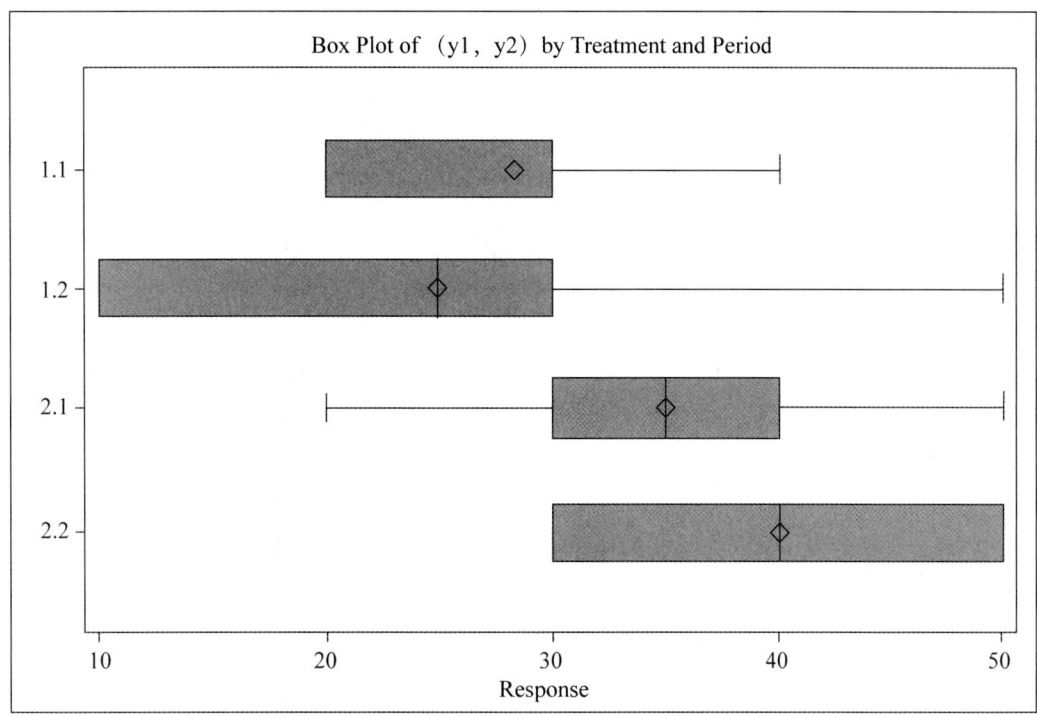

图 8.3 例 8.4 中不同处理、时期下的箱式图

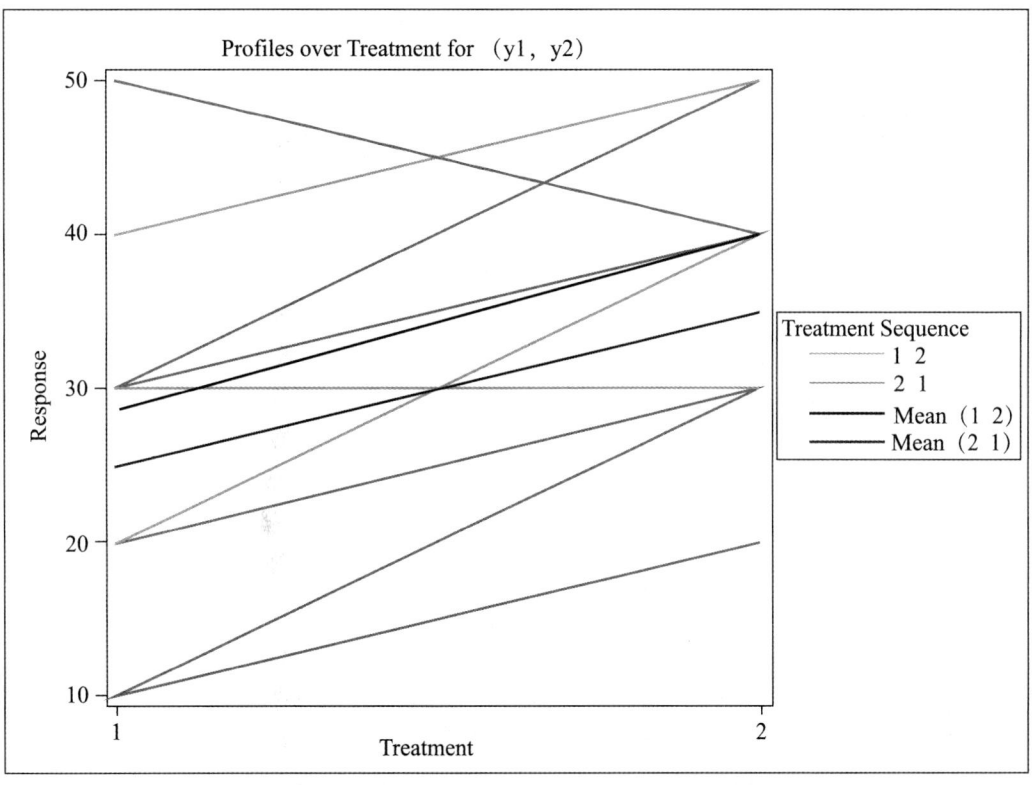

图 8.4 例 8.4 中不同处理、时期下的轮廓图

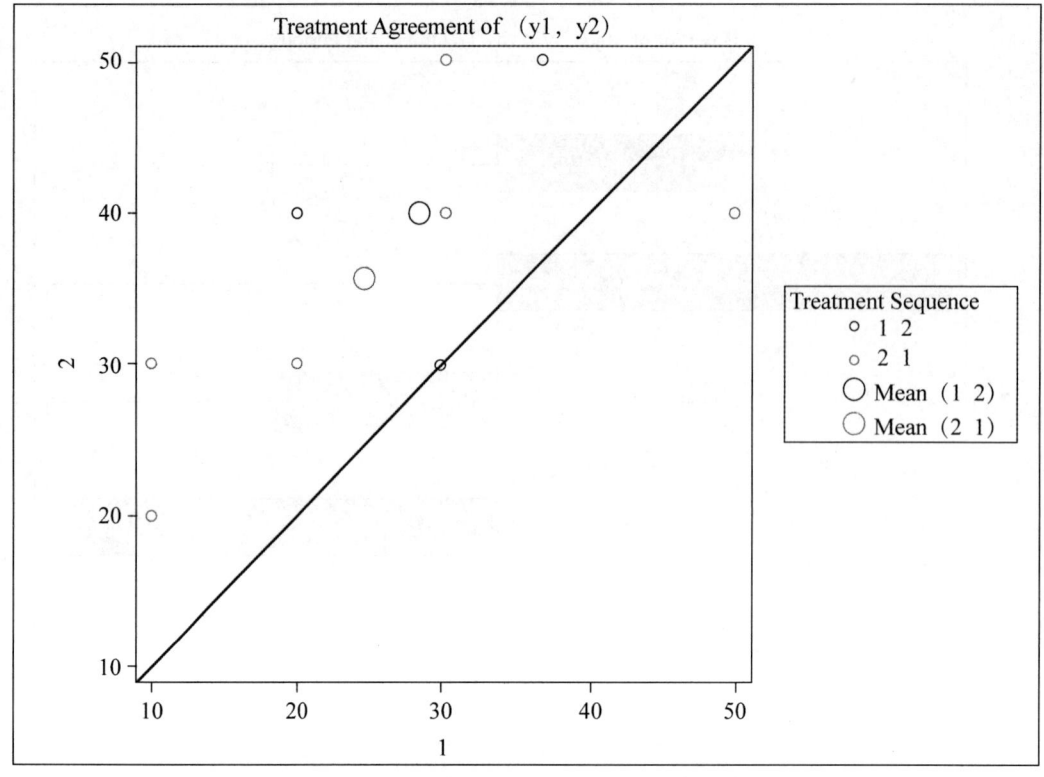

图 8.5　例 8.4 中不同处理、时期下的一致性图

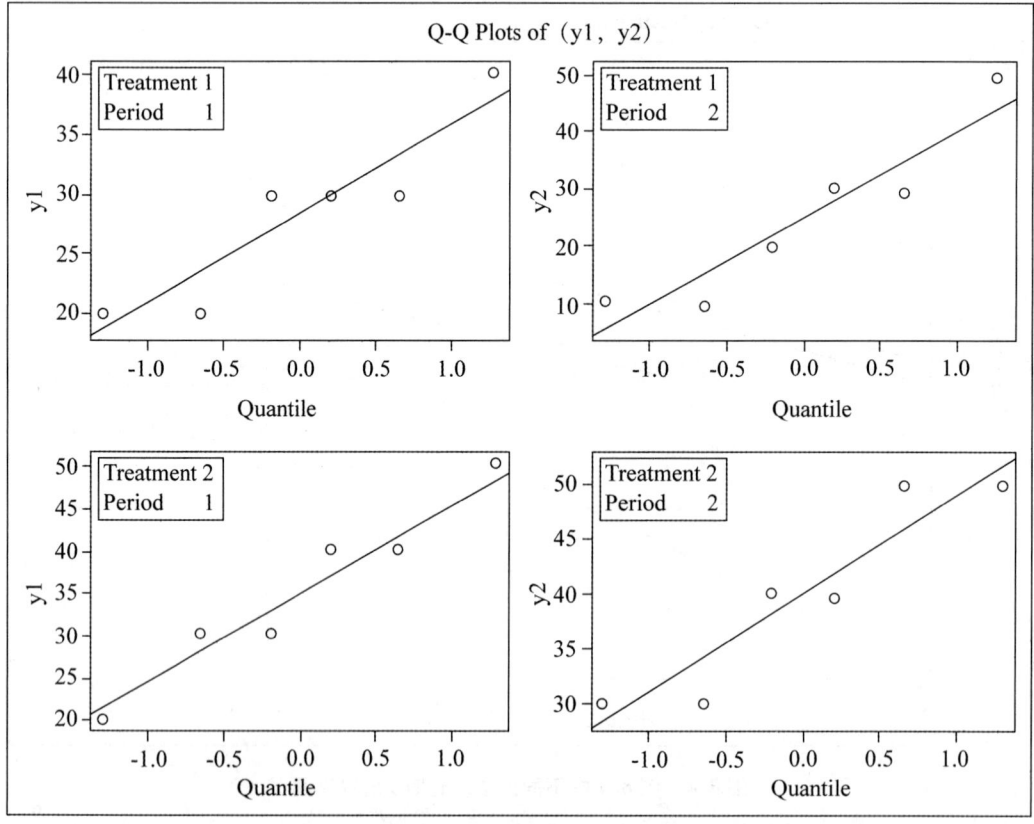

图 8.6　例 8.4 中不同处理、时期下的 QQ 图

**例8.5** 某研究采用3×3交叉设计观察两种药物（用a、b表示）与安慰剂（用c表示）的降压效果，将18例研究对象随机分为3个顺序组，第一组的6例受试者中采用abc的处理顺序，第二组的6例受试者采用bca的处理顺序，第三组的6例受试者采用cab的处理顺序，研究指标为收缩压（mmHg），研究结果见表8.3，试对结果进行分析。

表8.3 18例研究对象不同时期、处理的收缩压（mmHg）

| 顺序组 | 编号 | 时期1 | 处理1 | SBP1 | 时期2 | 处理2 | SBP2 | 时期3 | 处理3 | SBP3 |
|---|---|---|---|---|---|---|---|---|---|---|
| 1 | 1 | 1 | a | 161 | 2 | b | 162 | 3 | c | 174 |
| 1 | 2 | 1 | a | 154 | 2 | b | 162 | 3 | c | 170 |
| 1 | 3 | 1 | a | 153 | 2 | b | 164 | 3 | c | 179 |
| 1 | 4 | 1 | a | 159 | 2 | b | 152 | 3 | c | 166 |
| 1 | 5 | 1 | a | 153 | 2 | b | 153 | 3 | c | 171 |
| 1 | 6 | 1 | a | 164 | 2 | b | 157 | 3 | c | 173 |
| 2 | 7 | 1 | b | 167 | 2 | c | 180 | 3 | a | 164 |
| 2 | 8 | 1 | b | 172 | 2 | c | 182 | 3 | a | 168 |
| 2 | 9 | 1 | b | 158 | 2 | c | 175 | 3 | a | 164 |
| 2 | 10 | 1 | b | 159 | 2 | c | 171 | 3 | a | 163 |
| 2 | 11 | 1 | b | 160 | 2 | c | 173 | 3 | a | 151 |
| 2 | 12 | 1 | b | 162 | 2 | c | 172 | 3 | a | 153 |
| 3 | 13 | 1 | c | 170 | 2 | a | 157 | 3 | b | 164 |
| 3 | 14 | 1 | c | 169 | 2 | a | 160 | 3 | b | 163 |
| 3 | 15 | 1 | c | 169 | 2 | a | 158 | 3 | b | 154 |
| 3 | 16 | 1 | c | 170 | 2 | a | 162 | 3 | b | 160 |
| 3 | 17 | 1 | c | 171 | 2 | a | 163 | 3 | b | 160 |
| 3 | 18 | 1 | c | 181 | 2 | a | 172 | 3 | b | 164 |

【例题分析】
3×3交叉设计与2×2交叉设计的分析思路及SAS语句都是相同的，只是3×3交叉设计分别多了一个处理顺序、处理组和时期。本例数据输入及分析过程见程序8.6。

【程序8.6】
```
data example8_6；
input seq sub period trt $ y；
/* seq、sub、period、trt分别表示顺序、受试者、时期、处理，处理用字母表示，因此加上$ */
cards；
1    1    1    a    161
1    2    1    a    154
1    3    1    a    153
1    4    1    a    159
1    5    1    a    153
1    6    1    a    164
```

| | | | | |
|---|---|---|---|---|
| 2 | 7 | 1 | b | 167 |
| 2 | 8 | 1 | b | 172 |
| 2 | 9 | 1 | b | 158 |
| 2 | 10 | 1 | b | 159 |
| 2 | 11 | 1 | b | 160 |
| 2 | 12 | 1 | b | 162 |
| 3 | 13 | 1 | c | 170 |
| 3 | 14 | 1 | c | 169 |
| 3 | 15 | 1 | c | 169 |
| 3 | 16 | 1 | c | 170 |
| 3 | 17 | 1 | c | 171 |
| 3 | 18 | 1 | c | 181 |
| 1 | 1 | 2 | b | 162 |
| 1 | 2 | 2 | b | 162 |
| 1 | 3 | 2 | b | 164 |
| 1 | 4 | 2 | b | 152 |
| 1 | 5 | 2 | b | 153 |
| 1 | 6 | 2 | b | 157 |
| 2 | 7 | 2 | c | 180 |
| 2 | 8 | 2 | c | 182 |
| 2 | 9 | 2 | c | 175 |
| 2 | 10 | 2 | c | 171 |
| 2 | 11 | 2 | c | 173 |
| 2 | 12 | 2 | c | 172 |
| 3 | 13 | 2 | a | 157 |
| 3 | 14 | 2 | a | 160 |
| 3 | 15 | 2 | a | 158 |
| 3 | 16 | 2 | a | 162 |
| 3 | 17 | 2 | a | 163 |
| 3 | 18 | 2 | a | 172 |
| 1 | 1 | 3 | c | 174 |
| 1 | 2 | 3 | c | 170 |
| 1 | 3 | 3 | c | 179 |
| 1 | 4 | 3 | c | 166 |
| 1 | 5 | 3 | c | 171 |
| 1 | 6 | 3 | c | 173 |
| 2 | 7 | 3 | a | 164 |
| 2 | 8 | 3 | a | 168 |
| 2 | 9 | 3 | a | 164 |
| 2 | 10 | 3 | a | 163 |
| 2 | 11 | 3 | a | 151 |
| 2 | 12 | 3 | a | 153 |
| 3 | 13 | 3 | b | 164 |
| 3 | 14 | 3 | b | 163 |

| | | | | |
|---|---|---|---|---|
| 3 | 15 | 3 | b | 154 |
| 3 | 16 | 3 | b | 160 |
| 3 | 17 | 3 | b | 160 |
| 3 | 18 | 3 | b | 164 |

```
;
proc glm;
class seq sub period trt;
model y=seq sub(seq) period trt;
/* sub(seq)表示 sub 嵌套于 seq 之内,指定受试者与顺序之间的嵌套关系 */
test h=seq e=sub(seq);
/* test 语句指定 seq 的误差项为 sub(seq),而不是默认的个体内误差 */
lsmeans seq/e=sub(seq) tdiff pdiff=control("1") adjust=dunnett;
/* lsmeans 语句指定对顺序做多重比较,以第 1 顺序组作为参照,采用 Dunnett 法比较 */
lsmeans trt/tdiff pdiff=control("c") adjust=dunnett;
/* lsmeans 语句指定对处理做多重比较,以 c 组作为参照,采用 Dunnett 法比较 */
run;
```

【程序解释】

可以看出,3×3 交叉设计与例 8.4 的 2×2 交叉设计的分析过程完全相同,只是由于 3×3 交叉设计有多个处理组,因此如果组间有差异,可进一步利用 lsmeans 语句进行多重比较。对于处理间(trt)的多重比较,直接用 lsmeans 语句指定 trt,由于本例 c 组为安慰剂,因此采用 Dunnett 法,指定 c 组作为参照,a、b 分别与其做比较。对于顺序间(seq)的比较,由于其误差为个体间误差,因此在多重比较中仍需通过"e="选项指定误差为 sub(seq)。

【结果输出】

结果主要输出三部分,分别对应 SAS 语句中的 model、test 和 lsmeans 的输出结果。第一部分是 model 语句的输出结果,所有因素的统计量都是基于个体内误差计算的。这部分结果主要看受试者、时期、处理的效应,可以看出处理间差异有统计学意义($P<0.0001$),受试者间也有统计学差异($P=0.0013$),但通常受试者间的差异并不是我们所关心的。

| Source | DF | Sum of Squares | Mean Square | F Value | Pr>F |
|---|---|---|---|---|---|
| Model | 21 | 2846.666667 | 135.555556 | 9.72 | <.0001 |
| Error | 32 | 446.370370 | 13.949074 | | |
| Corrected Total | 53 | 3293.037037 | | | |

| Source | DF | Type I SS | Mean Square | F Value | Pr>F |
|---|---|---|---|---|---|
| seq | 2 | 126.259259 | 63.129630 | 4.53 | 0.0186 |
| sub (seq) | 15 | 740.777778 | 49.385185 | 3.54 | 0.0013 |
| period | 2 | 14.925926 | 7.462963 | 0.54 | 0.5908 |
| trt | 2 | 1964.703704 | 982.351852 | 70.42 | <.0001 |

| Source | DF | Type III SS | Mean Square | F Value | Pr>F |
|---|---|---|---|---|---|
| seq | 2 | 126.259259 | 63.129630 | 4.53 | 0.0186 |
| sub (seq) | 15 | 740.777778 | 49.385185 | 3.54 | 0.0013 |
| period | 2 | 14.925926 | 7.462963 | 0.54 | 0.5908 |
| trt | 2 | 1964.703704 | 982.351852 | 70.42 | <.0001 |

第二部分是 test 语句的输出结果,这部分结果反映了顺序的效应。结果显示,顺序之间的差异无统计学意义。

Tests of Hypotheses Using the Type Ⅲ MS for sub(seq) as an Error Term

| Source | DF | Type Ⅲ SS | Mean Square | F Value | Pr>F |
|---|---|---|---|---|---|
| seq | 2 | 126.2592593 | 63.1296296 | 1.28 | 0.3072 |

第三部分是 lsmeans 语句的输出结果,分别给出了顺序间、处理间的多重比较,由于顺序间总的无差异,实际上无须作多重比较,在 SAS 程序中加入该语句主要是为了说明其语句的使用。处理间的比较结果显示,a、b 两种药物与安慰剂相比差异均有统计学意义,两种药物的收缩压值均低于安慰剂组。

Least Squares Means
Adjustment for Multiple Comparisons: Dunnett
Standard Errors and Probabilities Calculated Using the Type Ⅲ MS for sub(seq) as an Error Term

| seq | y LSMEAN | H0: LSMean=Control t Value | Pr>\|t\| |
|---|---|---|---|
| 1 | 162.611111 | | |
| 2 | 166.333333 | 1.59 | 0.2255 |
| 3 | 164.833333 | 0.95 | 0.5498 |

| trt | y LSMEAN | H0: LSMean=Control t Value | Pr>\|t\| |
|---|---|---|---|
| a | 159.944444 | −10.58 | <.0001 |
| b | 160.722222 | −9.95 | <.0001 |
| c | 173.111111 | | |

总之,本例分析结果显示,顺序、时期对收缩压的影响无统计学意义,药物之间有统计学差异,a、b 两种药物的收缩压值均明显低于安慰剂组。

## 二、分类资料的交叉设计分析

**例 8.6** 某研究采用 2×2 交叉设计观察两种药物(分别用 a、b 表示)的止痛效果,将 24 例研究对象随机分为两个顺序组,第一组的 12 例受试者中采用 ab 的处理顺序,第二组的 12 例受试者采用 ba 的处理顺序,研究结局分为缓解和未缓解两类,结果见表 8.4,试对数据进行分析。

表 8.4 24 例研究对象不同时期、处理的止痛效果

| 顺序组 | 编号 | 时期 1 | 处理 1 | 止痛效果 1 | 时期 2 | 处理 2 | 止痛效果 2 |
|---|---|---|---|---|---|---|---|
| 1 | 1 | 1 | a | 缓解 | 2 | b | 缓解 |
| 1 | 2 | 1 | a | 未缓解 | 2 | b | 未缓解 |
| 1 | 3 | 1 | a | 未缓解 | 2 | b | 未缓解 |
| 1 | 4 | 1 | a | 缓解 | 2 | b | 缓解 |
| 1 | 5 | 1 | a | 缓解 | 2 | b | 未缓解 |
| 1 | 6 | 1 | a | 未缓解 | 2 | b | 未缓解 |

续表

| 顺序组 | 编号 | 时期1 | 处理1 | 止痛效果1 | 时期2 | 处理2 | 止痛效果2 |
|---|---|---|---|---|---|---|---|
| 1 | 7 | 1 | a | 缓解 | 2 | b | 缓解 |
| 1 | 8 | 1 | a | 缓解 | 2 | b | 缓解 |
| 1 | 9 | 1 | a | 缓解 | 2 | b | 未缓解 |
| 1 | 10 | 1 | a | 缓解 | 2 | b | 缓解 |
| 1 | 11 | 1 | a | 缓解 | 2 | b | 未缓解 |
| 1 | 12 | 1 | a | 未缓解 | 2 | b | 未缓解 |
| 2 | 13 | 1 | b | 缓解 | 2 | a | 缓解 |
| 2 | 14 | 1 | b | 未缓解 | 2 | a | 缓解 |
| 2 | 15 | 1 | b | 未缓解 | 2 | a | 未缓解 |
| 2 | 16 | 1 | b | 缓解 | 2 | a | 缓解 |
| 2 | 17 | 1 | b | 缓解 | 2 | a | 缓解 |
| 2 | 18 | 1 | b | 未缓解 | 2 | a | 缓解 |
| 2 | 19 | 1 | b | 缓解 | 2 | a | 缓解 |
| 2 | 20 | 1 | b | 未缓解 | 2 | a | 未缓解 |
| 2 | 21 | 1 | b | 缓解 | 2 | a | 缓解 |
| 2 | 22 | 1 | b | 缓解 | 2 | a | 缓解 |
| 2 | 23 | 1 | b | 未缓解 | 2 | a | 缓解 |
| 2 | 24 | 1 | b | 未缓解 | 2 | a | 未缓解 |

【例题分析】

本例交叉设计的结局是二分类变量，采用广义估计方程进行参数估计。分析时需要将数据整理成SAS可用的形式，通常是每一结局作为一条记录。本例将处理因素a和b分别用1和2表示，结局缓解和未缓解分别用1和0表示。分析过程见程序8.7。

【程序8.7】

```
data example8_7;
input seq sub period trt y@@;
/* seq、sub、period、trt 分别表示顺序、受试者、时期、处理 */
cards;
1  1  1  1  1    1  1  2  2  1
1  2  1  1  0    1  2  2  2  0
1  3  1  1  0    1  3  2  2  1
1  4  1  1  1    1  4  2  2  1
1  5  1  1  1    1  5  2  2  0
1  6  1  1  0    1  6  2  2  1
1  7  1  1  1    1  7  2  2  1
1  8  1  1  1    1  8  2  2  1
1  9  1  1  1    1  9  2  2  0
1  10 1  1  1    1  10 2  2  1
```

| | | | | | | | | |
|---|---|---|---|---|---|---|---|---|
| 1 | 11 | 1 | 1 | 1 | 1 | 11 | 2 | 2 | 0 |
| 1 | 12 | 1 | 1 | 0 | 1 | 12 | 2 | 2 | 0 |
| 2 | 13 | 1 | 2 | 1 | 2 | 13 | 2 | 1 | 1 |
| 2 | 14 | 1 | 2 | 0 | 2 | 14 | 2 | 1 | 1 |
| 2 | 15 | 1 | 2 | 0 | 2 | 15 | 2 | 1 | 0 |
| 2 | 16 | 1 | 2 | 1 | 2 | 16 | 2 | 1 | 1 |
| 2 | 17 | 1 | 2 | 1 | 2 | 17 | 2 | 1 | 1 |
| 2 | 18 | 1 | 2 | 0 | 2 | 18 | 2 | 1 | 1 |
| 2 | 19 | 1 | 2 | 1 | 2 | 19 | 2 | 1 | 1 |
| 2 | 20 | 1 | 2 | 0 | 2 | 20 | 2 | 1 | 0 |
| 2 | 21 | 1 | 2 | 1 | 2 | 21 | 2 | 1 | 1 |
| 2 | 22 | 1 | 2 | 1 | 2 | 22 | 2 | 1 | 1 |
| 2 | 23 | 1 | 2 | 0 | 2 | 23 | 2 | 1 | 1 |
| 2 | 24 | 1 | 2 | 0 | 2 | 24 | 2 | 1 | 0 |

```
;
proc genmod;
class sub;
model y=seq period trt/link=logit dist=bin;
/* 由于结局是二分类变量，因此用 dist 指定分布为二项分布，link 指定连接为 logit 连接 */
repeated subject=sub;
/* repeated 语句中利用 subject 选项指定重复因素为 sub，也就是受试者 */
run;
```

【程序解释】

广义估计方程在 SAS 中用 proc genmod 过程实现，该过程主要注意两点：一是结果变量的类型，不同类型需要在 model 语句中指定不同的分布和连接函数，二分类变量对应的分布为二项分布（binomial），连接函数为 logit 函数。二是要注意 repeated 语句中指定的重复变量，必须在 class 语句中出现过。如本例中受试者是重复测量因素，因此 repeated 语句中指定 subject 为 sub，而且 sub 已经在前面的 class 语句中出现过。

【结果输出】

这里仅列出参数估计结果，省略了其他模型信息及拟合情况的结果。可以看出，顺序和时期对结果的影响均无统计学意义，处理对结果的影响有统计学意义（$P=0.0070$）。

proc genmod 过程默认的是对因变量较小值估计的结果，本例中 1 和 0 表示缓解和未缓解，0 较小，因此是对未缓解的估计。根据参数估计值（1.0641），可以认为 b 药与 a 药相比，未缓解的风险是 $e^{1.0641} = 2.898$ 倍。提示 a 药缓解疼痛的效果优于 b 药。

| Parameter | Estimate | Standard Error | 95% Confidence Limits | | Z | Pr>\|Z\| |
|---|---|---|---|---|---|---|
| Intercept | −1.3518 | 1.4830 | −4.2584 | 1.5548 | −0.91 | 0.3620 |
| seq | −0.3710 | 0.7695 | −1.8792 | 1.1373 | −0.48 | 0.6298 |
| period | −0.0345 | 0.3945 | −0.8078 | 0.7388 | −0.09 | 0.9303 |
| trt | 1.0641 | 0.3945 | 0.2908 | 1.8374 | 2.70 | 0.0070 |

（李秀燕　冯国双）

# 第九章 诊断试验设计与分析

## 第一节 诊断试验设计简介

诊断试验是评价一种诊断方法真实性与可靠性的研究,在临床中应用十分广泛。用一种新的、简便易行或价格便宜的诊断方法来代替操作繁琐或价格昂贵的方法,这在临床研究中具有很好的实用价值。但一种新的诊断方法是否能够代替原有的诊断方式?新的诊断方法的诊断价值如何?真实性、可靠性有多高?必须通过诊断试验进行科学的评价才能得出结论。

评价诊断方法的临床诊断价值,首先一定要确定金标准,然后选择研究对象,采用盲法进行比较,对诊断方法进行评价。具体设计过程主要包括以下几点:

1. 明确研究目的 诊断试验的第一步是明确研究目标,这一步需要明确:研究者要评价什么?是否有临床价值?这是一个新的试验还是已有试验的重复?研究的目标疾病一定要明确,避免结论过分渲染夸大。

2. 选择金标准 诊断试验一定要明确金标准(gold standard),否则便无法准确评价诊断方法的诊断价值。金标准一定是临床公认的诊断所研究疾病的最可靠的方法,能够正确地区分有病和无病。常用的金标准有组织病理学检查、手术发现、影像诊断、病原体的分离培养以及长期随访结果等。

3. 选择研究对象 诊断试验是观察性研究,因此不能随机分组,研究对象的分组应以金标准的诊断结果为依据,金标准确诊为"患病"的为病例组,金标准证实为"无病"的为对照组。

病例组的病例要具备代表性,即要包括各临床型(如轻、中、重型,有或无并发症,早、中、晚期等)病例。病例的代表性愈好,新的诊断试验的实用价值愈大。

对照组的人群不等于健康人群,这一点一定要注意。对照组应是被金标准诊断为不患有研究疾病但又容易与所研究疾病混淆的人群。如采用某生化指标诊断胃癌,其研究对象应为高度怀疑胃癌的就诊患者。这些患者经病理检查确定为胃癌和非胃癌,然后用诊断方法进行判断。如果选择正常健康人,实际上是人为地提高了诊断方法的特异度。

4. 盲法比较 诊断试验必须采用盲法评价,诊断试验结果的评判者(reader)一定不能预先知道金标准划分的结果,否则多数评判者会倾向于对金标准判断为"有病"的标本给出阳性结果,以致夸大诊断方法的价值。

5. 诊断试验的评价 诊断试验的评价方法依据指标类型而有所不同,如果根据金标准将结果划分为"患病"和"无病"两类,通常可采用灵敏度、特异度、ROC曲线等指标来评价,也可采用Kappa一致性系数来评价。如果金标准的结果是连续资料,可采用ICC(组内相关系数)、Bland-Altman等方法来评价。

## 第二节 诊断试验的样本量估计及SAS实现

诊断试验的样本含量估算公式根据研究目的不同而不同，这里主要介绍一种较为简单的计算公式：

$$n = \frac{Z_{1-\alpha/2} \times V(\hat{\vartheta})}{\Delta^2}$$

式中，$Z_{1-\alpha/2}$ 表示标准正态分布 $1-\alpha/2$ 的分位数，通常取 $\alpha=0.05$，此时 $Z_{1-\alpha/2}$ 为 1.96。$V(\hat{\vartheta})$ 表示相应指标的方差，根据不同指标（如灵敏度、特异度、ROC曲线下面积）而不同。$\Delta$ 表示精确度，如果专业上难以确定，可根据以往文献报道的 95% 可信区间来确定，通常最高不超过可信区间宽度的一半，也称半宽（half width）。

该公式根据 $\vartheta$ 所代表的含义而有所不同。如果指标是灵敏度，则 $V(\hat{\vartheta})$ 是灵敏度的方差，此时计算出的 $N$ 为需要的"有病"的患者；如果指标是特异度，则 $V(\hat{\vartheta})$ 是特异度的方差，计算出的 $N$ 为需要的"无病"的患者。如果指标是 ROC 曲线下面积，则 $V(\hat{\vartheta})$ 是 ROC 曲线下面积的方差，此时计算出的 $N$ 为需要的"有病"的患者。

$V(\hat{\vartheta})$ 的计算根据指标的不同而不同，当指标是灵敏度或特异度时，其公式分别为：

$$V(\hat{\vartheta}) = s_e(1-s_e) \text{ 或 } V(\hat{\vartheta}) = s_p(1-s_p)$$

式中，$s_e$ 表示灵敏度，$s_p$ 表示特异度，可根据以往文献获得。

当指标是 ROC 曲线时，Obuchowski 在以往研究的基础上，提出了基于双正态分布的方差函数的估计公式，该式在各种情形应用中具有较好的效果：

$$V(\hat{\vartheta}) = (0.0099 \times e^{-\frac{a^2}{2}}) \times [(5a^2+8)+(a^2+8)/k]$$

式中，$k$ 表示无病人数与有病人数的比例。$a = \Phi^{-1}(A) \times 1.414$，$\Phi^{-1}$ 表示累积正态分布函数的逆函数，$A$ 是 ROC 曲线下面积，可通过查阅以往文献获得。

根据灵敏度、特异度或 ROC 曲线下面积求出"有病"或"无病"的例数 $n$ 后，可根据"有病"或"无病"例数所占的比例继续求出总例数。如果根据以往文献发现"有病"的比例为 $p$，则根据灵敏度或 ROC 曲线下面积求出"有病"例数 $n$ 后，可求得总例数 $N=n/p$。如果"无病"的比例为 $q$，则根据特异度求出"无病"例数 $n$ 后，可求得总例数 $N=n/q$。

目前的 SAS 软件中尚无诊断试验样本含量计算的相应过程，可通过自行编程来实现。

**例 9.1** 某研究欲观察 PET 对甲状旁腺瘤的诊断价值，研究病例均采用手术确诊作为金标准。根据以往某研究的报道，PET 的灵敏度和特异度分别为 0.8 和 0.62，95% 可信区间分别为 (0.65, 0.95) 和 (0.42, 0.83)。从文献还查阅到，选择的研究对象中，金标准确诊的甲状旁腺瘤率为 60%。试分别根据灵敏度和特异度计算样本含量。

【例题分析】

如果根据灵敏度计算，最终计算的例数为"有病"的例数，再根据 $N=n/p$ 求得总例数。如果根据特异度计算，最终计算的例数为"无病"的例数，再根据 $N=n/q$ 求得总例数。

根据以往文献，灵敏度和特异度的 95% 可信区间的半宽分别为 $(0.95-0.65)/2=0.15$ 和 $(0.83-0.42)/2=0.205$。假定研究者想比文献更加精确地进行估计，设定 $\Delta=0.1$，则根据灵敏度计算结果为：

$$n = \frac{1.96^2 \times 0.8 \times (1-0.8)}{0.1^2} = 62$$

因此，需要的有病（甲状旁腺瘤）人数为 62 例，总例数为 $N=62/0.6=104$ 例。
根据特异度计算结果为：
$$n=\frac{1.96^2 \times 0.62 \times (1-0.62)}{0.1^2} = 91$$
因此，需要的无病例数为 91 例，总例数为 $N=91/0.4=228$ 例。

本例还可采用 SAS 根据公式编程计算，程序 9.1 给出了根据灵敏度计算的过程。

【程序 9.1】

```
data diagnosis(drop=alpha);
sen=0.8;
spe=.;
/*指定灵敏度或特异度的值,不指定具体值则用"=."表示*/
prop_pos=0.6;                    /*指定金标准发现的阳性比例*/
alpha=0.05;                      /*指定一类错误,通常为0.05*/
delta=0.1;                       /*指定精确度*/
n_pos=ceil((probit(1-alpha/2)**2*sen*(1-sen))/(delta)**2);
n_neg=ceil((probit(1-alpha/2)**2*spe*(1-spe))/(delta)**2);
if spe=. then n_total=ceil(n_pos/prop_pos);
if sen=. then n_total=ceil(n_neg/(1-prop_pos));
/*以上语句根据灵敏度或特异度指标计算相应的样本量*/
label sen="灵敏度";
label spe="特异度";
label delta="精确度";
label prop_pos="患病的比例";
label n_pos="患病数";
label n_neg="无病数";
label n_total="总例数";
/*利用 label 语句定义各指标的具体含义*/
proc print label noobs;
run;
```

【程序解释】

第 2、3 行根据实际情况输入灵敏度或特异度，如果根据灵敏度计算，则"sen="输入具体值，同时指定"spe=."；如果根据特异度计算，则"spe="输入具体值，同时指定"sen=."。本例是根据灵敏度计算，因此指定"sen=0.8"，同时指定"spe=."。

第 4 行的 prob_pos 指定根据金标准判定的"有病"的比例，该值通常可从以往研究文献查到。第 6 行输入精确度，可根据以往文献的可信区间确定或根据专业情况自行确定。

读者可根据实际情况修改第 2~6 行的相应数值，便可输出样本量估算结果。

【结果输出】

结果给出了根据灵敏度计算的例数，共需患病人数 62 例，总例数 104 例。

| 灵敏度 | 特异度 | 患病的比例 | 精确度 | 患病数 | 无病数 | 总例数 |
|---|---|---|---|---|---|---|
| 0.8 | . | 0.6 | 0.1 | 62 | . | 104 |

本例如果根据特异度计算，只需将第 2 行的"sen=0.8"和第 3 行的"spe=."分别改为"sen=."和"spe=0.62"，便可得到根据特异度求得的无病例数和总例数，结果为：

| 灵敏度 | 特异度 | 患病的比例 | 精确度 | 患病数 | 无病数 | 总例数 |
|---|---|---|---|---|---|---|
| . | 0.62 | 0.6 | 0.05 | . | 91 | 228 |

**例 9.2** 续例 9.1，假定研究者想通过 ROC 曲线下面积来估算样本量，通过以往文献发现，PET 诊断甲状旁腺瘤的 ROC 曲线下面积为 0.72，仍假定精度为 0.1，甲状旁腺瘤率为 60%，试计算样本含量。

【例题分析】

该研究的指标为 ROC 曲线下面积，最终计算的例数为"有病"的例数，然后可根据 $N=n/p$ 求得总例数。

首先计算方差 $V(\hat{\vartheta})$，$V(\hat{\vartheta})$ 公式中的 $a=\Phi^{-1}(0.72) \times 1.414 = 0.824$，$k$ 为无病人数与有病人数的比例，$k=0.4/0.6=0.667$。根据 $a$ 和 $k$ 值，计算方差 $V(\hat{\vartheta})$ 值为：

$$V(\hat{\vartheta}) = (0.0099 \times e^{\frac{-0.824^2}{2}}) \times [(5 \times 0.824^2 + 8) + (0.824^2 + 8)/0.667] = 0.172$$

因此，"有病"的例数为

$$n = \frac{1.96^2 \times 0.172}{0.1^2} = 67$$

根据阳性比例 60%，求得总例数为

$$N = 67/0.6 = 112。$$

本例还可采用 SAS 根据公式编程计算，具体见程序 9.2

【程序 9.2】

```
data diagnosis(drop=alpha a);
area=0.72;
prop_pos=0.6;
alpha=0.05;
delta=0.1;
a=probit(area)*1.414;
n_pos=ceil((probit(1-alpha/2)**2*(0.0099*exp(-(a**2/2))*((5*a**2+8)+(a**2+8)/((1-prop_pos)/prop_pos)))/(delta)**2));
n_total=ceil(n_pos/prop_pos);
label area="ROC 曲线下面积";
label sen="灵敏度";
label delta="精确度";
label prop_pos="患病的比例";
label n_pos="患病数";
label n_total="总例数";
proc print label;
run;
```

【程序解释】

第 2 行输入 ROC 曲线下面积，该值可通过以往文献查阅到。第 3 行的"有病"的比例、第 4 行的 alpha 值以及第 5 行的精确度，均同程序 9.1。

读者可根据实际情况修改第 2~5 行的相应数值，便可输出样本量估算结果。

【结果输出】

结果直接给出了计算的各个指标，共需患病人数 67 例，总例数 112 例。

| ROC 曲线下面积 | 患病的比例 | 精确度 | 患病数 | 总例数 |
|---|---|---|---|---|
| 0.72 | 0.6 | 0.1 | 67 | 112 |

## 第三节 诊断试验评价的常用方法和指标

### 一、分类资料的评价方法

这类结果是诊断试验中最常见的，即根据金标准将研究对象划分为"患病"和"未患病"两类，据此判断诊断方法的诊断价值。常用的诊断指标有灵敏度、特异度以及二者结合的 ROC 曲线，有时也可用 Kappa 一致性系数。

（一）灵敏度和特异度

理论上，当然希望诊断方法是永远正确的，但实际上，任何一种方法都可能出错。正因为如此，我们只能用概率来表示诊断方法的准确性。实际中最常用的评价准确性的两个概率指标是灵敏度（sensitivity）和特异度（specificity）。

当我们完成一个诊断试验后，通常可列成表 9.1 所示的四种可能性。

表 9.1 诊断试验结果与真实结果比较

| 诊断结果 | 真实结果 | | 合计 |
|---|---|---|---|
| | 有疾病 | 无疾病 | |
| 阳性 | $a$ 真阳性 | $b$ 假阳性 | $n_1$ |
| 阴性 | $c$ 假阴性 | $d$ 真阴性 | $n_0$ |
| 合计 | $m_1$ | $m_0$ | $N$ |

表 9.1 中，真实结果是金标准的判定结果，诊断结果是诊断方法的判定结果。表中 $a$ 表示实际患病的人被诊断为阳性的数目，即真阳性结果；$d$ 表示实际无病的人被诊断为阴性的数目，即真阴性结果；$b$ 表示实际无病的人被诊断为阳性的数目，它实际上是一种误诊，又称为假阳性；$c$ 表示实际有病的人被诊断为阴性的数目，它实际上是一种漏诊，也称为假阴性。

灵敏度是指一项诊断试验能将实际患病的人正确地诊断为患者的概率，计算公式为：

$$s_e = \frac{\text{真阳性}}{\text{真阳性} + \text{假阴性}} \times 100 = \frac{a}{a+c} \times 100$$

灵敏度的可信区间为 $\left( s_e - Z_{1-\alpha/2} \sqrt{V(\hat{s_e})}, \ s_e + Z_{1-\alpha/2} \sqrt{V(\hat{s_e})} \right)$

式中，$Z_{1-\alpha/2}$ 表示标准正态分布中对应 $1-\alpha/2$ 的百分位数，通常取 95% 可信区间，此时其值为 1.96。$V(\hat{s_e})$ 是灵敏度的方差，$V(\hat{s_e}) = \frac{s_e(1-s_e)}{n_1}$，式中 $s_e$ 为灵敏度，$n_1$ 为表 9.1 中诊断结果阳性的例数。

特异度是指一项诊断试验能将实际无病的人正确地诊断为非患者的概率，计算公式为：

$$s_p = \frac{\text{真阴性}}{\text{真阴性} + \text{假阳性}} \times 100 = \frac{d}{d+b} \times 100$$

特异度的可信区间为 $(s_p - Z_{1-\alpha/2}\sqrt{V(\hat{s_p})}, s_p + Z_{1-\alpha/2}\sqrt{V(\hat{s_p})})$

式中，$Z_{1-\alpha/2}$ 表示标准正态分布中对应 $1-\alpha/2$ 的百分位数，95%可信区间时其值为1.96。$V(\hat{s_p})$ 是特异度的方差，$V(\hat{s_p}) = \frac{s_p(1-s_p)}{n_0}$，式中 $s_p$ 为特异度，$n_0$ 为表9.1中诊断结果阴性的例数。

可以看出，灵敏度越高，说明真正的患者被诊断出来的可能性越大；特异度越高，说明真正的非患者被检出的可能性越大。理论上，我们当然希望这两个指标都是越高越好，可惜正如鱼和熊掌不可兼得，这两个指标也无法期望同时都很高。通常，如果灵敏度高，特异度会稍低，反之亦然。对于一种诊断方法，必须根据实际情况考虑到底是灵敏度重要还是特异度重要。如果某病的误诊会给患者带来更大伤害（如艾滋病），那我们应该尽量提高诊断方法的特异度。如果某病的漏诊会造成严重后果（如癌症），则应尽量提高诊断方法的灵敏度。总之，需结合实际情况来考虑，而不是一概而论。

（二）ROC 曲线

灵敏度和特异度都只是侧重某一方面，但有些情况下我们不只关注其中某一侧面，而是关心诊断方法的综合诊断能力。尤其在比较两个诊断方法的时候，可能出现一个诊断试验灵敏度高而特异度低，另一个诊断方法特异度高而灵敏度低，不利于两种方法的比较。因此一些综合指标应运而生，如优势比、Youden 指数等。但实际中最为常用的是 ROC（receiver operating characteristic）曲线。

ROC 曲线可用于诊断指标为连续变量、二分类变量、无序或有序多分类变量等多种情形。ROC 曲线是以灵敏度为 $y$ 轴、以 1-特异度为 $x$ 轴，由不同界值产生不同的点，由线段将这些点连接起来形成 ROC 曲线。如果诊断方法的判断结果有 $k$（$k>=2$）类，则会有 $k-1$ 个界值点，ROC 曲线会有 $k$ 条直线连接 $k-1$ 个点，如图9.1，诊断方法分5类，因此有5条直线连接4个点。

ROC 曲线用于诊断价值判断的标准很简单，曲线下面积（area under the curve，AUC）越大，表示诊断价值越高，反之诊断价值越低。ROC 曲线下面积介于 0 和 1 之间，面积为 1 时，表示诊断方法完全正确，面积为 0 时，表示诊断方法完全错误，这两种情况在实际中几乎都不会发生。

图9.1中，纵贯左下角与右上角的直线称为机会线，这是划分诊断方法有无价值的一条线。如果疾病的判断仅靠机会，那 ROC 曲线就会落在这条线上。一般认为，只有曲线高于机会线，也就是曲线下面积大于 0.5 才有诊断价值。有学者认为，AUC 大于 0.9 表明诊断价值很高，大于 0.7 表示诊断价值中等。

如果 ROC 曲线下面积大于 0.5，还需进行假设检验，比较面积与 0.5 是否有统计学差异，以判断该诊断方法是否有诊断价值，可采用以下公式：

$$Z = \frac{A - 0.5}{\sqrt{V(\hat{A})}}$$

式中，$A$ 为诊断方法的 ROC 曲线下面积，$V(\hat{A})$ 为曲线下面积的方差。

如果要比较两种诊断方法的诊断价值的优劣，可用以下公式：

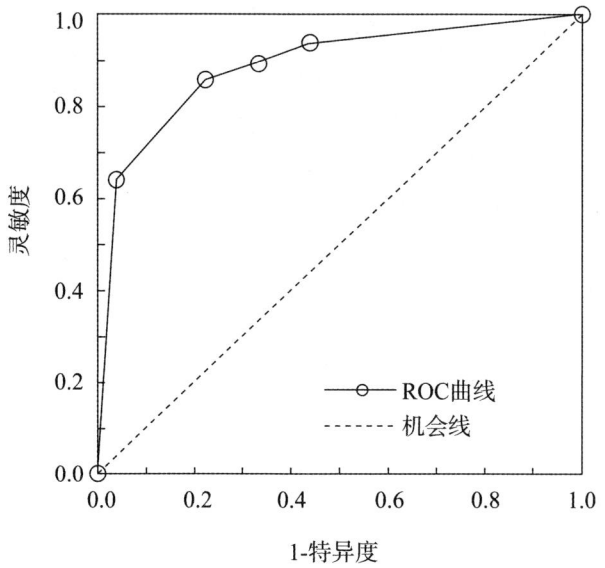

图 9.1　ROC 曲线图

$$Z = \frac{A_1 - A_2}{\sqrt{V(\widehat{A}_1) + V(\widehat{A}_2)}}$$

式中，$A_1$、$A_2$ 分别为两种诊断方法的 ROC 曲线下面积，$V(\widehat{A}_1)$、$V(\widehat{A}_2)$ 分别为两种诊断方法 ROC 曲线下面积的方差。

如果诊断方法的判断结果是连续资料，此时 ROC 曲线还有一个很重要的用途，就是帮助寻找一个合理的 cut-off 值，这在临床上很实用。很多时候我们用于诊断的指标是连续变量，但实际中不可能用连续变量直接来诊断，而是需要一个界值，高于或低于某界值时判断其患病概率有多高。ROC 曲线可结合灵敏度和特异度寻找一个 cut-off 值，使得灵敏度和特异度结合的最优。通常有两种方式：如果诊断方法的界值点不多，可以直接根据 ROC 曲线图，找到最靠近左上角的点，即为 cut-off 值。如果难以从图中看出左上角的点，可根据每一界值点的灵敏度和特异度，计算使（灵敏度＋特异度－1）取值最大的一个点作为 cut-off 值。

（三）Kappa 一致性系数

Kappa 一致性系数主要用于诊断指标为分类变量的情形，而且分类数与金标准的分类数相同，如 2×2 表、3×3 表等。该指标是通过比较观察数据中出现的一致性的概率与独立模型的期望概率，来反映诊断方法与金标准的一致性程度。对于表 9.1 中的数据，Kappa 值的计算公式为：

$$\text{Kappa 值} = \frac{\sum \pi_{aa} - \sum \pi_{a+} \pi_{+a}}{1 - \sum \pi_{a+} \pi_{+a}}$$

式中，$\sum \pi_{aa}$ 表示对角线上例数与总例数之比的和，即 $(a+d)/N$。$\sum \pi_{a+} \pi_{+a}$ 表示边际例数与总例数之比的和，即 $(n_1+n_0+m_1+m_0)/N$。分母中的 1 表示完全一致性，即分子中 $\sum \pi_{aa}$ 的最大可能取值。

当一致性概率仅等于独立模型的期望概率时，Kappa 值＝0；当出现完全一致性时，Kappa 值＝1。Kappa 值越大，表示一致性程度越强。有学者建议，Kappa 值大于 0.8 可认为一致性非常好，0.61～0.8 可认为一致性较好，0.41～0.6 可认为一致性中等，0.21～0.4 可认为一致性勉强可接受，低于 0.2 认为一致性较差。

Kappa 一致性系数虽然应用较广，但其应用价值一直存在争议，主要原因是该指标严重依赖于边际分布的情况。如果两组例数差别悬殊的话，Kappa 一致性系数的结果可能会存在较大偏倚。

## 二、连续资料的评价方法

如果金标准和诊断方法的结果为定量资料，此时常用的一致性评价方法有内部相关系数（intra-class correlation coefficient，ICC）、Bland-Altman 法等。

### （一）内部相关系数 ICC

内部相关系数 ICC 常用于评价不同诊断方法对同一对象评价的一致性，也可用于不同评判者对同一测定结果的一致性。该指标反映了研究对象间的变异占总变异的比例，其公式为：

$$ICC = \frac{\sigma_B^2}{\sigma_B^2 + \sigma_E^2}$$

式中，$\sigma_B^2$ 表示研究对象间的变异，$\sigma_E^2$ 表示误差变异，二者之和为总变异。

从公式可以看出，ICC 值介于 0～1 之间。ICC 值越大，表示两种诊断方法的误差变异越小，因而一致性越高。有学者认为，ICC 大于 0.75 认为一致性较高，小于 0.4 认为一致性较差，介于二者之间认为一致性一般。

### （二）Bland-Altman 法

Bland-Altman 法是从两种方法所测数据的差异入手，通过对其差异的处理，分析两种方法的一致性。该法的基本思路是，根据原始数据求出两种诊断方法的均值和差值，以均值为横轴、以差值为纵轴，画出散点图。计算差值的均数及差值的 95% 分布范围（均数±1.96×标准差），这一范围也称为一致性界限。理论上，如果差值的分布服从正态分布，则 95% 的差值应位于一致性界限之内。

如图 9.2 中，上下两条水平虚线代表 95% 一致性界限的上下限，中间实线代表差值的均数，中间虚线为参考线，代表差值均数为 0。两种诊断方法的一致程度越高，代表差值均数的实线越接近参考线（代表差值均数为 0 的虚线）。

根据 95% 一致性界限外的数据点的个数以及一致性界限内的最大差值，并结合临床上的可接受程度，可对待评价的两种方法的一致性做出评价。如果两种测量结果的差值位于一致性界限内，并在临床上可以接受，则认为这两种诊断方法具有较好的一致性。如果超出一致性界限的点数过多（如 5%），临床上认为不可接受，则认为两种方法不具有一致性。

## 三、诊断试验评价的 SAS 实现

灵敏度、特异度和 ROC 曲线可利用 proc logistic 过程来实现，Kappa 一致性检验可利用 proc freq 过程实现，ICC 指标可通过 proc mixed 过程输出，Bland-Altman 图尚无对应过程直接输出，可通过 proc means 和 proc sgplot 过程配合输出。

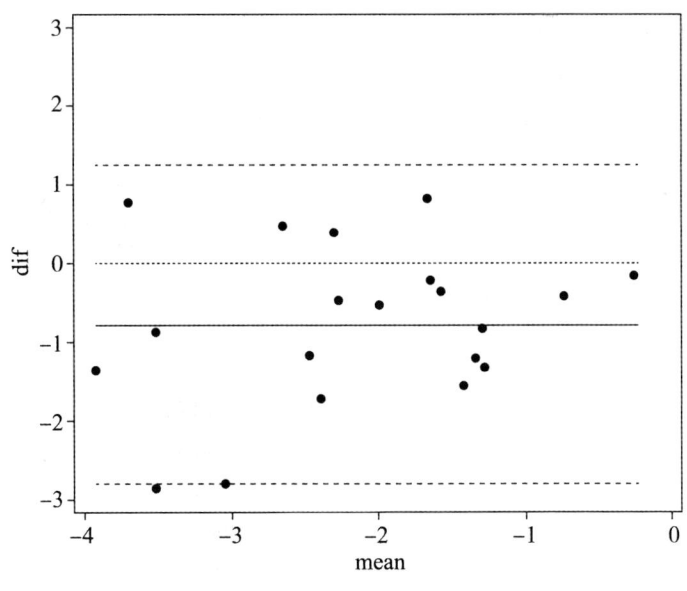

图 9.2 Bland-Altman 图

（一）proc logistic 过程与 ROC 曲线有关的语句和选项

> proc logistic <选项>；
> model 因变量＝自变量</选项>；
> roc '标签' 变量；
> roccontrast reference（'标签'）</选项>；

【proc logistic】语句中我们要用到一个选项，即 plots 选项：

| plots= | 该选项指定绘制的图形，对于 ROC 曲线而言，直接指定 plots＝roc 即可。由于该选项默认输出其他图形，如果只想输出 ROC 曲线图，可在 plots 后加上 only 选项，即 plots（only）＝roc。如果想让 ROC 曲线显示每一个连接点的预测概率或编号，可在 plots 选项后再加一个选项，即 plots＝roc（id＝），id＝可选择 prob 或 obs |
|---|---|

【model】语句与诊断试验相关的选项有：

| ctable | 采用刀切法（jackknife）输出模型判断分类表，根据 pprob＝选项所指定的概率标准值，对二分类因变量进行判断分类，同时给出灵敏度和特异度 |
|---|---|
| pprob= | 指定一个或一系列的概率标准值，当用 ctable 选项时，根据预测概率的大小把自变量预测情况分为两类。如果预测概率大于标准值，则判断为病例，否则判断为非病例。通常取值为 0.5 |

【roc】语句指定用于 ROC 曲线分析的变量，标签部分自行指定，主要为了对变量做说明。如果不指定标签，则 ROC 曲线名称默认为"ROC$i$"（$i$＝1，2，3，…）。

【roccontrast】语句用于比较不同指标的 ROC 曲线下面积，也可用于比较不同模型的 ROC 曲线下面积。reference 结合其后的标签用于指定被比较的参照变量，参照变量的标签必须与 roc 语句中变量的标签相同。如果 reference 后不指定任何标签，则默认为与模型的

ROC 曲线比较。这里的模型在不同自变量个数的情况下有不同含义，当模型中只有一个自变量时（只有一个诊断指标），则单个指标的 ROC 曲线等同于模型的 ROC 曲线；当模型中有多个自变量时（有多个诊断指标），模型的 ROC 曲线为多个指标联合诊断的 ROC 曲线。

roccontrast 语句关键的选项有一个：

| estimate | 该选项用于 ROC 曲线下面积比较的假设检验，如果没有该选项，则结果仅给出面积，而无面积的比较结果 |
|---|---|

（二）proc freq 过程与 Kappa 一致性系数有关的语句和选项：

```
proc freq <选项>；
weight 权重变量；
tables 行*列/agree；
test agree；
```

【tables】语句的 agree 选项可输出 Kappa 一致性系数。
【test】语句通过指定 agree 选项对 Kappa 一致性系数进行统计学检验。

（三）proc mixed 过程与 ICC 有关的语句和选项：

```
proc mixed；
class 变量；
model 因变量＝自变量；
random 随机效应/选项；
```

【proc mixed】语句调用混合线性模型过程。
【random】语句可通过选项输出研究对象间变异和误差变异，据此计算 ICC 值。random 语句的主要选项有：

| subject= | 指定水平 2 的变量，在诊断试验中即表示个体编号的变量 |
|---|---|
| type= | 指定组内相关的形式，默认的是 vc（variance components，方差成分结构），实际中比较常用的还有 un（unstructured，不确定相关），也就是由程序根据数据自行选择结构，当你对数据结构不确定时，可直接指定 type＝un |

（四）与 Bland-Altman 图相关的 SAS 语句

Bland-Altman 图在 SAS 中并无直接对应的命令来实现，但根据其原理，可利用 proc means 输出相应的差值和均值，然后利用 proc sgplot 过程绘制 Bland-Altman 图。

## 第四节　诊断试验的评价分析及 SAS 应用

**一、分类资料的诊断试验分析**

**例 9.3**　某研究者欲观察某生化指标 K 对胃癌的诊断价值，以病理检查为金标准划分胃癌和非胃癌，然后测定两组人群的 K 指标的值。现从中随机选择 40 例作为示例分析用（数据见表 9.2），试分析该指标对胃癌是否有诊断价值，如果采用该指标进行诊断，以哪一点作为 cut-off 值较为合适。

表 9.2　40 名研究对象的 K 指标测定值

| id | K | 胃癌 | id | K | 胃癌 | id | K | 胃癌 | id | K | 胃癌 |
|---|---|---|---|---|---|---|---|---|---|---|---|
| 1 | 1.22 | 0 | 11 | 1.60 | 0 | 21 | 3.28 | 1 | 31 | 2.04 | 1 |
| 2 | 1.10 | 0 | 12 | 2.54 | 0 | 22 | 2.34 | 1 | 32 | 2.74 | 1 |
| 3 | 2.50 | 0 | 13 | 1.12 | 0 | 23 | 2.28 | 1 | 33 | 1.34 | 1 |
| 4 | 1.66 | 0 | 14 | 1.16 | 0 | 24 | 1.22 | 1 | 34 | 1.06 | 1 |
| 5 | 0.42 | 0 | 15 | 1.70 | 0 | 25 | 3.84 | 1 | 35 | 5.10 | 1 |
| 6 | 2.14 | 0 | 16 | 0.86 | 0 | 26 | 4.94 | 1 | 36 | 1.84 | 1 |
| 7 | 2.24 | 0 | 17 | 1.72 | 0 | 27 | 1.86 | 1 | 37 | 1.72 | 1 |
| 8 | 1.20 | 0 | 18 | 1.24 | 0 | 28 | 2.10 | 1 | 38 | 4.32 | 1 |
| 9 | 1.12 | 0 | 19 | 0.86 | 0 | 29 | 1.90 | 1 | 39 | 3.48 | 1 |
| 10 | 0.96 | 0 | 20 | 0.30 | 0 | 30 | 1.26 | 1 | 40 | 0.84 | 1 |

注：胃癌中的 0 表示非胃癌，1 表示胃癌；K 为指标测定值。

【例题分析】

1. 首先分析该指标的诊断价值　从统计学角度讲，是否有诊断价值就是看 ROC 曲线下面积与 0.5 相比是否有统计学差异。程序 9.3 给出了绘制 ROC 曲线并估计 ROC 曲线下面积的过程。

【程序 9.3】

```
data example9_3;
input k gc;
cards;
1.22  0
1.10  0
2.50  0
1.66  0
0.42  0
…………
1.84  1
1.72  1
4.32  1
3.48  1
0.84  1
;
proc logistic desc plots(only)=roc;
```
/*选项 desc 表示把 gc=1 作为事件发生，否则系统默认 gc=0 为事件发生。plots 语句绘制 ROC 曲线，only 表示不输出其他图形，只输出 ROC 曲线 */
```
model gc=k/ctable pprob=0.5;
```
/*ctable 选项输出分类表，灵敏度和特异度便是分类表的内容之一。pprob=0.5 表示以 0.5 作为判断标准，当预测概率大于 0.5 判断为病例,否则判断为非病例 */
```
roc 'ki' k;
```
/*roc 语句中,'ki'表示对指标 k 起名为 ki，后面的 k 输出指标 k 的 ROC 曲线下面积 */
```
run;
```

【程序解释】

该程序主要是利用 proc logistic 过程输出 ROC 曲线下面积。关键有几点需要注意：(1) 关于 desc 选项，对于二分类的结局，如果把事件发生赋值为 1，不发生赋值为 0，则一定要加上 desc 选项，因为 SAS 默认的是事件不发生赋值为 1。如果不加该选项，会得出相反的结果。(2) 关于 pprob 选项，通常如果无先验经验，该选项可指定为 0.5，这是比较通用的值。如果有一定专业知识为基础，如某事件发生率较低，预测概率大于 0.8 才算阳性，此时可指定其值为 0.8，根据实际情况而定。

实际分析中，读者只需修改 model 语句及 roc 语句中相应的因变量或自变量，便可实现 ROC 曲线的绘制及 ROC 曲线下面积的输出。

【结果输出】

结果可分为三部分，第一部分是常规的 logistic 回归的参数估计结果，给出了指标 K 的参数估计值及 OR 值。这部分主要结果如下：

Analysis of Maximum Likelihood Estimates

| Parameter | DF | Estimate | Standard Error | Wald Chi-Square | Pr > ChiSq |
|---|---|---|---|---|---|
| Intercept | 1 | −2.4694 | 0.9675 | 6.5149 | 0.0107 |
| k | 1 | 1.3712 | 0.5339 | 6.5967 | 0.0102 |

Odds Ratio Estimates

| Effect | Point Estimate | 95% Wald Confidence Limits | |
|---|---|---|---|
| k | 3.940 | 1.384 | 11.219 |

这部分结果提示，指标 K 对结果的影响有统计学意义。总的来讲，指标 K 的值越大，胃癌的发生风险越高。

第二部分给出了灵敏度和特异度的结果，这部分结果是根据 logistic 回归的预测值计算的。以 0.5 作为预测标准，当预测概率大于 0.5 就判断为胃癌，否则判断为非胃癌。根据这一标准，每一例均被判断为胃癌或非胃癌，最终得出下列结果：

Classification Table

| Prob Level | Correct Event | Correct Non-Event | Incorrect Event | Incorrect Non-Event | Percentages Correct | Sensitivity | Specificity | False POS | False NEG |
|---|---|---|---|---|---|---|---|---|---|
| 0.500 | 13 | 16 | 4 | 7 | 72.5 | 65.0 | 80.0 | 23.5 | 30.4 |

这部分结果显示，13 例被正确判断为胃癌，16 例被正确判断为非胃癌，因此灵敏度和特异度分别为 65% 和 80%。

第三部分是 ROC 曲线下面积的结果，ROC 曲线下面积等价于非参数检验中的 Mann-Whitney 统计量，因此这里仍可见到 Mann-Whitney 统计量的身影。

这部分主要有两行结果，第一行是 model 的结果，第二行是指标 K 的结果。当只有一个指标时，二者是等同的，当有多个指标时，model 的结果相当于包含多个指标的综合结果，二者会有不同。本例模型中只有一个指标，因此二者结果相同。

|  | --------------- Mann-Whitney --------------- | | | | | |
|  |  | Standard | 95% Wald | Somers' D |  |  |
| ROC | Area | Error | Confidence Limits | (Gini) | Gamma | Tau-a |
| Model | 0.7825 | 0.0744 | 0.6366   0.9284 | 0.5650 | 0.5678 | 0.2897 |
| ki | 0.7825 | 0.0744 | 0.6366   0.9284 | 0.5650 | 0.5678 | 0.2897 |

结果显示，指标 K 的 ROC 曲线下面积（Area 列）为 0.7825，标准误为 0.0744，Confidence Limits 给出了面积的 95% 可信区间。后面的 Somer's D、Gamma、Tau-a 等几个指标含义差不多，都是表示预测概率与实际观测之间关联的指标。一般指标值越高，表示预测概率与实际观测之间的关联越密切。如果一个模型在这几个指标上都有较高的值，则提示该模型具有较强的预测能力。

图 9.3 给出了指标 K 的 ROC 曲线图。SAS 结果并未给出 ROC 曲线下面积与 0.5 相比的结果，但根据面积和标准误不难求出 $Z$ 值 $=(0.7825-0.5)/0.0744=3.80$，相应的 $P<0.001$，提示该面积与 0.5 相比差异有统计学意义。

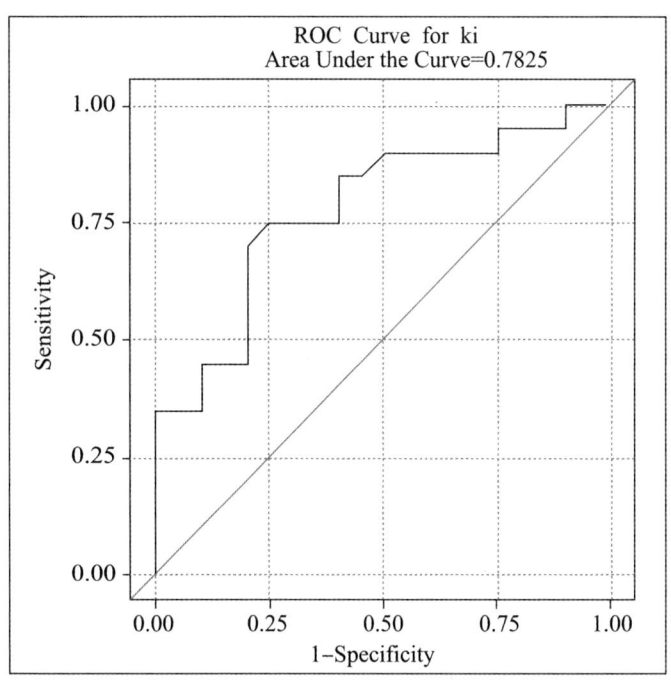

**图 9.3  指标 K 诊断胃癌的 ROC 曲线**

2. 如何寻找一个合适的 cut-off 值  前面已经提到了寻找 cut-off 值的两种方法，由于本例分割点较多，从图中寻找 cut-off 值比较困难，可寻找（灵敏度＋特异度－1）达到最大值的点。目前 SAS 尚无法直接给出 cut-off 值，但可以自己编程输出。程序 9.4 给出了如何寻找 cut-off 值的过程（省略数据输入过程）。

【程序 9.4】

```
proc sort nodupkey out=nd;
by descending k;
run;
```

```
proc logistic desc data=example9_3 noprint;
model gc=k/outroc=roc ctable;
run;
data roc(rename=(_sensit_=Sensitivity));
set roc;
specifity=1-_1mspec_;
youden=_sensit_+specifity-1;
run;
data cutoff(drop=_prob_ _pos_ _neg_ _falpos_ _falneg_ _1mspec_);
merge nd roc;
proc sort;
by descending youden;
proc print;
run;
```

【程序解释】

该程序涉及的内容较多，这里主要说一下思路：首先利用 proc sort 产生不重复且按指标 K 的值排序的数据集；然后利用 proc logistic 产生包含 ROC 曲线相关指标（如灵敏度、特异度）的数据集，并在数据集中产生一个新变量 Youden＝（灵敏度＋特异度－1）。最后将前面两个数据集合并，便得到同时包含指标 K 值以及灵敏度、特异度、Youden 值的数据集。利用 proc sort 过程，对 Youden 值由大到小排序，这样第一个值就是最大的 Youden 值，与其对应的指标 K 的值，便是最合适的一个分界点。

读者即使对程序不理解也无所谓，只需将第 2 行和第 5 行的 k 改为自己数据中的自变量、第 5 行的 gc 改为自己数据中的因变量、第 4 行的 data＝改为自己的数据集名，其余不做任何改动，便可实现其他数据的 cut-off 值的输出。

【结果输出】

结果给出了含自变量 k、因变量 gc、灵敏度、特异度和 Youden 的数据集。

| Obs | k | gc | Sensitivity | Specificity | Youden |
|---|---|---|---|---|---|
| 1 | 1.72 | 0 | 0.75 | 0.75 | 0.50 |
| 2 | 1.84 | 1 | 0.70 | 0.80 | 0.50 |
| 3 | 1.86 | 1 | 0.65 | 0.80 | 0.45 |
| 4 | 1.70 | 0 | 0.75 | 0.70 | 0.45 |
| 5 | 1.26 | 1 | 0.85 | 0.60 | 0.45 |
| 6 | 1.66 | 0 | 0.75 | 0.65 | 0.40 |
| 7 | 1.34 | 1 | 0.80 | 0.60 | 0.40 |
| 8 | 1.22 | 0 | 0.90 | 0.50 | 0.40 |
| 9 | 1.90 | 1 | 0.60 | 0.80 | 0.40 |
| 10 | 1.24 | 0 | 0.85 | 0.55 | 0.40 |
| 11 | 2.04 | 1 | 0.55 | 0.80 | 0.35 |
| 12 | 2.74 | 1 | 0.35 | 1.00 | 0.35 |
| 13 | 2.28 | 1 | 0.45 | 0.90 | 0.35 |
| 14 | 1.60 | 0 | 0.75 | 0.60 | 0.35 |
| 15 | 1.20 | 0 | 0.90 | 0.45 | 0.35 |
| 16 | 2.34 | 1 | 0.40 | 0.90 | 0.30 |

| | | | | | |
|---|---|---|---|---|---|
| 17 | 2.24 | 0 | 0.45 | 0.85 | 0.30 |
| 18 | 1.16 | 0 | 0.90 | 0.40 | 0.30 |
| 19 | 3.28 | 1 | 0.30 | 1.00 | 0.30 |
| 20 | 2.54 | 0 | 0.35 | 0.95 | 0.30 |
| 21 | 2.10 | 1 | 0.50 | 0.80 | 0.30 |
| 22 | 3.48 | 1 | 0.25 | 1.00 | 0.25 |
| 23 | 2.14 | 0 | 0.45 | 0.80 | 0.25 |
| 24 | 2.50 | 0 | 0.35 | 0.90 | 0.25 |
| 25 | 1.12 | 0 | 0.90 | 0.30 | 0.20 |
| 26 | 3.84 | 1 | 0.20 | 1.00 | 0.20 |
| 27 | 1.06 | 1 | 0.95 | 0.25 | 0.20 |
| 28 | 1.10 | 0 | 0.90 | 0.25 | 0.15 |
| 29 | 4.32 | 1 | 0.15 | 1.00 | 0.15 |
| 30 | 0.96 | 0 | 0.95 | 0.20 | 0.15 |
| 31 | 4.94 | 1 | 0.10 | 1.00 | 0.10 |
| 32 | 0.84 | 1 | 1.00 | 0.10 | 0.10 |
| 33 | 0.42 | 0 | 1.00 | 0.05 | 0.05 |
| 34 | 5.10 | 1 | 0.05 | 1.00 | 0.05 |
| 35 | 0.86 | 0 | 0.95 | 0.1 | 0.05 |
| 36 | 0.30 | 0 | 1.00 | 0.0 | 0.00 |

从该数据可以看到，最大的 Youden 值为 0.5，分别对应 1.84 和 1.72，提示 1.84 和 1.72 均为比较合适的 cut-off 值。从数据显示可以看出，如果从 1.84 划分，则特异度更大一些，如果从 1.72 划分，灵敏度和特异度相等。具体取哪个值，可根据研究目的而定。

**例 9.4** 续例 9.3，假定研究者还对这 40 例胃癌和非胃癌人群测定了另一指标 C 的值（数据见表 9.3），欲比较两个指标的诊断价值是否有差异，进一步分析如果同时用这两个指标，其诊断价值是否比单个指标更优。

表 9.3 40 名研究对象的 C 指标测定值

| id | C | 胃癌 | id | C | 胃癌 | id | C | 胃癌 | id | C | 胃癌 |
|---|---|---|---|---|---|---|---|---|---|---|---|
| 1 | 3.80 | 0 | 11 | 7.84 | 0 | 21 | 7.90 | 1 | 31 | 7.96 | 1 |
| 2 | 3.98 | 0 | 12 | 4.70 | 0 | 22 | 10.34 | 1 | 32 | 10.46 | 1 |
| 3 | 2.94 | 0 | 13 | 2.95 | 0 | 23 | 3.64 | 1 | 33 | 9.99 | 1 |
| 4 | 8.03 | 0 | 14 | 1.64 | 0 | 24 | 7.74 | 1 | 34 | 3.68 | 1 |
| 5 | 4.47 | 0 | 15 | 6.86 | 0 | 25 | 2.82 | 1 | 35 | 5.58 | 1 |
| 6 | 5.05 | 0 | 16 | 1.33 | 0 | 26 | 9.45 | 1 | 36 | 6.06 | 1 |
| 7 | 4.91 | 0 | 17 | 1.55 | 0 | 27 | 1.55 | 1 | 37 | 7.08 | 1 |
| 8 | 8.32 | 0 | 18 | 9.15 | 0 | 28 | 5.72 | 1 | 38 | 8.39 | 1 |
| 9 | 6.29 | 0 | 19 | 5.82 | 0 | 29 | 5.90 | 1 | 39 | 11.52 | 1 |
| 10 | 1.80 | 0 | 20 | 1.55 | 0 | 30 | 6.03 | 1 | 40 | 3.60 | 1 |

【例题分析】

比较两个指标的诊断价值也就是比较两个指标的 ROC 曲线下面积是否有统计学差异。不管是比较两个单个指标，还是比较联合指标与单个指标，都可通过同一程序实现。程序 9.5 给出了 ROC 曲线下面积的比较过程。

【程序 9.5】
```
data example9_5;
input k c gc;
cards;
1.22    3.80    0
1.10    3.98    0
2.50    2.94    0
1.66    8.03    0
0.42    4.47    0
…………
1.84    6.06    1
1.72    7.08    1
4.32    8.39    1
3.48    11.52   1
0.84    3.60    1
;
proc logistic desc plots(only)=roc;
model gc=k c/ctable pprob=0.5;
/* model 语句中同时加入 k 和 c 两个自变量 */
roc 'ki' k;
roc 'ca' c;
/* roc 语句分别对 k 和 c 加标签名为"ki"和"ca" */
roccontrast reference('ca')/estimate;
/* roccontrast 用于 roc 比较，reference 指定比较的参照组为"ca"，也就是 c，estimate 要求输出比较的统计量和 P 值 */
run;
```

【程序解释】

该程序用于两个指标的 ROC 曲线比较，关键语句是 roccontrast，该语句通过 reference 指定参照组，注意 reference 后的括号中是 roc 语句中的标签名，而不是变量名。本例以指标 c 作为参照，因此指定的是 "ca"。如果想以 k 作为参照，可指定为 "ki"。以哪一指标作为参照由研究者自行决定，通常取 ROC 曲线下面积较小者作为参照。其他语句的含义同程序 9.3。

【结果输出】

结果给出了参数估计和 ROC 曲线下面积的估计，本例不侧重参数估计，为节省篇幅，这里仅列出与 ROC 曲线下面积相关的部分结果。

首先是两个指标分别的以及联合的 ROC 曲线下面积估计，结果中的 model 是两个指标联合的结果，ki 是指标 K 的结果，ca 是指标 C 的结果。结果显示，model、ki、ca 的 ROC 曲线下面积分别为 0.7900、0.7825 和 0.7025。根据各自的面积和标准误不难对 model、ki、ca 进行统计学检验，其 $Z$ 值分别为 4.06、3.80 和 2.42，$P$ 值均小于 0.05，提示与 0.5 的面积相比差异均有统计学意义。

ROC Association Statistics

| ROC | Area | Standard Error | 95% Wald Confidence Limits | | Somers' D (Gini) | Gamma | Tau-a |
|---|---|---|---|---|---|---|---|
| | | | Mann-Whitney | | | | |
| Model | 0.7900 | 0.0714 | 0.6501 | 0.9299 | 0.5800 | 0.5800 | 0.2974 |
| ki | 0.7825 | 0.0744 | 0.6366 | 0.9284 | 0.5650 | 0.5678 | 0.2897 |
| ca | 0.7025 | 0.0838 | 0.5383 | 0.8667 | 0.4050 | 0.4070 | 0.2077 |

结果还给出了以 ca 为参照，model 与 ca、ki 与 ca 的比较结果。结果显示，model 与 ca 相比，差异无统计学意义（$P=0.2378$），ki 与 ca 相比，差异也无统计学意义（$P=0.4230$）。表明尽管 model 和 ki 的曲线下面积均大于 ca，但差异并无统计学意义。

ROC Contrast Test Results

| Contrast | DF | Chi-Square | Pr > ChiSq |
|---|---|---|---|
| Reference = ca | 2 | 2.0923 | 0.3513 |

ROC Contrast Rows Estimation and Testing Results

| Contrast | Estimate | Standard Error | 95% Wald Confidence Limits | | Chi-Square | Pr > ChiSq |
|---|---|---|---|---|---|---|
| Model-ca | 0.0875 | 0.0741 | −0.0578 | 0.2328 | 1.3937 | 0.2378 |
| ki-ca | 0.0800 | 0.0999 | −0.1157 | 0.2757 | 0.6419 | 0.4230 |

图 9.4 给出了两个指标单独及联合的 ROC 曲线图。

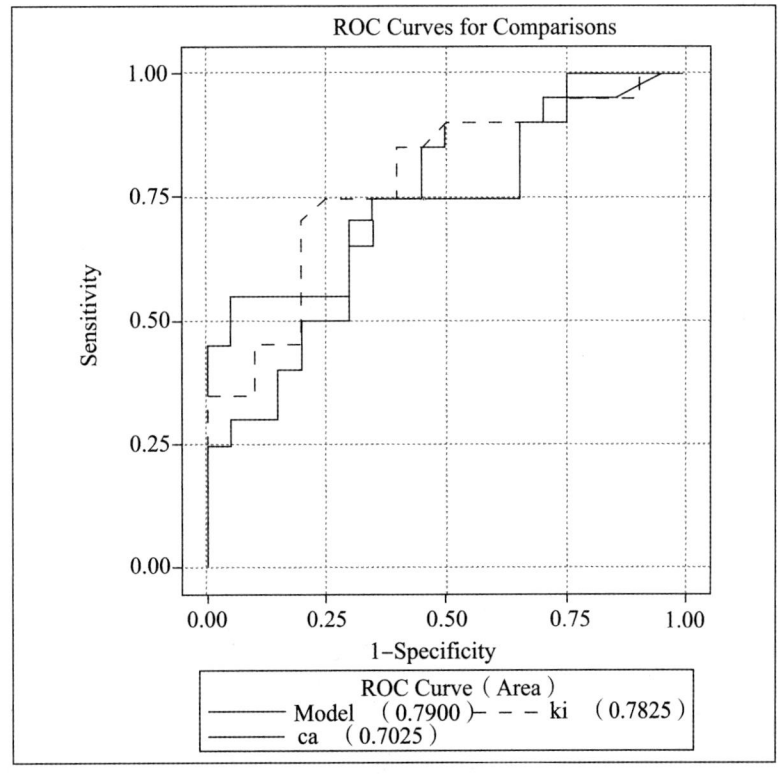

**图 9.4 指标 K 和 C 诊断胃癌的 ROC 曲线**

从本例分析结果可以看出，ki 的诊断价值略高于 ca，但二者并无统计学差异。两个指标联合诊断价值略高于单独指标的诊断价值，但相差不大，而且无统计学差异，提示这两个指标联合应用并不能提高诊断价值。

**例 9.5** 某研究欲评价某干眼仪在干眼诊断中的价值，选择确诊的 25 例干眼人群和 25 例非干眼人群，分别采用干眼仪进行检测，结果数据见表 9.4，试分析该干眼仪的诊断价值。

表 9.4 干眼仪诊断结果与实际结果比较

| 诊断结果 | 实际结果 | | 合计 |
|---|---|---|---|
| | 干眼 | 非干眼 | |
| 干眼 | 20 | 6 | 26 |
| 非干眼 | 5 | 19 | 24 |
| 合计 | 25 | 25 | 50 |

【例题分析】

本例与例 9.3 研究目的相同，都是对诊断价值的评价，不同之处是例 9.3 中的诊断指标是连续变量，而本例的诊断指标是分类变量。本例分析方法至少可考虑两种：一是根据 ROC 曲线下面积进行评价。二是采用 Kappa 一致性系数来评价。ROC 曲线下面积的计算过程可参见例 9.3，只需改变自变量即可。Kappa 一致性系数可通过程序 9.6 输出。

【程序 9.6】

```
data example9_6;
do test=1 to 2;
do y=1 to 2;
input f@@;
output;
end;
end;
cards;
20 6
5 19
;
proc freq;
weight f;
tables test*y/agree nopercent nocol norow;
/*agree 选项要求输出 Kappa 一致性系数，nopercent、nocol、norow 表示不输出四格表的总百分比、列百分比、行百分比*/
test agree;
/*test 表示对指定的关键字进行检验，这里表示对 agree 输出的 Kappa 值进行检验*/
run;
```

【程序解释】

该程序比较简单，通过指定 tables 语句中的 agree 选项输出 Kappa 一致性系数，并通过 test 语句对 Kappa 一致性系数进行检验。读者在实际应用时，只需修改第 9 行和第 10 行的四个数值，便可实现 Kappa 一致性系数的输出和检验。但一定要注意数据的顺序，本例与前面的两个 do 循环语句对应，第 9 行是诊断结果阳性的例数，第 10 行是诊断结果阴性的例数。

【结果输出】

结果可分为三部分。第一部分是数据的展示，可以核对一下数据是否有输入错误。

```
test        y
频数    |      1|      2|   合计
--------+-------+-------+
    1 |     20 |      6 |   26
--------+-------+-------+
    2 |      5 |     19 |   24
--------+-------+-------+
合计           25      25      50
```

第二部分是两种诊断结果的差异比较，这并不是本例的研究目的，但这是 SAS 默认输出的结果。注意不要将这部分作为研究结果采纳，因为差异性检验与一致性检验并不同。

McNemar 检验
--------------------
统计量（S）     0.0909
自由度          1
Pr > S         0.7630

第三部分是本次研究所需要的。可以看出，Kappa 一致性系数为 0.56，95% 可信区间为（0.3305，0.7895）。对 Kappa 值＝0 进行检验，结果显示，$Z=3.9630$，$P<0.0001$，提示 Kappa 一致性系数有统计学意义。

简单 Kappa 系数
--------------------
Kappa                    0.5600
渐近标准误差             0.1171
95% 置信下限             0.3305
95% 置信上限             0.7895

H0 检验：Kappa = 0
H0 下的渐近标准误差      0.1413
Z                        3.9630
单侧 Pr > Z              <.0001
双侧 Pr > |Z|            <.0001

本例分析结果表明，干眼仪与金标准的诊断结果的一致性系数为 0.56，提示干眼仪的诊断价值尚可，但并非太理想。

## 二、定量资料的诊断试验分析

**例 9.6** 某医生欲了解电脑验光与综合验光测量结果的一致性，在医院随机抽取 20 名青少年，分别进行电脑验光和综合验光，检测其球镜度数（数据见表9.5）。试分析两种测量结果的一致性。

表9.5　20名青少年的球镜度数

| 编号 | 电脑验光 | 综合验光 | 编号 | 电脑验光 | 综合验光 |
| --- | --- | --- | --- | --- | --- |
| 1 | −2.10 | −2.50 | 11 | −2.25 | −1.75 |
| 2 | −2.50 | −2.05 | 12 | −2.40 | −2.90 |
| 3 | −1.95 | −0.75 | 13 | −3.95 | −3.10 |
| 4 | −4.45 | −1.65 | 14 | −1.95 | −0.65 |
| 5 | −3.25 | −1.55 | 15 | −1.25 | −2.10 |
| 6 | −1.75 | −1.55 | 16 | −2.20 | −0.65 |
| 7 | −0.35 | −0.20 | 17 | −1.75 | −1.40 |
| 8 | −1.70 | −0.90 | 18 | −3.30 | −4.10 |
| 9 | −3.05 | −1.90 | 19 | −4.95 | −2.10 |
| 10 | −4.60 | −3.25 | 20 | −0.95 | −0.55 |

【例题分析】

本研究假定以综合验光作为金标准，分析电脑验光的诊断价值。由于金标准是连续资料，不能用 ROC 曲线下面积来分析。可考虑采用 ICC 或 Bland-Altman 法。

1. ICC 的输出

【程序9.7】

```
data example9_7;
input id test y;
/*id 表示个体编号，test 表示两次测量，1=电脑验光，2=综合验光，y 为测量结果*/
cards;
1    1    −2.10
2    1    −2.50
3    1    −1.95
4    1    −4.45
5    1    −3.25
……
16   1    −2.20
17   1    −1.75
18   1    −3.30
19   1    −4.95
20   1    −0.95
1    2    −2.50
2    2    −2.05
3    2    −0.75
4    2    −1.65
5    2    −1.55
……
```

```
16    2    -0.65
17    2    -1.40
18    2    -4.10
19    2    -2.10
20    2    -0.55
;
proc mixed;
class id;
/*将个体编号的变量 id 作为分类变量，id 必须在 class 中指定*/
model y=/;
/*model 语句可不加自变量，表示对截距进行检验*/
random int/sub=id;
/*random 指定截距(int)为随机效应，sub 指定表示个体编号的变量，即 id*/
run;
```

【程序解释】

proc mixed 过程主要用于多水平模型的分析，诊断试验可以看做是一个二水平的模型，即对每个人重复诊断两次，研究对象为水平 2 单位，两次诊断结果为水平 1 单位。因此可以利用多水平模型来分析。由于多水平模型较为复杂，如果读者对此不是很了解，可以直接按程序中的数据输入方式，改成自己的数据即可。

本例程序有几点需要说明：①关于数据输入，由于是将数据作为多水平模型，因此数据输入前需进行简单整理。SAS 输入时共需输入 40 行数据（20 例电脑验光、20 例综合验光），而且数据需要有表示个体的变量，本例用 id 表示。还需有表示 2 次测量的变量，本例用 test 表示。测量结果用一个变量 y 表示，而不是用两个变量分别表示。②作为表示个体的变量 id 必须在 class 语句中指定，而且必须在 random 语句中指定 sub=id。③model 语句中无须加入任何自变量，因为本例目的主要是求 ICC，而不是为了检验某自变量。④random 语句中需指定截距（int）作为随机效应，这是求 ICC 的关键。

【结果输出】

结果给出了模型的基本信息及与 ICC 相关的信息，这里仅列出与 ICC 相关的部分结果。结果其实很简单，给出了协方差参数估计值，包括截距和残差的估计值。

| Covariance Parameter Estimates | | |
| --- | --- | --- |
| Cov Parm | Subject | Estimate |
| Intercept | id | 0.6338 |
| Residual | | 0.7866 |

ICC 可根据这两个估计值计算，ICC＝截距估计值/（截距估计值＋残差估计值）＝0.6338/（0.6338+0.7866）＝0.4462。

(2) Bland - Altman 图的绘制

【程序 9.8】
```
data example9_8;
input id test y;
dif=test-y;
mean=(test+y)/2;
```

```
cards;
1  -2.10  -2.50
2  -2.50  -2.05
3  -1.95  -0.75
4  -4.45  -1.65
5  -3.25  -1.55
6  -1.75  -1.55
7  -0.35  -0.20
8  -1.70  -0.90
9  -3.05  -1.90
10 -4.60  -3.25
11 -2.25  -1.75
12 -2.40  -2.90
13 -3.95  -3.10
14 -1.95  -0.65
15 -1.25  -2.10
16 -2.20  -0.65
17 -1.75  -1.40
18 -3.30  -4.10
19 -4.95  -2.10
20 -0.95  -0.55
;
/*步骤1:产生用于绘图的差值均值、上下一致性界限、0值参考线*/
proc means mean std noprint;
var dif;
output out=st mean= dmean std=std;
run;
data st(drop=_type_ _freq_);
set st;
uclm=dmean+1.96*std;
lclm=dmean-1.96*std;
zero=0;
run;
/*步骤2:将含各指标的数据集与原始数据集合并,用于下一步的制图*/
proc sql;
create table ba as
select * from example9_8,st;
quit;
proc sort data=ba;
by mean;
run;
/*步骤3:利用 proc sgplot 过程制图,利用 series 语句绘制4条线,并分别设定其相应属性*/
proc sgplot data=ba;
scatter x=mean y=dif ;
```

```
series x=mean y=uclm/curvelabel="+1.96标准差" curvelabelloc=outside lineattrs=(pattern=4);
series x=mean y=dmean/curvelabel="差值均值" curvelabelloc=outside lineattrs=(pattern=1);
series x=mean y=lclm/curvelabel="-1.96标准差" curvelabelloc=outside lineattrs=(pattern=4);
series x=mean y=zero/curvelabel="0值参考线" curvelabelloc=outside lineattrs=(pattern=2);
yaxis values=(-4 to 4);
run;
```

【程序解释】

该过程较为复杂，这里不逐句解释，主要说一下大致思路：首先在原始数据集产生几个与绘图有关的变量，dif 为两组差值，mean 为两组均值。然后利用 proc means 语句求出两组差值的均值及标准差，进而求出差值均值的 95% 上下限。然后利用 sql 语句将原始数据与求出的各个指标合并，最后利用 proc sgplot 的 scatter 和 series 语句绘制散点图和 4 条曲线。这 4 个 series 语句中，curvelabel 设定曲线名称，curvelabelloc 设定曲线名称显示在外侧，lineattrs 设定曲线的虚实程度。读者即使对程序不理解也不要紧，只要修改相应的原始数据，程序中的语句均无需改动，便可绘制其他数据的 Bland - Altman 图。

【结果输出】

本例结果实际就是绘制了一个 Bland - Altman 图（图 9.5）。

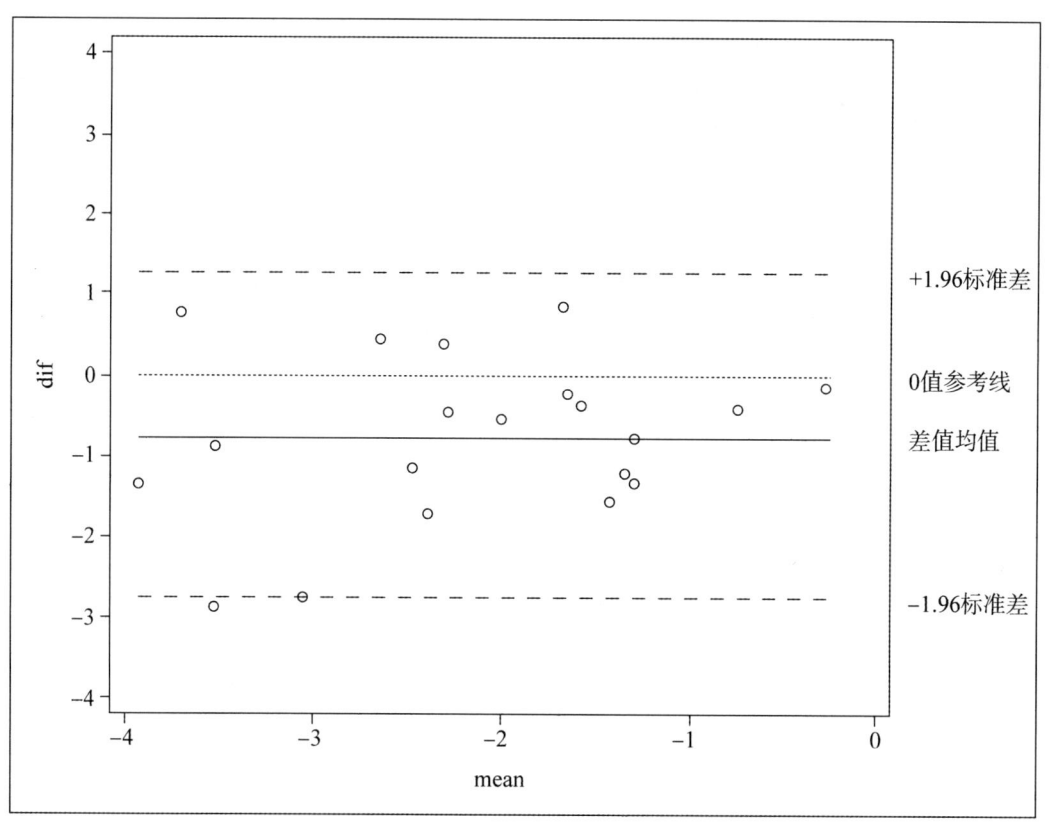

图 9.5　综合验光与电脑验光一致性的 Bland - Altman 图

从图中可以看出，差值均值距参考线（均值 0 线）并不是很近，有 2 例（10%）溢出 95% 一致性界限，溢出比例较高。

本例分别用 ICC 和 Bland-Altman 图分析了电脑验光与综合验光测量结果的一致性，结果显示，ICC 值为 0.4462，并不是很高。Bland-Altman 图也提示两种测量结果一致性并不算太好，因此可以认为电脑验光与综合验光的一致性不算高，以综合验光为金标准，表示电脑验光尽管快捷，但不能作为综合验光的替代方法。

## 第五节　案例辨析

【案例】某医师欲比较两种眼压仪在测量眼压中的一致性，对某一时间段内到医院就诊的 35 例高眼压患者分别采用两种眼压仪进行测量。该研究分别采用配对 $t$ 检验和相关分析进行一致性检验。配对 $t$ 检验结果显示 $P=0.206$；相关分析结果显示，相关系数为 $r=0.90$，$P<0.01$。结论为两种眼压仪的测量结果具有较高的一致性。

【辨析】首先一定要明确，一致性不等同于相关性。一致性比相关性要更严格一些，通常来讲，强的一致性必然会有强的相关性，但强相关性不一定存在强一致性。例如，两个测量指标 a 和 b，如果 a 对每一个体的测量结果均是 b 的 2 倍，此时两个测定结果的相关性非常强，但一致性很差。对于一致性而言，不仅要求具有相关性，而且两种方法的测定值应差别不大，否则一致性仍较差。

配对 $t$ 检验和相关系数在评价一致性方面各有片面性，配对 $t$ 检验主要反映两种测定方法的差异程度，而相关系数反映两种测定方法的相关程度。配对 $t$ 检验受样本量大小的影响很大，样本量小时，即使有实际差异也不一定能发现；样本较大时，即使无临床差异也会认为有统计学差异。相关系数受异常点的影响很大，一旦样本中有异常点，往往会导致相关系数偏倚较大。

与配对 $t$ 检验和相关分析相比，ICC 和 Bland-Altman 法是更为理想的方法，已有研究表明，尽管 ICC 和 Bland-Altman 法也有一定缺陷，但在一致性评价中同时兼顾了系统误差和随机误差，避免了配对 $t$ 检验和相关分析各自的片面性，因此进行一致性检验时，推荐采用 ICC 或 Bland-Altman 法。

（冯国双　王丽娟）

# 第十章　重复测量资料的设计与分析

## 第一节　重复测量设计与数据结构

重复测量（repeated measure）是指对同一批研究对象的同一研究指标在不同时间点进行多次测量。重复测量资料在医学实验设计中十分常见，如观察血压值随时间变化的趋势，服用不同药物后血糖值随时间变化的趋势是否有差异等。重复测量这一概念还可以扩展到空间上。如同一患者的两只眼睛，同一肿瘤患者的不同肿块，同一医生所诊治的不同患者等。

不管是时间上还是空间上，它们共同的特点是同一研究对象的重复测量值之间是非独立的（nonindependent）。如以眼疾患者为研究对象，同一患者左眼和右眼患病可能具有相关性；以医生为研究对象，同一医生所诊治的患者可能具有相同的特点等。统计分析时如果不考虑这些相关性，有可能会低估标准误，从而导致假阳性错误的发生。

重复测量设计可根据研究因素个数分为单因素（one-way）重复测量设计、两因素（two-way）重复测量设计等。单因素重复测量设计只涉及一个时间因素，主要分析观察指标随时间的变化趋势。两因素重复测量设计除时间因素外，还将受试者按其他研究因素分组，用于分析观察指标在组间的变化趋势是否有所不同。如果研究因素较多，还可以继续按因素分组，进行多因素重复测量。

单因素重复测量设计不涉及分组问题，关键是样本的随机选择，时间因素不是随机分配，而是根据研究目的有顺序地安排。

假定对 $n$ 例研究对象重复测量 $m$ 次，则单因素重复测量资料的形式如表 10.1 所示。

表 10.1　单因素重复测量资料的数据格式

| 研究对象 | 时间点 1 | 时间点 2 | ⋯ | 时间点 $m$ |
|---|---|---|---|---|
| 1 | $y_{11}$ | $y_{12}$ | ⋯ | $y_{1m}$ |
| 2 | $y_{21}$ | $y_{22}$ | ⋯ | $y_{2m}$ |
| 3 | $y_{31}$ | $y_{32}$ | ⋯ | $y_{3m}$ |
| ⋮ | ⋮ | ⋮ | ⋮ | ⋮ |
| $n$ | $y_{n1}$ | $y_{n2}$ | ⋯ | $y_{nm}$ |

表 10.1 中，$y_{ij}$ 表示第 $i$（$i=1, 2, \cdots, n$）个研究对象在第 $j$（$j=1, 2, \cdots, m$）次时间的测量值。

单因素重复测量资料的形式看起来跟随机区组设计非常相似，事实上二者确实很像，但至少有一点区别：随机区组设计中，同一研究对象可以在同一时间随机给予不同的干预措施，而重复测量资料中，同一研究对象给予的干预措施是有顺序的，不是同时施加，也不是随机分配。

两因素重复测量资料需要按研究因素分组，然后对每组内的研究对象进行重复观测。其分组方式仍是以研究对象为单位进行随机分组,方法与第二章的完全随机设计相同。

假定按研究因素将研究对象分为 $p$ 组,每组例数分别为 $n_1$、$n_2$、$\cdots$、$n_p$,共重复观察 $m$ 次,$y_{gij}$ 表示第 $g$ 组的第 $i$ 个研究对象在第 $j$ 次时间的测量值。则两因素重复测量资料的形式如表10.2所示。

表 10.2 两因素重复测量资料的数据格式

| 分组因素 | 研究对象 | 时间点 1 | 时间点 2 | $\cdots$ | 时间点 $m$ |
|---|---|---|---|---|---|
| 1 | 1 | $y_{111}$ | $y_{112}$ | $\cdots$ | $y_{11m}$ |
| 1 | 2 | $y_{121}$ | $y_{122}$ | $\cdots$ | $y_{12m}$ |
| $\vdots$ | $\vdots$ | $\vdots$ | $\vdots$ | | $\vdots$ |
| 1 | $n_1$ | $y_{1n_1 1}$ | $y_{1n_1 2}$ | $\cdots$ | $y_{1n_1 m}$ |
| 2 | 1 | $y_{211}$ | $y_{212}$ | $\cdots$ | $y_{21m}$ |
| 2 | 2 | $y_{221}$ | $y_{222}$ | $\cdots$ | $y_{22m}$ |
| $\vdots$ | $\vdots$ | $\vdots$ | $\vdots$ | | $\vdots$ |
| 2 | $n_2$ | $y_{2n_2 1}$ | $y_{2n_2 2}$ | $\cdots$ | $y_{2n_2 m}$ |
| $\cdots$ | $\cdots$ | $\cdots$ | $\cdots$ | | $\cdots$ |
| $p$ | 1 | $y_{p11}$ | $y_{p12}$ | $\cdots$ | $y_{p1m}$ |
| $p$ | 2 | $y_{p21}$ | $y_{p22}$ | $\cdots$ | $y_{p2m}$ |
| $\vdots$ | $\vdots$ | $\vdots$ | $\vdots$ | | $\vdots$ |
| $p$ | $n_p$ | $y_{pn_p 1}$ | $y_{pn_p 2}$ | $\cdots$ | $y_{pn_p m}$ |

## 第二节 重复测量设计的样本含量估计

不少学者基于不同的思想提出了重复测量资料样本量估计公式,这里主要介绍实际中比较常用的两个,即 Diggle 等(2002)推荐的基于连续资料和分类资料的两个公式。

1. 连续资料的样本量估算公式

$$N = \frac{2(Z_{1-\alpha/2} + Z_{1-\beta})^2 s^2 [1+(n-1)\rho]}{n(\mu_1-\mu_2)^2}$$

式中,$N$ 为每组的例数,$Z_{1-\alpha/2}$ 和 $Z_{1-\beta}$ 表示标准正态分布中对应 $1-\alpha/2$ 和 $1-\beta$ 的百分位数,$n$ 表示重复测量的次数,$\rho$ 为内部相关系数,反映了多次测量之间的相关性。$\mu_1 - \mu_2$ 表示预期两组差值,$s$ 表示两组合并标准差,可通过下式计算:

$$s = \sqrt{\frac{(n_1-1)s_1^2 + (n_2-1)s_2^2}{n_1+n_2-2}}$$

式中,$s_1$、$s_2$ 是两组的标准差,$n_1$、$n_2$ 是两组的例数,这些均可通过以往文献获得。

2. 分类资料的样本量估算公式

$$N = \frac{[Z_{1-\alpha/2}\sqrt{(2\bar{p}\bar{q})} + Z_{1-\beta}\sqrt{(p_1q_1+p_2q_2)}]^2 [1+(n-1)\rho]}{n(p_1-p_2)^2}$$

式中,$p_1$、$p_2$ 分别为两组的阳性率,$q_1$、$q_2$ 分别等于 $1-p_1$、$1-p_2$,$\bar{p}=(p_1+p_2)/2$,$\bar{q}=1-\bar{p}$,其余指标含义同上式。

目前 SAS 软件尚无直接实现重复测量样本量的命令，需自行编程实现。

**例 10.1** 某研究比较两种白内障摘除术对眼视力的影响，患者分为两组，分别接受两种白内障摘除术。由于患者的两只眼睛可能具有相关性，因此估计样本量时需要考虑这种相关。根据以往文献，两组预期视力差别为 0.4，并根据文献提供的标准差计算合并标准差为 0.6，两只眼睛的相关性为 0.6。试以 0.05 的显著性、0.8 的把握度进行样本含量估计。

【例题分析】

该研究相当于是眼睛的重复测量，每个人有两只眼睛，因此相当于两次重复测量。结合其他指标值，便可以代入公式进行计算。程序 10.1 给出了基于连续资料计算公式的编程过程。

【程序 10.1】

```
data example10_1;
alpha=0.05;                /*指定第一类错误α值*/
beta=0.2;                  /*指定第二类错误β值*/
rt=2;                      /*指定重复测量的次数*/
rho=0.6;                   /*指定多次测量间的相关系数*/
dif=0.4;                   /*指定预期两组差值*/
s=0.6;                     /*指定两组合并标准差*/
nc=ceil((2*(probit(1-alpha/2)+probit(1-beta))**2*(s)**2*(1+(rt-1)*rho))/(rt*(dif)**2));
label alpha="α";
label beta="β";
label rt="重复次数";
label rho="相关系数";
label dif="预期两组差值";
label s="合并标准差";
label nc="每组例数";
proc print label;
var rt rho dif s nc;
run;
```

【程序解释】

该程序第 2~7 行输入公式所需的各个指标，第 8 行给出计算公式，第 9~15 行给出各指标的标示名称，第 16~18 行输出各指标值。

读者可修改程序中第 2~7 行各指标的数值，便可输出重复测量连续资料的样本量结果。

【结果输出】

| 重复次数 | 相关系数 | 预期两组差值 | 合并标准差 | 每组例数 |
|---|---|---|---|---|
| 2 | 0.6 | 0.4 | 0.6 | 29 |

结果给出了各指标的输入值以及每组样本量的输出值，两组共需 29×2＝58 例研究对象。

**例 10.2** 某新药研究中，欲比较新药与对照药治疗颈椎病的疗效，以有效率为观察指标，共观察 4 个疗程的有效率。根据以往文献得知，重复测量间的相关性大约为 0.4，两组有效率分别为 0.6 和 0.5，试以 0.05 的显著性、0.9 的把握度进行样本含量估计。

【例题分析】

该研究是一个 4 次重复测量实验，根据两组有效率及其他指标，不难计算出所需样本量。程序 10.2 给出了基于分类资料计算公式的编程过程。

【程序 10.2】

```
data example10_2;
    alpha=0.05;                /*指定第一类错误α值*/
    beta=0.1;                  /*指定第二类错误β值*/
    rt=4;                      /*指定重复测量的次数*/
    rho=0.4;                   /*指定多次测量间的相关系数*/
    p1=0.6;                    /*指定第一组的阳性率*/
    p2=0.5;                    /*指定第二组的阳性率*/
    q1=1-p1;
    q2=1-p2;
    p=(p1+p2)/2;
    q=(q1+q2)/2;
    nc=ceil((probit(1-alpha/2)*sqrt(2*p*q)+probit(1-beta)*sqrt(p1*q1+p2*q2))**2*(1+(rt-1)*rho)/(rt*(p1-p2)**2));
    label alpha="α";
    label beta="β";
    label rt="重复次数";
    label rho="相关系数";
    label p1="第1组阳性率";
    label p2="第2组阳性率";
    label nc="每组例数";
proc print label;
    var rt rho p1 p2 nc;
run;
```

【程序解释】

该程序第 2～7 行输入公式所需的各个指标，第 8～12 行给出相关指标的计算以及每组样本量的计算公式，第 13～19 行给出各指标的标示名称，第 20～22 行输出各指标值。

读者可通过修改程序中第 2～7 行各指标的数值，便可输出相应的样本量计算结果。

【结果输出】

| 重复次数 | 相关系数 | 第1组阳性率 | 第2组阳性率 | 每组例数 |
|---|---|---|---|---|
| 4 | 0.4 | 0.6 | 0.5 | 285 |

结果给出了各指标的输入值以及每组样本量的输出值，两组共需 285×2=570 例。

## 第三节 重复测量设计的常用统计分析方法

重复测量资料的统计分析有多种方法可以选择，如重复测量方差分析、广义估计方程、多水平模型等。多水平模型由于涉及较复杂的理论知识，本章不做介绍，感兴趣的读者可参考王济川等（2008）的著作。这里主要介绍重复测量方差分析和广义估计方程两种方法。

## 一、重复测量方差分析

重复测量方差分析（repeated measure analysis of variance）主要用于定量资料的分析，该法包括一系列步骤，首先需要对数据的相关性进行假设检验，即检验球性假定是否满足。如果条件满足，可直接采用普通的单变量方差分析，否则需要对单变量方差分析的结果进行校正或者采用多变量方差分析的结果。

以仅含一个分组因素（处理因素）为例，重复测量方差分析模型可表示为：

$$y_{gij} = \mu + \alpha_g + \beta_j + \gamma_{i(g)} + (\alpha\beta)_{gj} + \varepsilon_{gij}$$

式中，$\mu$ 为总均值，$\alpha_g$ 表示第 $g$ 个处理水平的效应，$\beta_j$ 表示第 $j$ 个测量时间点的效应，$\gamma_{i(g)}$ 表示第 $g$ 组第 $i$ 个受试者的效应，该效应为随机效应，$(\alpha\beta)_{gj}$ 表示处理因素第 $g$ 个水平在第 $j$ 个测量时间点上的效应，也就是处理因素与时间点的交互效应，$\varepsilon_{gij}$ 为随机误差。

重复测量方差分析在 SAS 中主要通过 proc glm 过程的 repeated 语句来实现，该语句的详细介绍参见第一章。

重复测量资料分析前，通常需要对前提条件进行验证，即球性（sphericity）假定条件。所谓球性条件，就是任意两个时间点之间的差值的方差应该相等（并不要求精确相等，只要差别不大即可）。假定有 3 个时间点的数据，可分别求出时间点 1-2、1-3、2-3 的差值，并求出 3 个时间点差值的方差。如果球性条件满足，则三个差值的方差应该差别不大。如果差别太大，则提示条件不满足。当然，是否"有差异"，需要进行假设检验。对于 2 次观测，由于只有一个差值，此时无须做球性检验。目前最常用的是 Mauchly 球性检验，这也是大多数统计软件所提供的检验方法。该检验在小样本时很难检出差异，有时你会发现手工计算的几个差值方差相差很大，但 Mauchly 球性检验仍提示满足球性假定，这主要是因为样本太小。

提到球性假定，就不得不提另外一个假定，即复合对称性（compound symmetry）。复合对称性是基于协方差矩阵的一个条件，要求协方差矩阵中对角线上的方差应相等，对角线外的协方差也应相等（方差与协方差不要求相等）。如对于 3 个时间点的数据，可计算 3 个时间点的协方差矩阵，并据此判断是否符合条件。

复合对称性假定是比球性假定更加严格的一个条件。如果复合对称性条件满足，则球性条件也满足，如果球性条件满足，复合对称性条件则不一定满足（当然，这种情况并不多见）。不过一个好的消息是，已有学者证实了，复合对称性假定只是重复测量分析的一个充分条件，而非必要条件，因此通常我们只要对球性假定进行检验就足够了。

如果球性条件得到满足，可以直接采用普通的单变量方差分析结果，否则需要对结果进行校正或采用多变量方差分析的结果。

1. 结果校正法　该法是通过校正自由度从而实现校正 $P$ 值的目的，并不影响参数估计值。校正系数用 $\varepsilon$（Epsilon）表示，它反映了对球性假定的偏离程度。当 $\varepsilon=1$ 时，表示对球性无偏离，也就是满足球性假定；$\varepsilon<1$ 时，表示偏离球性，距离 1 越远，偏离越大。常用的校正方法有两种，即 G-G（Greenhouse-Geisser）系数校正和 H-F（Huynh-Feldt）系数校正。一般认为 G-G 校正偏于保守，Girden 建议，当 $\varepsilon>0.75$ 时，最好采用 H-F 校正；当 $\varepsilon<0.75$ 时，应采用 G-G 校正。

2. 多变量方差分析　多变量方差分析是把多次重复测量值看作是一个多维的结构，通过多维变量的协方差矩阵进行统计推断。在单变量的方差分析中,总的离均差平方和($SS_{total}$)可分解为模型解释部分($SS_{model}$)和误差部分($SS_{error}$)。多变量方差分析由于是多维结构,因此不是分解离均差平方和,而是交叉乘积(cross-product)平方和(SSCP)矩阵。但思路是一致的,是将总的 SSCP 矩阵 T($SSCP_T$)分解为模型 SSCP 矩阵 H($SSCP_H$)和误差 SSCP 矩阵 E($SSCP_E$)。

假定有两组人群(g1 和 g2),均重复观测 2 次(t1、t2)。则

$$CP_T = \sum [(x_{i(t1)} - \bar{x}_{t1})(x_{i(t2)} - \bar{x}_{t2})]$$

$$CP_H = \sum n[(\bar{x}_{g(t1)} - \bar{x}_{t1})(\bar{x}_{g(t2)} - \bar{x}_{t2})]$$

$$CP_E = \sum [(x_{i(t1)} - \bar{x}_{g(t1)})(x_{i(t2)} - \bar{x}_{g(t2)})]$$

其中 $\bar{x}_{g(t1)}$ 表示 t1 时间点各组的均值,$\bar{x}_{g(t2)}$ 表示 t2 时间点各组的均值,$\bar{x}_{t1}$ 表示 t1 时间点总均值,$\bar{x}_{t2}$ 表示 t2 时间点总均值,$x_{i(t1)}$ 和 $x_{i(t2)}$ 分别表示 t1 和 t2 时间点的第 $i$ 个观测值。

表 10.3 $CP_T$ 和 $CP_E$ 的计算过程示例

| group | A | B | $CT_T$ | | | $CP_E$ | | |
|---|---|---|---|---|---|---|---|---|
| | | | C | D | E | F | G | H |
| | (t1) | (t2) | (t1−$\overline{t1}$) | (t2−$\overline{t2}$) | (C∗D) | (t1−$\overline{t1}_g$) | (t2−$\overline{t2}_g$) | (F∗G) |
| 1 | 1 | −1 | 1.1 | 0.4 | 0.44 | 0.8 | 0.4 | 0.32 |
| 1 | 0 | −1 | 0.1 | 0.4 | 0.04 | −0.2 | 0.4 | −0.08 |
| 1 | 0 | −1 | 0.1 | 0.4 | 0.04 | −0.2 | 0.4 | −0.08 |
| 1 | 0 | −1 | 0.1 | 0.4 | 0.04 | −0.2 | 0.4 | −0.08 |
| 1 | 0 | −3 | 0.1 | −1.6 | −0.16 | −0.2 | −1.6 | 0.32 |
| g1 均值 | 0.2 | −1.4 | | | | | | |
| 2 | 0 | −1 | 0.1 | 0.4 | 0.04 | 0.4 | 0.4 | 0.16 |
| 2 | 0 | 0 | 0.1 | 1.4 | 0.14 | 0.4 | 1.4 | 0.56 |
| 2 | −1 | −1 | −0.9 | 0.4 | −0.36 | −0.6 | 0.4 | −0.24 |
| 2 | 0 | 0 | 0.1 | 1.4 | 0.14 | 0.4 | 1.4 | 0.56 |
| 2 | −1 | −5 | −0.9 | −3.6 | 3.24 | −0.6 | −3.6 | 2.16 |
| g2 均值 | −0.4 | −1.4 | | | | | | |
| 总均值 | −0.1 | −1.4 | | | | | | |
| 离均差平方和 | | | 2.9 | 20.4 | | 2 | 20.4 | |
| 求和 | | | | | 3.6 | | | 3.6 |

从表 10.3 可以看出,$CP_T$ 和 $CP_E$ 的计算原理差不多,只不过 $CP_T$ 用的是对总均值的离均差,而 $CP_E$ 用的是对各组均值的离均差。根据表 10.3 最后两行的计算结果:

$$SSCP_T = \begin{pmatrix} 2.9 & 3.6 \\ 3.6 & 20.4 \end{pmatrix}, \quad SSCP_E = \begin{pmatrix} 2 & 3.6 \\ 3.6 & 20.4 \end{pmatrix}, \quad SSCP_H = SSCP_T - SSCP_E = \begin{pmatrix} 0.9 & 0 \\ 0 & 0 \end{pmatrix}$$

多变量方差分析主要有四个统计量,分别为 Wilks' lambda、Pillai's trace、Hotelling-

Lawley trace 和 Roy's largest root，它们都是基于 H 和 E 矩阵计算的。

Wilks' lambda 指标的含义较为明确，其计算公式为 ｜E｜/（｜H｜＋｜E｜）＝｜E｜/｜T｜，即 $SSCP_E$ 的行列式除以 $SSCP_T$ 的行列式。它反映了组内方差占总方差（组间方差＋组内方差）的比例。显然，该值越小，组间方差越大，意味着组间差异越大。对于表 10.3 中的数据，可以求出 $SSCP_E$ 和 $SSCP_T$ 的行列式（如 Excel 的 mdeterm 函数），分别为 27.84 和 46.2，因此该指标值为 0.602597。

其他三个统计量的计算需要先求出 $HE^{-1}$（即 H 矩阵与 E 逆矩阵的乘积，相当于 H/E）。这个很容易求出（如利用 Excel 的 minverse 和 mmult 函数）：

$$HE^{-1} = \begin{pmatrix} 0.65948 & -0.11638 \\ 0 & 0 \end{pmatrix}$$

对角线上的值为特征值 $\lambda_i$，这里 $\lambda_1=0.65948$，$\lambda_2=0$。

Pillai's trace 的公式为：$\sum \frac{\lambda_i}{1+\lambda_i}$，即 0.65948/（1＋0.65948）＋0/（1＋0）＝ 0.397403。该指标反映了组间方差占总方差的比例。

Hotelling-Lawley trace 也叫 Hotelling's $T^2$，是 $HE^{-1}$ 矩阵的对角线上的所有值之和，即 0.64948＋0＝0.65948。

Roy's largest root 是 $HE^{-1}$ 矩阵的对角线上的最大的一个值，即 max（0.65948，0）＝0.65948。

很多人花了无数时间想搞清楚这四种方法到底哪一个更好，但始终没有一个明确答案，最常见的答案是：自行选择。Johnson（1993）的模拟研究认为，如果方差协方差矩阵不齐，Pillai's trace 检验可能更为准确。如果协方差矩阵齐性，不少人青睐于 Wilks' lambda，其实际含义较为明确。不过一个好消息是：绝大多数情况下这四个统计量对应的 F 值是极为接近的，如果因变量的最大特征值完全解释了所有变异（如上面的 $HE^{-1}$ 矩阵，最大的 λ 值 0.65948，其余为 0），四个统计量对应的 F 值是完全相等的（此时 $HE^{-1}$ 矩阵的 $\lambda_i$ 之和也就是最大的 $\lambda_i$，所以 Hotelling-Lawley trace 等同于 Roy's largest root）。多数情况下你无须对选择哪一结果伤脑筋。

## 二、广义估计方程

广义估计方程（Generalized Estimating Equations，GEE）可用于重复测量的分类资料和连续资料的分析，它的基本思想是校正多次重复测量所带来的相关性的影响。广义估计方程是在广义线性模型的基础上发展起来的，用于分析具有组内相关性的纵向资料，包括重复测量资料。它突破了广义线性模型"独立性"的条件，可用于各种非独立数据的分析。广义估计方程可通过连接函数拟合各种模型，对于分类资料，可通过指定 logit 连接函数实现重复测量资料的分析，当然还可指定恒等连接函数实现连续资料的分析。

广义估计方程主要是通过定义不同的作业相关矩阵（working correlation matrix）来实现具有相关性资料的分析，因此如何选择合适的作业相关矩阵是非常关键的环节。常见的相关矩阵有等相关（exchangeable correlation structure）、一阶自回归相关（first-order regression structure）、自相关（autocorrelation）、非确定相关（unstructured correlation）等。等相关是最简单的组内相关，即假定任意两个观察值的相关系数相等。一阶自回归相关表示在时间点 t 的测量值只受其前一时间点 t－1 测量值的影响，而与再前面的测量值无关。自相关与间隔的距离有关，相邻的两个观察值之间相关性较大，间隔越远，相关性越小。非确定相关即任意两个观察值之间的相关性不等。

作业相关矩阵的形式通常较难选择，但幸亏广义估计方程有一个优良的特点，那就是只要连接函数指定无误，即使作业相关矩阵的指定跟实际情况不同，其参数估计也不会有太大偏差。也就是说，参数估计对相关结构的指定并不敏感。通常情况下，如果难以确定相关结构，可以直接指定非确定相关。

广义估计方程通过 proc genmod 命令实现，其常用语句有：

> proc genmod <选项>；
> class 分类变量；
> model 因变量＝自变量；
> repeated subject＝水平 2 变量/<选项>；
> weight 变量；

【proc genmod】语句需注意一个选项，即 descending。对于分类资料（如 0－1 变量），SAS 默认的是对较小的值（如 0）进行求解，descending 选项可将其改为对较大的值（如 1）进行求解。当我们习惯将结局发生赋值为 1 时，通常需要用到该选项。

【class】语句必须在 model 语句之前，可通过 param＝和 ref＝这两个选项产生虚拟变量。

| param＝ | 指定分类变量的参数估计方法，一般指定 param＝reference |
|---|---|
| ref＝ | 可指定 ref＝first、ref＝last 或 ref＝"某类别赋值"（如 ref＝1），表示以第一类、最后一类或其中的某一类作为参照组 |

【model】语句常用选项如下：

| dist＝ | 指定概率分布。二分类变量的分布为 dist＝binomial，多分类变量的分布为 dist＝multinomial，如果是连续变量，其分布为 dist＝normal |
|---|---|
| link＝ | 指定连接函数。对于二分类变量，连接函数为 link＝logit；如果是有序多分类，连接函数为 link＝clogit；对于连续资料，连接函数为 link＝identity |

【repeated】语句是重复测量分析的关键语句。通过 subject 选项指定一个水平 2 变量，在重复测量资料中，个体就是水平 2 变量，因此重复测量资料直接指定 subject＝个体变量。subject 中指定的变量必须在 class 语句中出现。该语句的选项主要介绍两个：

| type＝ | 指定作业相关矩阵，常用的有 EXCH（等相关）、AR（自回归相关）、UN（不确定相关）、USER（自行输入相关系数来指定相关矩阵），通常指定 UN 即可 |
|---|---|
| corrw | 输出作业相关矩阵 |

## 第四节　重复测量资料的统计分析及 SAS 实现

### 一、定量资料的重复测量分析

**例 10.3**　某研究评价一医疗仪器在治疗颈椎病中的疗效，以 VAS 评分作为评价指标，共治疗 2 个疗程。从该研究中随机选择 20 例研究对象，表 10.4 列出了 20 例研究对象的治疗前、治疗 1 个疗程、治疗 2 个疗程的 VAS 评分结果，试分析 VAS 评分的变化趋势。

表 10.4　20 例颈椎病患者的三次 VAS 评分值

| ID | 疗前 | 1 个疗程后 | 2 个疗程后 | ID | 疗前 | 1 个疗程后 | 2 个疗程后 |
|---|---|---|---|---|---|---|---|
| 1 | 7 | 8 | 6 | 11 | 7 | 7 | 4 |
| 2 | 4 | 4 | 3 | 12 | 7 | 6 | 6 |
| 3 | 5 | 5 | 4 | 13 | 7 | 6 | 5 |
| 4 | 6 | 6 | 5 | 14 | 6 | 5 | 4 |
| 5 | 4 | 4 | 1 | 15 | 7 | 6 | 6 |
| 6 | 6 | 6 | 5 | 16 | 5 | 4 | 5 |
| 7 | 6 | 6 | 6 | 17 | 6 | 5 | 3 |
| 8 | 8 | 7 | 7 | 18 | 6 | 6 | 5 |
| 9 | 4 | 4 | 4 | 19 | 7 | 6 | 6 |
| 10 | 8 | 7 | 3 | 20 | 8 | 7 | 5 |

【例题分析】

本例未按其他研究因素分组，为单因素重复测量设计，重点分析 VAS 评分是否有随时间变化的趋势。研究指标 VAS 为定量指标，可以考虑用重复测量方差分析，具体分析见程序 10.3。

【程序 10.3】

```
data example10_3;
input vas1 - vas3;
cards;
7 8 6
4 4 3
5 5 4
6 6 5
4 4 1
6 6 5
6 6 6
8 7 7
4 4 4
8 7 3
7 7 4
7 6 6
7 6 5
6 5 4
7 6 6
5 4 5
6 5 3
6 6 5
```

```
       7    6    6
       8    7    5
;
proc glm;
   model vas1 - vas3 = /nouni;
   /* model 语句指定 3 个因变量, 即 vas1 - vas3, 自变量不指定, nouni 表示不输出单变量分析结果,
   因为对于重复测量分析, 单变量分析意义不大 */
   repeated time 3 contrast(1)/printe summary;
   /* repeated 语句指定有 3 个时间点, contrast(1)表示后 2 个时间点分别与第 1 时间点比较, printe 输
   出球性检验, summary 输出后 2 个时间点分别与第 1 时间点比较的结果 */
run;
```

【程序解释】

重复测量的数据形式与随机区组非常类似,但 SAS 输入方式截然不同。如果本例按随机区组来分析,则数据应产生一个时间变量,而且只有一个因变量。重复测量数据并无时间变量,但是有多个因变量。读者一定要体会这种差别,这涉及后面的分析语句。

repeated 语句是区分重复测量方差分析与普通单变量方差分析的关键,本例通过该语句指定比较方式为 contrast,指定第一个观测点(即疗前)为参照组进行比较。

【结果输出】

结果可分为 5 个部分,第一部分是基本信息及部分矩阵信息。给出了相关系数矩阵、contrast 转换后的误差 SSCP 矩阵和偏相关系数,也就是先求出 vas2 - vas1 和 vas3 - vas1,计算这两个统计量的 SSCP 矩阵和偏相关。这部分结果显示了部分计算过程,对此不感兴趣的读者可以忽略,直接看后面的结果。

The GLM Procedure

| Number of Observations Read | 20 |
| Number of Observations Used | 20 |

Repeated Measures Level Information

| Dependent Variable | vas1 | vas2 | vas3 |
|---|---|---|---|
| Level of time | 1 | 2 | 3 |

Partial Correlation Coefficients from the Error SSCP Matrix / Prob > |r|

| DF = 19 | vas1 | vas2 | vas3 |
|---|---|---|---|
| vas1 | 1.000000 | 0.882011 | 0.559387 |
|  |  | <.0001 | 0.0103 |
| vas2 | 0.882011 | 1.000000 | 0.547505 |
|  | <.0001 |  | 0.0125 |
| vas3 | 0.559387 | 0.547505 | 1.000000 |
|  | 0.0103 | 0.0125 |  |

E = Error SSCP Matrix

time_N represents the contrast between the nth level of time and the 1st

|  | time_2 | time_3 |
|---|---|---|
| time_2 | 6.95 | 4.05 |
| time_3 | 4.05 | 30.95 |

Partial Correlation Coefficients from the Error SSCP Matrix of the Variables Defined by the Specified

Transformation / Prob > |r|

|  | DF = 19 | time_2 | time_3 |
|---|---|---|---|
| time_2 |  | 1.000000 | 0.276142 |
|  |  |  | 0.2386 |
| time_3 |  | 0.276142 | 1.000000 |
|  |  | 0.2386 |  |

第二部分是球性检验（sphericity tests）结果。前面已经提到，除非 repeated 语句指定 polynomial 转换，否则以正交成分（Orthogonal Components）的结果作为判断标准。本例 $P$ 值为 0.0028，提示不满足球性假定，因此后面的分析应以校正结果或多变量方差分析结果为准。

Sphericity Tests

| Variables | DF | Mauchly's Criterion | Chi-Square | Pr > ChiSq |
|---|---|---|---|---|
| Transformed Variates | 2 | 0.5533239 | 10.652611 | 0.0049 |
| Orthogonal Components | 2 | 0.5202376 | 11.762452 | 0.0028 |

第三部分是多变量方差分析结果（MANOVA test），SAS 已经告诉我们检验的无效假设是无时间效应（no time effect）。结果显示，给出的四个统计量完全一致，均显示 $F=15.69$，$P=0.0001$，提示拒绝无效假设，不能认为无时间效应，也就是说，可能存在随时间变化的趋势。

MANOVA Test Criteria and Exact F Statistics for the Hypothesis of no time Effect
H = Type III SSCP Matrix for time
E = Error SSCP Matrix
S=1　　M=0　　N=8

| Statistic | Value | F Value | Num DF | Den DF | Pr>F |
|---|---|---|---|---|---|
| Wilks' Lambda | 0.36458716 | 15.69 | 2 | 18 | 0.0001 |
| Pillai's Trace | 0.63541284 | 15.69 | 2 | 18 | 0.0001 |
| Hotelling-Lawley Trace | 1.74282838 | 15.69 | 2 | 18 | 0.0001 |
| Roy's Greatest Root | 1.74282838 | 15.69 | 2 | 18 | 0.0001 |

第四部分是单变量方差分析结果（含校正结果）。单变量分析结果显示，$F=21.41$，$P<0.0001$。可以看出单变量分析结果比多变量方差分析的 $F$ 值更大，$P$ 值更小。提示当球性假定不满足时，采用单变量分析结果容易产生假阳性错误。

G-G 校正系数和 H-F 校正系数分别为 0.6758 和 0.7092，均小于 1，进一步提示了对球性假定的偏离较大，因此需要对单变量分析结果进行校正。在校正系数小于 0.75 时，可采用 G-G 校正。由于本例 $P$ 值较小，因此 G-G 校正后仍是 $P<0.001$，看不出校正后的差别。当 $P$ 值较大时，可明显看出校正和不校正的差别。

The GLM Procedure
Repeated Measures Analysis of Variance
Univariate Tests of Hypotheses for Within Subject Effects

|  |  |  |  |  |  | Adj Pr>F | |
|---|---|---|---|---|---|---|---|
| Source | DF | Type Ⅲ SS | Mean Square | F Value | Pr>F | G-G | H-F |
| time | 2 | 25.43333333 | 12.71666667 | 21.41 | <.0001 | <.0001 | <.0001 |
| Error（time） | 38 | 22.56666667 | 0.59385965 | | | | |

Greenhouse-Geisser Epsilon　　0.6758
Huynh-Feldt Epsilon　　0.7092

第五部分是 contrast 比较结果。由于程序中指定的是 contrast（1），因此给出了第 2 次、第 3 次观测分别与第 1 次观测比较的结果。SAS 结果实际上也已经给出了提示，告诉我们 time_N 表示第 N 次观测与第 1 次观测的比较，即 time_2 表示第 2 次观测与第 1 次比较，time_3 表示第 3 次观测与第 1 次比较。很容易看出，治疗 1 疗程与疗前相比差异有统计学意义（$P=0.0035$），治疗 2 疗程与疗前相比差异也有统计学意义（$P<0.0001$）。

Analysis of Variance of Contrast Variables

time_N represents the contrast between the nth level of time and the 1st

Contrast Variable: time_2

| Source | DF | Type Ⅲ SS | Mean Square | F Value | Pr>F |
|---|---|---|---|---|---|
| Mean | 1 | 4.05000000 | 4.05000000 | 11.07 | 0.0035 |
| Error | 19 | 6.95000000 | 0.36578947 | | |

Contrast Variable: time_3

| Source | DF | Type Ⅲ SS | Mean Square | F Value | Pr>F |
|---|---|---|---|---|---|
| Mean | 1 | 48.05000000 | 48.05000000 | 29.50 | <.0001 |
| Error | 19 | 30.95000000 | 1.62894737 | | |

从本例分析结果可以看出，三次 VAS 评分之间存在一定的相关性，不应采用单变量方差分析。重复测量方差分析结果提示，三次评分之间存在一定的趋势。如果我们想进一步了解存在什么样的趋势，可以通过在 repeated 语句中指定 polynomial 来实现。

【程序 10.3 续】

```
proc glm;
model vas1-vas3=/nouni;
repeated time 3 polynomial/printe summary;
run;
```

【结果输出】

这里仅列出与 contrast 比较不同的结果。

第一部分中基本信息中的转换矩阵变成了 polynomial 转换矩阵，这部分不必太关注。

第二部分球性检验结果，由于 polynomial 是正交转换，因此第一行的 Transformed Variates 随之变成了正交转换，等同于第二行正交成分的结果。

Sphericity Tests

| Variables | DF | Mauchly's Criterion | Chi-Square | Pr>ChiSq |
|---|---|---|---|---|
| Transformed Variates | 2 | 0.5202376 | 11.762452 | 0.0028 |
| Orthogonal Components | 2 | 0.5202376 | 11.762452 | 0.0028 |

第五部分的比较结果，polynomial 转换不是多次观测之间的比较，而是分析 n 阶曲线是否有意义。SAS 给出提示，time_N 表示正交多项式的第 n 阶水平，也就是 n 次曲线。因此 time_1 表示对 1 次曲线（也就是直线）的分析，time_2 是对 2 次曲线的分析。

从结果可以看出，曲线在 1 阶上有统计学意义（$P<0.0001$），二阶上无统计学意义，提示三次时间的变化趋势是直线趋势，而不是二次曲线的趋势。

Analysis of Variance of Contrast Variables

time_N represents the nth degree polynomial contrast for time

Contrast Variable: time_1

| Source | DF | Type III SS | Mean Square | F Value | Pr>F |
|---|---|---|---|---|---|
| Mean | 1 | 24.02500000 | 24.02500000 | 29.50 | <.0001 |
| Error | 19 | 15.47500000 | 0.81447368 | | |

Contrast Variable: time_2

| Source | DF | Type III SS | Mean Square | F Value | Pr>F |
|---|---|---|---|---|---|
| Mean | 1 | 1.40833333 | 1.40833333 | 3.77 | 0.0671 |
| Error | 19 | 7.09166667 | 0.37324561 | | |

为了更直观地显示变化趋势，可以对三次观测的均值绘制折线图（图 10.1）。可以看出，VAS 评分值总体呈下降趋势，但第 1 疗程下降速度较慢，第 2 疗程时下降速度稍快一些。

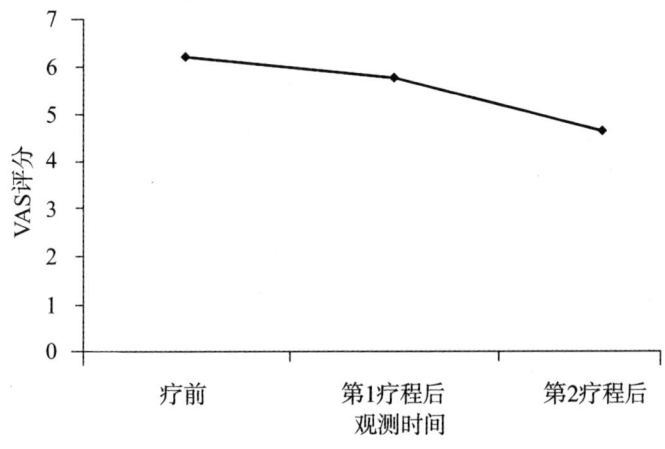

图 10.1　三次观测均值的变化情况

**例 10.4**　为探索磁共振扩散加权成像在胃肠癌肝转移化疗疗效中的价值，某研究者观察了 20 例化疗反应良好和化疗反应不良的胃肠癌患者分别在化疗前、化疗后 3 天、7 天、42 天的成像，并计算表观扩散系数 ADC 值（表 10.5）。表中 group=0 代表反应良好组，group=1 代表反应不良组。试比较两组人群的 ADC 值差异是否有统计学意义。

表 10.5　两组人群不同时间点的 ADC 值

| group | day0 | day3 | day7 | day42 | group | day0 | day3 | day7 | day42 |
|---|---|---|---|---|---|---|---|---|---|
| 0 | 1.86 | 1.82 | 1.83 | 1.86 | 1 | 1.10 | 1.33 | 1.77 | 1.87 |
| 0 | 1.94 | 1.77 | 1.88 | 1.73 | 1 | 1.17 | 1.34 | 1.40 | 1.37 |
| 0 | 0.93 | 0.99 | 1.45 | 1.12 | 1 | 1.35 | 1.33 | 1.26 | 1.86 |
| 0 | 0.57 | 1.10 | 0.91 | 0.94 | 1 | 0.71 | 1.01 | 1.57 | 1.12 |
| 0 | 1.07 | 1.46 | 1.36 | 1.38 | 1 | 0.91 | 1.05 | 1.44 | 1.43 |
| 0 | 1.15 | 1.54 | 1.31 | 1.06 | 1 | 1.36 | 1.81 | 1.39 | 1.88 |
| 0 | 1.25 | 1.52 | 1.47 | 1.41 | 1 | 0.87 | 0.88 | 0.90 | 1.17 |
| 0 | 0.90 | 0.99 | 1.35 | 1.22 | 1 | 0.80 | 1.14 | 1.20 | 1.19 |
| 0 | 1.03 | 0.89 | 1.16 | 1.37 | 1 | 1.18 | 1.15 | 1.31 | 1.33 |
| 0 | 1.23 | 1.28 | 1.49 | 1.37 | 1 | 1.30 | 1.71 | 1.30 | 1.31 |
| 0 | 1.41 | 1.15 | 1.29 | 1.12 | 1 | 1.03 | 1.54 | 1.56 | 1.29 |
| 0 | 1.48 | 1.49 | 1.24 | 1.29 | 1 | 1.01 | 1.51 | 1.85 | 1.55 |
| 0 | 1.37 | 1.40 | 1.27 | 1.10 | 1 | 1.22 | 1.36 | 1.51 | 1.45 |
| 0 | 1.45 | 1.23 | 1.90 | 1.97 | 1 | 0.94 | 1.22 | 1.31 | 1.30 |
| 0 | 1.40 | 1.15 | 1.28 | 1.33 | 1 | 1.12 | 1.72 | 1.36 | 1.27 |
| 0 | 1.07 | 1.11 | 1.21 | 1.10 | 1 | 1.18 | 1.28 | 1.34 | 1.35 |
| 0 | 1.29 | 1.26 | 1.24 | 1.21 | 1 | 0.94 | 1.24 | 1.38 | 1.18 |
| 0 | 0.96 | 0.96 | 0.98 | 1.24 | 1 | 1.25 | 1.42 | 1.32 | 1.36 |
| 0 | 1.04 | 1.16 | 1.31 | 1.21 | 1 | 1.13 | 1.21 | 1.24 | 1.25 |
| 0 | 1.45 | 1.23 | 1.31 | 1.15 | 1 | 0.91 | 1.05 | 1.19 | 1.16 |

【例题分析】

本例除时间因素外，还按研究因素分为 2 组，为两因素重复测量设计。此时不仅要分析组间差异和时间点之间的差异，还关注不同时间点的组间差异是否相同，也就是时间点与组别的交互效应。具体分析见程序 10.4。

【程序 10.4】

```
data example10_4;
input g adc1 - adc4;
cards;
0  1.86  1.82  1.83  1.86
0  1.94  1.77  1.88  1.73
0  0.93  0.99  1.45  1.12
0  0.57  1.10  0.91  0.94
0  1.07  1.46  1.36  1.38
……
1  1.18  1.28  1.34  1.35
1  0.94  1.24  1.38  1.18
```

```
1  1.25  1.42  1.32  1.36
1  1.13  1.21  1.24  1.25
1  0.91  1.05  1.19  1.16
;
proc glm;
class g;
model adc1 - adc4 = g/nouni;
repeated time 4 (0 3 7 42) polynomial/printe summary;
run;
```

【程序解释】

该程序与程序 10.3 类似，只是多了 class 语句和 model 语句指定组别变量 g，另外 repeated 语句列出了详细的时间点，其余跟程序 10.3 相同。

本例共 4 次观测，且观测时点间隔不等，因此 repeated 语句指定 time 为 4，并在其后用括号加入了四次观测时间间隔。这里指定了 polynomial 变换而不是 contrast 变换，因为本例重在观察两组的趋势变动是否不同，而不是侧重各个时间点单独的比较。

有一点需要注意，当 repeated 语句指定 polynomial 变换时，如果观测时间间隔不等，必须在括号中加入具体的时间点。因为正交多项式系数在等间隔和不等间隔时是截然不同的。如果不指定，则默认为等间隔，计算的正交多项式结果会有偏差。

【结果输出】

结果可分为五个部分。第一部分给出了基本信息及部分矩阵的计算结果（省略）。第二部分是球性检验的结果，由于做了正交转换，两个检验结果是一致的，提示满足球性假定（$P=0.1070$）。可以直接看单变量分析结果即可。

Sphericity Tests

| Variables | DF | Mauchly's Criterion | Chi-Square | Pr>ChiSq |
|---|---|---|---|---|
| Transformed Variates | 5 | 0.7815457 | 9.051355 | 0.1070 |
| Orthogonal Components | 5 | 0.7815457 | 9.051355 | 0.1070 |

第三部分是多变量分析结果，分别给出了时间及时间 * 组别的交互项的结果。注意结果的第二行，分别有 for time 和 for time * g 这样的字眼。结果显示，时间点之间有统计学差异，时间与组别的交互项也有统计学差异。

MANOVA Test Criteria and Exact F Statistics for the Hypothesis of no time Effect

H = Type Ⅲ SSCP Matrix for time

E = Error SSCP Matrix

S=1    M=0.5    N=17

| Statistic | Value | F Value | Num DF | Den DF | Pr>F |
|---|---|---|---|---|---|
| Wilks' Lambda | 0.48490671 | 12.75 | 3 | 36 | <.0001 |
| Pillai's Trace | 0.51509329 | 12.75 | 3 | 36 | <.0001 |
| Hotelling-Lawley Trace | 1.06225233 | 12.75 | 3 | 36 | <.0001 |
| Roy's Greatest Root | 1.06225233 | 12.75 | 3 | 36 | <.0001 |

MANOVA Test Criteria and Exact F Statistics for the Hypothesis of no time * g Effect

H = Type Ⅲ SSCP Matrix for time * g
E = Error SSCP Matrix

S=1　　M=0.5　　N=17

| Statistic | Value | F Value | Num DF | Den DF | Pr>F |
|---|---|---|---|---|---|
| Wilks' Lambda | 0.66828471 | 5.96 | 3 | 36 | 0.0021 |
| Pillai's Trace | 0.33171529 | 5.96 | 3 | 36 | 0.0021 |
| Hotelling-Lawley Trace | 0.49636822 | 5.96 | 3 | 36 | 0.0021 |
| Roy's Greatest Root | 0.49636822 | 5.96 | 3 | 36 | 0.0021 |

第四部分给出了组间和组内方差分析的结果，由于球性假定满足，可以不进行校正。结果提示，两组间差异无统计学意义（$F=0.02$，$P=0.8945$），时间点差异有统计学意义（$F=13.50$，$P<0.0001$），时间和组别的交互作用也有统计学意义（$F=4.44$，$P=0.0054$）。

从这部分给出的两个校正系数也可以看出，G-G 校正系数和 H-F 校正系数均接近 1，说明对球性假定的偏离不大，因此无须校正，直接采用原始的 $P$ 值即可。

Tests of Hypotheses for Between Subjects Effects

| Source | DF | Type Ⅲ SS | Mean Square | F Value | Pr>F |
|---|---|---|---|---|---|
| g | 1 | 0.00306250 | 0.00306250 | 0.02 | 0.8945 |
| Error | 38 | 6.53512750 | 0.17197704 | | |

Univariate Tests of Hypotheses for Within Subject Effects

| Source | DF | Type Ⅲ SS | Mean Square | F Value | Pr>F | Adj Pr>F G-G | Adj Pr>F H-F |
|---|---|---|---|---|---|---|---|
| time | 3 | 1.08537500 | 0.36179167 | 13.50 | <.0001 | <.0001 | <.0001 |
| time * g | 3 | 0.35710250 | 0.11903417 | 4.44 | 0.0054 | 0.0081 | 0.0061 |
| Error (time) | 114 | 3.05512250 | 0.02679932 | | | | |

Greenhouse-Geisser Epsilon　　0.8675
Huynh-Feldt Epsilon　　0.9615

第五部分给出了正交多项式的分析结果，由于共 4 次观测，因此给出了 3 个阶次的结果。其中 Mean 表示组间平均时间点的拟合形状（相当于 4 个时间点的总均值变化趋势），g 表示两组曲线发展趋势的差异（相当于组别*时间的交互项）。可以看出，g 在 3 个阶次上均有统计学意义，提示两组的变化趋势不同。也就是说，两个组的四个点无论是拟合直线、二次曲线还是三次曲线，它们都是不平行的。Mean 在 3 阶水平上无统计学意义，而在 2 阶上有统计学意义，提示总均值随时间点变化的趋势符合二次曲线的形状，而不是三次曲线。结合图 10.2 也可看出，4 个时间点的总均值总的来看更像是先升后降的二次曲线而非三次曲线形状。尽管 Mean 在 1 阶上也有统计学意义，但通常只要高阶有意义，便认为是符合高阶曲线，无须再关注低阶形状，因此认为是曲线是二次曲线而非直线。

Analysis of Variance of Contrast Variables

time _ N represents the nth degree polynomial contrast for time

Contrast Variable：time _ 1

| Source | DF | Type Ⅲ SS | Mean Square | F Value | Pr>F |
|---|---|---|---|---|---|
| Mean | 1 | 0.27806305 | 0.27806305 | 10.28 | 0.0027 |
| g | 1 | 0.13082360 | 0.13082360 | 4.83 | 0.0341 |
| Error | 38 | 1.02829853 | 0.02706049 | | |

Contrast Variable：time _ 2

| Source | DF | Type Ⅲ SS | Mean Square | F Value | Pr>F |
|---|---|---|---|---|---|
| Mean | 1 | 0.77164482 | 0.77164482 | 25.67 | <.0001 |
| g | 1 | 0.12860929 | 0.12860929 | 4.28 | 0.0454 |
| Error | 38 | 1.14208245 | 0.03005480 | | |

Contrast Variable：time _ 3

| Source | DF | Type Ⅲ SS | Mean Square | F Value | Pr>F |
|---|---|---|---|---|---|
| Mean | 1 | 0.03566714 | 0.03566714 | 1.53 | 0.2234 |
| g | 1 | 0.09766961 | 0.09766961 | 4.19 | 0.0475 |
| Error | 38 | 0.88474152 | 0.02328267 | | |

以四个时间点的两组均值绘制折线图,可以很直观地看出,两条曲线差别很小(组间无差异),但各时间点差别较大(时间点之间有差异),而且两条曲线的趋势不同(时间和组别的交互项有统计学意义)。

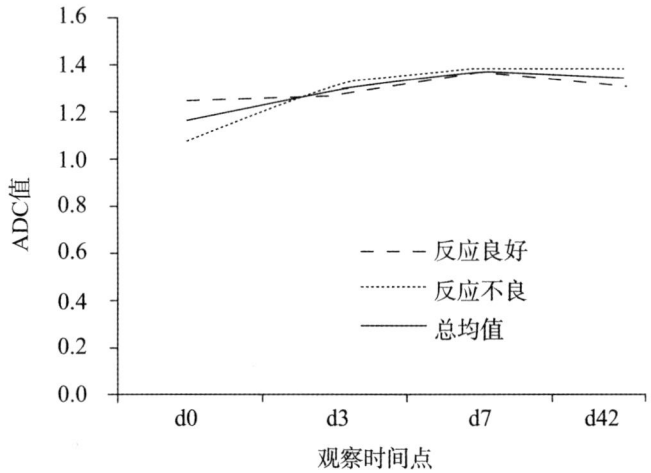

图 10.2 两组不同观测时间点的 ADC 值变化情况

## 二、分类资料的重复测量分析

**例 10.5** 为观察某复方中药治疗疲劳综合征的疗效,将 60 例患者随机分为治疗组和对照组,分别接受不同处理并随访观察两组人群的疗效,共访视 4 次,评价指标为每次访视受试者疲劳症状改善情况,具体数据见表 10.6。表中,treat=0 表示对照组,treat=1 表示治疗组;v1~v4 表示四次访视改善情况,0 表示无改善,1 表示改善,试分析两组疗效是否有差异。

表 10.6　60 例研究对象的各随访时间点结果

| id | treat | v1 | v2 | v3 | v4 | id | treat | v1 | v2 | v3 | v4 |
|---|---|---|---|---|---|---|---|---|---|---|---|
| 1 | 0 | 0 | 0 | 0 | 0 | 31 | 0 | 0 | 0 | 0 | 0 |
| 2 | 0 | 0 | 0 | 0 | 0 | 32 | 0 | 1 | 1 | 1 | 1 |
| 3 | 1 | 0 | 1 | 1 | 0 | 33 | 1 | 1 | 1 | 1 | 1 |
| 4 | 1 | 1 | 1 | 1 | 1 | 34 | 0 | 1 | 0 | 0 | 0 |
| 5 | 1 | 1 | 1 | 1 | 1 | 35 | 1 | 0 | 0 | 0 | 0 |
| 6 | 0 | 1 | 1 | 1 | 1 | 36 | 0 | 0 | 0 | 1 | 1 |
| 7 | 0 | 1 | 1 | 0 | 1 | 37 | 1 | 1 | 1 | 1 | 1 |
| 8 | 0 | 0 | 0 | 0 | 0 | 38 | 1 | 0 | 0 | 0 | 0 |
| 9 | 0 | 1 | 1 | 1 | 1 | 39 | 0 | 0 | 1 | 1 | 0 |
| 10 | 0 | 0 | 1 | 1 | 1 | 40 | 1 | 1 | 1 | 0 | 1 |
| 11 | 1 | 1 | 1 | 1 | 0 | 41 | 1 | 0 | 1 | 1 | 1 |
| 12 | 1 | 0 | 0 | 0 | 1 | 42 | 0 | 0 | 0 | 0 | 0 |
| 13 | 0 | 1 | 1 | 1 | 1 | 43 | 1 | 1 | 1 | 1 | 1 |
| 14 | 1 | 1 | 1 | 1 | 1 | 44 | 0 | 1 | 0 | 0 | 1 |
| 15 | 0 | 1 | 1 | 0 | 0 | 45 | 1 | 0 | 1 | 1 | 1 |
| 16 | 1 | 0 | 0 | 1 | 0 | 46 | 0 | 1 | 0 | 1 | 0 |
| 17 | 1 | 1 | 1 | 1 | 1 | 47 | 1 | 1 | 1 | 1 | 1 |
| 18 | 0 | 0 | 0 | 0 | 0 | 48 | 1 | 1 | 0 | 1 | 1 |
| 19 | 0 | 1 | 1 | 1 | 0 | 49 | 0 | 0 | 0 | 0 | 0 |
| 20 | 0 | 0 | 0 | 0 | 0 | 50 | 0 | 0 | 0 | 0 | 0 |
| 21 | 1 | 0 | 0 | 0 | 1 | 51 | 1 | 1 | 0 | 0 | 1 |
| 22 | 1 | 1 | 1 | 1 | 1 | 52 | 0 | 1 | 1 | 0 | 0 |
| 23 | 0 | 0 | 1 | 0 | 0 | 53 | 1 | 0 | 0 | 0 | 0 |
| 24 | 0 | 1 | 1 | 1 | 1 | 54 | 0 | 0 | 1 | 0 | 1 |
| 25 | 0 | 0 | 0 | 1 | 0 | 55 | 1 | 0 | 0 | 1 | 1 |
| 26 | 1 | 1 | 0 | 0 | 0 | 56 | 1 | 0 | 0 | 0 | 0 |
| 27 | 0 | 0 | 0 | 0 | 0 | 57 | 0 | 0 | 0 | 0 | 0 |
| 28 | 1 | 1 | 1 | 1 | 1 | 58 | 0 | 0 | 0 | 0 | 0 |
| 29 | 1 | 1 | 1 | 1 | 1 | 59 | 1 | 0 | 0 | 0 | 0 |
| 30 | 1 | 0 | 1 | 0 | 0 | 60 | 0 | 1 | 1 | 1 | 0 |

【例题分析】

该研究结局为二分类变量，不能用重复测量方差分析，可考虑用广义估计方程。具体分析见程序 10.5。

## 【程序 10.5】

```
data example10_5;
input id treat visit y;
cards;
1    0    1    0
2    0    1    0
3    1    1    0
……
58   0    1    0
59   1    1    0
60   0    1    1
1    0    2    0
2    0    2    0
3    1    2    1
……
58   0    2    0
59   1    2    0
60   0    2    1
1    0    3    0
2    0    3    0
3    1    3    1
……
58   0    3    0
59   1    3    0
60   0    3    1
1    0    4    0
2    0    4    0
3    1    4    0
……
58   0    4    0
59   1    4    0
60   0    4    0
;
run;
proc genmod desc;
```
/* desc 表示分析的是治疗对改善（1）的影响，而不是无改善（0）的影响。如果无该选项，则默认分析的是对较小的值 0（即无改善）的影响，结论恰好相反 */
`class id visit (param=reference ref=first);`
/* class 语句指定 id、visit 为分类变量。param=reference 是实际中的常用形式，无须改动，ref=first 表示以第 1 次访视为参照，其余访视与第 1 次访视对比进行分析 */
`model y=treat visit/dist=bin link=logit;`
/* dist 指定分布为二项分布，link 指定连接函数为 logit */
`repeated subject=id/type=un corrw;`
/* subject 选项指定个体变量为 id，type=un 表示采用非确定相关，由软件自行选择作业相关矩阵，

corrw 表示输出作业相关矩阵 */
  run;

【程序解释】

  该程序首先需注意数据输入形式。与重复测量方差分析不同，本例是将随访时间点作为一个变量，改善情况作为一个变量。由于随访 4 次，因此共 4×60=240 行数据。重复测量方差分析的数据输入则无时间变量，多次测量值同时作为多个因变量。

  该程序需注意的是：①表示个体的变量 id 一定放在 class 语句中，visit 变量可放可不放，这里只是为了详细分析其他访视与第 1 次访视的比较，因此放到 class 语句将其定义为虚拟变量。②model 语句中的 dist 选项和 link 选项结合使用，由于本例结局是二分类变量，因此需指定分布为二项分布，连接函数为 logit 函数。如果是其他变量，需指定其他分布和连接函数。③repeated 语句中，subject 语句是固定的，必须指定表示个体的变量。本例由于对 4 次访视的相关并不确定，因此直接选择 type=un，以不确定相关来估计，并通过 corrw 输出不确定相关矩阵。

【结果输出】

  分析结果主要包括四部分。第一部分是模型基本信息。除了例数等信息之外，还特别给出了随访次数、个体例数等，可以通过这些核实数据录入有无错误。

Model Information

| | |
|---|---|
| Data Set | WORK.EXAMPLE10_5 |
| Distribution | Binomial |
| Link Function | Logit |
| Dependent Variable | y |
| Number of Observations Read | 240 |
| Number of Observations Used | 240 |
| Number of Events | 119 |
| Number of Trials | 240 |

Class Level Information

| Class | Value | Design | Variables | |
|---|---|---|---|---|
| visit | 1 | 0 | 0 | 0 |
| | 2 | 1 | 0 | 0 |
| | 3 | 0 | 1 | 0 |
| | 4 | 0 | 0 | 1 |

Response Profile

| Ordered Value | y | Total Frequency |
|---|---|---|
| 1 | 1 | 119 |
| 2 | 0 | 121 |

PROC GENMOD is modeling the probability that y='1'.

Parameter Information

| Parameter | Effect | visit |
|---|---|---|
| Prm1 | Intercept | |
| Prm2 | treat | |
| Prm3 | visit | 2 |
| Prm4 | visit | 3 |
| Prm5 | visit | 4 |

Algorithm converged.

GEE Model Information

| Correlation Structure | Unstructured |
|---|---|
| Subject Effect | id (60 levels) |
| Number of Clusters | 60 |
| Correlation Matrix Dimension | 4 |
| Maximum Cluster Size | 4 |
| Minimum Cluster Size | 4 |

Algorithm converged.

第二部分给出了作业相关矩阵。可以看出，相邻的访视相关系数较大，间隔远的访视相关系数相对较小，体现了自相关的特征。

Working Correlation Matrix

| | Col1 | Col2 | Col3 | Col4 |
|---|---|---|---|---|
| Row1 | 1.0000 | 0.5855 | 0.4481 | 0.4595 |
| Row2 | 0.5855 | 1.0000 | 0.5976 | 0.4621 |
| Row3 | 0.4481 | 0.5976 | 1.0000 | 0.4737 |
| Row4 | 0.4595 | 0.4621 | 0.4737 | 1.0000 |

第三部分是广义估计方程的拟合标准。主要给出了两个指标：QIC（quasi-likelihood under the independence model criterion）和QICu。这两个指标可以用于不同模型的优劣比较，值越小表示模型越优。通常情况下，二者的值是非常近似的。QIC 还可用来评价作业相关矩阵是否能反映数据的结构特征，同样，值越小，表示指定的作业相关矩阵越能反映数据结构特征。这两个指标通常用于多个模型的比较，单独看意义不大。如果指定不同的作业相关矩阵类型，可利用这两个指标来判断哪个模型更优。

GEE Fit Criteria

| QIC | 334.9098 |
|---|---|
| QICu | 332.0515 |

第四部分是参数估计。结果显示，treat 有统计学意义（$P=0.0306$）。由于前面程序中利用 desc 选项指定对改善的影响，因此 treat 反映了治疗组改善的优势是对照组的 $e^{0.8890}=2.43$ 倍。换句话说，治疗组改善的可能性更高，说明治疗有效。结果还显示，时间对改善的影响无统计学意义，三行 visit 变量分别反映了第 2 次与第 1 次、第 3 次与第 1 次、第 4 次与第 1 次相比的结果，差异均无统计学意义，提示疗效并无随时间变化的趋势。

Analysis Of GEE Parameter Estimates
Empirical Standard Error Estimates

| Parameter | | Estimate | Standard Error | 95% Confidence Limits | | Z | Pr>\|Z\| |
|---|---|---|---|---|---|---|---|
| Intercept | | −0.4970 | 0.3323 | −1.1483 | 0.1543 | −1.50 | 0.1347 |
| treat | | 0.8890 | 0.4112 | 0.0831 | 1.6950 | 2.16 | 0.0306 |
| visit | 2 | 0.1391 | 0.2616 | −0.3736 | 0.6518 | 0.53 | 0.5948 |
| visit | 3 | 0.0698 | 0.2887 | −0.4961 | 0.6358 | 0.24 | 0.8089 |
| visit | 4 | −0.0006 | 0.2803 | −0.5500 | 0.5488 | −0.00 | 0.9984 |

总之，本例分析结果表明，疗效在两组间差异有统计学意义，说明治疗是有效的。四次访视时间疗效差别不大，说明疗效并无随时间变化的趋势。

（冯国双　胡跃华）

# 第十一章　嵌套设计与裂区设计

## 第一节　嵌套设计与分析

### 一、嵌套设计简介

如果某一设计是先将受试对象按某因素分为若干大组，每个大组再按另一因素分为若干小组，每个小组再按某另一因素分为若干个更小的组……如此反复地分组、再分组称为嵌套（层次）分组。按嵌套（层次）分组进行的实验设计称嵌套设计（nested design），也称层次分组设计（hierarchical classification design）。

例如，为评价 A、B、C 三个不同品牌的儿童胡萝卜食品所含维生素 A 是否不同，从某大型超市中选择三个品牌的食品各 4 罐，并从每一罐中随机抽取 2 个样品，检测维生素 A 的含量。设计思路如图 11.1 所示。

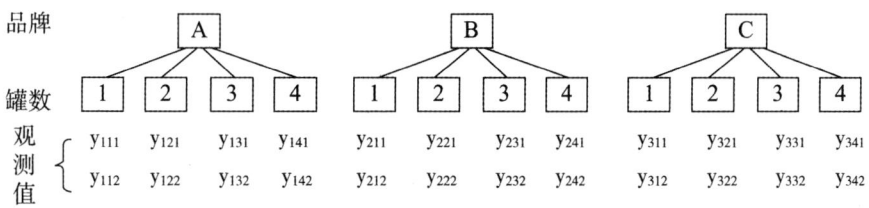

**图 11.1　不同品牌食品中维生素 A 含量的二级嵌套设计**

图 11.1 是一个二级嵌套设计，罐是嵌套在品牌之中的。乍一看，可能有的读者会问，这不是一个析因设计吗？看起来是比较像，2 个因素的全面组合，共分 12 组，每个组内重复 2 次。但是仔细看一下就会发现，这一设计与析因设计还是有区别的。

图 11.1 中，每一罐只属于特定品牌，品牌 A 所选的 4 罐与品牌 B 所选的 4 罐是没有任何关系的。同样，品牌 B 所选的 4 罐与品牌 C 所选的 4 罐也是没有任何关系的，以此类推。也就是说，尽管罐都用 1、2、3、4 表示，但不同品牌的 1、2、3、4 是不同的。如果我们把图 11.1 修改一下，可能就更加清楚了。修改后的关系见图 11.2。

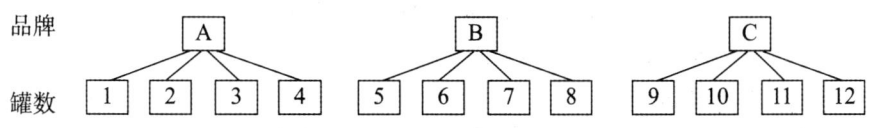

**图 11.2　修改后的二级嵌套设计**

从图 11.2 中就可以很清楚地看出，1、2、3、4 是品牌 A 的 4 罐，5、6、7、8 是品牌 B 的 4 罐，9、10、11、12 是品牌 C 的 4 罐。

如果是析因设计,则其结构应如图 11.3 所示:

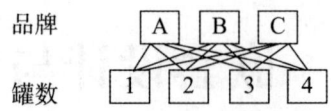

**图 11.3　析因设计的思路图**

从图 11.2 和 11.3 我们便可以区分出嵌套设计与析因设计的不同:析因设计中一个因素与另一个因素是交叉的(crossed),而嵌套设计中一个因素与另一个因素是嵌套的(nested)。

理论上,嵌套设计可以划分为 $n$ 个层次,但在实际中,最常用的主要是二级嵌套设计,也就是两因素的嵌套设计,本章主要介绍二级嵌套设计。

嵌套设计的主要特点为:

1. 研究因素通常有主次之分,可根据专业知识来确定。在二级嵌套设计中,通常将主要因素作为大组划分的依据,次要因素作为小组划分的依据。而析因设计中两个因素的地位是相同的。

2. 主要因素嵌套的次要因素水平可以相同,也可不同。如图 11.1 中,三个品牌的罐数均为 4,也可品牌 A 取 4 罐,品牌 B 取 3 罐等,这在析因设计中是不可能的。

3. 两个因素之间无法考虑交互效应。如图 11.1 中,品牌 A 的第 1 罐与品牌 B 的第 1 罐是不同的,二者没有任何关系,即使第 1 罐的维生素 A 含量都很高,也只是巧合而已,并不能据此说明罐的主效应。也就是说,在嵌套设计中分析罐的主效应是不合理的,当然也就无法分析罐与品牌之间的交互效应,因为交互效应反映了不同罐在不同品牌之间的改变。而在析因设计中,由于 2 个因素不是嵌套而是交叉的,因此可以分析两个因素的主效应及交互效应。

4. 多数情况下,嵌套设计中划分大组的主要因素是固定效应,划分小组的次要因素为随机效应。如图 11.1 中,主要是想比较 3 个品牌之间的差异,这是固定效应。而 4 罐之间的差异并不是研究者所关注的,因为这 4 罐是从 $n$ 罐中随机选择的,仅比较这 4 罐的差异并不能说明什么问题。

既然嵌套设计在分析上与析因设计相比并无优势,甚至可分析的内容更少,为什么还要用嵌套设计呢?这可从以下几个方面来考虑:

1. 设计上的顺序。例如不同品牌食品的维生素 A 含量比较,是有一定顺序的,只能是先选择品牌,然后从品牌中选择罐。而不是像析因设计中,两个因素是同时考虑的。

2. 出于现实考虑。在有些情况下,嵌套设计比析因设计更具有可行性,如比较三个诊所的诊疗水平,有两种设计方案,一是交叉,即选择一批患者,分别重复到 A、B、C 三个诊所接受诊疗,然后做出评价。另一种是嵌套,即选择三批患者,分别到 A、B、C 三个诊所接受诊疗,然后做出评价。显然第二种更为实际。

3. 无法用其他设计。在某些情况下,嵌套设计甚至是唯一可行的,如某些基因研究或家族研究中,父代与子代的关系,不可能出现交叉,只能是嵌套。

**二、嵌套设计的实施**

嵌套设计的实施首先可将研究因素的各个水平组合为 $n$ 组,这样便可利用多组完全随机设计的思路,将研究对象随机分配至不同的组别。如果有区组因素,也可先将研究对象按区组因素划分若干个区组，然后每一区组内的研究对象分别接受不同的处理（即各因素水平的组合）。也就是说，只要将各因素水平组合为 $n$ 个组后，可直接利用前几章介绍的完全随机设计或随机区组设计等思路来实现，与此有关的 proc plan 过程可参考第二、三章的介绍。

**例 11.1** 某研究欲比较两种滴眼液对降低眼压的效果，同时考查不同有效成分的剂量是否也有影响。由于两种滴眼液的成分不同，因此其剂量也不同，A 药的三个剂量分别为 0.05%、0.1%、0.2%，B 药的三个剂量分别为 0.1%、0.2%、0.3%。假定研究者拟用 24 只家兔作为研究对象，试对该研究进行随机设计。

【例题分析】

该研究主要研究因素是滴眼液，次要研究因素为剂量。不同剂量仅属于自身药物，跟另一药物无关，如 A 药的第一剂量为 0.05%，与 B 药的第一剂量 0.1% 没有任何关系，无法考查药物与剂量的交互效应。因此该例可以考虑采用嵌套设计。其设计思路主要是先产生两个因素的 6 种组合，然后将 24 只家兔随机分配至这 6 种组合中。程序 11.1 给出了随机分配过程。

【程序 11.1】
```
proc plan seed=130309;
    factors rand=24;
proc plan seed=130309;
    factors trt=2 dose=3;
run;
```

【程序解释】

该程序利用两个 proc plan 过程来实现嵌套设计的随机化，第 1 个过程用于产生与 24 只家兔编号对应的随机数字，以便随机安排至不同的处理。第 2 个 proc plan 过程用于随机产生嵌套因素和被嵌套因素。通过 factors 语句产生的 trt 表示 2 种药物，dose 表示 3 个剂量。

【结果输出】

```
------------------------------------ rand ------------------------------------
7  8  18  24  1  16  2  11  3  13  19  12  4  22  23  6  15  9  20  10  14  5  21  17
                                trt        — dose -
                                 1          1  3  2
                                 2          2  1  3
```

阅读结果之前，首先应已将 24 只家兔按一定条件（如体重）编号，这样 1～24 号分别对应随机数 7、8、18、24、1、16、2、11……。

随机分组结果中，trt 对应的 1、2 分别表示 A 药和 B 药，每一药物下对应 3 个剂量，trt=1 中的 dose 对应的 1、3、2 分别表示 A 药的三种剂量 0.05%、0.2%、0.1%，trt=2 中的 dose 对应的 2、1、3 分别表示 B 药的三种剂量 0.2%、0.1%、0.3%。

将 24 只家兔分配至六种组合，则第 7、8、18、24 号家兔接受 A 药 0.05% 的处理，1、16、2、11 号家兔接受 A 药 0.2% 的处理，3、13、19、12 号家兔接受 A 药 0.1% 的处理。第 4、22、23、6 号家兔接受 B 药 0.2% 的处理，15、9、20、10 号家兔接受 B 药 0.1% 的处理，14、5、21、17 号家兔接受 B 药 0.3% 的处理。

**三、嵌套设计的统计分析**

嵌套设计的方差分析模型为：

$$y_{ijk} = \mu + \alpha_i + \beta_{j(i)} + \varepsilon_{k(ij)}$$

式中，$i$ 表示因素 A 的第 $i$ 个水平，$j$ 表示因素 B 的第 $j$ 个水平，$k$ 表示第 $k$ 次重复。$\alpha_i$ 表示因素 A 的效应，$\beta_{j(i)}$ 表示因素 B 的第 $j$ 个水平嵌套在因素 A 的第 $i$ 个水平下，说明因素 A 的不同水平下有不同的因素 B 的水平。$\varepsilon_{k(ij)}$ 表示误差项，相当于将重复实验看做是嵌套于 A 和 B 的组合之内。由于因素 B 的第 $j$ 水平是隶属于特定的因素 A 的第 $i$ 水平，二者不是交叉的关系，因此因素 A 与因素 B 之间不存在交互效应。

嵌套设计中，大多数情况下划分大组的因素 A 是固定效应，划分小组的因素 B 是随机效应，部分情况下可能两个因素都是固定效应或都是随机效应。各种情形下的统计量估计及 SAS 语句参见表 11.1。

**表 11.1　二级嵌套设计的方差分析及 SAS 语句**

| 类型 | 变异分解 | | | | SAS 语句 |
|---|---|---|---|---|---|
| | 变异来源 | 自由度 | 均方(MS) | $F$ 统计量 | |
| 固定效应模型 | 因素 A | $a-1$ | $MS_A$ | $MS_A/MS_e$ | proc glm; |
| | 因素 B（嵌套于 A） | $a(b-1)$ | $MS_{B(A)}$ | $MS_{B(A)}/MS_e$ | class A B; |
| | 误差 | $ab(n-1)$ | $MS_e$ | | model y=A B (A); |
| | 合计 | $abn-1$ | | | run; |
| 随机效应模型 | 因素 A | $a-1$ | $MS_A$ | $MS_A/MS_{B(A)}$ | proc glm; |
| | 因素 B（嵌套于 A） | $b-1$ | $MS_{B(A)}$ | $MS_{B(A)}/MS_e$ | class A B; |
| | 误差 | $ab(n-1)$ | $MS_e$ | | model y=A B (A); |
| | 合计 | $abn-1$ | | | test h=A e= B (A); |
| | | | | | run; |
| 混合效应模型 | 因素 A（固定） | $a-1$ | $MS_A$ | $MS_A/MS_{B(A)}$ | proc glm; |
| | 因素 B（随机，嵌套于A） | $b-1$ | $MS_{B(A)}$ | $MS_{B(A)}/MS_e$ | class A B; |
| | 误差 | $ab(n-1)$ | $MS_e$ | | model y=A B (A); |
| | 合计 | $abn-1$ | | | test h=A e= B (A); |
| | | | | | run; |

嵌套设计在 SAS 中除可用 proc glm 过程分析外，还可用 proc nested 过程实现。proc nested 是专门用于嵌套设计方差分析的命令，其用法比 proc glm 更为简单，无须指定嵌套结构。proc nested 的常用语句为：

> proc nested<选项>;
> class 分组变量;
> var 分析变量;

【命令解释】

proc nested 过程非常简单，只需在 class 语句中指定分组因素（处理因素），然后在 var 语句中指定分析因素即可。注意 class 语句中的变量顺序一定要嵌套因素 A 在前，被嵌套因素 B 在后，顺序不可写反。

该语句在使用前必须用 proc sort 语句对 class 语句中指定的变量进行排序，否则容易出问题。另外，对于非均衡资料，proc nested 过程无法给出统计量 $F$ 值和 $P$ 值，读者在使用时需注意。

如果嵌套设计的结果是分类变量，可采用多水平 logistic 回归，由于该法的原理和分析均较为复杂，这里不做介绍，有兴趣的读者可参考冯国双（2012）的著作。如果只有两层嵌套，分类资料也可采用第十章介绍的广义估计方程。

**例 11.2** 某研究采用嵌套设计比较两种滴眼液及其有效成分的剂量对降低眼压的效果，A 药的三个剂量分别为 0.05%、0.1%、0.2%，B 药的三个剂量分别为 0.1%、0.2%、0.3%。每种滴眼液的不同剂量安排 6 只家兔，用药后眼压降低值见表 11.2，试对该研究进行分析。

**表 11.2 24 只家兔用药后眼压降低值（mmHg）**

| A 药 | | | B 药 | | |
|---|---|---|---|---|---|
| 0.05% | 0.1% | 0.2% | 0.1% | 0.2% | 0.3% |
| 3 | 5 | 3 | 5 | 5 | 6 |
| 1 | 2 | 4 | 4 | 6 | 8 |
| 2 | 4 | 5 | 5 | 7 | 6 |
| 2 | 3 | 6 | 6 | 6 | 7 |
| 3 | 4 | 4 | 4 | 7 | 8 |
| 2 | 3 | 5 | 4 | 6 | 7 |

【例题分析】

该研究采用嵌套设计，剂量嵌套于药物之内，分析时应考虑到这种嵌套关系。本例中药物因素显然是固定效应，剂量可以作为是固定效应，也可看做是随机效应，需要根据研究目的而定。如果只想了解这三个剂量的差异，不考虑其他任何剂量，可看作是固定效应。如果研究者不是仅想了解这三个剂量的差别，而是想了解所有不同剂量是否会对结果产生影响，这三个剂量只是随机选择的三个而已，此时可看作是随机效应。本例假定其为随机效应，拟合混合效应模型。

【程序 11.2】

```
data example11_2;
do drug=1 to 2;            /* drug 表示药物，1 表示 A 药，2 表示 B 药 */
do dose=1 to 3;            /* dose 表示剂量，1、2、3 分别表示 3 个剂量 */
do rep=1 to 6;             /* rep 表示 6 次重复，即 6 只家兔 */
input y@@;
output;
end;
end;
end;
cards;
3   1   2   2   3   2
```

```
5   2   4   3   4   3
3   4   5   6   4   5
5   4   5   6   4   4
5   6   7   6   7   6
6   8   6   7   8   7
;
proc glm;
class drug dose;
model y=drug dose(drug)/e1；
/* dose（drug）表示 dose 嵌套于 drug 之内，选项 e1 要求仅输出Ⅰ型平方和 */
test h=drug e=dose(drug)/htype=1 etype=1;
/* test 语句指定 drug 的误差项为 dose(drug)，而不是默认的误差 */
random dose(drug)/test；
/* random 语句指定 dose(drug)为随机效应，test 表示对随机效应进行检验 */
run；
```

【程序解释】

嵌套设计的 SAS 分析中，需要在 model 语句中体现出嵌套结构，由于 dose 嵌套于 drug 之中，因此 model 语句中指定为 dose（drug）。嵌套设计一般要求输出 Type Ⅰ SS 的结果，因此需要在 model 语句中加入 e1 选项。实际上，由于本例是均衡资料，即使不加 e1 选项，结果输出的 Type Ⅰ SS 和 Type Ⅲ SS 的结果也是完全相同的。

由于 dose 为随机效应，根据混合效应模型的计算原理，drug 的误差项应为 dose（drug），因此在 test 语句中通过 e= dose（drug）选项来指定。

random 语句实际上产生与 test 语句相同的结果，这里只是为了说明两个语句的用法，因此同时写了这两个语句，实际中选择其一即可。由于 random 语句默认产生 Type Ⅲ SS 的结果，因此如果需要输出 Type Ⅰ SS，必须在前面的 model 语句中加上 e1 选项（注意不是 ss1 选项）。

【结果输出】

结果主要输出三部分。第一部分是固定效应的分析结果，此时 drug 和 dose（drug）都是以 $MS_e$ 作为分母，如 drug 的 $F$ 值为 58.778/0.8=73.47，dose（drug）的 $F$ 值为 8.306/0.8=10.38，提示药物之间、剂量之间均有统计学差异。

| Source | DF | Sum of Squares | Mean Square | F Value | Pr>F |
|---|---|---|---|---|---|
| Model | 5 | 92.0000000 | 18.4000000 | 23.00 | <.0001 |
| Error | 30 | 24.0000000 | 0.8000000 | | |
| Corrected Total | 35 | 116.0000000 | | | |

| Source | DF | Type Ⅰ SS | Mean Square | F Value | Pr>F |
|---|---|---|---|---|---|
| drug | 1 | 58.77777778 | 58.77777778 | 73.47 | <.0001 |
| dose（drug） | 4 | 33.22222222 | 8.30555556 | 10.38 | <.0001 |

第二部分是 test 语句输出的随机效应分析结果，此时 drug 是以 $MS_{dose}$ 为分母，drug 的 $F$ 值为 58.778/8.306=7.08，提示药物之间差异无统计学意义。

Tests of Hypotheses Using the Type I MS for dose (drug) as an Error Term

| Source | DF | Type I SS | Mean Square | F Value | Pr>F |
|---|---|---|---|---|---|
| drug | 1 | 58.77777778 | 58.77777778 | 7.08 | 0.0564 |

第三部分是 random 语句输出的随机效应分析结果，这部分结果与 test 语句的输出结果完全相同，但给出的内容更为丰富。如 drug 的分析中注明误差为 MS（dose（drug）），dose（drug）的分析中注明误差为 MS（Error）。这部分结果显示，药物之间差异无统计学意义（$P=0.0564$），剂量之间差异有统计学意义（$P<0.0001$）。

| Source | Type I Expected Mean Square |
|---|---|
| drug | Var (Error) + 6 Var (dose (drug)) + Q (drug) |
| dose (drug) | Var (Error) + 6 Var (dose (drug)) |

The GLM Procedure

Tests of Hypotheses for Mixed Model Analysis of Variance

| Source | DF | Type I SS | Mean Square | F Value | Pr>F |
|---|---|---|---|---|---|
| drug | 1 | 58.777778 | 58.777778 | 7.08 | 0.0564 |
| Error | 4 | 33.222222 | 8.305556 | | |

Error: MS (dose (drug))

| Source | DF | Type I SS | Mean Square | F Value | Pr>F |
|---|---|---|---|---|---|
| dose (drug) | 4 | 33.222222 | 8.305556 | 10.38 | <.0001 |
| Error: MS (Error) | 30 | 24.000000 | 0.800000 | | |

本例分析结果可以看出，如果把剂量作为固定效应，结果为药物和剂量均有统计学意义。如果把剂量看做是随机效应，则药物无统计学意义。因此，结合研究目的，事先确定研究因素到底是固定效应还是随机效应，这是非常重要的。

本例还可采用 proc nested 过程来实现，其分析过程见程序 11.3。

【程序 11.3】
```
proc nested;
  class drug dose;
  var y;
run;
```

【结果输出】

可以看出，该程序结果与程序 11.2 的结果完全相同。但相比之下 proc nested 过程更为简单，而且结果还给出了各方差成分（variance component）的估计，可对资料做更深入的分析。

Nested Random Effects Analysis of Variance for Variable y

| Variance Source | DF | Sum of Squares | F Value | Pr>F | Error Term | Mean Square | Variance Component | Percent of Total |
|---|---|---|---|---|---|---|---|---|
| Total | 35 | 116.000000 | | | | 3.314286 | 4.854938 | 100.0000 |
| drug | 1 | 58.777778 | 7.08 | 0.0564 | dose | 58.777778 | 2.804012 | 57.7559 |
| dose | 4 | 33.222222 | 10.38 | <.0001 | Error | 8.305556 | 1.250926 | 25.7661 |
| Error | 30 | 24.000000 | | | | 0.800000 | 0.800000 | 16.4781 |

## 第二节 裂区设计与分析

### 一、裂区设计简介

在有些多因素的实验中,我们可能难以做到对实验顺序的随机化,这种情况导致了析因设计的一种推广,即裂区设计(split-plot experiment design)。

裂区设计来源于从农田实验,因此我们也从一项农田实验来讲起。假定我们要研究3种灌溉方式和4种施肥方式对农作物产量的影响,由于灌溉都是采用喷水车,通常是大面积灌溉,因此这一因素难以施加到小区域的农田。而对于研究来讲,我们更期望能对小区域的农田进行观察。这种情况下我们就可以考虑用裂区设计,先将农田划分为3个大区,每个大区随机采用一种灌溉方式;然后将每一大区划分为4个小区,每一小区随机采用一种施肥方式,整个设计如图11.4所示。

| 灌溉1 | | 灌溉3 | | 灌溉2 | |
|---|---|---|---|---|---|
| 施肥3 | 施肥1 | 施肥2 | 施肥4 | 施肥1 | 施肥2 |
| 施肥4 | 施肥2 | 施肥1 | 施肥3 | 施肥4 | 施肥3 |

图11.4 裂区设计示意图

如果研究进一步考虑到不同土质状况的影响,则可先按土质状况划分区组,然后在每一区组内分别施加两种因素,此时设计如图11.5所示。

| 区组1 | | | | | | 区组2 | | | | | |
|---|---|---|---|---|---|---|---|---|---|---|---|
| 灌溉1 | | 灌溉3 | | 灌溉2 | | 灌溉2 | | 灌溉1 | | 灌溉3 | |
| 施肥3 | 施肥1 | 施肥2 | 施肥4 | 施肥1 | 施肥2 | 施肥3 | 施肥1 | 施肥1 | 施肥4 | 施肥4 | 施肥1 |
| 施肥4 | 施肥2 | 施肥1 | 施肥3 | 施肥4 | 施肥3 | 施肥2 | 施肥4 | 施肥2 | 施肥3 | 施肥3 | 施肥2 |

图11.5 随机区组裂区设计示意图

如果一开始将整个农田划分为12个小区,每一小区随机安排一种灌溉方式和施肥方式的组合,此时便是一个析因设计。但该研究并非如此,灌溉方式无法施加到小区,因此必须分阶段来安排不同的处理,首先对大区安排灌溉方式,然后再划分小区,对小区安排施肥方式。因此尽管其形式与析因设计相似,但设计过程不同。

从上面的例子可以看出,裂区设计中不同因素需要不同大小的实验单元,通常称较大的实验单元为全区(whole plots),安排在全区的处理称为全区因素(whole-plots factor),如灌溉方式。较小的实验单元称为裂区(split plots)或子区(subplots),安排在裂区(子区)的处理称为裂区(子区)因素,如施肥方式。上例只有2个处理因素,为二级裂区设计,这是最简单的形式。如果还有更小的实验单元,还可进一步往下划分,如三级裂区设计(有时也称裂裂区设计,split-split-plot design)。本章主要介绍简单的二级裂区设计,这也是实际中最常用的设计方式。

裂区设计的特点:

1. 实验分两个阶段实施,首先随机安排全区因素,可通过完全随机或随机区组的方式来安排,如图11.4中对3个全区随机安排1、3、2种灌溉方式。全区因素随机化后,在每一全区因素水平下，再对子区因素随机化，如图 11.4 中每一灌溉方式下，对每一子区随机安排施肥方式。因此，裂区设计可以看做是两个实验的组合，全区的随机化可以看做是一次完全随机设计或随机区组设计，子区的随机化看做是另外一次完全随机设计，两次随机安排是在不同时间上实施的。而在析因设计中，两种处理是同时施加的，这是二者显著不同之处。

2. 全区和子区的误差不同，由于裂区设计分阶段实施，形成天然的层次结构，不同层次对应的误差项不同。通常情况下，全区误差大于子区误差。因此实际中应尽量把感兴趣的因素安排在子区而不是全区。

3. 可以分析全区因素与子区因素之间的交互效应。裂区设计与嵌套设计形式上比较相似，都具有一定层次结构，但嵌套设计无法分析交互效应，裂区设计则可以。

裂区设计常用于以下情形：

1. 对不同的处理所要求的估计精度不同时可采用该设计，通常可将要求精度高的处理安排在子区，对精度要求不高的安排在全区。

2. 因素的实施有一定的顺序，无法同时安排。例如，某中药采用 3 种的配方、在 4 种温度下熬制。该研究必须先用不同的配方配制出药物后，才有可能在不同温度下熬制，两个因素不可能同时施加。此时可用裂区设计，先随机安排 3 种配方，配制出药物后，再对每种配方采用不同温度进行熬制。

3. 某一因素的水平比另一因素更难以改变。例如，研究 2 种光线（A1、A2）、3 种噪声（B1、B2、B3）场景下对人的注意力集中的影响。由于产生光线场景的机器在改变时较为复杂，而噪声的改变较为容易，如果采用析因设计，共 6 种组合，对这 6 种组合随机安排，可能需要改变 6 次光线，操作较为困难。此时可采用裂区设计，先固定某一光线的水平（A1），然后在此光线下随机安排不同噪声（B1、B2、B3），然后切换到另一光线的水平（A2），在此光线下再随机安排不同噪声（B1、B2、B3）。此时只需要改变 2 次光线即可，简化了操作过程。

4. 某一因素难以实施到较小的实验单元，只能实施到较大的区域。这在农业实验中很常见，如灌溉、中耕等有时难以实施到小块区域，而施肥等容易在小块区域上实施，此时可采用裂区设计，先在大区上实施灌溉等因素，再把大区划分为若干小区，在小区上实施施肥等因素。再如，研究改水与乙肝疫苗接种对预防肝癌的作用，如果水源涉及多个村庄，此时改水就只能作用于大区（多个村庄），而不可能仅作用于某村的部分人群。而疫苗接种则可以作用于个体，相当于小区。此时可以考虑采用裂区设计。

**二、裂区设计的实施**

裂区设计相当于两次随机设计的组合，第一次是对全区的随机设计，第二次试对小区的随机设计，因此其设计思路并不难理解，只是分两次完成而已。裂区设计可采用 SAS 的 proc plan 过程来实现，具体语法参见第五章的详细介绍。

**例 11.3** 为分析某药物的抑瘤作用，某研究采用裂区设计，首先用 3 种瘤株（A1、A2、A3）接种小鼠，然后用该药物分 4 种浓度（B1、B2、B3、B4）腹腔注射小鼠。该研究拟采用 36 只小鼠，先将小鼠按体重分为 3 个区组，每个区组 12 只，分别接受瘤株接种和药物注射两个处理。试对该研究进行随机设计。

【例题分析】

裂区设计通常先将受试对象划分区组，以提高研究效率。该研究每个区组 12 只小鼠，首先将 12 只小鼠随机分为 3 组，分别接受不同的瘤株；然后对每一瘤株的 4 只小鼠随机注射 4 种浓度的药物。程序 11.4 给出了随机分配过程。

【程序 11.4】
```
proc plan seed=130311;
factors block=3 ordered rand=12;
/*这一部分程序先分别在 3 个区组内产生 12 个随机号,以对应后面的处理*/
proc plan seed=130311;
factors rep=3 ordered whole=3 split=4;
/*rep=3 指定重复次数为 3,whole 表示全区处理水平为 3,split 表示小区处理水平为 4*/
run;
```

【程序解释】

该程序用了两次 proc plan 过程。第一次用于对 3 个区组内的 12 只小鼠随机排列,以便对应后面的两种处理组合。第二个 proc plan 过程用于随机产生全区处理和子区处理。主要通过 factors 语句产生三个变量,whole 表示全区处理,指定处理数为 3;split 表示子区处理,指定处理数为 4;rep 表示区组因素,指定区组数为 3,相当于每一组合的重复数。读者可根据实际情况修改这三个变量的值便可实现其他裂区设计的随机化。

【结果输出】

| block | ---------------- rand ---------------- |
|---|---|
| 1 | 8 4 1 3 12 9 7 6 11 2 10 5 |
| 2 | 8 11 10 9 7 1 6 3 12 4 5 2 |
| 3 | 7 3 1 4 11 12 10 8 2 5 9 6 |

| rep | whole | - split - |
|---|---|---|
| 1 | 2 | 1 3 2 4 |
|   | 3 | 1 2 4 3 |
|   | 1 | 1 3 4 2 |
| 2 | 2 | 2 3 1 4 |
|   | 3 | 3 4 2 1 |
|   | 1 | 2 1 4 3 |
| 3 | 2 | 1 3 4 2 |
|   | 1 | 1 4 2 3 |
|   | 3 | 3 1 2 4 |

阅读结果之前,首先应已将小鼠按体重划分了 3 个区组,并且每个区组中的 12 只小鼠也按一定条件进行编号。如第 1 个区组的 1~12 号小鼠分别对应随机数字 8、4、1、3、12、9、7、6、11、2、10、5,第 2 区组的 1~12 号小鼠分别对应随机数字 8、11、10、9……。

结果中的 whole 表示全区处理,1、2、3 分别表示 A1、A2、A3;split 表示子区处理,1、2、3、4 分别表示 B1、B2、B3、B4。

结合 3 个区组的随机数字以及全区、子区的随机分组结果,在第 1 区组的 12 只小鼠中,第 8、4、1、3 号先接受瘤株 A2,然后这 4 只分别接受 B1、B3、B2、B4 四种浓度;第 12、9、7、6 号先接受瘤株 A3,然后这 4 只分别接受 B1、B2、B4、B3 四种浓度;第 11、2、10、5 号先接受瘤株 A1,然后这 4 只分别接受 B1、B3、B4、B2 四种浓度。第 2、3 个区组的 12 只小鼠以此类推。

## 三、裂区设计的统计分析

完全随机的裂区设计的方差分析模型为：

$$y_{ijk} = \mu + \alpha_i + \varepsilon_{ij} + \beta_j + (\alpha\beta)_{ij} + e_{ijk}$$

式中，$i$ 表示因素 A 的第 $i$ 个水平，$j$ 表示因素 B 的第 $j$ 个水平，$k$ 表示第 $k$ 次重复。$\mu + \alpha_i + \varepsilon_{ij}$ 代表模型的全区部分，其中 $\alpha_i$ 表示因素 A（大区）的效应，$\varepsilon_{ij}$ 表示全区水平的随机误差。$\beta_j + (\alpha\beta)_{ij} + e_{ijk}$ 代表模型的子区部分，$\beta_j$ 表示因素 B（小区）的效应，$(\alpha\beta)_{ij}$ 表示因素 A 和 B 的交互效应，$e_{ijk}$ 表示子区水平的随机误差。

注意：由于裂区设计中两个因素不是同时实施（析因设计中两个因素是同时实施的），因此导致全区和子区具有不同的误差结构，也就是说，全区误差和子区误差是不同的，这在计算统计量时必须考虑到。

多数情况下，裂区设计会先按某一区组因素划分为 $b$ 个区组，然后在每一区组内分别实施不同的因素（如图 11.5）。随机区组裂区设计的方差分析模型为：

$$y_{ijk} = \mu + \alpha_i + \beta_j + \varepsilon_{ij} + \gamma_k + (\alpha\gamma)_{ik} + e_{ijk}$$

式中，$i$ 表示因素 A 的第 $i$ 个水平，$j$ 表示因素 B 的第 $j$ 个水平，$k$ 表示第 $k$ 次重复。$\mu + \alpha_i + \beta_j + \varepsilon_{ij}$ 代表模型的全区部分，其中 $\alpha_i$ 表示因素 A（大区）的效应，$\beta_j$ 代表区组（或重复）效应，$\varepsilon_{ij}$ 表示全区水平的随机误差。$\gamma_k + (\alpha\gamma)_{ik} + e_{ijk}$ 代表模型的子区部分，$\gamma_k$ 表示因素 B（小区）的效应，$(\alpha\gamma)_{ik}$ 表示因素 A 和 B 的交互效应，$e_{ijk}$ 表示子区水平的随机误差。

注意：全区误差与子区误差不同，全区误差 $\varepsilon_{ij}$ 等于重复（或区组）与因素 A 的交互效应，子区误差 $e_{ijk}$ 等于重复（或区组）与因素 A、B 的交互效应。

完全随机与随机区组的裂区设计方差分析表见表 11.3。

**表 11.3 裂区设计的方差分析及 SAS 语句**

| 类型 | 变异分解 | | | | SAS 语句 |
|---|---|---|---|---|---|
| | 变异来源 | 自由度 | 均方（MS） | F 统计量 | |
| 完全随机裂区设计 | 全区分析 | | | | proc glm; |
| | A（全区因素） | $a-1$ | $MS_A$ | $MS_A/MS_{e(全区)}$ | class A B; |
| | 误差（全区） | $a(r-1)$ | $MS_{e(全区)}$ | | model y=A rep（A）B A*B; |
| | 子区分析 | | | | test h=A e= rep（A）; |
| | B（子区因素） | $(b-1)$ | $MS_B$ | $MS_B/MS_{e(子区)}$ | run; |
| | AB 交互效应 | $(a-1)(b-1)$ | $MS_{AB}$ | $MS_{AB}/MS_{e(子区)}$ | |
| | 误差（子区） | $a(b-1)(r-1)$ | $MS_{e(子区)}$ | | |
| 随机区组裂区设计 | 全区分析 | | | | proc glm; |
| | A（全区因素） | $a-1$ | $MS_A$ | $MS_A/MS_{e(全区)}$ | class A B block; |
| | block（区组） | $r-1$ | $MS_{block}$ | $MS_{block}/MS_{e(全区)}$ | model y=A block*A B A*B; |
| | 误差（全区） | $(a-1)(r-1)$ | $MS_{e(全区)}$ | | test h=A block |
| | 子区分析 | | | | e=block*A; |
| | B（子区因素） | $(b-1)$ | $MS_B$ | $MS_B/MS_{e(子区)}$ | run; |
| | AB（交互效应） | $(a-1)(b-1)$ | $MS_{AB}$ | $MS_{AB}/MS_{e(子区)}$ | |
| | 误差（子区） | $a(b-1)(r-1)$ | $MS_{e(子区)}$ | | |

注：A、B 分别表示因素 A 和因素 B，block 表示区组因素；自由度中的 $a$、$b$ 表示因素 A、B 的水平数，error（全区）表示全区误差，error（子区）表示子区误差；SAS 语句中的 rep 表示重复。

完全随机裂区设计中，全区误差主要通过对重复观测来获得，在 proc glm 中通过 test 语句指定全区误差为 rep（A），rep（A）表示重复观测嵌套于全区处理之中。

随机区组裂区设计中，全区误差为重复（或区组）与因素 A 的交互效应，因此在 proc glm 的 test 语句中指定 e=block*A。子区误差为重复（或区组）与因素 A、B 的交互效应，也就是模型随机误差，是 SAS 中默认的误差，因此无须在 test 语句中指定。

**例 11.4** 某实验室采用三种方法（A1、A2、A3）从某中药中提取多糖，然后以四种不同浓度（B1、B2、B3、B4）的乙醇沉淀，由于提取过程存在一定的顺序，只能是先通过某方法提取，然后再以不同乙醇浓度沉淀。考虑到提取方法和乙醇浓度无法同时安排，该研究采用裂区设计，每一处理组合重复 3 次，结果（g/kg）见表 11.4，试对该结果进行分析。

表 11.4 不同方法、不同乙醇浓度下的多糖提取结果

| 提取方法 | 乙醇浓度 | | | |
|---|---|---|---|---|
| | B1 | B2 | B3 | B4 |
| A1 | 31 | 35 | 34 | 36 |
| | 29 | 33 | 41 | 40 |
| | 30 | 37 | 39 | 41 |
| A2 | 34 | 40 | 36 | 39 |
| | 32 | 35 | 41 | 41 |
| | 36 | 38 | 39 | 42 |
| A3 | 31 | 29 | 35 | 37 |
| | 32 | 30 | 34 | 38 |
| | 28 | 33 | 41 | 42 |

【例题分析】
该研究为完全随机裂区设计，从表 11.3 可以看出，完全随机的裂区设计中，以重复观测作为全区误差，因此分析时需要产生一个重复观测的变量，尽管我们并不关心重复观测之间的差异，但需要以该变量作为全区误差。具体分析见程序 11.5。

【程序 11.5】

```
data example11_5;
  do m=1 to 3;           /*m 表示 3 种提取方法*/
  do rep=1 to 3;         /*rep 表示 3 次重复*/
  do c=1 to 4;           /*c 表示 4 种乙醇浓度*/
  input y@@;
  output;
  end;
  end;
  end;
cards;
31  35  34  36
29  33  41  40
```

```
30  37  39  41
34  40  36  39
32  35  41  41
36  38  39  42
31  29  35  37
32  30  34  38
28  33  41  42
;
proc glm;
class m rep c;
model y=m rep(m) c m*c;          /*指定重复 rep 嵌套于提取方法 m 之中*/
test h = m e =rep(m);
/*test 语句指定 m 的误差项为 rep（m），而不是默认的误差*/
run;
```

【程序解释】

完全随机裂区设计中，全区误差应指定为重复误差，通过 rep（m）来产生这一误差，并在 test 语句中通过 e＝rep（m）来指定。子区误差为默认的模型误差，无须指定。也可通过 random 语句"random rep（m）/test;"来产生与 test 语句相同的结果。

【结果输出】

结果主要输出两部分，第一部分是以模型的误差作为所有分析变量的误差所得结果，此时 m 的 F 值为 39.36/5.88＝6.69，c 的 F 值为 116.47/5.88＝19.81，m*c 的 F 值为 6.25/5.88＝1.06。重复观测 rep（m）的主要目的是产生全区误差，其结果我们并不关心，因此不必理会。

这部分结果中，我们只需要看 c（浓度）和 m*c 的结果即可，因为这两部分是以模型误差为分母，而 m（提取方法）应以 rep（m）为分母，这里以模型误差 error 作为分母，并不是我们想要的结果。

| Source | DF | Sum of Squares | Mean Square | F Value | Pr>F |
| --- | --- | --- | --- | --- | --- |
| Model | 17 | 507.8055556 | 29.8709150 | 5.08 | 0.0006 |
| Error | 18 | 105.8333333 | 5.8796296 | | |
| Corrected Total | 35 | 613.6388889 | | | |

| Source | DF | Type Ⅰ SS | Mean Square | F Value | Pr>F |
| --- | --- | --- | --- | --- | --- |
| m | 2 | 78.7222222 | 39.3611111 | 6.69 | 0.0067 |
| rep (m) | 6 | 42.1666667 | 7.0277778 | 1.20 | 0.3529 |
| c | 3 | 349.4166667 | 116.4722222 | 19.81 | <.0001 |
| m*c | 6 | 37.5000000 | 6.2500000 | 1.06 | 0.4198 |

| Source | DF | Type Ⅲ SS | Mean Square | F Value | Pr>F |
| --- | --- | --- | --- | --- | --- |
| m | 2 | 78.7222222 | 39.3611111 | 6.69 | 0.0067 |
| rep (m) | 6 | 42.1666667 | 7.0277778 | 1.20 | 0.3529 |
| c | 3 | 349.4166667 | 116.4722222 | 19.81 | <.0001 |
| m*c | 6 | 37.5000000 | 6.2500000 | 1.06 | 0.4198 |

第二部分结果是我们关注的对 m（提取方法）的分析结果，这是以 rep（m）作为误差的结果，此时 m 的 $F$ 值为 $39.36/7.03=5.60$。

Tests of Hypotheses Using the Type Ⅲ MS for rep (m) as an Error Term

| Source | DF | Type Ⅲ SS | Mean Square | F Value | Pr>F |
|---|---|---|---|---|---|
| m | 2 | 78.72222222 | 39.36111111 | 5.60 | 0.0424 |

本例分析结果显示，提取方法对提取量的影响有统计学意义（$P=0.0424$），浓度的影响也有统计学意义（$P<0.0001$），但二者交互效应无统计学意义（$P=0.4198$）。

从分析结果还可看出，全区误差（7.03）要大于子区误差（5.88），提示子区因素精度更高，如果有可能，最好将感兴趣的因素安排在子区而不是全区。

如果要进一步做两两比较，可将程序 11.5 中加入 lsmeans 语句，见程序 11.6。

【程序 11.6】
proc glm;
class m rep c;
model y=m rep(m) c m*c;
test h =m e =rep(m);
lsmeans m/tdiff pdiff adjust=bon e=rep(m);
/*指定对 m 做多重比较，采用 Bonferroni 法进行两两比较，选项 e 指定 m 的误差为 rep(m)*/
lsmeans c/tdiff pdiff adjust=bon;
/*指定对 c 做多重比较，采用 Bonferroni 法进行两两比较*/
run;

【程序解释】
在利用 lsmeans 语句进行多重比较时，也需要注意全区因素和子区因素使用不同的误差，全区因素指定全区误差，子区因素不用指定，使用默认误差。lsmeans 语句中通过选项"e="来指定误差项，由于 m 以 rep（m）作为误差，因此使用 lsmeans 语句时也必须指定，否则默认是以模型误差作为误差。

【结果输出】
结果仅显示对提取方法和浓度的两两比较结果，方差分析同程序 11.5 的结果。

提取方法的两两比较结果显示，方法 A2 和 A3 之间有统计学差异（$P=0.0486$），其余组间差异无统计学意义。

Least Squares Means
Adjustment for Multiple Comparisons: Bonferroni
Standard Errors and Probabilities Calculated Using the Type Ⅲ MS for rep (m) as an Error Term

| m | y LSMEAN | LSMEAN Number |
|---|---|---|
| 1 | 35.5000000 | 1 |
| 2 | 37.7500000 | 2 |
| 3 | 34.1666667 | 3 |

Least Squares Means for Effect m
t for H0: LSMean (i) =LSMean (j) /Pr > |t|
Dependent Variable: y

| i/j | 1 | 2 | 3 |
|---|---|---|---|
| 1 |  | −2.07897 | 1.231985 |
|  |  | 0.2486 | 0.7921 |
| 2 | 2.078974 |  | 3.310959 |
|  | 0.2486 |  | 0.0486 |
| 3 | −1.23198 | −3.31096 |  |
|  | 0.7921 | 0.0486 |  |

浓度的两两比较结果显示，浓度 B1 和 B3 之间、B1 和 B4 之间、B2 和 B4 之间有统计学差异，其余组间差异无统计学意义。

Least Squares Means

Adjustment for Multiple Comparisons：Bonferroni

| c | y LSMEAN | LSMEAN Number |
|---|---|---|
| 1 | 31.4444444 | 1 |
| 2 | 34.4444444 | 2 |
| 3 | 37.7777778 | 3 |
| 4 | 39.5555556 | 4 |

Least Squares Means for Effect c

t for H0：LSMean (i) =LSMean (j) /Pr > | t |

Dependent Variable：y

| i/j | 1 | 2 | 3 | 4 |
|---|---|---|---|---|
| 1 |  | −2.62454 | −5.54069 | −7.09597 |
|  |  | 0.1031 | 0.0002 | <.0001 |
| 2 | 2.624536 |  | −2.91615 | −4.47143 |
|  | 0.1031 |  | 0.0553 | 0.0018 |
| 3 | 5.540687 | 2.916151 |  | −1.55528 |
|  | 0.0002 | 0.0553 |  | 0.8237 |
| 4 | 7.095968 | 4.471432 | 1.555281 |  |
|  | <.0001 | 0.0018 | 0.8237 |  |

**例 11.5** 续例 11.4，假定该研究采用随机区组裂区设计，首先按批次分为 3 个区组，每个区组 12 例，然后在每个区组分别采用 3 种方法、4 种浓度来安排实验。此时结果安排见表 11.5，试对该结果进行分析。

表 11.5 不同批次、方法、乙醇浓度下的多糖提取结果

| 批次 | 提取方法 | 乙醇浓度 | | | |
|---|---|---|---|---|---|
|  |  | B1 | B2 | B3 | B4 |
| 1 | A1 | 31 | 35 | 34 | 36 |
| 1 | A2 | 34 | 40 | 36 | 39 |
| 1 | A3 | 31 | 29 | 35 | 37 |
| 2 | A1 | 29 | 33 | 41 | 40 |

续表

| 批次 | 提取方法 | 乙醇浓度 | | | |
|---|---|---|---|---|---|
| | | B1 | B2 | B3 | B4 |
| 2 | A2 | 32 | 35 | 41 | 41 |
| 2 | A3 | 32 | 30 | 34 | 38 |
| 3 | A1 | 30 | 37 | 39 | 41 |
| 3 | A2 | 36 | 38 | 39 | 42 |
| 3 | A3 | 28 | 33 | 41 | 42 |

【例题分析】

随机区组的裂区设计中,以区组和全区因素的交互项作为全区误差,以区组和全区因素、子区因素的交互项作为子区误差。子区误差也就是模型的误差,不需指定,但全区误差需要在 SAS 中指定。具体分析见程序 11.7。

【程序 11.7】

```
data example11_7;
do m=1 to 3;              /*m 表示 3 种提取方法*/
do block=1 to 3;          /*block 表示 3 个区组*/
do c=1 to 4;              /*c 表示 4 种乙醇浓度*/
input y@@;
output;
end;
end;
end;
cards;
31  35  34  36
29  33  41  40
30  37  39  41
34  40  36  39
32  35  41  41
36  38  39  42
31  29  35  37
32  30  34  38
28  33  41  42
;
proc glm;
class m block c;
model y=m block block*m c m*c;
test h =m block e =block*m;         /*test 语句指定 m 和 block 的误差项均为 block*m*/
lsmeans m/tdiff pdiff adjust=bon e=block*m;
/*采用 Bonferroni 法对 m 进行两两比较,选项 e 指定 m 的误差为 block*m*/
lsmeans c/tdiff pdiff adjust=bon;
run;
```

【程序解释】

该程序利用 test 语句指定 block∗m 作为 m 的误差项，注意在 test 语句中指定的误差项必须出现在 model 语句中，因此尽管我们并不关心 block 与 m 的交互效应，但为了将其作为误差，仍需要在 model 语句中先指定。lsmeans 语句在进行两两比较时通过选项"e="指定 m（提取方法）的误差为 block∗m，而对 c（浓度）的两两比较则无须指定误差项。

【结果输出】

结果主要包括三部分。第一部分是以模型误差作为分母的统计量计算结果，这部分只需看子区因素 c 和交互项 m∗c 的结果即可。全区因素 m 和区组因素 block 的结果需要以全区误差作为分母，需要看第二部分的结果。

这部分结果显示，四种浓度之间差异有统计学意义（$P<0.0001$），提取方法和浓度的交互效应无统计学意义（$P=0.4198$）。

| Source | DF | Sum of Squares | Mean Square | F Value | Pr>F |
|---|---|---|---|---|---|
| Model | 17 | 507.8055556 | 29.8709150 | 5.08 | 0.0006 |
| Error | 18 | 105.8333333 | 5.8796296 | | |
| Corrected Total | 35 | 613.6388889 | | | |

| Source | DF | Type I SS | Mean Square | F Value | Pr>F |
|---|---|---|---|---|---|
| m | 2 | 78.7222222 | 39.3611111 | 6.69 | 0.0067 |
| block | 2 | 36.7222222 | 18.3611111 | 3.12 | 0.0685 |
| m∗block | 4 | 5.4444444 | 1.3611111 | 0.23 | 0.9170 |
| c | 3 | 349.4166667 | 116.4722222 | 19.81 | <.0001 |
| m∗c | 6 | 37.5000000 | 6.2500000 | 1.06 | 0.4198 |

| Source | DF | Type III SS | Mean Square | F Value | Pr>F |
|---|---|---|---|---|---|
| m | 2 | 78.7222222 | 39.3611111 | 6.69 | 0.0067 |
| block | 2 | 36.7222222 | 18.3611111 | 3.12 | 0.0685 |
| m∗block | 4 | 5.4444444 | 1.3611111 | 0.23 | 0.9170 |
| c | 3 | 349.4166667 | 116.4722222 | 19.81 | <.0001 |
| m∗c | 6 | 37.5000000 | 6.2500000 | 1.06 | 0.4198 |

第二部分是以 m∗block 作为误差项的统计量计算结果，全区因素和区组因素的结果主要看这一部分。这部分结果显示，三种提取方法之间差异有统计学意义（$P=0.0042$），区组因素主要是设计上的需要，其结果通常并不是我们关心的。

Tests of Hypotheses Using the Type III MS for m∗block as an Error Term

| Source | DF | Type III SS | Mean Square | F Value | Pr>F |
|---|---|---|---|---|---|
| m | 2 | 78.72222222 | 39.36111111 | 28.92 | 0.0042 |
| block | 2 | 36.72222222 | 18.36111111 | 13.49 | 0.0167 |

第三部分是提取方法和浓度的两两比较结果。提取方法的两两比较结果显示，A2 和 A1、A2 和 A3 之间的差异均有统计学意义，A1 和 A3 的差异无统计学意义。

Least Squares Means
Adjustment for Multiple Comparisons: Bonferroni
Standard Errors and Probabilities Calculated Using the Type III MS for m * block as an Error Term

| m | y LSMEAN | LSMEAN Number |
|---|---|---|
| 1 | 35.5000000 | 1 |
| 2 | 37.7500000 | 2 |
| 3 | 34.1666667 | 3 |

Least Squares Means for Effect m
t for H0: LSMean (i) =LSMean (j) /Pr > |t|
Dependent Variable: y

| i/j | 1 | 2 | 3 |
|---|---|---|---|
| 1 |  | −4.72402 | 2.799417 |
|  |  | 0.0274 | 0.1465 |
| 2 | 4.724016 |  | 7.523433 |
|  | 0.0274 |  | 0.0050 |
| 3 | −2.79942 | −7.52343 |  |
|  | 0.1465 | 0.0050 |  |

浓度的两两比较结果显示，浓度 B1 和 B3 之间、B1 和 B4 之间、B2 和 B4 之间有统计学差异，其余组间差异无统计学意义。

| c | y LSMEAN | LSMEAN Number |
|---|---|---|
| 1 | 31.4444444 | 1 |
| 2 | 34.4444444 | 2 |
| 3 | 37.7777778 | 3 |
| 4 | 39.5555556 | 4 |

Least Squares Means for Effect c
t for H0: LSMean (i) =LSMean (j) /Pr > |t|
Dependent Variable: y

| i/j | 1 | 2 | 3 | 4 |
|---|---|---|---|---|
| 1 |  | −2.62454 | −5.54069 | −7.09597 |
|  |  | 0.1031 | 0.0002 | <.0001 |
| 2 | 2.624536 |  | −2.91615 | −4.47143 |
|  | 0.1031 |  | 0.0553 | 0.0018 |
| 3 | 5.540687 | 2.916151 |  | −1.55528 |
|  | 0.0002 | 0.0553 |  | 0.8237 |
| 4 | 7.095968 | 4.471432 | 1.555281 |  |
|  | <.0001 | 0.0018 | 0.8237 |  |

## 第三节 案例辨析

【案例】某研究生欲分析不同骨折的不同处理方式是否有所差异,以家兔作为实验动物,先分别对两组家兔造成两种不同方式的骨折,然后对每种骨折均采用两种相同的治疗方式进行处理。该研究生采用 2×2 析因设计的方差分析进行数据统计。

【辨析】析因设计与裂区设计的一个区别就是:析因设计中的多个因素是同时施加的,而裂区设计中的多个因素可以有先后顺序。本例中 2 个因素很明显存在先后顺序,必须先有骨折,然后才能施加治疗方式。对于这种存在自然顺序的设计,最好采用裂区设计而不是析因设计。

(徐丽丽　王俊杰　冯国双)

# 第十二章 序贯设计与分析

## 第一节 序贯设计简介

序贯设计（sequential design）是一种节省样本的设计方法。前面介绍的所有实验设计，都是先计算出样本量，然后把研究对象随机分配到不同组别。序贯设计则不同，是采取"走着看"的办法，事先不固定样本含量，而是按照受试者进入实验的次序，做一个（或一个阶段）试验便进行一次分析，一旦发现达到预期结果，立刻停止试验。序贯试验比较适合临床研究，因为临床研究中的患者都是陆续到医院，可以依次纳入研究进行分析。

传统序贯试验的做法是逐个纳入受试对象，纳入一个便分析一个，下一个是否进行需要看上一个试验的结果。如果第 $n$ 个受试对象纳入研究得出预期结果，试验便结束。这种试验花费时间较长，不适于急性传染病等的研究，也不适用于显效迟缓的慢性病研究。

由于传统序贯试验的缺陷，实际中用的比较多的是成组序贯试验（group sequential trial）。成组序贯试验是分段试验，分段分析。该试验是将整个研究过程划分为 $k$ 个连贯的阶段，每一阶段内都有 $2n$ 个受试对象，随机分配至实验组和对照组。当第 $i$（$i \leqslant k$）个阶段结束后，便将累积的资料进行统计分析，如果拒绝 $H_0$，则试验结束，否则进入下一阶段，继续进行试验。如果直到全部 $k$ 个阶段都结束，仍不能拒绝 $H_0$，此时也结束试验，接受 $H_0$ 假设。

成组序贯试验比传统序贯试验具有更广泛的应用空间，可以用于慢性病的研究，尤其适用于在多个地区同时进行的多中心临床试验，可以每隔一定时间将累积的资料进行统计分析。如果效果显著，可提前结束试验，能够有效地节省样本量和成本。

成组序贯设计在应用时需要在方案中事先确定期中分析的次数和时间，不可在研究过程中自行修改。而且该设计在双盲试验中应分批揭盲，因为如果一次性揭盲的话，第一阶段分析便造成盲底泄露，影响后期的继续研究。

本章主要介绍成组序贯设计的实施与分析，对传统序贯设计感兴趣的读者可参阅其他相关文献。

## 第二节 成组序贯设计的实施与 SAS 实现

成组序贯设计的关键是确定试验阶段数和样本量。实际中通常设阶段数 $k \leqslant 5$，因为已有研究表明，当 $k > 5$ 时，平均样本量减少并不多，难以体现出序贯试验在节省样本量方面的优势。

1. 成组序贯设计的样本量计算

（1）均值比较的样本量计算

$$n = 2[\sigma(\Delta/d)]^2$$

式中，$n$ 为各阶段每组例数，$\sigma$ 为标准差，$d$ 为两组均值差值。$\Delta$ 值可从表 12.1 获得。

（2）率比较的样本量计算

$$n = 2p(1-p)(\Delta/d)^2$$

式中，$n$ 为各阶段每组例数，$p=(p_A+p_B)/2$，为两组率的均值，$d$ 为两组率的差值。$\Delta$ 值可从表 12.1 获得。

2. 成组序贯设计的方法　由于成组序贯试验分多个阶段进行多次比较，与多重比较一样，容易增加假阳性的错误概率。为了降低这一概率，必须使每一阶段的检验临界值高于常规的临界值（如 1.96），检验水平低于总的检验水平（如 0.05），此时的检验水平称为名义显著性水平（nominal significant level），用 $\alpha'$ 表示，所对应的名义临界值用 $Z'$ 表示。

成组序贯设计有多种方法，实际中比较常用的有：

(1) Pocock 法：该法对每一阶段均采用相同的临界值和名义检验水平。表 12.1 列出了不同阶段的名义水平、相应临界值及样本量计算所需的 $\Delta$ 值。如 5 个阶段的序贯设计，每一阶段均采用临界值 2.413，名义水平均采用 0.0158，即统计量必须大于 2.413（而不是常规的 1.96），$P$ 值必须小于 0.0158（而不是常规的 0.05），才能拒绝 $H_0$。

(2) O'Brien-Fleming 法：该法对不同阶段采用不同的临界值，早期阶段临界值设定较高，越到后期阶段临界值越低。如对于 4 阶段的序贯设计，四个阶段的临界值分别为 4.049、2.863、2.337、2.024。该法早期阶段较为保守，除非 $P$ 值特别小，否则早期通常难以拒绝 $H_0$。但到最后一个阶段其 $P$ 值接近总的检验水平。

(3) power family 法：该法实际上是 Pocock 法和 O'Brien-Fleming 法的推广，其界值形状主要取决于两个参数 $\rho$ 和 $\tau$。当 $\rho=0$ 且 $\tau=0$ 时，就是 Pocock 法；当 $\rho=0.5$ 且 $\tau=0$ 时，就是 O'Brien-Fleming 法。在 SAS 中如果采用该法，默认为 $\rho=0.25$，此时各值介于 Pocock 法和 O'Brien-Fleming 法之间。

表 12.1　成组序贯试验 Pocock 法和 O'Brien-Fleming 法常用设计表（$\alpha=0.05$）

| 总阶段数 $k$ | 第 $i$ 阶段 | Pocock 法 | | O'Brien-Fleming 法 | | $\Delta$ 值 | |
|---|---|---|---|---|---|---|---|
| | | $\alpha'$ | $Z'$ | $\alpha'$ | $Z'$ | $1-\beta=0.90$ | $1-\beta=0.95$ |
| 2 | 1 | 0.0294 | 2.178 | 0.00517 | 2.797 | 2.404 | 2.664 |
| | 2 | 0.0294 | 2.178 | 0.04799 | 1.977 | 2.404 | 2.664 |
| 3 | 1 | 0.0221 | 2.289 | 0.00052 | 3.471 | 2.007 | 2.221 |
| | 2 | 0.0221 | 2.289 | 0.01411 | 2.454 | 2.007 | 2.221 |
| | 3 | 0.0221 | 2.289 | 0.04507 | 2.004 | 2.007 | 2.221 |
| 4 | 1 | 0.0182 | 2.361 | 0.00005 | 4.049 | 1.763 | 1.949 |
| | 2 | 0.0182 | 2.361 | 0.00420 | 2.863 | 1.763 | 1.949 |
| | 3 | 0.0182 | 2.361 | 0.01942 | 2.337 | 1.763 | 1.949 |
| | 4 | 0.0182 | 2.361 | 0.04294 | 2.024 | 1.763 | 1.949 |
| 5 | 1 | 0.0158 | 2.413 | 0.00001 | 4.562 | 1.592 | 1.759 |
| | 2 | 0.0158 | 2.413 | 0.00126 | 3.226 | 1.592 | 1.759 |
| | 3 | 0.0158 | 2.413 | 0.00845 | 2.634 | 1.592 | 1.759 |
| | 4 | 0.0158 | 2.413 | 0.02256 | 2.281 | 1.592 | 1.759 |
| | 5 | 0.0158 | 2.413 | 0.04134 | 2.040 | 1.592 | 1.759 |

3. 成组序贯设计的 SAS 实现　成组序贯试验在 SAS 中可采用 proc seqdesign 过程来实现。该过程共 3 个语句：

```
proc seqdesign <选项>；
<label：> design <选项>；
samplesize <model=选项>；
```

【命令解释】

【proc seqdesign】语句调用序贯设计过程，该语句的主要选项有：

| | |
|---|---|
| altref= | 指定备择假设的值，如两均值比较，该值为两均值预期差值；两率比较，该值为两组率预期差值 |
| boundaryscale= | 指定界值结果和界值图形中的统计量尺度，可以为 mle（最大似然法）、score（得分检验）、stdz（标准正态 $Z$ 值）、pvalue（$P$ 值），组间比较通常可不加该选项，默认选择 stdz |
| plots= | 指定输出的各种图形，最常用的是 plots=boundary，即绘制界值图。boundary 后可指定选项（hscale=samplesize），显示各阶段所需样本量 |

【design】语句可在其前加入一段 label，用于对试验设计的描述，用冒号隔开。design 语句的常用选项有：

| | |
|---|---|
| alpha= | 指定 I 型错误概率 $\alpha$，即检验水平，通常为 0.05 |
| beta= | 指定 II 型错误概率 $\beta$，通常为 0.05、0.1 等 |
| alt= | 指定检验的单双侧，多数研究为双侧检验，即 twosided。如果是单侧检验，需要指定为 lower 或 upper，根据研究目的而定 |
| designmethod= | 指定边界（boundary）的设置方法，较常用的有 obf（O'Brien-Fleming 法）、poc（Pocock 法）、pow（power family 法），pow 法默认 $\rho=0.25$，此时各值介于 O'Brien-Fleming 法和 Pocock 法之间 |
| nstages= | 指定序贯设计的阶段数 |

【samplesize】语句计算每一阶段所需的样本量，该语句通过 model 指定不同的选项，可计算各种方法的样本量，如单组均值、率，两组均值、率，线性回归、logistic 回归、生存分析等。这里仅介绍常用的单组和两组均值、率的样本量计算相关选项：

| | |
|---|---|
| model=onesamplemean | 用于计算单组均值的样本量。该语句后可通过（mean=）或（stddev=）指定均值或标准差 |
| model=onesamplefreq | 用于计算单组率的样本量。该语句后可通过（nullprop=）或（prop=）指定无效假设或备择假设下的率 |
| model=twosamplemean | 用于计算两组均值的样本量。该语句后可通过（meandiff=）指定两组均值差值，等同于 proc seqdesign 中的 altref；（stddev=）指定两组标准差；（weight=）指定两组例数的比例，如（weight=1 2）表示两组按 1∶2 的比例分配，如不指定（weight=），默认两组为 1∶1 的比例，即两组例数相同 |
| model=twosamplefreq | 用于计算两组率的样本量。该语句后可通过（nullprop=）指定对照组的率；（prop=）指定试验组的率；（test=）指定检验的类型，默认的是（test=logor），即以 $OR$ 值做检验，实际中通常指定（test=prop），即以率的差值做检验；（weight=）指定两组例数的比例 |

## 一、定量反应资料的实施与样本量计算

**例 12.1** 为比较某新药与传统药物治疗再生障碍性贫血的疗效,以血红蛋白增加作为疗效指标。预期新药比传统药的疗效平均高 10g/L,但并无把握新药一定优于传统药物,因此采用双侧检验。通过文献查阅获得两组的标准差分别为 18 和 21,并计算得到合并标准差为 19.6。试进行序贯设计,并估计样本量。

【例题分析】

首先设定阶段数为 5,即最多包含中间 4 次分析与最后一次总分析。并设定 $\alpha$ 和 $\beta$ 分别为 0.05 和 0.1,根据表 12.1 可查到 $\Delta=1.592$。根据两组均值样本量计算公式,可得

$$n = 2\left[\sigma\left(\frac{\Delta}{d}\right)\right]^2 = 2\left[19.6 \times \left(\frac{1.592}{10}\right)\right]^2 = 20$$

即每一阶段每组各需 20 例受试对象,总样本量为 20×2×5=200 例。

如果采用 SAS 软件,可通过程序 12.1 来实现。

【程序 12.1】

```
proc seqdesign altref=10              /*调用 proc seqdesign 命令,altref 指定两组预期差值为 10*/
   plots=boundary(hscale=samplesize);  /*绘制界值图,并指定横坐标显示样本量*/
TwoSidedPocock: design method=poc
   /*冒号前为对试验的描述,design 语句指定 method 为 poc,即 Pocock 法*/
   alpha=0.05                          /*指定第一类错误概率为 0.05*/
   beta=0.1                            /*指定第二类错误概率为 0.1*/
   alt=twosided                        /*指定检验方式为双侧*/
   nstages=5;                          /*指定分 5 个阶段实施*/
   samplesize model=twosamplemean(stddev=18 21);  /*指定两组标准差*/
run;
```

【程序解释】

该程序看似复杂,但不难理解。该程序中有些语句实际上不写也可,如 design 语句中的 alpha、beta、alt 实际上默认值就是 0.05、0.1 和 twosided,写在程序中只是为了显示清楚。至于 proc seqdesign 中 plot 选项只是为了锦上添花,绘制界值图。而 design 语句冒号前面的 TwoSidedPocock,只是出于书写的习惯,让自己或读者能明白设计的含义,实际中也可不写。

除去这几个语句,关键的选项其实是四个:proc seqdesign 中的 alt、samplesize 中的 model、design 语句中的 method 和 nstages。这四个选项分别指定两组差值、标准差、界值采用的方法、阶段数。其中界值设定可指定多种方法,本例指定了 Pocock 法,因为样本量公式计算是根据表 12.1 计算的,而表 12.1 中所用的是 Pocock 法的界值、名义水平等信息,这样可以对公式计算结果和 SAS 程序输出结果进行比较。也可指定 pow 和 obf,obf 所需样本量最小,pow 居中,poc 计算的样本量最大。读者不妨一试。

【结果输出】

结果共三部分。第一部分是序贯设计和方法的基本信息,给出了与设计相关的一些内容,如 alpha、beta、单双侧等。最大信息(max information)反映了如果前期阶段未停止的话,最后一个阶段所需的信息水平。Max Information (Percent of Fixed Sample) 反映了最大样本量与固定样本设计的比较情况,表示如果成组序贯设计在中间阶段都未拒绝 $H_0$,一直到最后一个阶段的话,所需的最大样本量比传统的固定样本设计多 20.66%。Null Ref

ASN (Percent of Fixed Sample) 反映了平均样本量与固定样本设计的比较情况，表示如果无效假设为真（即两组无差异），成组序贯设计所需样本量比传统的固定样本设计多 17.67%。最后一行的 Alt. Ref ASN (Percent of Fixed Sample) 值为 68.49，表示如果备择假设为真（两组有差异），采用成组序贯设计的平均样本量仅为传统固定样本设计的 68.49%。

The SEQDESIGN Procedure
Design：TwoSidedPocock
Design Information

| | |
|---|---|
| Statistic Distribution | Normal |
| Boundary Scale | Standardized Z |
| Alternative Hypothesis | Two-Sided |
| Early Stop | Reject Null |
| Method | Pocock |
| Boundary Key | Both |
| Alternative Reference | 10 |
| Number of Stages | 5 |
| Alpha | 0.05 |
| Beta | 0.1 |
| Power | 0.9 |
| Max Information (Percent of Fixed Sample) | 120.6604 |
| Max Information | 0.126782 |
| Null Ref ASN (Percent of Fixed Sample) | 117.6742 |
| Alt. Ref ASN (Percent of Fixed Sample) | 68.49121 |

这部分也给出了与设计方法相关的一些内容，其中 Rho ($\rho$)、Tau ($\tau$) 等是 power family 法的参数。对于 Pocock 法，这两个参数均为 0，如果采用 O'Brien-Fleming 法，则 $\rho=0.5$，$\tau=0$。如果不想仔细研究这些方法的来龙去脉，无须细究。Drift 参数相当于最后阶段的标准化差值，等于两组差值与最大信息平方根的乘积，即 $10 \times \sqrt{0.126782} = 3.560651$。该值越大，表明所需的最大化信息越多，也就是需要更多的样本量。

Method Information

| | | | | ----- Unified Family ---- | | | Alternative | |
|---|---|---|---|---|---|---|---|---|
| Boundary | Method | Alpha | Beta | Rho | Tau | C | Reference | Drift |
| Upper Alpha | Pocock | 0.02500 | 0.10000 | 0 | 0 | 2.41317 | 10 | 3.560651 |
| Lower Alpha | Pocock | 0.02500 | 0.10000 | 0 | 0 | 2.41317 | −10 | −3.56065 |

第二部分是界值的一些信息，第 1 列是阶段数，第 2~4 列给出了 5 个阶段的信息水平，其中 N 即为样本量。第 5、6 列是根据两组差值和信息水平计算得出，如第 1 阶段为 $10 \times \sqrt{0.025356} = 1.59237$。第 7、8 列是每一阶段的拒绝 $H_0$ 的界值，也就是说，只有 Z 值大于 2.41317 或小于 −2.41317 才能拒绝 $H_0$ 并结束试验，否则进入下一阶段。

Boundary Information (Standardized Z Scale)
Null Reference = 0

| _ Stage _ | Information Level | | | Alternative Reference | | Boundary Values | |
|---|---|---|---|---|---|---|---|
| | Proportion | Actual | N | Lower | Upper | Lower Alpha | Upper Alpha |
| 1 | 0.2000 | 0.025356 | 38.7954 | −1.59237 | 1.59237 | −2.41317 | 2.41317 |
| 2 | 0.4000 | 0.050713 | 77.5908 | −2.25195 | 2.25195 | −2.41317 | 2.41317 |
| 3 | 0.6000 | 0.076069 | 116.3862 | −2.75807 | 2.75807 | −2.41317 | 2.41317 |
| 4 | 0.8000 | 0.101426 | 155.1816 | −3.18474 | 3.18474 | −2.41317 | 2.41317 |
| 5 | 1.0000 | 0.126782 | 193.977 | −3.56065 | 3.56065 | −2.41317 | 2.41317 |

第三部分是样本信息，分别给出了总的样本量结果及分阶段的样本量结果。从 Sample Size Summary 部分可以看出，采用成组序贯设计最大样本量为 193.977，无效假设下（一直到最后阶段两组仍无差异）的平均样本量为 189.1764，备择假设下（两组有差异）的平均样本量为 110.1084。注意这部分结果与第一部分结果中的部分数值是对应的，第一部分结果中给出了最大样本量、无效假设下平均样本量、备择假设下平均样本量与固定样本的比值，分别为 120.66、117.67、68.49，这部分给出的则是最大样本量、无效假设下平均样本量、备择假设下平均样本量的实际值，也就是说，193.977/1.2066、189.1764/1.1767、110.1084/0.6849 所得结果是相同的，都是固定样本量的值，约为 161 例。

Sample Sizes (N) 部分的结果中，左边为带小数点的例数，右边为取整后的例数。总样本为 194 例，5 个阶段的累积样本量分别为 40、78、118、156、194，这与公式计算结果十分接近。

Sample Size Summary

| Test | Two-Sample Means |
|---|---|
| Mean Difference | 10 |
| Std. Dev. (Group 1) | 18 |
| Std. Dev. (Group 2) | 21 |
| Max Sample Size | 193.977 |
| Expected Sample Size (Null Ref) | 189.1764 |
| Expected Sample Size (Alt. Ref) | 110.1084 |

Sample Sizes (N)
Two-Sample Z Test for Mean Difference

| _ Stage _ | Fractional N | | | | Ceiling N | | | |
|---|---|---|---|---|---|---|---|---|
| | N | N (Grp 1) | N (Grp 2) | Information | N | N (Grp 1) | N (Grp 2) | Information |
| 1 | 38.80 | 19.40 | 19.40 | 0.0254 | 40 | 20 | 20 | 0.0261 |
| 2 | 77.59 | 38.80 | 38.80 | 0.0507 | 78 | 39 | 39 | 0.0510 |
| 3 | 116.39 | 58.19 | 58.19 | 0.0761 | 118 | 59 | 59 | 0.0771 |
| 4 | 155.18 | 77.59 | 77.59 | 0.1014 | 156 | 78 | 78 | 0.1020 |
| 5 | 193.98 | 96.99 | 96.99 | 0.1268 | 194 | 97 | 97 | 0.1268 |

图 12.1 给出了成组序贯设计的界值图，可以看出，采用 Pocock 法每一阶段的界值都相同，因此上下界值是两条直线。图中的两个小圆圈是固定样本设计的临界值 1.96，竖线表

示固定样本设计所需的样本量,约为 161 例。也就是说,本例如果采用传统的固定样本的设计,约需 161 例样本。如果两组确有差异,采用成组序贯设计平均而言要比固定样本设计节约 1−68.49%=31.51%。但如果成组序贯试验在任何中间阶段都未拒绝 $H_0$ 的话,则成组序贯试验的平均样本量比固定样本的设计要多 17.67%,最大样本量要比固定样本的设计多 20.66%。

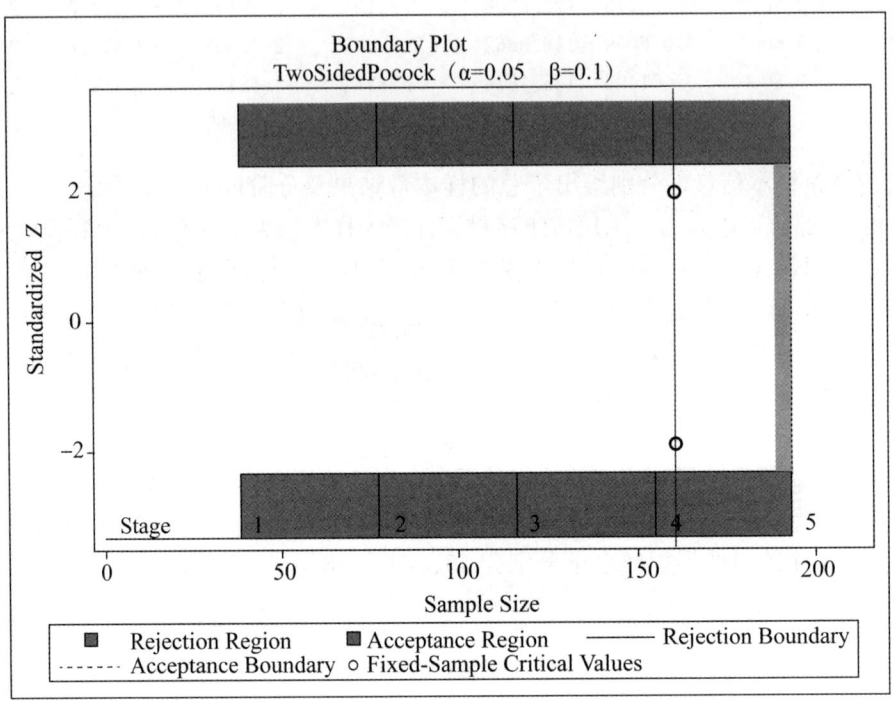

图 12.1 成组序贯设计 Pocock 法的界值图

本例如果采用 O'Brien-Fleming 法,只需将程序 12.1 中第 3 行的 method 改为 method=obf。O'Brien-Fleming 法的结果如图 12.2 所示。由于 O'Brien-Fleming 法前期界值较大,后期界值较小,因此其界值图是一个由大到小的图形。而且可以看出,O'Brien-Fleming 法所需样本量小于 Pocock 法。读者可自行尝试分析。

## 二、分类反应资料的实施与样本量计算

**例 12.2** 为比较两种药物治疗某病的有效率,已知 B 药有效率为 50%,预期 A 药比 B 药的疗效高 20%,但也有可能出现 B 药疗效低于 A 药的情形,因此采用双侧检验。试进行序贯设计,并估计样本量。

【例题分析】

假定本例阶段数为 4,根据两组率可得 $p=(0.5+0.7)/2=0.6$,设定 $\alpha$ 和 $\beta$ 分别为 0.05 和 0.05,从表 12.1 可查到 $\Delta=1.949$。根据两组率样本量计算公式,可得:

$$n = 2p(1-p)\left(\frac{\Delta}{d}\right)^2 = 2 \times 0.6 \times (1-0.6) \times \left(\frac{1.949}{0.2}\right)^2 = 46$$

即每一阶段每组各需 46 例受试对象,总样本量为 46×2×4=368 例。

如果采用 SAS 软件,可通过程序 12.2 来实现。

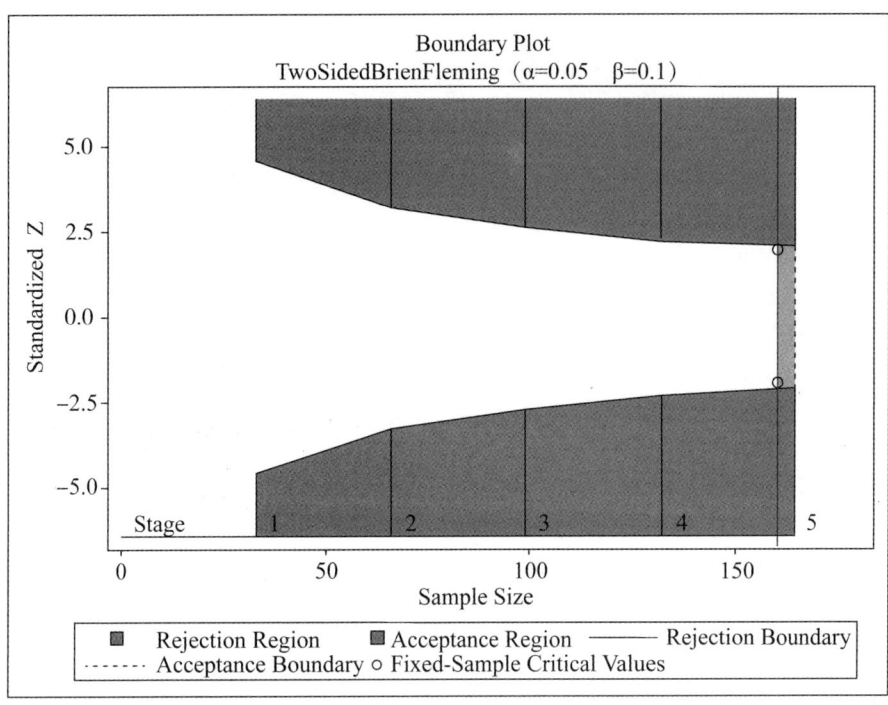

图 12.2 成组序贯设计 O'Brien-Fleming 法的界值图

【程序 12.2】

```
proc seqdesign altref=0.2                    /*调用 proc seqdesign 命令，altref 指定两组率预期差值为 0.2*/
    plots=boundary(hscale=samplesize);       /*绘制界值图，并指定横坐标显示样本量*/
    design method=poc                        /* design 语句指定 method 为 poc，即 Pocock 法*/
    nstages=4                                /*指定阶段数为 4*/
    alpha=0.05                               /*指定第一类错误概率为 0.05*/
    beta=0.05                                /*指定第二类错误概率为 0.05*/
    alt=twosided;                            /*指定检验方式为双侧*/
    samplesize model=twosamplefreq(nullprop=0.5 test=prop);
    /*指定是对两组率做比较，nullprop 指定对照组的率为 0.5，test 指明用两组率的差进行检验*/
run;
```

【程序解释】

该程序与程序 12.1 基本相同，只是在第 8 行有所不同，因为是率的比较，因此 model 选项指定的是 twosamplefreq，而且在后面的括号中通过 nullprop=0.5 指定对照组的率为 0.5，并通过 test=prop 指定是以率的差值做检验，因为这里我们所获得的指标是两组的率，而不是 OR 值，如果是 OR 值，也可以指定 test=logor。实际应用时，读者主要修改 altref、nstages、alpha、beta、nullprop 这几个选项便可实现其他序贯设计的输出。

【结果输出】

结果与例 12.1 相同，含义解释也相同，这里仅列出结果，各部分的含义不再赘述。

## Design Information

| | |
|---|---|
| Statistic Distribution | Normal |
| Boundary Scale | Standardized Z |
| Alternative Hypothesis | Two-Sided |
| Early Stop | Reject Null |
| Method | Pocock |
| Boundary Key | Both |
| Alternative Reference | 0.2 |
| Number of Stages | 4 |
| Alpha | 0.05 |
| Beta | 0.05 |
| Power | 0.95 |
| Max Information (Percent of Fixed Sample) | 116.9673 |
| Max Information | 379.9884 |
| Null Ref ASN (Percent of Fixed Sample) | 114.2914 |
| Alt. Ref ASN (Percent of Fixed Sample) | 61.86966 |

## Method Information

| Boundary | Method | Alpha | Beta | Unified Family Rho | Tau | C | Alternative Reference | Drift |
|---|---|---|---|---|---|---|---|---|
| Upper Alpha | Pocock | 0.02500 | 0.05000 | 0 | 0 | 2.36129 | 0.2 | 3.898658 |
| Lower Alpha | Pocock | 0.02500 | 0.05000 | 0 | 0 | 2.36129 | −0.2 | −3.89866 |

## Boundary Information (Standardized Z Scale)

Null Reference = 0

| _Stage_ | Information Level Proportion | Actual | N | Alternative Reference Lower | Upper | Boundary Values Lower Alpha | Upper Alpha |
|---|---|---|---|---|---|---|---|
| 1 | 0.2500 | 94.9971 | 87.39733 | −1.94933 | 1.94933 | −2.36129 | 2.36129 |
| 2 | 0.5000 | 189.9942 | 174.7947 | −2.75677 | 2.75677 | −2.36129 | 2.36129 |
| 3 | 0.7500 | 284.9913 | 262.192 | −3.37634 | 3.37634 | −2.36129 | 2.36129 |
| 4 | 1.0000 | 379.9884 | 349.5893 | −3.89866 | 3.89866 | −2.36129 | 2.36129 |

## Sample Size Summary

| | |
|---|---|
| Test | Two-Sample Proportions |
| Null Proportion | 0.5 |
| Proportion (Group A) | 0.7 |
| Test Statistic | Z for Proportion |
| Reference Proportions | Alt. Ref |
| Max Sample Size | 349.5893 |
| Expected Sample Size (Null Ref) | 341.5914 |
| Expected Sample Size (Alt. Ref) | 184.9146 |

Sample Sizes (N)
Two-Sample Z Test for Proportion Difference

| _Stage_ | Fractional N | | | | Ceiling N | | | |
|---|---|---|---|---|---|---|---|---|
| | N | N (Grp 1) | N (Grp 2) | Information | N | N (Grp 1) | N (Grp 2) | Information |
| 1 | 87.40 | 43.70 | 43.70 | 94.9971 | 88 | 44 | 44 | 95.6522 |
| 2 | 174.79 | 87.40 | 87.40 | 190.0 | 176 | 88 | 88 | 191.3 |
| 3 | 262.19 | 131.10 | 131.10 | 285.0 | 264 | 132 | 132 | 287.0 |
| 4 | 349.59 | 174.79 | 174.79 | 380.0 | 350 | 175 | 175 | 380.4 |

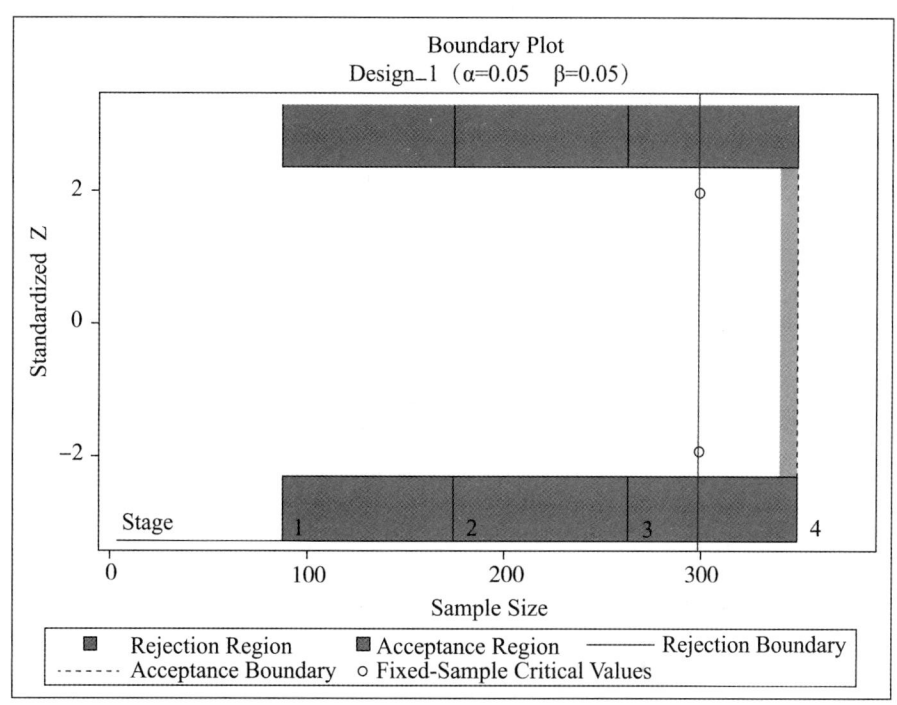

图 12.3 成组序贯设计 Pocock 法的界值图

本例最终结果显示,第 1、2、3、4 个阶段累积所需的样本量分别为 88、176、264、350。

## 第三节 成组序贯设计的统计分析与 SAS 实现

成组序贯设计的统计分析方法与传统的分析方法相同,均值比较可采用 $t$ 检验或方差分析,率的比较可采用 $\chi^2$ 检验或 logistic 回归等。但需要注意由于多次比较,检验水平不再是常规的 0.05,而是小于 0.05。具体的检验水平可通过 proc seqdesign 过程的输出结果看出。

如果只是对各个阶段分别作统计分析,用前几章介绍的 SAS 过程便可实现。但对于成组序贯设计,通常需要绘制界值图,以便清楚地展示各个阶段的分析结果,此时可采用 SAS 中的 proc seqtest 过程实现。

proc seqtest 通常不单独使用,而是跟 proc seqdesign 过程及其他数据分析过程一起使用。

先利用 proc seqdesign 过程实现成组序贯设计,然后输入数据,采用方差分析等方法对结果分析,然后采用 proc seqtest 过程将设计结果和分析结果导入,并利用这些结果绘制界值图。

proc seqtest 过程只有一个语句:

> proc seqtest;

【proc seqtest】语句调用序贯设计的分析过程,该语句的主要选项有:

| | |
|---|---|
| boundary= | 指定包含界值信息的数据集,该数据集可利用 proc seqdesign 过程输出 |
| parms(testvar=) = | 指定包含参数估计的数据集,该数据集应包含分组变量、参数估计值、标准误、当前阶段数 _stage_、统计量尺度 _scale_,其中分组变量、参数估计值和标准误通过其他分析过程(如 reg、logistic 等)输出,_stage_ 和 _scale_ 是自己产生并指定其值的新变量。(testvar=) 选项指定数据集中的分组变量 |
| boundaryscale= | 指定界值表或图中的界值尺度,可以为 mle(最大似然法)、score(得分检验)、stdz(标准正态 Z 值)、pvalue(P 值),默认为 stdz,即根据 Z 值做出统计推断 |
| nstages= | 指定成组序贯设计的总阶段数 |

## 一、定量反应资料的统计分析

**例 12.3** 某研究比较两种药物 A 和 B 降低眼压的效果,采用双侧的成组序贯设计,疗效指标为眼压降低值。通过查阅以往文献,B 药与 A 药的差值约为 1.8mmHg,两组合并标准差为 1.5,假定该研究分 4 个阶段,并设定 $\alpha$ 和 $\beta$ 分别为 0.05 和 0.1。采用 O'Brien-Fleming 法计算总样本量为 30 例,各阶段累积例数分别为 8、16、24、30,序贯设计图及数据结果分别见图 12.4 和表 12.2。试对该研究进行统计分析。

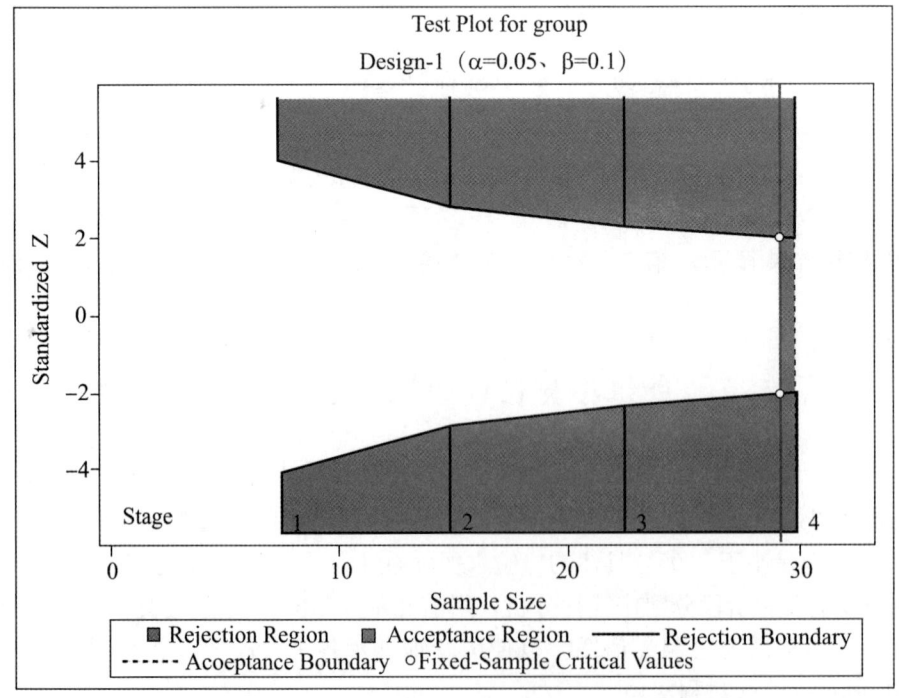

图 12.4 例 12.3 的 O'Brien-Fleming 法成组序贯设计图

表 12.2　两组序贯设计 4 个阶段的眼压降低值（mmHg）

| group | stage1 | stage2 | stage3 | stage4 |
|---|---|---|---|---|
| A | 4.96 | 5.86 | 5.73 | 6.03 |
| A | 6.00 | 2.26 | 6.33 | 4.29 |
| A | 5.71 | 4.55 | 3.32 | 8.20 |
| A | 5.04 | 4.40 | 3.68 | |
| B | 4.24 | 6.80 | 6.41 | 9.54 |
| B | 7.10 | 4.58 | 9.81 | 7.50 |
| B | 5.61 | 6.71 | 8.44 | 6.64 |
| B | 8.45 | 8.73 | 9.70 | |

【例题分析】

该研究可分四步来实现，第 1 步采用 proc seqdesign 过程实现序贯设计，并将界值信息保存到数据集；第 2 步是数据输入过程，并产生含各阶段的累积数据的多个数据集。第 3 步对数据进行分析，并将参数估计值、标准误等信息保存到数据集；第 4 步采用 proc seqtest 过程，将第 1、3 步输出的数据集导入，绘制序贯设计分析图。

【程序 12.3】

```
/*步骤1:采用 proc seqdesign 过程进行序贯设计*/
proc seqdesign altref=1.8            /*调用 proc seqdesign 命令,altref 指定两组预期差值为1.8*/
  plots=boundary(hscale=samplesize);        /*绘制界值图,并指定横坐标显示样本量*/
  design method=obf                 /* design 语句指定 method 为 obf,即 O'Brien-Fleming 法*/
  alpha=0.05                         /*指定一类错误概率为0.05*/
  beta=0.1                           /*指定二类错误概率为0.1*/
  alt=twosided                       /*指定检验方式为双侧*/
  nstages=4;                         /*指定分4个阶段实施*/
  samplesize model=twosamplemean(stddev=1.5);   /*指定合并标准差为1.5*/
  ods output boundary=bound;         /*将界值信息输出到数据集 bound,以备后用*/
run;
/*步骤2:数据输入,并根据原数据集产生含1、2、3阶段累积数据的3个数据集*/
data example12_3;
input group stage y;
/* group 表示组别,1 为 A 药,2 为 B 药;stage 表示4个阶段;y 表示眼压降低值*/
cards;
1 1 4.96
1 1 6.00
1 1 5.71
1 1 5.04
2 1 4.24
2 1 7.10
2 1 5.61
2 1 8.45
```

```
1  2  5.86
1  2  2.26
1  2  4.55
1  2  4.40
2  2  6.80
2  2  4.58
2  2  6.71
2  2  8.73
1  3  5.73
1  3  6.33
1  3  3.32
1  3  3.68
2  3  6.41
2  3  9.81
2  3  8.44
2  3  9.70
1  4  6.03
1  4  4.29
1  4  8.20
2  4  9.54
2  4  7.50
2  4  6.64
;
/*下面3行产生3个数据集,分别为第1、2、3阶段的累积数据*/
data stage1(where=(stage=1)) stage2(where=(stage<=2))  stage3(where=(stage<=3));
set example12_3;
run;
/*步骤3:对第1阶段的数据进行参数估计,并将结果输出到数据集中*/
/*下面4行利用 proc reg 过程产生组别的参数估计值,并将其输出到数据集 parm1*/
proc reg data=stage1;
model y=group;
ods output parameterestimates=parm1;
run;
/*下面7行对参数估计的输出数据集简单整理成 proc seqtest 过程可用的格式,数据集中新产生两个变量:_stage_和_scale_,分别表示所处的阶段和界值尺度,_stage_直接写相应的阶段数即可,_scale_必须是"stdZ"、"mle"、"score"、"pvalue"其中之一,这里指定为"mle",即最大似然估计*/
data parm1;
set parm1;
if variable='group';
keep variable estimate stderr _stage_ _scale_;
_stage_=1;
_scale_='mle';
run;
/*步骤4:利用 proc seqtest 过程导入界值信息与参数估计信息,绘制界值图*/
```

```
proc seqtest boundary=bound           /*导入包含界值信息的数据集*/
parms(testvar=group)=parm1            /*导入包含参数估计值的数据集*/
nstages=4;                            /*指定总阶段数*/
ods output test=test1;                /*输出含第1阶段界值信息的数据集*/
run;
```

【程序解释】

该程序比较长，但比较有规律。步骤 1 的 proc seqdesign 过程与例 12.1 相同，目的只是为了产生包含界值信息的数据集，读者只需将相应的参数（如组间差值、标准误等）做修改即可。

步骤 2 是数据输入过程，产生三个分数据集，分别表示阶段 1、2、3 的累积数据，阶段 4 是所有数据，因此无需产生。如果有 5 个阶段，可仿照程序语句继续产生阶段 4 的累积数据。

步骤 3 是数据分析及结果导出过程，包含两个小部分，第一部分进行参数估计，这里采用 proc reg 过程而不是 proc glm 或 proc ttest 过程，主要是因为 proc reg 可以直接输出参数估计值、标准误等值，而 proc glm 和 proc ttest 过程不直接给出参数估计值和标准误。第二部分产生了一个包含参数估计值、标准误、界值尺度、阶段数的数据集，这些都是为步骤 4 所准备的信息。其中界值尺度、阶段数这两个变量固定写为 _scale_ 和 _stage_ 形式，_scale_ 的尺度这里指定为"mle"，这样后面步骤 4 结果中给出的就是与 Z 值对应的统计量值，否则如果指定"stdZ"，给出的是参数估计值，与界值尺度 Z 值不对应。

步骤 4 绘制序贯设计界值及分析图，这部分其实就是将步骤 1、3 所产生的 2 个数据集导入，然后自动出来结果。这一步骤中的 ods output 语句用于产生一个含第 1 阶段结果的数据集，以备下一阶段作为界值信息数据集使用。

【结果输出】

首先给出了步骤 1 中 proc seqdesign 的结果，结果解释可参见例 12.1，这里不再赘述。

The SEQDESIGN Procedure
Design: Design_1
Design Information

| | |
|---|---|
| Statistic Distribution | Normal |
| Boundary Scale | Standardized Z |
| Alternative Hypothesis | Two-Sided |
| Early Stop | Reject Null |
| Method | O'Brien-Fleming |
| Boundary Key | Both |
| Alternative Reference | 1.8 |
| Number of Stages | 4 |
| Alpha | 0.05 |
| Beta | 0.1 |
| Power | 0.9 |
| Max Information (Percent of Fixed Sample) | 102.2163 |
| Max Information | 3.314905 |
| Null Ref ASN (Percent of Fixed Sample) | 101.5728 |
| Alt. Ref ASN (Percent of Fixed Sample) | 76.7397 |

## Method Information

| Boundary | Method | Alpha | Beta | ---- Unified Family ---- | | | Alternative Reference | Drift |
|---|---|---|---|---|---|---|---|---|
| | | | | Rho | Tau | C | | |
| Upper Alpha | O'Brien-Fleming | 0.02500 | 0.10000 | 0.5 | 0 | 2.02429 | 1.8 | 3.277238 |
| Lower Alpha | O'Brien-Fleming | 0.02500 | 0.10000 | 0.5 | 0 | 2.02429 | -1.8 | -3.27724 |

## Boundary Information (Standardized Z Scale)
### Null Reference = 0

| _Stage_ | ——— Information Level ——— | | | ——— Alternative Reference ——— | | ——— Boundary Values ——— | |
|---|---|---|---|---|---|---|---|
| | Proportion | Actual | N | Lower | Upper | Lower Alpha | Upper Alpha |
| 1 | 0.2500 | 0.828726 | 7.458535 | -1.63862 | 1.63862 | -4.04859 | 4.04859 |
| 2 | 0.5000 | 1.657452 | 14.91707 | -2.31736 | 2.31736 | -2.86278 | 2.86278 |
| 3 | 0.7500 | 2.486178 | 22.37561 | -2.83817 | 2.83817 | -2.33745 | 2.33745 |
| 4 | 1.0000 | 3.314905 | 29.83414 | -3.27724 | 3.27724 | -2.02429 | 2.02429 |

## Sample Size Summary

| Test | Two-Sample Means |
|---|---|
| Mean Difference | 1.8 |
| Std. Dev. | 1.5 |
| Max Sample Size | 29.83414 |
| Expected Sample Size (Null Ref) | 29.6463 |
| Expected Sample Size (Alt. Ref) | 22.39822 |

## Sample Sizes (N)
### Two-Sample Z Test for Mean Difference

| _Stage_ | ——— Fractional N ——— | | | | ——— Ceiling N ——— | | | |
|---|---|---|---|---|---|---|---|---|
| | N | N(Grp 1) | N(Grp 2) | Information | N | N(Grp 1) | N(Grp 2) | Information |
| 1 | 7.46 | 3.73 | 3.73 | 0.8287 | 8 | 4 | 4 | 0.8889 |
| 2 | 14.92 | 7.46 | 7.46 | 1.6575 | 16 | 8 | 8 | 1.7778 |
| 3 | 22.38 | 11.19 | 11.19 | 2.4862 | 24 | 12 | 12 | 2.6667 |
| 4 | 29.83 | 14.92 | 14.92 | 3.3149 | 30 | 15 | 15 | 3.3333 |

下面的结果是步骤 3 中 proc reg 过程的主要输出结果，给出了参数估计值、标准误等，结果显示，两组差异无统计学意义（$P=0.3673$）。

## Parameter Estimates

| Variable | DF | Parameter Estimate | Standard Error | t Value | Pr > \|t\| |
|---|---|---|---|---|---|
| Intercept | 1 | 4.50500 | 1.49642 | 3.01 | 0.0237 |
| group | 1 | 0.92250 | 0.94642 | 0.97 | 0.3673 |

最后是步骤 4 的 proc seqtest 过程输出结果。这一步骤的结果主要有两部分，第一部分是设计信息，与前面的 proc seqdesign 过程的结果相比，这里的设计信息除了 Max Information 均为 3.314905 之外，其余值并不完全相同，因为这里仅用到了第 1 阶段的信息。

## The SEQTEST Procedure
### Design Information

| | |
|---|---|
| BOUNDARY Data Set | WORK.BOUND |
| Data Set | WORK.PARM1 |
| Statistic Distribution | Normal |
| Boundary Scale | Standardized Z |
| Alternative Hypothesis | Two-Sided |
| Early Stop | Reject Null |
| Number of Stages | 4 |
| Alpha | 0.05 |
| Beta | 0.10161 |
| Power | 0.89839 |
| Max Information (Percent of Fixed Sample) | 102.7951 |
| Max Information | 3.31490458 |
| Null Ref ASN (Percent of Fixed Sample) | 102.0256 |
| Alt. Ref ASN (Percent of Fixed Sample) | 74.54554 |

第二部分最后两列的结果提示，参数估计值为 0.97473（即线性回归中的 $t$ 值），未超出这一阶段的临界值范围（-3.17489，3.17489），因此试验继续（Continue），进入下一阶段。

### Test Information (Standardized Z Scale)
Null Reference = 0

| | Information Level | | Alternative Reference | | Boundary Values | | Test group | |
|---|---|---|---|---|---|---|---|---|
| _Stage_ | Proportion | Actual | Lower | Upper | Lower Alpha | Upper Alpha | Estimate | Action |
| 1 | 0.3368 | 1.116437 | -1.90191 | 1.90191 | -3.17489 | 3.17489 | 0.97473 | Continue |
| 2 | 0.5579 | 1.84926 | -2.44777 | 2.44777 | -2.68164 | 2.68164 | . | |
| 3 | 0.7789 | 2.582082 | -2.89239 | 2.89239 | -2.30652 | 2.30652 | . | |
| 4 | 1.0000 | 3.314905 | -3.27724 | 3.27724 | -2.04049 | 2.04049 | . | |

图 12.5 描述了第 1 阶段的分析结果，中间的小圆圈未进入拒绝区域（上下的深色部分），因此继续转入下一阶段。注意这里的横坐标不是样本量，而是信息水平（Information level），与其对应的样本量可在步骤 1 的结果中找到。

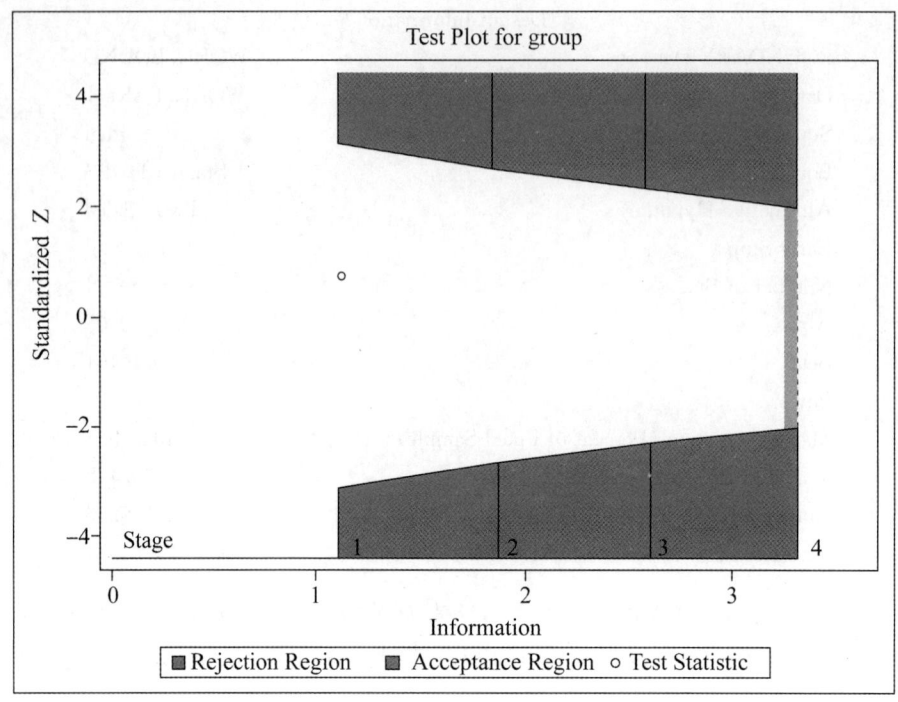

图 12.5 例 12.3 中第 1 阶段的成组序贯设计分析图

由于第 1 阶段未拒绝 $H_0$，因此我们继续对第 2 阶段的累积数据进行分析。

【程序 12.3 续】

```
/*步骤5:进入第2阶段继续分析*/
proc reg data=stage2;
model y=group;
ods output parameterestimates=parm2;
run;
data parm12;
set parm2;
if variable='group';
keep variable estimate stderr _stage_ _scale_;
_stage_=2;
_scale_='mle';
run;
proc seqtest boundary=test1              /*导入包含界值信息的数据集*/
parms(testvar=group)=parm12              /*导入包含参数估计值的数据集*/
nstages=4;                               /*指定总阶段数*/
ods output test=test2;                   /*输出含第2阶段界值信息的数据集*/
run;
```

【程序解释】

这部分程序与前面的步骤 3、4 类似，主要有两个地方不同：一是这部分数据用的是第 1、2 阶段的累积数据，因此新建一个 parm12 的数据集，将第 1 阶段和第 2 阶段合并数据的参数估计值包含进来。二是 proc seqtest 过程中的 boundary=指定的是 test1，是前面步骤 3 中输出的界值信息数据集，而不是步骤 1 中 proc seqdesign 过程输出的数据集。因为成组序贯设计是累积的分析过程，下一阶段会用到上一阶段的信息。正因为如此，这部分的 proc seqtest 过程仍用 ods output 将第 2 阶段的结果输出到数据集 test2，作为下一阶段的界值信息数据集。

【结果输出】

第 2 阶段的分析结果显示，参数估计值（2.33534）未超出这一阶段的临界值范围（−2.60533，2.60533），因此试验继续（Continue），转入第 3 阶段。

The SEQTEST Procedure
Design Information

| | |
|---|---|
| BOUNDARY Data Set | WORK.TEST1 |
| Data Set | WORK.PARM12 |
| Statistic Distribution | Normal |
| Boundary Scale | Standardized Z |
| Alternative Hypothesis | Two-Sided |
| Early Stop | Reject Null |
| Number of Stages | 4 |
| Alpha | 0.05 |
| Beta | 0.10221 |
| Power | 0.89779 |
| Max Information (Percent of Fixed Sample) | 103.0097 |
| Max Information | 3.31490458 |
| Null Ref ASN (Percent of Fixed Sample) | 102.2059 |
| Alt. Ref ASN (Percent of Fixed Sample) | 74.54127 |

Test Information (Standardized Z Scale)
Null Reference = 0

| _Stage_ | Information Level Proportion | Information Level Actual | Alternative Reference Lower | Alternative Reference Upper | Boundary Values Lower Alpha | Boundary Values Upper Alpha | Test group Estimate | Action |
|---|---|---|---|---|---|---|---|---|
| 1 | 0.3368 | 1.116437 | −1.90191 | 1.90191 | −3.17489 | 3.17489 | 0.97473 | Continue |
| 2 | 0.5829 | 1.932334 | −2.50215 | 2.50215 | −2.60533 | 2.60533 | 2.33534 | Continue |
| 3 | 0.7915 | 2.623619 | −2.91557 | 2.91557 | −2.29322 | 2.29322 | . | |
| 4 | 1.0000 | 3.314905 | −3.27724 | 3.27724 | −2.04723 | 2.04723 | . | |

图 12.6 展示了前 2 个阶段的分析结果，可以看出，第 2 阶段比第 1 阶段更接近拒绝区域，但仍未进入拒绝区域，因此继续转入下一阶段。

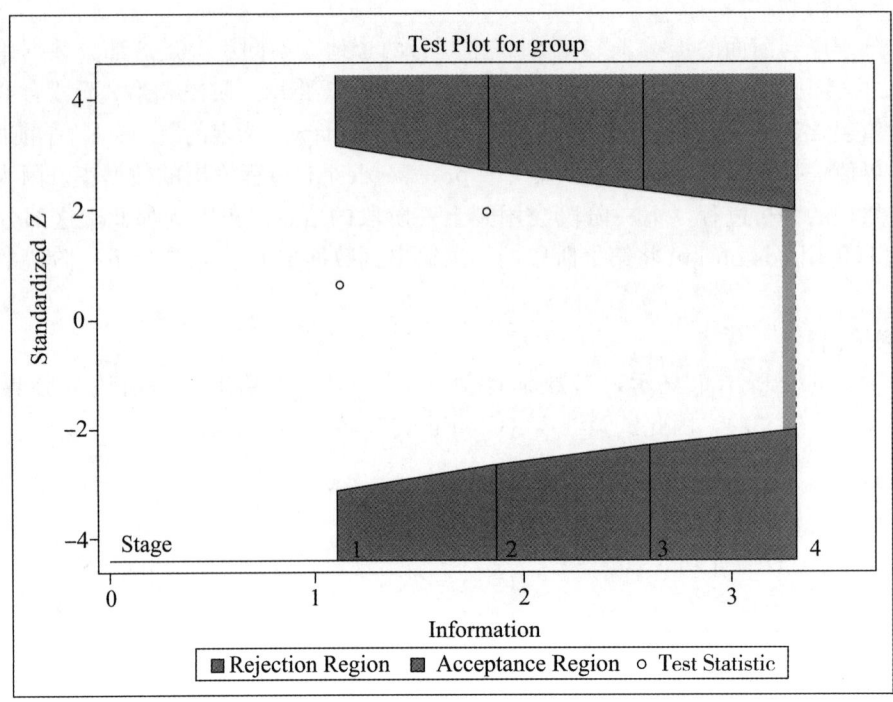

图 12.6　例 12.3 中第 2 阶段的成组序贯设计分析图

由于第 2 阶段仍未拒绝 $H_0$，因此我们继续对第 3 阶段的累积数据进行分析。

【程序 12.3 续】

```
/*步骤6：进入第3阶段继续分析*/
proc reg data=stage3;
model y=group;
ods output parameterestimates=parm3;
run;
data parm123;
set parm3;
if variable='group';
keep variable estimate stderr _stage_ _scale_;
_stage_=3;
_scale_='mle';
run;
proc seqtest boundary=test2              /*导入包含界值信息的数据集*/
parms(testvar=group)=parm123             /*导入包含参数估计值的数据集*/
nstages=4;                               /*指定总阶段数*/
ods output test=test3;
run;
```

【程序解释】

这部分程序与前面的步骤 5 基本相同，只是分析的数据集又增加了第 3 阶段的数据，读者可与步骤 5 的语句做一下比较，不难理解各语句含义。

【结果输出】

第 3 阶段的分析结果显示,参数估计值(3.72786)超出这一阶段的临界值范围(-2.37703,2.37703),因此拒绝无效假设(Reject Null),试验结束。

Design Information

| | |
|---|---|
| BOUNDARY Data Set | WORK.TEST2 |
| Data Set | WORK.PARM123 |
| Statistic Distribution | Normal |
| Boundary Scale | Standardized Z |
| Alternative Hypothesis | Two-Sided |
| Early Stop | Reject Null |
| Number of Stages | 4 |
| Alpha | 0.05 |
| Beta | 0.10151 |
| Power | 0.89849 |
| Max Information (Percent of Fixed Sample) | 102.7573 |
| Max Information | 3.31490458 |
| Null Ref ASN (Percent of Fixed Sample) | 101.984 |
| Alt. Ref ASN (Percent of Fixed Sample) | 74.41593 |

Test Information (Standardized Z Scale)

Null Reference = 0

| _Stage_ | Information Level Proportion | Information Level Actual | Alternative Reference Lower | Alternative Reference Upper | Boundary Values Lower Alpha | Boundary Values Upper Alpha | Test Estimate | Test group Action |
|---|---|---|---|---|---|---|---|---|
| 1 | 0.3368 | 1.116437 | -1.90191 | 1.90191 | -3.17489 | 3.17489 | 0.97473 | Continue |
| 2 | 0.5829 | 1.932334 | -2.50215 | 2.50215 | -2.60533 | 2.60533 | 2.33534 | Continue |
| 3 | 0.7309 | 2.422752 | -2.80173 | 2.80173 | -2.37703 | 2.37703 | 3.72786 | Reject Null |
| 4 | 1.0000 | 3.314905 | -3.27724 | 3.27724 | -2.03515 | 2.03515 | . | |

试验结束后,还给出了参数估计小结,显示停止阶段为第 3 阶段,参数估计值为 2.395,$P$ 值为 0.0099,中位无偏估计值为 1.861991,相应的 95% 可信区间为(0.44953, 3.25175),不难理解,该区间不含 0。

Parameter Estimates

Stage-Wise Ordering

| Parameter | Stopping Stage | MLE | p-Value for H0:Parm=0 | Median Estimate | 95% Confidence Limits | |
|---|---|---|---|---|---|---|
| group | 3 | 2.395000 | 0.0099 | 1.861991 | 0.44953 | 3.25175 |

图 12.7 显示了前 3 个阶段的分析结果,可以看出,第 3 阶段的统计量落入了拒绝区域,因此做出拒绝 $H_0$ 的假设,试验结束。

从本例结果可以看出,试验进行到第 3 阶段便得出有统计学差异的结论,此时信息水平为 2.422752,对应的例数约为 22 例。而如果采用传统的固定样本设计,约需 30 例。成组序贯设计节约了 27% 的样本量,由此可见序贯设计在节省样本方面的优势。

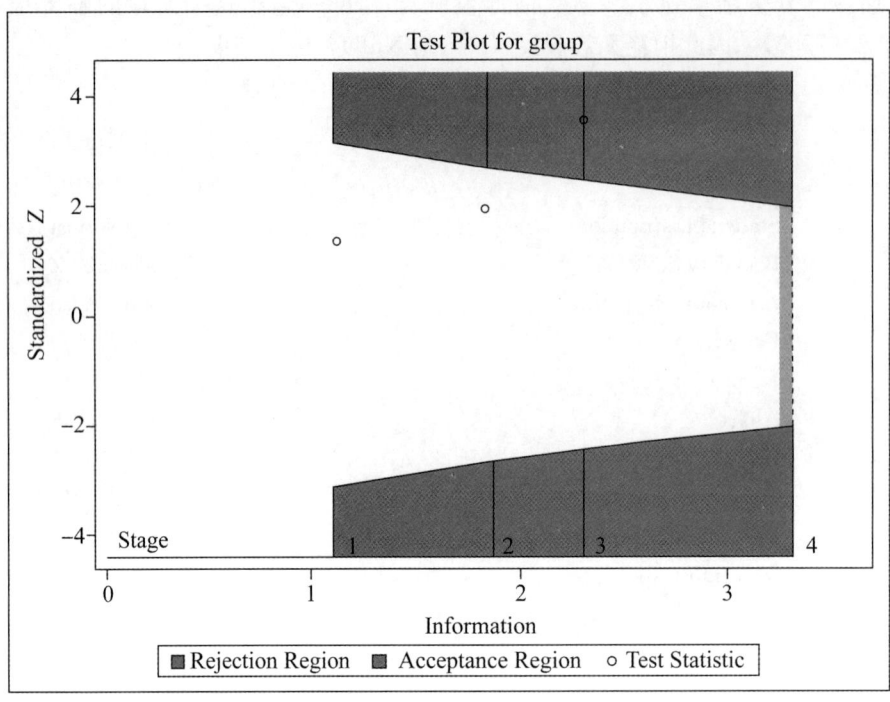

图 12.7　例 12.3 中第 3 阶段的成组序贯设计分析图

## 二、分类反应资料的统计分析

**例 12.4**　某研究采用安慰剂对照比较某中药治疗慢性萎缩性胃炎的效果,采用双侧的成组序贯设计,主要疗效指标为胃脘疼痛的有效率。通过前期研究,预期该药有效率为 62%,安慰剂有效率设定为 30%。假定该研究分 3 个阶段,并设定 $\alpha$ 和 $\beta$ 分别为 0.05 和 0.1。采用 O'Brien-Fleming 法计算得总样本量为 94 例,各阶段累积例数分别为 32、62、94,序贯设计图及数据结果分别见图 12.8 和表 12.3。试对该研究进行统计分析。

表 12.3　两组序贯设计 3 个阶段的有效率

| group | stage1 | stage2 | stage3 | group | stage1 | stage2 | stage3 |
| --- | --- | --- | --- | --- | --- | --- | --- |
| 安慰剂 | 0 | 0 | 0 | 试验药 | 1 | 0 | 1 |
| 安慰剂 | 1 | 1 | 0 | 试验药 | 1 | 1 | 1 |
| 安慰剂 | 0 | 1 | 0 | 试验药 | 0 | 0 | 1 |
| 安慰剂 | 0 | 0 | 1 | 试验药 | 1 | 1 | 1 |
| 安慰剂 | 1 | 0 | 0 | 试验药 | 0 | 1 | 1 |
| 安慰剂 | 0 | 1 | 1 | 试验药 | 1 | 0 | 1 |
| 安慰剂 | 1 | 0 | 0 | 试验药 | 1 | 1 | 1 |
| 安慰剂 | 0 | 0 | 0 | 试验药 | 1 | 0 | 1 |

续表

| group | stage1 | stage2 | stage3 | group | stage1 | stage2 | stage3 |
|---|---|---|---|---|---|---|---|
| 安慰剂 | 0 | 0 | 0 | 试验药 | 0 | 1 | 0 |
| 安慰剂 | 0 | 0 | 0 | 试验药 | 1 | 1 | 0 |
| 安慰剂 | 1 | 0 | 1 | 试验药 | 1 | 1 | 0 |
| 安慰剂 | 0 | 1 | 0 | 试验药 | 0 | 1 | 0 |
| 安慰剂 | 0 | 0 | 0 | 试验药 | 1 | 0 | 0 |
| 安慰剂 | 0 | 0 | 0 | 试验药 | 0 | 1 | 0 |
| 安慰剂 | 1 | 1 | 1 | 试验药 | 1 | 1 | 1 |
| 安慰剂 | 0 | | 0 | 试验药 | 0 | | 0 |

注：1 表示有效，0 表示无效

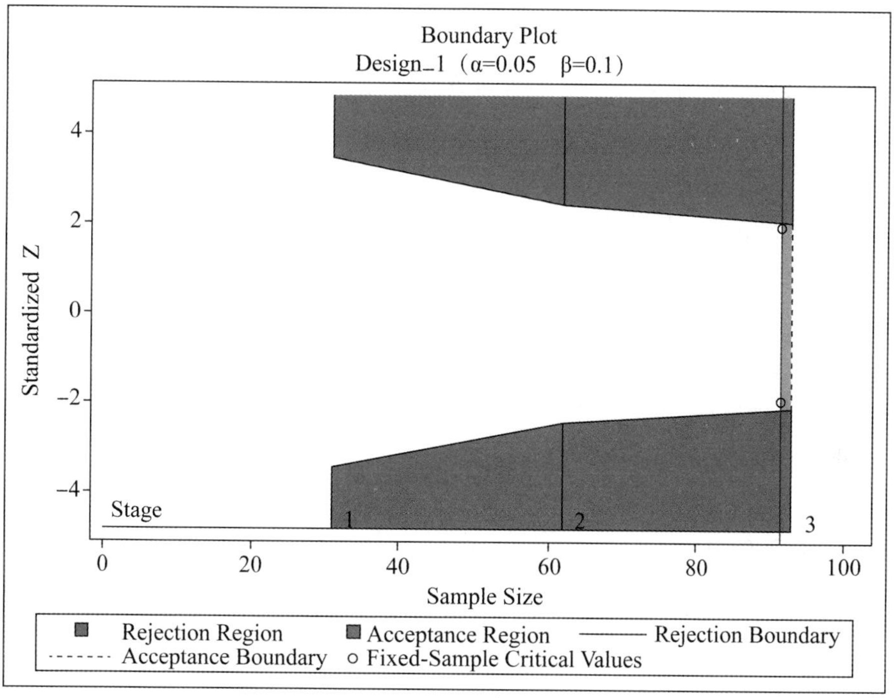


**图 12.8　例 12.4 的成组序贯设计图**

【例题分析】

该研究分析过程与例 12.3 相同，也是分四步来实现，第 1 步采用 proc seqdesign 过程产生含界值信息的数据集；第 2 步输入数据，并产生含各阶段的累积数据的数据集。第 3 步数据分析，并产生含参数估计值、标准误等信息的数据集；第 4 步采用 proc seqtest 过程，将第 1、3 步产生的数据集导入，绘制序贯设计分析图。

【程序 12.4】

```
/* 步骤 1:采用 proc seqdesign 过程进行序贯设计 */
proc seqdesign altref=0.32                    /* altref 指定两组率预期差值为 0.32 */
```

```
        boundaryscale=mle              /* 指定界值尺度为最大似然估计 */
        plots=boundary(hscale=samplesize);  /* 绘制界值图,并指定横坐标显示样本量 */
        design method=obf              /* design 语句指定 method 为 O'Brien-Fleming 法 */
        nstages=3                      /* 指定阶段数为 3 */
        alpha=0.05                     /* 指定一类错误概率为 0.05 */
        beta=0.1                       /* 指定二类错误概率为 0.1 */
        alt=twosided;                  /* 指定检验方式为双侧 */
        samplesize model=twosamplefreq(nullprop=0.30 test=prop);
        /* 指定是对两组率做比较,nullprop 指定对照组的率为 0.3,test 指明用两组率的差进行检验 */
        ods output boundary=bound;     /* 将界值信息输出到数据集 bound,以备后用 */
        run;
        /* 步骤 2:数据输入,并根据原数据集产生含 1、2 阶段累积数据的 2 个数据集 */
        data example12_4;
        input group stage y@@;
        /* group=0 表示安慰剂,=1 表示试验药;stage 表示 3 个阶段;y=1 表示有效,=0 表示无效 */
        cards;
        0 1 0 0 2 0 0 3 0
        0 1 1 0 2 1 0 3 0
        0 1 0 0 2 1 0 3 0
        0 1 0 0 2 0 0 3 1
        0 1 1 0 2 0 0 3 0
        0 1 0 0 2 1 0 3 1
        0 1 1 0 2 0 0 3 0
        0 1 0 0 2 0 0 3 0
        0 1 0 0 2 0 0 3 0
        0 1 1 0 2 0 0 3 1
        0 1 0 0 2 1 0 3 0
        0 1 0 0 2 0 0 3 0
        0 1 0 0 2 0 0 3 0
        0 1 1 0 2 1 0 3 1
        0 1 0 0 2 . 0 3 0
        1 1 1 1 2 0 1 3 1
        1 1 1 1 2 1 1 3 1
        1 1 0 1 2 0 1 3 1
        1 1 1 1 2 1 1 3 1
        1 1 0 1 2 1 1 3 1
        1 1 1 1 2 0 1 3 1
        1 1 1 1 2 1 1 3 1
        1 1 1 1 2 0 1 3 1
        1 1 0 1 2 1 1 3 0
        1 1 1 1 2 1 1 3 0
        1 1 1 1 2 1 1 3 0
        1 1 0 1 2 1 1 3 0
```

```
1 1 1 1 2 0 1 3 0
1 1 0 1 2 1 1 3 0
1 1 1 1 2 1 1 3 1
1 1 0 1 2 . 1 3 0
;
/*下面3行产生2个数据集,分别为第1、2阶段的累积数据*/
data stage1(where=(stage=1)) stage2(where=(stage<=2));
set example12_4;
run;
/*步骤3:对第1阶段的数据进行参数估计,并将结果输出到数据集中*/
/*下面4行利用proc genmod过程产生组别的参数估计值,并将其输出到数据集parm1*/
proc genmod desc data=stage1;
model y=group;
ods output parameterestimates=parm1;
run;
/*下面7行产生含参数估计、标准误、当前阶段(_stage_)、统计尺度(_scale_)的数据集,其中_stage_指
定为1,_scale_指定为"mle",即最大似然估计 */
data parm1;
set parm1;
if parameter='group';
keep parameter estimate stderr _stage_ _scale_;
_stage_=1;
_scale_='mle';
run;
/*步骤4:利用proc seqtest过程导入界值信息与参数估计信息,绘制界值图*/
proc seqtest boundary=bound              /*导入包含界值信息的数据集*/
  parms(testvar=group)=parm1             /*导入包含参数估计值的数据集*/
  boundaryscale=mle                      /*指定统计尺度为最大似然估计值*/
  nstages=3;                             /*指定总阶段数*/
  ods output test=test1;                 /*输出含第1阶段界值信息的数据集*/
run;
```

【程序解释】

该分析过程与程序12.3大同小异,但有一点需要注意,尽管本例结局为二分类变量,但我们并没有用proc logistic过程来估计参数,而是用proc genmod过程,由于没有指定dist选项和link选项,默认为link=identity和dist=normal,因此此处的proc genmod过程实际上仍然相当于线性回归。为什么要用线性回归来进行参数估计呢?因为此时的参数估计值相当于两组率的差值,而如果用logistic回归估计的话,其参数估计值就不是两组率的差值,这样结果就差别大了。其余语句并无特殊,其解释参见程序12.3即可。

【结果输出】

首先给出了步骤1中proc seqdesign的结果,结果解释可参见例12.2,这里不再赘述。

## Design Information

| | |
|---|---|
| Statistic Distribution | Normal |
| Boundary Scale | MLE |
| Alternative Hypothesis | Two-Sided |
| Early Stop | Reject Null |
| Method | O'Brien-Fleming |
| Boundary Key | Both |
| Alternative Reference | 0.32 |
| Number of Stages | 3 |
| Alpha | 0.05 |
| Beta | 0.1 |
| Power | 0.9 |
| Max Information (Percent of Fixed Sample) | 101.6101 |
| Max Information | 104.2635 |
| Null Ref ASN (Percent of Fixed Sample) | 101.1075 |
| Alt Ref ASN (Percent of Fixed Sample) | 79.8709 |

## Method Information

| Boundary | Method | Alpha | Beta | Rho | Tau | C | Alternative Reference | Drift |
|---|---|---|---|---|---|---|---|---|
| Upper Alpha | O'Brien-Fleming | 0.02500 | 0.10000 | 0.5 | 0 | 2.00403 | 0.32 | 3.267504 |
| Lower Alpha | O'Brien-Fleming | 0.02500 | 0.10000 | 0.5 | 0 | 2.00403 | -0.32 | -3.2675 |

注意下面的 Boundary Information 结果中, 由于指定的方法是 mle (最大似然估计), 因此这里的 Boundary Values 部分显示的 lower 和 upper 值并不是表 12.1 中的统计量界值, 而是参数估计值 (这与例 12.2 不同)。如第 1 阶段只要参数估计值 (而不是统计量 $t$ 值或卡方值) 超出 (-0.58879, 0.58879) 的范围, 就算是有统计学意义。

## Boundary Information (MLE Scale)
### Null Reference = 0

| | Information Level | | | Alternative Reference | | Boundary Values | |
| | | | | | | Lower | Upper |
| _Stage_ | Proportion | Actual | N | Lower | Upper | Alpha | Alpha |
|---|---|---|---|---|---|---|---|
| 1 | 0.3333 | 34.75451 | 30.97322 | -0.32000 | 0.32000 | -0.58879 | 0.58879 |
| 2 | 0.6667 | 69.50901 | 61.94643 | -0.32000 | 0.32000 | -0.29439 | 0.29439 |
| 3 | 1.0000 | 104.2635 | 92.91965 | -0.32000 | 0.32000 | -0.19626 | 0.19626 |

## Sample Size Summary

| | |
|---|---|
| Test | Two-Sample Proportions |
| Null Proportion | 0.3 |
| Proportion (Group A) | 0.62 |
| Test Statistic | Z for Proportion |
| Reference Proportions | Alt. Ref |
| Max Sample Size | 92.91965 |

| | | | | | | | | | |
|---|---|---|---|---|---|---|---|---|---|
| Expected Sample Size (Null Ref) | | | | | | | | | 92.46005 |
| Expected Sample Size (Alt. Ref) | | | | | | | | | 73.03977 |

Sample Sizes (N)
Two-Sample Z Test for Proportion Difference

| _Stage_ | ---------------- Fractional N ---------------- | | | | ---------------- Ceiling N ---------------- | | | |
|---|---|---|---|---|---|---|---|---|
| | N | N(Grp 1) | N(Grp 2) | Information | N | N(Grp 1) | N(Grp 2) | Information |
| 1 | 30.97 | 15.49 | 15.49 | 34.7545 | 32 | 16 | 16 | 35.9066 |
| 2 | 61.95 | 30.97 | 30.97 | 69.5090 | 62 | 31 | 31 | 69.5691 |
| 3 | 92.92 | 46.46 | 46.46 | 104.3 | 94 | 47 | 47 | 105.5 |

然后是步骤3中proc genmod过程的主要输出结果，给出了参数估计值、标准误等，根据参数估计值结果，两组率的差值为0.3125。

最大似然参数估计值的分析

| 参数 | 自由度 | 估计值 | 标准误差 | Wald 95% 置信限 | | Wald 卡方 | Pr > 卡方 |
|---|---|---|---|---|---|---|---|
| Intercept | 1 | 0.3125 | 0.1185 | 0.0803 | 0.5447 | 6.96 | 0.0084 |
| group | 1 | 0.3125 | 0.1676 | -0.0159 | 0.6409 | 3.48 | 0.0622 |
| 尺度 | 1 | 0.4739 | 0.0592 | 0.3709 | 0.6055 | | |

最后是步骤4的proc seqtest过程输出结果。参数估计值为0.3125，未超出这一阶段的临界值范围（-0.55837，0.55837），因此试验继续（Continue），进入下一阶段。

The SEQTEST Procedure
Design Information

| | |
|---|---|
| BOUNDARY Data Set | WORK.BOUND |
| Data Set | WORK.PARM1 |
| Statistic Distribution | Normal |
| Boundary Scale | MLE |
| Alternative Hypothesis | Two-Sided |
| Early Stop | Reject Null |
| Number of Stages | 3 |
| Alpha | 0.05 |
| Beta | 0.10022 |
| Power | 0.89978 |
| Max Information (Percent of Fixed Sample) | 101.6878 |
| Max Information | 104.26352 |
| Null Ref ASN (Percent of Fixed Sample) | 101.1648 |
| Alt Ref ASN (Percent of Fixed Sample) | 79.28519 |

Test Information (MLE Scale)
Null Reference = 0

| _Stage_ | Information Level | | Alternative Reference | | Boundary Values | | Test group | |
|---|---|---|---|---|---|---|---|---|
| | Proportion | Actual | Lower | Upper | Lower Alpha | Upper Alpha | Estimate | Action |
| 1 | 0.3416 | 35.61739 | −0.32000 | 0.32000 | −0.55837 | 0.55837 | 0.31250 | Continue |
| 2 | 0.6708 | 69.94046 | −0.32000 | 0.32000 | −0.29265 | 0.29265 | . | |
| 3 | 1.0000 | 104.2635 | −0.32000 | 0.32000 | −0.19646 | 0.19646 | . | |

图 12.9 描述了第 1 阶段分析过程，中间的小圆圈未进入拒绝区域（上下的深色部分），因此继续转入下一阶段。

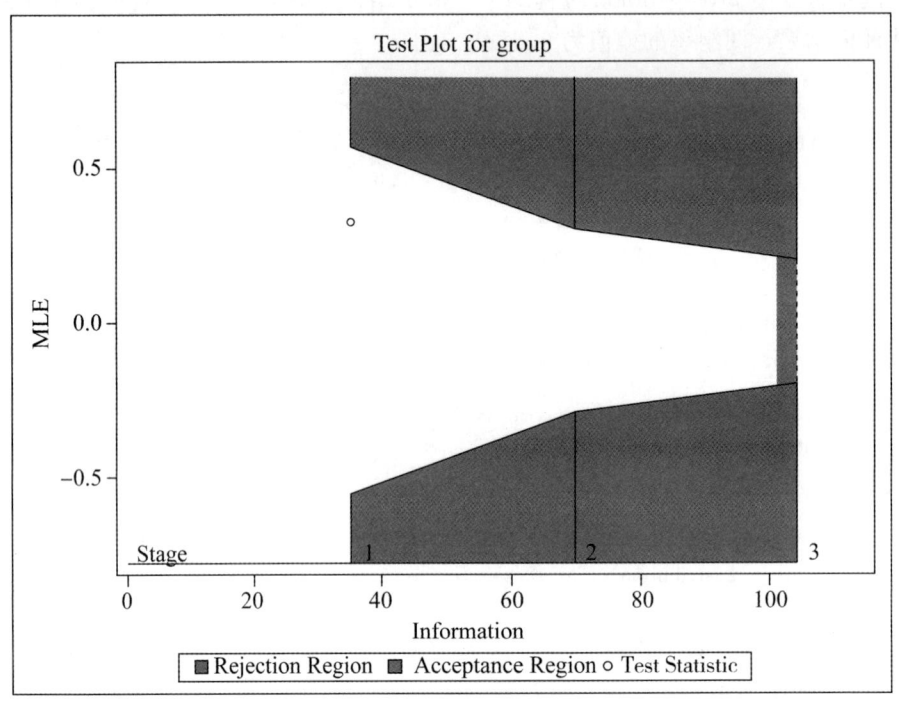

图 12.9　例 12.4 中第 1 阶段的成组序贯设计分析图

由于第 1 阶段未拒绝 $H_0$，因此我们继续对第 2 阶段的累积数据进行分析。

【程序 12.4 续】

```
/*步骤5:进入第2阶段继续分析*/
proc genmod desc data=stage2;
model y=group;
ods output parameterestimates=parm2;
run;
data parm12;
set parm2;
if parameter ='group';
keep parameter estimate stderr _stage_ _scale_;
_stage_=2;
```

```
_scale_='mle';
run;
proc seqtest boundary=test1              /*导入包含界值信息的数据集*/
  parms(testvar=group)=parm12            /*导入包含参数估计值的数据集*/
  boundaryscale=mle                      /*指定界值尺度为最大似然估计值*/
  nstages=3;                             /*指定总阶段数*/
  ods output test=test2;                 /*输出含第2阶段界值信息的数据集*/
run;
```

【程序解释】

该程序大致意思是对 1、2 阶段的累积数据采用 proc genmod 过程进行参数估计，得出两组率差值及标准误，然后利用 proc seqtest 过程导入相应的参数值，绘制序贯图。

【结果输出】

第 2 阶段 proc genmod 过程的分析结果显示，参数估计值为 0.3226，说明 1、2 阶段数据合并后，两组率的差值为 0.3226，且有统计学意义（$P=0.0073$）。

最大似然参数估计值的分析

| 参数 | 自由度 | 估计值 | 标准误差 | Wald 95% 置信限 | | Wald 卡方 | Pr > 卡方 |
| --- | --- | --- | --- | --- | --- | --- | --- |
| Intercept | 1 | 0.3226 | 0.0850 | 0.1561 | 0.4891 | 14.42 | 0.0001 |
| group | 1 | 0.3226 | 0.1201 | 0.0871 | 0.5581 | 7.21 | 0.0073 |
| 尺度 | 1 | 0.4730 | 0.0425 | 0.3967 | 0.5640 | | |

proc seqtest 过程的结果显示，由于参数估计值 0.3226 已超出临界值范围（$-0.29484$，$0.29484$），因此试验结束，拒绝 $H_0$，即认为两组率有统计学差异。从参数估计值可以看出，试验药的有效率高于安慰剂。

The SEQTEST Procedure
Design Information

| | |
| --- | --- |
| BOUNDARY Data Set | WORK.TEST1 |
| Data Set | WORK.PARM12 |
| Statistic Distribution | Normal |
| Boundary Scale | MLE |
| Alternative Hypothesis | Two-Sided |
| Early Stop | Reject Null |
| Number of Stages | 3 |
| Alpha | 0.05 |
| Beta | 0.10022 |
| Power | 0.89978 |
| Max Information (Percent of Fixed Sample) | 101.6879 |
| Max Information | 104.26352 |
| Null Ref ASN (Percent of Fixed Sample) | 101.165 |
| Alt Ref ASN (Percent of Fixed Sample) | 79.21005 |

Test Information (MLE Scale)

Null Reference = 0

| _Stage_ | Information Level | | Alternative Reference | | Boundary Values | | Test group | |
|---|---|---|---|---|---|---|---|---|
| | Proportion | Actual | Lower | Upper | Lower Alpha | Upper Alpha | Estimate | Action |
| 1 | 0.3416 | 35.61739 | -0.32000 | 0.32000 | -0.55837 | 0.55837 | 0.31250 | Continue |
| 2 | 0.6645 | 69.2814 | -0.32000 | 0.32000 | -0.29484 | 0.29484 | 0.32258 | Reject Null |
| 3 | 1.0000 | 104.2635 | -0.32000 | 0.32000 | -0.19643 | 0.19643 | . | |

最终的参数估计结果显示,最大似然估计值为 0.322581,P 值为 0.0077,中位参数估计值为 0.321713,由于拒绝 $H_0$,因此 95% 可信区间不包含 0。

Parameter Estimates
Stage-Wise Ordering

| Parameter | Stopping Stage | MLE | p-Value for H0:Parm=0 | Median Estimate | 95% Confidence Limits | |
|---|---|---|---|---|---|---|
| group | 2 | 0.322581 | 0.0077 | 0.321713 | 0.08532 | 0.55751 |

图 12.10 展示了前 2 个阶段的分析结果,可以看出,第 2 阶段时小圆圈落入拒绝区域,因此拒绝 $H_0$。此时信息水平数为 69.2814,对应的例数约为 62 例。如果采用传统的固定样本设计,则需 92 例左右。

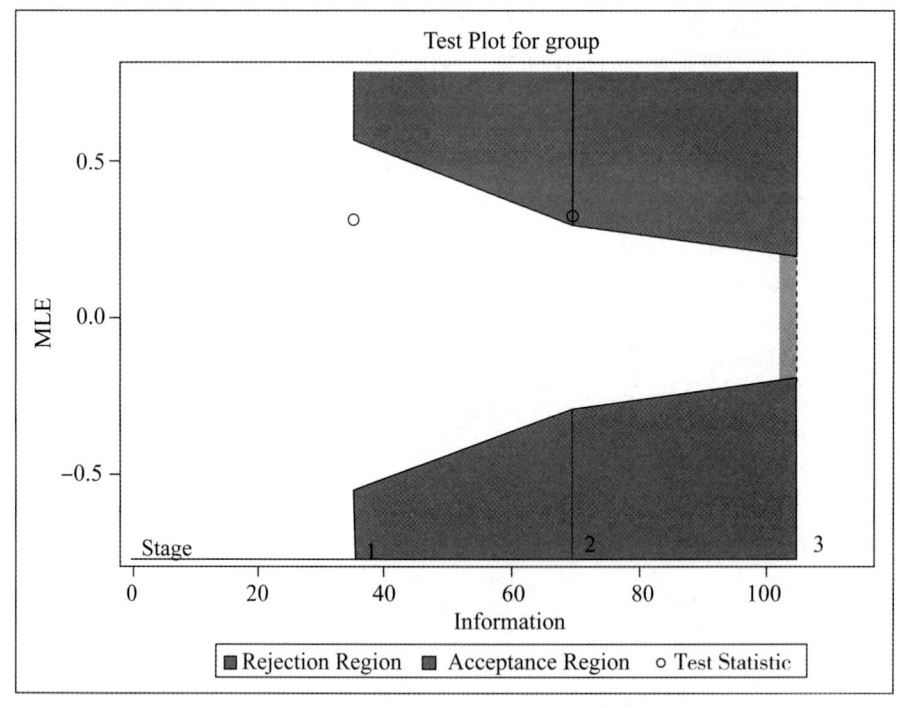

图 12.10 例 12.4 中第 2 阶段的成组序贯设计分析图

(王俊杰 冯国双)

# 第十三章  临床试验设计与分析

## 第一节  临床试验简介

临床试验是以人（患者或健康人）为研究对象，评估某种医学治疗的效果的试验。临床试验中的"治疗"不仅限于药物治疗，还可以是医疗器械、外科手术、心理治疗等。临床试验中的"评估"，不仅是对疗效的评估，实验室检查、不良事件的评价同样重要，有时甚至更为重要。

临床试验中的治疗尽管包括多种，但实际中较多的是新药临床试验。通常新药临床试验分为Ⅰ、Ⅱ、Ⅲ、Ⅳ四期。

Ⅰ期临床试验：初步的临床药理学及人体安全性评价试验。观察人体对于新药的耐受程度和药物代谢过程，为制订给药方案提供依据。Ⅰ期临床试验主要是研究药物对人体的安全性，而非疗效。主要回答以下问题：①药物的正确使用剂量是多少；②药物会产生哪些不良反应；③药物在人体内是如何代谢的。Ⅰ期临床试验的受试者通常为健康志愿者，有时根据治疗方式的不同，也会招募患者，如放射治疗。Ⅰ期临床试验一般为开放性试验，不设置对照，受试者例数一般为20～28例。

Ⅱ期临床试验：治疗效果的初步评价。主要用于回答：①药物对某一特定适应证的疗效如何；②药物的短期不良反应和风险有哪些。Ⅱ期临床试验主要是探索性的，为Ⅲ期临床试验研究提供依据。Ⅱ期临床试验的受试者主要是具有某特定适应证的患者，通常采用随机、双盲、安慰剂或阳性药物对照试验，一般要求试验组的样本含量不低于100例。

Ⅲ期临床试验：治疗效果的确证评价。Ⅲ期临床试验的目的是进一步研究药物的疗效及长期安全性。这一阶段是新药研发的关键阶段，关系着药物能否顺利批准上市。Ⅲ期临床试验是扩大的多中心临床试验，通常采用随机、双盲、安慰剂或阳性药物对照试验，一般要求试验组样本例数不得少于300例。

Ⅳ期临床试验：新药上市后的监测与评价。这一阶段主要是在药物已经批准上市后，进一步开展的大规模的药物疗效评价及不良反应（尤其是罕见不良反应）监测。这一阶段的研究要求样本规模较大，一般试验组例数不低于2000例。

## 第二节  临床试验的设计

### 一、临床试验的设计方法

（一）常规设计方法

临床试验的设计方法有很多，前几章介绍的完全随机设计、交叉设计、序贯设计等均可用于临床试验。这里不再重复赘述。

（二）一些特殊设计方法

除常规的设计方法外，还有一些方法如富集设计、安慰剂激发设计等常用于一些特殊的临床试验。

1. 富集设计（enrichment design） 富集设计是有目的地选择对研究药物有疗效反应的受试者参加临床试验。在临床试验中，筛选出对试验药物受益的患者是很重要的，为了鉴别对药物具有疗效反应的患者，对同一治疗药物的剂量水平进行调整或对不同药物进行检测的过程称之为富集过程。通过富集过程的甄别，选出具有药物疗效的患者，然后将其随机分配到有效剂量的试验药物或安慰剂，这种设计称为富集设计。

富集设计通常包括两个阶段：第一阶段是富集阶段，受试者在开放的环境中以剂量递增或固定剂量的方式，接受具有明确药理作用的药物治疗或用特殊的医疗措施来鉴别受试者，以辨别具有临床反应的患者；第二阶段是随机、双盲或安慰剂对照的临床试验，以便对试验药物的疗效和安全性进行正式和严格的研究。

例如，他克林早期开发治疗阿尔茨海默病的患者研究中，就采用了富集设计。该研究共包括四个阶段：一是为期 6 周的双盲剂量递增富集阶段，二是为期 2 周的药物清洗阶段，三是为期 6 周的随机、双盲、安慰剂对照阶段，四是为期 6 周的维持阳性治疗阶段。该研究通过 6 周的富集阶段，评价患者对药物不同剂量的反应，采用阿尔茨海默病评估量表（ADAS）总分作为评价标准，筛选出 ADAS 总分至少降低 4 分的患者。经过 2 周的药物清洗阶段，将这些患者随机分配，以双盲的形式接受最佳剂量的他克林或安慰剂同期对照治疗。完成后的患者再进入维持阳性治疗阶段。

2. 安慰剂激发设计（placebo challenging design） 安慰剂激发设计实际上是多种设计方法的组合。在某些临床试验中，单纯使用随机设计或交叉设计不一定合适，如果能联合其他设计方法如剂量递增、富集设计等，可能更为有效。例如研究男性勃起功能障碍的药物疗效和安全性研究中，常采用由剂量调整阶段和治疗前后两次安慰剂激发的交叉阳性治疗阶段所组成的设计，这种设计称之为安慰剂激发设计。

例如，对于男性勃起功能障碍的临床研究，首先对入选的受试者进行剂量调整设计，对受试者逐步剂量递增，直至达到预先规定的最佳反应的最低剂量为止。在治疗开始时，要求受试者先接受双盲、安慰剂激发评估，即受试者被随机分配接受安慰剂或剂量递增阶段确定的药物剂量水平。结束后，受试者接受 3 个月的家庭治疗。治疗结束后，实施第二阶段的双盲、安慰剂激发评估，将患者随机分配接受安慰剂或阳性剂量治疗。该研究实际上是递增设计与 4 个治疗顺序、2 阶段交叉设计的组合。四种治疗顺序分别为 PP、PA、AP、AA（P 表示安慰剂，A 表示试验药物）。例如，对 PA 而言，受试者在家庭治疗前被随机分配接受安慰剂治疗，经过 3 个月的家庭治疗后被随机分配接受阳性药物治疗。

## 二、临床试验的随机化方法

新药临床试验中的随机化实际上是对药物的随机，而不是受试对象的随机。在临床试验开始前，将研究药物（包括试验药和对照药）随机编号。试验开始时，按受试者入组顺序发放相应编号的药物，如第 1 名受试者接受编号 1 的药物，第 2 名受试者接受编号 2 的药物，以此类推。

新药临床试验的随机化方法通常采用区组随机化或分层区组随机化，而不是简单随机化。

（一）区组随机化

区组随机化是先将受试对象划分为 $k$ 个区组（block），每一区组内有 $m$ 个受试对象（即总例数为 $km$），在每一区组内对受试对象进行随机分组。

区组随机化的好处在于：①各区组之间的随机是相互独立的，一旦某一区组出现破盲等问题，不会影响到其他区组。②当实施多中心临床试验时，有时可能由于某一中心病例招募太慢，以致影响整个研究进度。此时可将该中心的几个区组移至其他中心，不至于破坏整个研究的随机化。

区组随机化关键之处在于设置合理的区组长度，区组长度过长，就失去了区组随机化的优势，区组无限长时，也就等同于完全随机设计。如果区组过短，则容易被猜测出患者的组别。例如，对于两组的实验设计中，如果区组长度为2，则一旦知道其中一个的组别为A（或B），立刻便可猜测到区组中另一人的组别为B（或A）。通常情况下，区组长度可设置为组别数的2~4倍。

**（二）分层区组随机化**

如果临床试验中有因素可能会严重影响到试验结果，此时可采用分层区组随机化，按影响因素分层，然后再进行区组随机化。实际中最常见就是分中心区组随机化，即先按试验中心分层，每一层内实施区组随机化。

**例 13.1** 某药厂实施一项多中心临床试验，比较试验药与对照药的差异。样本含量为240例，共5家医院，每家医院分配病例48例。按1：1的比例将研究对象随机分配至试验组或对照组。试采用分层区组随机化进行分组。

【例题分析】

该研究是比较典型的中心区组随机化，每一中心分配相同的病例，每一中心内采用区组随机化的方法随机分配病例。程序13.1给出了中心区组随机化的程序。

【程序13.1】

```
proc plan seed=20121103;        /*指定种子数为20121103，以后可重现结果*/
factors block=40 random rand=6 random;
/*指定区组block为40，每一区组内6例患者,均随机排列*/
output out=a;                   /*将区组及区组内病例输出到数据集a*/
data b;
set a;                          /*用set语句将数据集a中的数据导入b*/
if rand<=3 then group='A';
else group='B';
/*对每一区组内的6例患者，利用if-else语句指定数字1~3分入A组，4~6分入B组*/
num=_n_;
/*产生变量num，其值等于数据的顺序号，也即研究对象的1~240的编号*/
if num<=48 then center='01';
else if num<=96 then center='02';
else if num<=144 then center='03';
else if num<=192 then center='04';
else center='05';
/*指定5个中心分别分配编号为1~48、49~96、97~144、145~192、193~240的患者*/
proc print;
id block;
var center group rand num;      /*列出区组、中心、组别、随机数、药物编号*/
run;
```

【程序解释】

该程序共 17 行（不含注释行），前 3 行的作用是产生区组为 40、长度为 6 的 240 个随机数字，这里的长度也可指定为 4 或 8 等，但最好不要指定为 2。seed 选项在临床试验中是必须指定的，因为临床试验后期揭盲时，需要再现随机分组结果。第 4~7 行的作用是根据区组长度随机分组，由于区组长度为 6，因此≤3 的患者分入 A 组，>3 的患者分入 B 组。第 9~13 行是按中心分层，由于 5 个中心平均分配，因此指定每一中心分配 48 例。最后第 14~17 行输出区组、中心、组别、区组内随机数、药物编号，药物编号即前面第 8 行产生的 num 变量。对于不同中心数、样本例数的随机分配，读者只需根据总例数及在各中心的分配情况，修改相应的区组数、区组长度、各中心例数即可。

【结果输出】

| block | ---- rand ---- |
|---|---|
| 37 | 6 2 1 5 4 3 |
| 1 | 5 4 2 6 3 1 |
| 26 | 3 6 1 5 4 2 |
| 13 | 5 2 1 6 3 4 |
| 2 | 6 1 2 5 4 3 |
| 23 | 1 2 5 4 6 3 |
| 40 | 2 3 5 4 1 6 |
| 29 | 4 5 3 2 6 1 |
| 7 | 4 5 1 2 6 3 |
| 21 | 3 4 2 6 5 1 |
| 27 | 3 5 4 2 6 1 |
| 17 | 3 6 2 5 4 1 |
| 39 | 6 2 5 1 4 3 |
| 5 | 3 5 2 1 4 6 |
| 18 | 2 5 3 4 1 6 |
| 3 | 6 2 1 3 4 5 |
| 14 | 6 5 3 1 2 4 |
| 6 | 1 5 3 4 2 6 |
| 15 | 5 1 3 2 6 4 |
| 38 | 5 2 4 3 6 1 |
| 4 | 1 4 2 6 5 3 |
| 11 | 5 2 1 6 4 3 |
| 33 | 6 3 1 2 5 4 |
| 12 | 4 1 6 5 3 2 |
| 35 | 2 5 3 1 4 6 |
| 28 | 5 2 3 4 6 1 |
| 32 | 3 1 2 6 4 5 |
| 20 | 6 4 1 3 5 2 |
| 25 | 2 4 3 5 6 1 |
| 30 | 4 5 1 2 6 3 |
| 8 | 4 3 1 6 5 2 |

| | |
|---|---|
| 31 | 2 1 4 3 6 5 |
| 19 | 2 6 5 1 4 3 |
| 22 | 4 6 1 5 3 2 |
| 10 | 4 3 1 2 5 6 |
| 36 | 2 1 4 3 5 6 |
| 34 | 3 1 4 2 5 6 |
| 16 | 1 3 6 4 5 2 |
| 24 | 3 4 1 5 6 2 |
| 9 | 5 1 4 6 3 2 |

第一部分结果给出区组及长度，共40个区组，随机排列，每个区组内6个随机数字。

| block | center | group | rand | num |
|---|---|---|---|---|
| 37 | 01 | B | 6 | 1 |
| 37 | 01 | A | 2 | 2 |
| 37 | 01 | A | 1 | 3 |
| 37 | 01 | B | 5 | 4 |
| 37 | 01 | B | 4 | 5 |
| 37 | 01 | A | 3 | 6 |
| 1 | 01 | B | 5 | 7 |
| 1 | 01 | B | 4 | 8 |
| 1 | 01 | A | 2 | 9 |
| 1 | 01 | B | 6 | 10 |
| 1 | 01 | A | 3 | 11 |
| 1 | 01 | A | 1 | 12 |
| ... | ... | ... | ... | ... |
| 24 | 30 | A | 3 | 229 |
| 24 | 30 | B | 4 | 230 |
| 24 | 30 | A | 1 | 231 |
| 24 | 30 | B | 5 | 232 |
| 24 | 30 | B | 6 | 233 |
| 24 | 30 | A | 2 | 234 |
| 9 | 30 | B | 5 | 235 |
| 9 | 30 | A | 1 | 236 |
| 9 | 30 | B | 4 | 237 |
| 9 | 30 | B | 6 | 238 |
| 9 | 30 | A | 3 | 239 |
| 9 | 30 | A | 2 | 240 |

第二部分结果列出了所有240个编号对应的组别、中心和区组。可以看出，每个中心包含8个区组，每一区组均有6个随机编号，其中3例为A组，3例为B组。

结果显示，编号1的药物为B药，编号2的药物为A药……。也就是说，第1个入组的受试者接受B药，第2个入组的受试者接受A药，以此类推。

### 三、临床试验的盲法

通常情况下，临床试验中的设盲可分为四种情况：开放式、单盲、双盲、三盲。

开放式试验即不设盲的临床试验，研究者和患者均了解患者接受何种治疗。由于这种试验受研究者或患者的主观因素影响较大，通常不建议使用。但在有些情况下，考虑到伦理学方面，仍需要采用开放式试验。例如评估一种手术方式的有效性和安全性，如果采用双盲方式，则违反了伦理原则，此时采用开放式更为合适。

单盲试验是指受试者不知道自己接受何种治疗，但研究者知道。单盲试验同样容易受到研究者主观因素的干扰。例如，评估 A 药与 B 药相比的疗效，如果某一研究者倾向于 A 药，而另一研究者是 B 药的倡导者，则结果很容易出现偏倚，因此该法在实际中也不建议使用。

双盲试验是指受试者和研究者均不清楚受试者接受何种治疗。双盲试验是实际中常用的一种方式，多数新药研究中较容易实施，但有些情况下则需要采用特殊方式。如两种药物的外形不同、用法不同等，此时难以做到双盲，可考虑采用双盲双模拟（double dummy）技术，增加一项安慰剂，保证两组外形或用法一致。例如，某新药需要日服 1 次，而对照药则日服 2 次，此时可在试验组增加一安慰剂，即试验组日服新药 1 次，安慰剂 1 次，共 2 次，保证与对照组用法一致。再如，某新药为片剂，对照组为胶囊制剂，此时可在试验组增加一安慰剂胶囊，对照组增加一安慰剂片剂，这样两组均服用 1 个片剂和 1 个胶囊，保证了两组药物外形一致。但这种方式增加了患者的服药次数，使用时需谨慎。尤其在疫苗临床试验中，增加了患者的注射次数，会给患者带来额外痛苦，需要考虑伦理学问题。

三盲试验是指研究者、受试者以及申办方有关成员均处于盲态。三盲试验可以提供最高程度的对照临床试验可靠性，但如何保证在整个研究过程中维持三方的盲态至关重要。

有的临床试验，如医疗器械、影像学治疗等，难以保证盲法的实施。因为研究者和患者一眼便能看出不同仪器的差异，而且无法采用模拟技术保证仪器外形的一致。此时可采用评估者盲法（reader blinded），即研究者和研究结果的评估者分开，研究者只负责给受试者治疗，所有结果均由独立的其他评估者来评价。

**四、临床试验的对照法**

临床试验中的对照主要有空白对照、历史对照、安慰剂对照、阳性药物对照、剂量-反应对照等。实际中最常用的是安慰剂对照和阳性药物对照，其他对照法使用较少。

安慰剂通常具有与试验药物一致的外形、气味、重量等，但不含试验药物的有效成分。采用安慰剂作为对照是为了消除研究者和受试者等由于心理因素所造成的疗效偏倚，减少主观期望效应。

关于使用安慰剂是否合理的争论一直没有停止过，在临床试验中观察到的安慰剂效应也不罕见。但安慰剂对照始终是实际中常用的一种对照方式，尤其所研究的适应证并无有效疗法时，使用安慰剂并不存在伦理争议。但如果已有较明确的治疗方法，而且已经给患者带来益处，此时使用安慰剂则明显有悖伦理。

阳性药物对照是采用已确定的有效药物作为对照。作为对照的阳性药物必须是已经验证的、疗效肯定的药物，如果有多种阳性药物，则应选择最有效、安全性最高的药物。目前很多临床试验采用阳性药物对照，其中伦理学是很重要的原因。

采用阳性药物对照通常应先证实阳性药物疗效高于安慰剂，或者在研究中包括一组安慰剂对照。否则，如果最终结论认为试验药与阳性药物等效，则提示要么两种药物都有效，要么两种药物都无效。因此，除非已经明确证实阳性药物优于安慰剂，否则应在研究中包括一组安慰剂对照，以验证试验药和阳性药物的疗效均优于安慰剂。

## 第三节 临床试验的分类

前几章介绍的研究设计中,做的都是差异性试验,即比较两组的总体参数(如均值、比例等)是否有差异。假定 T 表示试验组,C 表示对照组,以均值为例,差异性检验的无效假设和备择假设分别为:

$H_0: \mu_T = \mu_C$ 或 $\mu_T - \mu_C = 0$

$H_1: \mu_T \neq \mu_C$ 或 $\mu_T - \mu_C \neq 0$

$\mu_T$ 表示试验组的总体均值,$\mu_C$ 表示对照组的总体均值。

差异性检验中,当 $P > 0.05$,表示两种药物的差异无统计学意义,说明现有数据无法做出两种药物有差异的结论,但不能做出两种药物疗效相等的结论。当 $P \leq 0.05$ 时,表示两种药物的差异有统计学意义,说明两种药物的疗效确实不同,不是偶然性结果。但这种统计学差异并不等同于临床上的差异。例如,比较两种药物的降压效果,如果两组例数足够大,即使血压降低值差别很小(如 1mmHg),也会有统计学差异,但不一定有临床意义。而对于新药临床试验而言,更看重的是临床的使用价值。因此新药临床试验中更为常用的是非劣效性试验、等效性试验和优效性试验。

### 一、非劣效性试验

非劣效性(non-inferiority)试验是检验试验药是否不劣于对照药的试验。非劣效性试验通常只用于阳性药物对照的试验中。采用非劣效性试验时,阳性药物应为具有明确疗效的上市药物,试验药应在其他方面对阳性药物具有一定优势,如不良反应低、给药方便、耐受性好、价格便宜等。

非劣效性试验的检验假设为(以均值为例):

$$H_0: \mu_T - \mu_C \leq -\delta \quad H_1: \mu_T - \mu_C > -\delta$$

$\mu_T$ 和 $\mu_C$ 分别表示试验组和对照组的总体均值,$\delta$ 表示非劣效界值。通俗来讲,非劣效性检验表示,试验组的疗效可以低于对照组,但低的程度不能超过 $\delta$(即 $\mu_T - \mu_C > -\delta$),此时可认为是非劣效;如果二者的差值超过了 $\delta$(即 $\mu_T - \mu_C \leq -\delta$),则不能认为试验组非劣效于对照组(图 13.1)。例如,比较某新药与标准药物的降压效果,设 $\delta$ 为 5mmHg。如果新药对血压的降低值低于标准药物,但低的程度在 5mmHg 之内(如 3mmHg),则尽管新药疗效低于标准药物,仍可认为新药不劣于标准药物;如果低的程度超过 5mmHg(如 7mmHg),则不能认为新药不劣于标准药物。

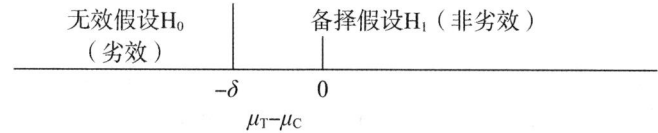

**图 13.1 非劣效性检验的无效假设与备择假设**

可以看出,非劣效性检验是一个单侧检验(one one-sided test),当试验组与对照组的疗效之差小于 $\delta$ 时,便可认为试验组疗效非劣效于对照组。

非劣效性检验关键的问题是如何确定合理的 $\delta$ 值,这一问题较为复杂,需要同时结合统计考虑和临床判断。而且 δ 值一旦确定，不得在研究期间随意更改。有的指标，临床上已有建议标准，可参考这些标准来取值。如最大呼气流量的 δ 值可取 15 L/min，血压可取 5mmHg，等。但多数情况下可能难以找到临床上的参考标准，此时 δ 值的确定较为复杂。

多数文献建议，可参考阳性对照药物与安慰剂的疗效差异来确定 δ 值。

首先，明确阳性对照药的疗效一定要优于安慰剂。这可通过同时设置阳性对照药（C）、试验药（T）、安慰剂（P）三组来评价。如果实际中难以实施，也可通过查阅以往文献，最好是进行 meta 分析，确定阳性对照药与安慰剂的疗效差异。

其次，明确试验药与阳性对照药的疗效差值应该小于阳性对照药与安慰剂的差值，即 T－P 的效应应小于 C－P。

最后，明确试验药不仅要优于安慰剂，而且应当保留一定比例（λ）的阳性药对安慰剂的优势。λ 通常称为阳性药物的效应保留比例（retention proportion），该值主要根据药物疗效及临床实际意义来确定。如 λ=0.7，表明预期试验药能够保留 70% 的阳性药对安慰剂的效应，有文献建议 λ 取值 50%。根据 λ 值，便可计算 δ 值。

$$\delta = (1-\lambda)(C-P)$$

式中，C 表示阳性对照的效应，P 表示安慰剂的效应。

例如，为研究一种新降压药的疗效，采用非劣效性试验，对照选择已上市的具有明确疗效的阳性降压药，观察指标为仰卧舒张压（SDBP，单位为 mmHg）。通过查阅以往文献，阳性药物平均降压比安慰剂多 10mmHg。预期新药至少能保留 50% 的阳性药对安慰剂的效应，因此 δ 值可定为 0.5×10=5mmHg。即如果新药降压值与阳性药降低值的差值大于－5，则可认为新药与阳性药相比具有非劣效性。

## 二、等效性试验

等效性（equivalence）试验是检验试验药与对照药是否等效。等效性试验通常用于阳性对照药的试验，如某仿制药与原药进行疗效比较，如果达到等效性，则仿制药可被接受。再如，研究能否以小剂量代替大剂量，以疗程短的药物代替疗程长的药物等，均可采用等效性试验。

等效性试验的检验假设为（以均值为例）：

$H_0: |\mu_T - \mu_C| \geq \delta$

$H_1: |\mu_T - \mu_C| < \delta$

或者可以用两个单侧检验（two one-sided test）来表示：

$H_{0(1)}: \mu_T - \mu_C \geq \delta$  $H_{1(1)}: \mu_T - \mu_C < \delta$

和 $H_{0(2)}: \mu_T - \mu_C \leq -\delta$  $H_{1(2)}: \mu_T - \mu_C > -\delta$

等效性试验相当于两个单侧检验，因此有下限和上限 2 个界值。等效性试验表示，试验组疗效可以低于或高于对照组，但低值不能超过下限，高值不能超过上限，此时可认为是等效；如果两组差值超过了下限或上限，均不能认为两组等效（图 13.2）。

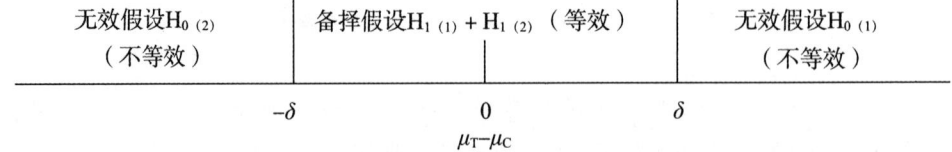

**图 13.2 等效性检验的无效假设与备择假设**

等效性试验中的界值确定方法跟非劣效性检验类似，但等效性检验需要确定下限和上限两个界值。一般情况下，下限和上限是以 0 对称的，一旦确定下限，上限也就确定了。

**三、优效性试验**

优效性（superiority）试验是研究一种药物的疗效是否优于另一种药物（或安慰剂）。通常情况下，以安慰剂为对照的试验应当做优效性检验。

优效性试验有两种情形，一种是从统计学角度考虑的优效性，以均值为例，检验假设为：

$H_0: \mu_T \leq \mu_C$ 或 $\mu_T - \mu_C \leq 0$
$H_1: \mu_T > \mu_C$ 或 $\mu_T - \mu_C > 0$

这种优效性检验实际上相当于显著性检验中的单侧检验。显著性水平通常取单侧 0.05，当 $P \leq 0.05$，则认为试验药优于对照药。也有学者建议检验水准应取单侧 0.025，以减少第一类错误的概率。此类优效性检验在实际中最常见，通常用于试验药与安慰剂比较。

另一种是从临床角度考虑的优效性，以均值为例，其假设检验为：

$H_0: \mu_T - \mu_C \leq \delta$
$H_1: \mu_T - \mu_C > \delta$

$\delta$ 表示优效性界值，即试验组与对照组之差只有大于 $\delta$，才认为试验组比对照组优效。这种优效性试验通常用于试验药与阳性对照药的比较，实际中较少见，因为很少有新药敢于声称疗效优于已上市的标准药物，如果要做优于阳性药的优效性试验，所需的样本量通常是非常大的。

## 第四节 临床试验中的样本含量估计及 SAS 实现

差异性检验的样本含量计算在前几章已经有详细介绍，这里主要介绍非劣效性、等效性、优效性临床试验的样本含量计算（具体见表 13.1）。

**表 13.1 非劣效、等效、优效性检验的样本含量计算公式**

| 检验类型 | 指标类型 | 对照组样本量计算公式 |
| --- | --- | --- |
| 非劣效性检验 | 均值 | $n_c = \dfrac{(Z_{1-\alpha} + Z_{1-\beta})^2 s^2 (1+1/k)}{[\mu_t - \mu_c - (-\delta)]^2}$ |
| 非劣效性检验 | 率 | $n_c = \dfrac{[\pi_t(1-\pi_t)/k + \pi_c(1-\pi_c)](Z_{1-\alpha} + Z_{1-\beta})^2}{[\pi_t - \pi_c - (-\delta)]^2}$ |
| 非劣效性检验 | 生存资料 | $n_c = \dfrac{(Z_{1-\alpha} + Z_{1-\beta})^2 [\dfrac{\sigma^2(\lambda_t)}{k} + \sigma^2(\lambda_c)]}{[\lambda_c - \lambda_t - (-\delta)]^2}$ |
| 等效性检验 | 均值 | $n_c = \dfrac{(Z_{1-\alpha} + Z_{1-\beta/2})^2 s^2 (1+1/k)}{(\delta - |\mu_t - \mu_c|)^2}$ |
| 等效性检验 | 率 | $n_c = \dfrac{[\pi_t(1-\pi_t)/k + \pi_c(1-\pi_c)](Z_{1-\alpha} + Z_{1-\beta/2})^2}{(\delta - |\pi_t - \pi_c|)^2}$ |
| 等效性检验 | 生存资料 | $n_c = \dfrac{(Z_{1-\alpha} + Z_{1-\beta/2})^2 [\dfrac{\sigma^2(\lambda_t)}{k} + \sigma^2(\lambda_c)]}{(\delta - |\lambda_c - \lambda_t|)^2}$ |

| 检验类型 | 指标类型 | 对照组样本量计算公式 |
|---|---|---|
| 优效性检验<br>（无效假设为 $\mu_T - \mu_C \leq 0$） | 均值 | $n_c = \dfrac{(Z_{1-\alpha} + Z_{1-\beta})^2 s^2 (1+1/k)}{(\mu_t - \mu_c)^2}$ |
| 优效性检验<br>（无效假设为 $\pi_T - \pi_C \leq 0$） | 率 | $n_c = \dfrac{[\pi_t(1-\pi_t)/k + \pi_c(1-\pi_c)](Z_{1-\alpha} + Z_{1-\beta})^2}{(\pi_t - \pi_c)^2}$ |
| 优效性检验<br>（无效假设为 $\mu_T - \mu_C \leq \delta$） | 均值 | $n_c = \dfrac{(Z_{1-\alpha} + Z_{1-\beta})^2 s^2 (1+1/k)}{(\mu_t - \mu_c - \delta)^2}$ |
| 优效性检验<br>（无效假设为 $\pi_T - \pi_C \leq \delta$） | 率 | $n_c = \dfrac{[\pi_t(1-\pi_t)/k + \pi_c(1-\pi_c)](Z_{1-\alpha} + Z_{1-\beta})^2}{(\pi_t - \pi_c - \delta)^2}$ |

表 13.1 的公式中，有几点说明：

1. 关于表中的符号：$n_c$ 表示对照组例数。$Z_{1-\alpha}$ 和 $Z_{1-\beta}$ 表示标准正态分布中对应 $1-\alpha$ 和 $1-\beta$ 的百分位数。$\delta$ 表示非劣效、等效或优效性界值。$k$ 表示试验组与对照组例数的比例。$\pi_t$ 表示试验组比例，$\pi_c$ 表示对照组比例。$\mu_t$ 表示试验组均值，$\mu_c$ 表示对照组均值，$s$ 表示两组合并标准差。可通过以下公式计算：

$$s = \sqrt{\dfrac{(n_1-1)s_1^2 + (n_2-1)s_2^2}{n_1 + n_2 - 2}}$$

式中，$s_1$、$s_2$ 是两组的标准差，$n_1$、$n_2$ 是两组的例数，这 4 个值均可通过以往文献获得。

2. 表中计算的为对照组样本含量（$n_c$），试验组例数为 $kn_c$。当 $k=1$ 时，两组样本量需相等，$k=2$ 表示试验组样本量为对照组 2 倍。以此类推。

3. 非劣效性、等效性和优效性检验中，绝大多数情况下假定 $\mu_t = \mu_c$ 或 $\pi_t = \pi_c$。很多文献的样本量计算公式中，分母只有 $\delta$，实际上是暗含了两组参数相等的假定。如果对试验和对照并无太大的把握认为有差别，可以做此假定。但如果两组确实有差异而假定两组相等，此时计算的样本量会与实际所需样本量差别较大。实际中需根据文献和临床经验谨慎做出假定。

4. 等效性检验与非劣效性检验的公式基本相同，不同之处在于非劣效性检验用的是 $Z_{1-\beta}$，而等效性检验用的是 $Z_{1-\beta/2}$。需要注意的是，只有在假定 $\mu_t = \mu_c$ 时，等效性检验才用 $Z_{1-\beta/2}$。当假定 $\mu_t \neq \mu_c$ 时，等效性检验用的是 $Z_{1-\beta}$。此时公式为：$n_c = \dfrac{(Z_{1-\alpha} + Z_{1-\beta})^2 s^2 (1+1/k)}{(\delta - |\mu_t - \mu_c|)^2}$。

5. 优效性检验中，当无效假设为 $\mu_T - \mu_C \leq \delta$ 时，公式与非劣效性检验的公式一致，但界值取值不同，非劣效性检验中为负值，优效性检验中为正值。通常情况下，界值不应超过临床上所能接受的最大差别范围，而且应小于阳性药与安慰剂比较的效应差值（如果能从以往文献获得的话）。

6. 优效性检验中，试验组与对照组比较时，采用的检验水准通常为单侧 0.05，但不少专家建议，当对照组为安慰剂时，最好采用单侧 0.025，即采用 $Z_{1-\alpha/2}$ 而不是 $Z_{1-\alpha}$，这样做的目的是为了更加保守。

7. 两组生存资料比较中，$\lambda_t$ 和 $\lambda_c$ 分别表示实验组和对照组的风险率（hazard rate），

$\sigma^2(\lambda_t)$ 和 $\sigma^2(\lambda_c)$ 分别表示风险率的方差，其计算公式为：

$$\sigma^2(\lambda_i) = \lambda_i^2 \left[ 1 + \frac{e^{-\lambda_i T} - e^{-\lambda_i (T-T_0)}}{\lambda_i T_0} \right]^{-1}$$

式中，$\lambda_i$ 表示试验组或对照组的风险率，$T_0$ 表示招募时间，$T$ 表示总的研究时间，$T-T_0$ 表示随访时间。当服从指数分布时，风险率和中位生存时间可进行换算，风险率 $\lambda = \ln(2)/$中位生存时间。

非劣效性、等效性、优效性检验的样本量估算除可采用公式计算外，还可用 SAS 软件中的 proc power 命令来实现。该过程在第二章介绍了差异性检验的样本量计算的相关语句，本章介绍与非劣效性、等效性、优效性检验样本量估算的相关语句。

> proc power <选项>；
> twosamplemeans <选项>；
> twosamplefreq <选项>；

【命令解释】

【proc power】表示调用把握度/样本量估计的过程。

【twosamplemeans】语句调用两组定量资料的比较过程，其配合语句主要有：

| | |
|---|---|
| test= | 指定检验方式，默认为 test=diff，主要用于优效性、非劣效性检验，还可指定 test=equiv_diff，主要用于等效性检验 |
| sides= | 指定单双侧检验，默认值为 2，即双侧检验。还可指定 1（数字 1，单侧检验）、l（字母 l，单侧"低于"的检验）、u（单侧"高于"的检验）。当指定 test=equiv_diff 时，sides 语句无效 |
| meandiff= | 指定两组均数的差值，通常假定差值为 0，即 $\mu_t = \mu_c$。如果认为两组确有差异，应指定差值，该差值可以是试验组－对照组，也可以是对照组－试验组，跟 sides 语句指定有关，具体详见后面实例。等效性检验中，该值必须为试验组－对照组（不能颠倒） |
| nulldiff= | 指定无效假设的样本均值差值，默认值为 0。非劣效性检验或优效性检验中，可指定相应的界值 |
| stddev= | 指定两组的合并标准差，公式计算前文已有说明 |
| lower= 和 upper= | 分别指定等效界值的下限和上限。这两个值必须同时指定，通常情况下，指定 lower=$-\delta$，upper=$\delta$ |
| alpha= | 指定第一类错误概率 |
| groupweights= | 指定每组例数权重。各组例数不同时，指定各组的例数权重。默认为每组例数相等 |
| power= 和 ntotal= | 指定把握度或样本量的值。当同时指定 ntotal=某值，"power=."时，表示根据给定例数估计把握度。当同时指定 power=某值，"ntotal=."时，表示根据给定的把握度估计样本量 |

【twosamplefreq】用于两组率比较的样本量计算，主要配合语句有：

| | |
|---|---|
| groupproportions=（p1 p0） | 指定两组样本率，中间用空格隔开 |
| nullproportiondiff= | 指定无效假设的样本率差值，默认值为 0 |
| alpha= | 指定第一类错误概率 |
| sides= | 指定单双侧检验，同 twosamplemeans 语句 |
| groupweights= | 指定每组例数权重，同 twosamplemeans 语句 |
| power= | 指定把握度，同 twosamplemeans 语句 |
| ntotal= | 指定样本量，同 twosamplemeans 语句 |

## 一、均值的非劣效、等效和优效性检验样本量估计

**例 13.2** （非劣效性试验）某新药为评价在疼痛缓解方面的疗效，开展一项Ⅱ期临床试验。该研究拟采用与阳性药 1∶1 的非劣效性试验，考查新药缓解疼痛的效果不劣于阳性药，研究结果为疼痛评分变化值，该值越大，表示效果越好。通过查阅以往文献，试验组与对照组的标准差分别为 2.84 和 2.91，经计算合并标准差为 2.88。由统计学家与临床专家共同确定非劣效界值为 1。在假定 $\mu_t = \mu_c$ 的条件下，当 $\alpha = 0.05$ 时，共需多少例样本才能以 90% 的把握度保证达到预期结果。

【例题分析】

该研究中，$\mu_t - \mu_c = 0$，$\alpha = 0.05$，$1-\beta = 0.9$，$\delta = 1$，$s = 2.88$，$k = 1$。根据公式计算结果为：

$$n_c = \frac{(Z_{1-\alpha} + Z_{1-\beta})^2 s^2 (1+1/k)}{[\mu_t - \mu_c - (-\delta)]^2} = \frac{(1.645 + 1.282)^2 \times 2.88^2 \times 2}{1^2} \approx 143$$

即对照组例数为 143，试验组例数 143，两组共需 286 例。

本例还可采用程序 13.2 的 SAS 过程实现。

【程序 13.2】

```
proc power;
   twosamplemeans test=diff      /*非劣效性检验指定 test 为 diff*/
   alpha=0.05                     /*指定 α 值*/
   power=0.9                      /*指定把握度*/
   meandiff=0                     /*该值为 0，因为假定的是两组均值相等*/
   sides=u                        /*指定为单侧检验*/
   nulldiff=-1                    /*指定非劣效界值为-1*/
   stddev=2.88                    /*指定两组合并标准差*/
   ntotal=.;                      /*要求根据把握度计算样本量*/
run;
```

【程序解释】

该程序是利用差异性检验的思想和语句来实现非劣效性检验，因为非劣效性检验相当于单侧的差异性检验，只不过考虑到了非劣效界值的影响。因此在语句中关键要体现两点：一是单侧检验，二是非劣效界值。

该程序共 10 行。第 1、2 行调用样本量计算过程，并指定检验类型。在 SAS 软件中，非劣效和优效性检验的样本含量计算均可通过 test= diff 这一选项来实现。第 3、4 行指定 $\alpha$ 值和把握度。

关键部分是第5~7行。第5行的meandiff指定两组实际差值,由于假定$\mu_t=\mu_c$,因此该值为0。第6行指定sides=u,因为备择假设是大于界值而不是小于界值。第7行指定nullddiff为−1,因为检验的是试验组是否劣于对照组,因此是个负值。这三行加起来就相当于备择假设:$\mu_T-\mu_C>-\delta$,即meandiff>nulldiff。

第9行"ntotal=."表示样本量为待估项,需根据前面提供的指标计算样本量。

【结果输出】

The POWER Procedure

Two-sample t Test for Mean Difference

Fixed Scenario Elements

| | |
|---|---|
| Distribution | Normal |
| Method | Exact |
| Number of Sides | U |
| Null Difference | −1 |
| Alpha | 0.05 |
| Mean Difference | 0 |
| Standard Deviation | 2.88 |
| Nominal Power | 0.9 |
| Group 1 Weight | 1 |
| Group 2 Weight | 1 |

Computed N Total

| Actual Power | N Total |
|---|---|
| 0.900 | 286 |

计算结果显示,两组共需例数286例,由于是1:1分配,每组143例。与公式计算结果一致。

**例13.3** (非劣效性试验)续例13.2,假定根据以往研究认为新药的评分变化值比阳性药低0.5,即假定$\mu_t-\mu_c=-0.5$,其他条件仍同例13.2,此时共需多少例样本?

【例题分析】

该研究中,$\mu_t-\mu_c=-0.5$,$\alpha=0.05$,$1-\beta=0.9$,$\delta=1$,$s=2.88$,$k=1$。公式计算结果为:

$$n_c=\frac{(Z_{1-\alpha}+Z_{1-\beta})^2 s^2(1+1/k)}{[\mu_t-\mu_c-(-\delta)]^2}=\frac{(1.645+1.282)^2\times 2.88^2\times 2}{(-0.5+1)^2}\approx 567$$

即对照组例数为567,试验组例数567,两组共需1134例。

本例还可采用程序13.3的SAS过程实现。

【程序13.3】

```
proc power;
twosamplemeans test=diff         /*非劣效性检验指定test为diff*/
alpha=0.05                        /*指定α值*/
power=0.9                         /*指定把握度*/
meandiff=−0.5                     /*指定试验组与对照组差值为−0.5*/
```

```
        sides=u                        /*指定为单侧检验*/
        nulldiff=-1                    /*指定非劣效界值为-1*/
        stddev=2.88                    /*指定两组合并标准差*/
        ntotal=.;                      /*要求根据把握度计算样本量*/
    run;
```

【程序解释】

该程序与程序 13.2 相比，唯一的差别是第 5 行的 meandiff 不是 0 而是-0.5，因为试验组低于对照组，因此指定为负值。其他语句同程序 13.2。

【结果输出】

The POWER Procedure

Two-Sample t Test for Mean Difference

Fixed Scenario Elements

| Distribution | Normal |
|---|---|
| Method | Exact |
| Number of Sides | U |
| Null Difference | -1 |
| Alpha | 0.05 |
| Mean Difference | -0.5 |
| Standard Deviation | 2.88 |
| Nominal Power | 0.9 |
| Group 1 Weight | 1 |
| Group 2 Weight | 1 |

Computed N Total

| Actual Power | N Total |
|---|---|
| 0.900 | 1138 |

计算结果显示，两组共需例数 1138 例，由于是 1:1 分配，每组 569 例。与公式计算结果基本一致。

比较例 13.2 和 13.3 可以看出，当试验药劣于阳性药时，如果强行假定二者相等，所计算的样本量会偏小。而如果试验药本身优于阳性药，则假定二者相等时所计算的样本量会偏大。因此实际中应结合以往研究及专业知识，确定试验药是否可假定与阳性药相等。

**例 13.4** （等效性试验）续例 13.2，假定例 13.2 中各指标值不变，但采用等效性试验，并按试验组和对照组 3:1 的比例分配研究对象，问共需多少例样本。

【例题分析】

该研究为等效性试验，$\alpha=0.05$，$\beta=0.1$，$\delta$ 下限和上限界值分别为-1 和 1，$s=2.88$，$k=3$。将各指标值代入公式，结果为：

$$n_c = \frac{(Z_{1-\alpha}+Z_{1-\beta/2})^2 s^2 (1+1/k)}{(\delta-|\mu_t-\mu_c|)^2} = \frac{(1.645+1.645)^2 \times 2.88^2 \times (1+1/3)}{1^2} \approx 120$$

即对照组例数为 120，试验组例数为 120×3=360，两组共需 480 例。

本例还可采用程序 13.4 的 SAS 过程实现。

## 【程序 13.4】

```
proc power;
  twosamplemeans test=equiv_diff    /*指定 test 为 equiv_diff，执行等效性检验*/
    lower=-1
    upper=1                          /*指定下限和上限分别为-1 和 1*/
    alpha=0.05                       /*指定 α 值*/
    power=0.9                        /*指定把握度为 0.9*/
    meandiff=0                       /*假定两组差值为 0，即 $\mu_t - \mu_c = 0$*/
    stddev=2.88                      /*指定两组合并标准差*/
    groupweights=(3 1)               /*指定两组例数的比例为 3∶1*/
    ntotal = .;                      /*要求根据把握度计算样本量*/
run;
```

【程序解释】

该程序共 11 行。第 1、2 行调用样本量计算过程，并指定检验类型。等效性检验的样本含量计算通过"test=equiv_diff"这一选项来实现。

第 3、4 行指定等效界值的下限和上限。第 5、6 行指定 α 值和把握度。

第 7 行指定两组差值，由于假定 $\mu_t = \mu_c$，因此这里指定差值为 0。

第 8 行指定合并标准差。第 9 行指定试验组和对照组组例数的比例为 3∶1。

第 10 行 "ntotal=." 表示样本量为待估项，需根据前面提供的指标计算样本量。

【结果输出】

The POWER Procedure

Equivalence Test for Mean Difference

Fixed Scenario Elements

| | |
|---|---|
| Distribution | Normal |
| Method | Exact |
| Lower Equivalence Bound | -1 |
| Upper Equivalence Bound | 1 |
| Alpha | 0.05 |
| Mean Difference | 0 |
| Standard Deviation | 2.88 |
| Group 1 Weight | 3 |
| Group 2 Weight | 1 |
| Nominal Power | 0.9 |

Computed N Total

| Actual Power | N Total |
|---|---|
| 0.903 | 484 |

结果显示，两组共需例数 484 例，按 3∶1 的比例，两组分别为 363 和 121 例，与公式计算结果基本一致。

**例 13.5** （优效性试验）某临床试验为评价某药物治疗阿尔茨海默病的疗效，采用 1∶1

的阳性药物对照,进行优效性试验。该研究以量表评分结果作为主要疗效(评分越高疗效越好),根据以往研究,新药与阳性药的标准差分别为 2.33 和 2.07,经计算合并标准差为 2.20。假定新药的评分值比阳性药高 1.2,即 $\mu_t - \mu_c = 1.2$,当 $\alpha$ 取单侧 0.025 时,共需多少例样本才能以 90% 的把握度保证达到这一预期结果。

【例题分析】

该研究为优效性检验,无效假设为 $\mu_T - \mu_C \leqslant 0$,相当于优效性界值为 0。已知 $\alpha = 0.025$,$\beta = 0.1$,$\mu_t - \mu_c = 1.2$,$s = 2.2$,$k = 1$。采用公式计算的结果为:

$$n_c = \frac{(Z_{1-\alpha} + Z_{1-\beta})^2 s^2 (1 + 1/k)}{(\mu_t - \mu_c)^2} = \frac{(1.96 + 1.282)^2 \times 2.2^2 \times 2}{1.2^2} \approx 71$$

即对照组例数为 71,试验组例数 71,两组共需 142 例。

本例还可采用程序 13.5 的 SAS 过程实现。

【程序 13.5】

```
proc power;
   twosamplemeans test=diff      /* 优效性检验指定 test 为 diff */
   alpha=0.025                    /* 指定 α 值 */
   sides=u                        /* 指定 α 为单侧检验 */
   meandiff=1.2                   /* 指定两组差值为 1.2,即 μt-μc=1.2 */
   nulldiff=0                     /* 指定优效性界值为 0 */
   stddev=2.2                     /* 指定两组合并标准差 */
   power=0.9                      /* 指定把握度 */
   ntotal =.;                     /* 要求根据把握度计算样本量 */
run;
```

【程序解释】

该研究为优效性检验,等同于单侧的两样本比较,因此第二行指定 test=diff。

第 3、4 行指定 $\alpha$ 值及单侧检验。语句 sides=u 表示指定单侧检验,由于与无效假设对应的备择假设为 $\mu_T - \mu_C > 0$,因此指定上限(upper),即试验组大于对照组才算优效。

第 5 行的 meandiff 表示两组预期均值差值,第 6 行为优效性界值为 0,这是 SAS 的默认值,因此该语句也可省略。

【结果输出】

The POWER Procedure

Two-sample t Test for Mean Difference

Fixed Scenario Elements

| | |
|---|---|
| Distribution | Normal |
| Method | Exact |
| Number of Sides | U |
| Null Difference | 0 |
| Alpha | 0.025 |
| Mean Difference | 1.2 |
| Standard Deviation | 2.2 |
| Nominal Power | 0.9 |
| Group 1 Weight | 1 |
| Group 2 Weight | 1 |

Computed N Total

| Actual Power | N Total |
|---|---|
| 0.902 | 144 |

结果显示两组共需 144 例,由于是 1∶1 分配,每组 72 例。与公式计算结果基本一致。

**例 13.6** (优效性试验)续例 13.5,在 $\mu_t - \mu_c = 1.2$ 的假定下,研究者认为新药至少应比阳性药评分值高 0.8 才算优效。试计算当 $\alpha$ 取单侧 0.025,把握度为 0.9 时,至少需多少例样本。

【例题分析】

该研究为优效性检验,但无效假设为 $\mu_T - \mu_C \leq \delta$。例 13.5 的无效假设是 $\mu_T - \mu_C \leq 0$,实际暗含了这一条件:只要新药与阳性药的评分差值大于 0 就算优效。而本例的条件则是至少应大于 0.8 才算优效,因此条件更为严格。可想而知,所需例数肯定也更多。

已知 $\alpha = 0.025$,$\beta = 0.1$,$\mu_t - \mu_c = 1.2$,$\delta = 0.8$,$s = 2.2$,$k = 1$。采用公式计算的结果为:

$$n_c = \frac{(Z_{1-\alpha} + Z_{1-\beta})^2 s^2 (1+1/k)}{(\mu_t - \mu_c - \delta)^2} = \frac{(1.96 + 1.282)^2 \times 2.2^2 \times 2}{(1.2 - 0.8)^2} \approx 636$$

即对照组例数为 636,试验组例数 636,两组共需 1272 例。

本例还可采用程序 13.6 的 SAS 过程实现。

【程序 13.6】

```
proc power;
    twosamplemeans test=diff          /*优效性检验指定 test 为 diff*/
    alpha=0.025                       /*指定 α 值*/
    sides=u                           /*指定 α 为单侧检验*/
    meandiff=1.2                      /*指定两组差值为 1.2*/
    nulldiff=0.8                      /*指定优效性界值为 0.8*/
    stddev=2.2                        /*指定两组合并标准差*/
    power=0.9                         /*指定把握度*/
    ntotal =.;                        /*要求根据把握度计算样本量*/
run;
```

【程序解释】

该程序与程序 13.4 的唯一不同之处是 nulldiff 指定的是 0.8 而非 0,因为本例假定优效性界值为 0.8,而非默认的 0。其余语句的含义同例 13.4。

【结果输出】

The POWER Procedure

Two-sample t Test for Mean Difference

Fixed Scenario Elements

| Distribution | Normal |
|---|---|
| Method | Exact |
| Number of Sides | U |
| Null Difference | 0.8 |

| | |
|---|---|
| Alpha | 0.025 |
| Mean Difference | 1.2 |
| Standard Deviation | 2.2 |
| Nominal Power | 0.9 |
| Group 1 Weight | 1 |
| Group 2 Weight | 1 |

| Computed N Total | |
|---|---|
| Actual Power | N Total |
| 0.900 | 1274 |

结果显示两组共需1274例，由于是1∶1分配，每组637例。与公式计算结果基本一致。

比较例13.6和例13.5可以看出，优效性检验中，即使假定试验组优于对照组，如果要指定优效性界值的话，所需的样本量仍是非常大，因此做优效性需要谨慎考虑。

### 二、率的非劣效、等效和优效性检验样本量估算

**例13.7** （非劣效性试验）某研究拟采用非劣效性试验，比较某中药与阳性对照药治疗盆腔炎的疗效，两组按1∶1的比例分配受试对象。假定试验药与对照药的有效率相等，均为0.6，非劣效界值设定为0.1。问当 $\alpha=0.05$ 时，共需多少例样本才能以80%的把握度保证达到预期结果。

【例题分析】

该研究采用非劣效性检验，$\alpha=0.05$，$\beta=0.2$，$\delta=0.1$，$k=1$，$\pi_t=\pi_c=0.6$。由于假定 $\pi_t=\pi_c$，表13.1中的公式可简化为：

$$n_c = \frac{2\pi(1-\pi)(Z_{1-\alpha}+Z_{1-\beta})^2}{\delta^2} = \frac{2\times 0.6\times(1-0.6)\times(1.645+0.842)^2}{0.1^2} \approx 297$$

即对照组例数为297，试验组例数297，两组共需594例。

本例还可采用程序13.7的SAS过程实现。

【程序13.7】

```
proc power;
   twosamplefreq                    /*指定估计的类型是两组率比较*/
   groupproportions=(0.6 0.6)       /*指定对照组和试验组的率，顺序不能颠倒*/
   nullproportiondiff=-0.1          /*指定无效假设的差值*/
   sides=u                          /*指定单侧检验*/
   alpha=0.05                       /*指定第一类错误α值*/
   power=0.8                        /*指定把握度为0.8*/
   ntotal=.;                        /*表明要对样本含量进行估计*/
run;
```

【程序解释】

该程序的思路与均值的非劣效性检验相同，关键语句是第3~5行。第3行指定两组率，对照组在前，试验组在后，这里均为0.6。第4行指定非劣效界值，反映的是试验组与对照组的比较，因此为负值。第5行指定sides=u，因为备择假设是 $\pi_T-\pi_C$ 大于 $-\delta$，而不是小于 $-\delta$。这三行反映了备择假设，即 $\pi_T-\pi_C$（groupproportions）大于（upper）nullproportiondiff。

【结果输出】

The POWER Procedure

Pearson Chi-square Test for Two Proportions

Fixed Scenario Elements

| | |
|---|---|
| Distribution | Asymptotic normal |
| Method | Normal approximation |
| Number of Sides | U |
| Null Proportion Difference | −0.1 |
| Alpha | 0.05 |
| Group 1 Proportion | 0.6 |
| Group 2 Proportion | 0.6 |
| Nominal Power | 0.8 |
| Group 1 Weight | 1 |
| Group 2 Weight | 1 |

Computed N Total

| Actual Power | N Total |
|---|---|
| 0.800 | 594 |

结果显示，共需 594 例，每组 297 例，与公式计算结果一致。

**例 13.8** （非劣效性试验）续例 13.7，假定研究者根据以往研究认为试验药和对照药有效率分别为 0.55 和 0.6，设其他条件不变，试求共需多少例样本。

【例题分析】

该研究采用非劣效性检验，$\alpha=0.05$，$\beta=0.2$，$\delta=0.1$，$k=1$，$\pi_t=0.55$，$\pi_c=0.6$。根据公式计算所需样本量为：

$$n_c = \frac{[\pi_t(1-\pi_t)/k + \pi_c(1-\pi_c)](Z_{1-\alpha}+Z_{1-\beta})^2}{[\pi_t - \pi_c - (-\delta)]^2}$$

$$= \frac{[0.55 \times (1-0.55) + 0.6 \times (1-0.6)] \times (1.645+0.842)^2}{[0.55 - 0.6 - (-0.1)]^2} \approx 1206$$

即对照组例数为 1206，试验组例数 1206，两组共需 2412 例。

本例还可采用程序 13.8 的 SAS 过程实现。

【程序 13.8】

```
proc power;
    twosamplefreq                    /*指定估计的类型是两组率比较*/
    groupproportions=(0.6 0.55)      /*指定对照组和试验组的率,顺序不能颠倒*/
    nullproportiondiff=−0.1          /*指定无效假设的差值*/
    sides=u                          /*指定单侧检验*/
    alpha=0.05                       /*指定第一类错误α值*/
    power=0.8                        /*指定把握度为0.8*/
    ntotal=.;                        /*表明要对样本含量进行估计*/
run;
```

【程序解释】

该程序解释同例 13.7，唯一不同之处是第 3 行指定的两组率，将试验组率改为了 0.55，其余语句均同例 13.7。

【结果输出】

The POWER Procedure
Pearson Chi-square Test for Two Proportions

Fixed Scenario Elements

| Distribution | Asymptotic normal |
|---|---|
| Method | Normal approximation |
| Number of Sides | U |
| Null Proportion Difference | −0.1 |
| Alpha | 0.05 |
| Group 1 Proportion | 0.6 |
| Group 2 Proportion | 0.55 |
| Nominal Power | 0.8 |
| Group 1 Weight | 1 |
| Group 2 Weight | 1 |

Computed N Total

| Actual Power | N Total |
|---|---|
| 0.800 | 2416 |

结果显示，共需 2416 例，每组 1208 例，与公式计算结果基本一致。

**例 13.9** （等效性试验）某研究比较某新药与阳性对照药的疗效，根据前期试验，假定试验药和对照药的有效率均为 0.55，拟采用等效性试验，两组按 1∶1 的比例分配。等效性界值设定为 0.15。问当 $\alpha=0.05$ 时，共需多少例样本才能以 80% 的把握度达到预期结果。

【例题分析】

该研究采用等效性检验，分析指标为阳性率。$\alpha=0.05$，$\beta=0.2$，$\pi_t=0.55$，$\pi_c=0.55$，$\delta=0.15$，$k=1$。根据表 13.1，率的等效性检验公式计算为：

$$n_c = \frac{[\pi_t(1-\pi_t)+\pi_c(1-\pi_c)](Z_{1-\alpha}+Z_{1-\beta/2})^2}{(\delta-|\pi_t-\pi_c|)^2}$$

$$= \frac{2\times 0.55\times(1-0.55)\times(1.645+1.282)^2}{0.15^2} \approx 189$$

即对照组和试验组各需 189 例，两组共需 378 例。

本例还可采用程序 13.9 的 SAS 过程实现。

【程序 13.9】

```
proc power;
    twosamplefreq                      /*指定估计的类型是两组率比较*/
    groupproportions=(0.55 0.55)       /*指定两组有效率*/
    sides=1                            /*指定检验类型为单侧检验，指定的是数字1*/
    nullproportiondiff=0.15            /*指定等效性界值*/
```

```
alpha=0.05                    /*指定第一类错误α值*/
power=0.9                     /*指定把握度为0.9,注意这里不是0.8*/
ntotal=.;                     /*表明要对样本含量进行估计*/
run;
```

【程序解释】

该程序要注意第 7 行把握度的指定。由于等效性检验中用的是 $Z_{1-\beta/2}$,因此尽管事先设定了 $\beta=0.2$,但把握度不是 $1-0.2=0.8$,而是 $1-0.2/2=0.9$。

第 4 行指定 sides=1(数字 1),由于等效性检验在大于和小于两个方向上均有可能,因此指定为单侧检验,但并不指定方向是 upper 还是 lower。

第 5 行 nullproportiondiff 指定等效性界值,由于 sides=1,因此这里写 0.15 和 -0.15 均可。

【结果输出】

<pre>
                The POWER Procedure
         Pearson Chi-square Test for Two Proportions

                  Fixed Scenario Elements
        Distribution              Asymptotic normal
        Method                    Normal approximation
        Number of Sides           1
        Null Proportion Difference 0.15
        Alpha                     0.05
        Group 1 Proportion        0.55
        Group 2 Proportion        0.55
        Nominal Power             0.9
        Group 1 Weight            1
        Group 2 Weight            1

                  Computed N Total
            Actual         N
            Power        Total
            0.901         378
</pre>

结果显示,总例数为 378 例,两组各为 189 例,与公式计算结果一致。

**例 13.10** (优效性试验)某新药以安慰剂为对照,采用优效性试验,研究新药的疗效。两组按 1∶1 的比例分配,预期新药有效率为 60%,安慰剂的有效率也可达到 30%。问当 $\alpha=0.05$ 时,共需多少例样本才能以 90% 的把握度达到预期结果?

【例题分析】

本例优效性检验无效假设为 $\pi_T-\pi_C \leqslant 0$, $\alpha=0.05$, $\beta=0.1$, $\pi_t=0.6$, $\pi_c=0.3$, $k=1$。根据表 13.1 中率的优效性检验公式:

$$n_c = \frac{[\pi_t(1-\pi_t)/k+\pi_c(1-\pi_c)](Z_{1-\alpha}+Z_{1-\beta})^2}{(\pi_t-\pi_c)^2}$$

$$= \frac{[0.6\times(1-0.6)+0.3\times(1-0.3)]\times(1.645+1.282)^2}{(0.6-0.3)^2} \approx 43$$

即对照组需要 43 例，试验组也需 43 例，两组共 86 例。

本例的 SAS 实现过程见程序 13.10。

【程序 13.10】

```
proc power;
   twosamplefreq                /*指定估计的类型是两组率比较*/
   groupproportions=(0.3 0.6)   /*指定对照组和试验组的有效率，顺序不能颠倒*/
   nullproportiondiff=0         /*指定无效假设的差值*/
   alpha=0.05                   /*指定第一类错误α值*/
   sides=u                      /*指定检验的是试验组高于对照组*/
   power=0.9                    /*指定把握度为 0.9*/
   ntotal=. ;                   /*表明要对样本含量进行估计*/
run;
```

【程序解释】

本例无效假设为 $\pi_T - \pi_C \leqslant 0$，因此第 4 行的 nullproportiondiff 指定为 0（这是默认值，此时该语句可省略）。

由于是优效性检验，备择假设 $H_1$ 为 $\pi_t - \pi_c > 0$，因此指定 sides=u，即差值大于 0。其他语句较容易理解，groupproportions 指定对照组和试验组的有效率（顺序不能颠倒），alpha 和 power 分别指定第一类错误和把握度。

【结果输出】

The POWER Procedure

Pearson Chi-square Test for Two Proportions

Fixed Scenario Elements

| Distribution | Asymptotic normal |
|---|---|
| Method | Normal approximation |
| Number of Sides | U |
| Alpha | 0.05 |
| Group 1 Proportion | 0.3 |
| Group 2 Proportion | 0.6 |
| Nominal Power | 0.9 |
| Null Proportion Difference | 0 |
| Group 1 Weight | 1 |
| Group 2 Weight | 1 |

Computed N Total

| Actual Power | N Total |
|---|---|
| 0.905 | 92 |

结果显示，总例数为 92 例，略大于公式计算的 86 例，但差别并不大。

### 三、生存资料的非劣效性检验样本量估算

**例 13.11** 某医院观察某抗肿瘤药物对肺癌患者生存的效果，以阳性药物作为对照，采用非劣效性检验。根据以往研究，试验药和对照药的中位生存时间分别约为 0.8 年和 0.9

年，据此可求得两组相应的风险率分别约为 0.87 和 0.77。设定非劣效界值为 -0.2，即要求试验药的死亡风险率与阳性药之差应在 0.2 之内。假定按 1:1 的比例分配，试计算当 $\alpha=0.05$，$\beta=0.2$ 时共需多少样本。

【例题分析】

根据生存资料非劣效性检验样本量的计算公式编写程序 13.11 如下。

【程序 13.11】

```
data equiv_survival;
alpha=0.05;                    /*指定第一类错误α值*/
beta=0.2;                      /*指定第二类错误β值*/
lt=0.87;                       /*指定试验组风险率*/
lc=0.77;                       /*指定对照组风险率*/
delta=-0.2;                    /*指定非劣效界值δ*/
accrualtime=1;                 /*指定招募时间*/
followuptime=2;                /*指定随访时间*/
k=1;                           /*指定试验组与对照组例数之比*/
totaltime=accrualtime+followuptime;
st=lt**2/(1+(exp(-lt*totaltime)-exp(-lt*followuptime))/(lt*accrualtime));
sc=lc**2/(1+(exp(-lc*totaltime)-exp(-lc*followuptime))/(lc*accrualtime));
nc=ceil((probit(1-alpha)+probit(1-beta))**2*(st/k+sc)/(lc-lt-delta)**2);
nt=k*nc;
label nt="试验组例数";
label nc="对照组例数";
label lt="试验组风险率";
label lc="对照组风险率";
label st="试验组风险率方差";
label sc="对照组风险率方差";
proc print labelnoobs;
var lt lc st sc nc nt;
run;
```

【程序解释】

该程序需要明确两点：①时间尺度要统一，如果中位生存时间单位是月（或年），则指定的招募时间和随访时间也应该是月（或年）。②程序中的非劣效界值指的是死亡风险率，当非劣效界值小于 0 时，相当于非劣效性检验（如本例），非劣效界值大于 0 时，相当于优效性检验。如果以往研究认为试验药风险率低于对照药，可考虑优效性检验，此时指定非劣效界值 delta 为正值。

【结果输出】

| 试验组风险率 | 对照组风险率 | 试验组风险率方差 | 对照组风险率方差 | 对照组例数 | 试验组例数 |
|---|---|---|---|---|---|
| 0.87 | 0.77 | 0.85741 | 0.69712 | 962 | 962 |

## 第五节 临床试验中的统计分析及 SAS 实现

非劣效性、等效性、优效性试验可通过两种方式来检验，一种是计算统计量及相应 $P$

值，另一种是利用可信区间来做推断。

根据统计量和 $P$ 值来检验比较简单，只要 $P$ 值小于事先规定的检验水准，便可做出非劣效、等效或优效的结论。

可信区间法是临床试验中更为常用的一种方法，因为它不仅提供了是否有统计学意义的结论，而且给出了差别大小的提示。对于非劣效性试验，如果 $[C_L, \infty]$ 包含在 $[-\delta, \infty]$ 的范围内，或者说 $C_L > -\delta$，便可下非劣效的结论。对于优效性试验，如果 $[C_L, \infty]$ 超出了 $[-\infty, \delta]$ 的范围，或者说 $C_L > \delta$，便可下优效的结论。对于等效性试验，$[-C_L, C_U]$ 包含在 $[-\delta, \delta]$ 范围内，或者说 $-\delta < C_L < C_U < \delta$，便可下等效的结论。

非劣效、等效和优效性检验的常用统计量和可信区间计算公式见表 13.2。

**表 13.2 非劣效、等效、优效性检验的计算公式**

| 检验类型 | 指标 | 统计学检验计算公式 | 可信区间计算公式 |
| --- | --- | --- | --- |
| 非劣效 | 均值 | $t = \dfrac{\bar{x}_t - \bar{x}_c - (-\delta)}{s_{\bar{x}_t - \bar{x}_c}}$ | $C_L = (\bar{x}_t - \bar{x}_c) - t_{1-\alpha(v)} \, s_{\bar{x}_t - \bar{x}_c}$ |
| 非劣效 | 率 | $Z = \dfrac{\bar{p}_t - \bar{p}_c - (-\delta)}{s_{p_t - p_c}}$ | $C_L = (p_t - p_c) - Z_{1-\alpha} \, s_{p_t - p_c}$ |
| 等效 | 均值 | $t_l = \dfrac{\bar{x}_t - \bar{x}_c - \delta_l}{s_{\bar{x}_t - \bar{x}_c}}$    $t_u = \dfrac{\bar{x}_t - \bar{x}_c - \delta_u}{s_{\bar{x}_t - \bar{x}_c}}$ | $C_L = (\bar{x}_t - \bar{x}_c) - t_{1-\alpha(v)} \, s_{\bar{x}_t - \bar{x}_c}$<br>$C_U = (\bar{x}_t - \bar{x}_c) + t_{1-\alpha(v)} \, s_{\bar{x}_t - \bar{x}_c}$ |
| 等效 | 率 | $Z_l = \dfrac{\bar{p}_t - \bar{p}_c - \delta_l}{s_{p_t - p_c}}$    $Z_u = \dfrac{\bar{p}_t - \bar{p}_c - \delta_u}{s_{p_t - p_c}}$ | $C_L = (p_t - p_c) - Z_{1-\alpha} \, s_{p_t - p_c}$<br>$C_U = (p_t - p_c) + Z_{1-\alpha} \, s_{p_t - p_c}$ |
| 优效 | 均值 | $t = \dfrac{\bar{x}_t - \bar{x}_c - \delta}{s_{\bar{x}_t - \bar{x}_c}}$ | $C_L = (\bar{x}_t - \bar{x}_c) - t_{1-\alpha(v)} \, s_{\bar{x}_t - \bar{x}_c}$ |
| 优效 | 率 | $Z = \dfrac{\bar{p}_t - \bar{p}_c - \delta}{s_{p_t - p_c}}$ | $C_L = (p_t - p_c) - Z_{1-\alpha} \, s_{p_t - p_c}$ |

表 13.2 的公式中，有几点说明：

（1）表中符号说明：$\bar{x}_t$ 表示试验组均值，$\bar{x}_c$ 表示对照组均值，$\delta$ 表示预先确定的界值。$s_{\bar{x}_t - \bar{x}_c}$ 表示两组均值之差的标准误。当样本量较大时（$\geqslant 30$），$s_{\bar{x}_t - \bar{x}_c} = \sqrt{\dfrac{s_t^2}{n_t} + \dfrac{s_c^2}{n_c}}$；样本量较小时，$s_{\bar{x}_t - \bar{x}_c} = \sqrt{\dfrac{(n_t - 1)s_t^2 + (n_c - 1)s_c^2}{n_t + n_c - 2} \times \left(\dfrac{1}{n_t} + \dfrac{1}{n_c}\right)}$。式中，$s_t^2$ 和 $s_c^2$ 分别为试验组和对照组的方差，$n_t$ 和 $n_c$ 分别为两组的例数。

$p_t$ 表示试验组阳性率，$p_c$ 表示对照组的阳性率，$s_{p_t - p_c}$ 表示两组阳性率差值的标准误。当 $\delta \neq 0$ 时，$s_{p_t - p_c} = \sqrt{\dfrac{p_t(1 - p_t)}{n_t} + \dfrac{p_c(1 - p_c)}{n_c}}$。当 $\delta = 0$ 时（如有的优效性检验），$s_{p_t - p_c} = \sqrt{\hat{p}\hat{q}\left(\dfrac{1}{n_t} + \dfrac{1}{n_c}\right)}$，其中 $\hat{p} = \dfrac{x_t + x_c}{n_t + n_c}$，$\hat{q} = 1 - \hat{p}$，式中 $x_t$ 和 $x_c$ 分别为两组的阳性数，$n_t$ 和 $n_c$ 分别为两组的总例数。

（2）等效性检验需要同时在优效和劣效两个方向上进行 2 次单侧检验，$t_l$ 和 $Z_l$ 反映了对劣效方向上的检验，$t_u$ 和 $Z_u$ 反映了在优效方向上的检验。两个方向上的检验统计量同时拒绝无效假设，才认为等效性成立。任一统计量无统计学意义，则不能下等效性的结论。

(3) 等效性检验中的劣效和优效界值通常是互为负数,例如—0.5 和 0.5。此时 $t_l$ 和 $Z_l$ 公式中的 $\delta_l$ 即为 $-\delta$, $t_u$ 和 $Z_u$ 公式中的 $\delta_u$ 即为 $\delta$。

(4) 优效性检验中,如果指定优效界值,则按表 13.2 中的公式计算,这种情形在现实中并不多见。更多的情况是不指定优效界值,即 $\delta$ 默认为 0。此时优效性检验等同于单侧的 $t$ 检验或 $Z$ 检验。

目前 SAS 的 proc ttest 过程可实现两组均值比较的非劣效、等效和优效性检验,proc freq 过程可实现两组率的非劣效、等效性和优效性检验,proc phreg 过程可实现两组生存资料的非劣效性检验和优效性检验。

1. 两组均值比较的非劣效、等效和优效性检验　两组均值的比较可通过 proc ttest 过程实现,其主要语句和选项为:

```
proc ttest tost（下限，上限）plots= sides= h0=；
class 分组变量；
var 分析变量；
```

【命令解释】

两组均值的非劣效和优效性检验可通过"sides="选项和"h0="选项组合实现,选项"h0="指定非劣效或优效界值,如果不指定该选项,默认的是 h0=0,也就是普通的 $t$ 检验。选项"sides="指定单侧检验的方向,对于非劣效和优效性检验,均指定"sides=u",表示检验是否大于(而不是小于)指定的界值 h0。

等效性检验可通过 tost（two one-sided tests）选项实现,只需在其后的括号中指定相应界值即可。下限指定劣效方向界值,上限指定优效方向界值。也可仅指定上限,此时 SAS 默认为下限＝2m—上限值,m 为 h0 指定的界值。

选项 plots=all 可输出各组图形,包括各组的数据分布、箱式图,在这里更重要的是输出等效性检验的可信区间图,直观地显示出结果。

2. 两组率比较的非劣效、等效和优效性检验　两组率的比较可通过 proc freq 过程实现,其主要语句和选项为:

```
proc freq；
weight 频数变量；
tables 组别变量 * 分析变量/riskdiff；
```

【命令解释】

proc freq 过程在第二章已有介绍,这里主要介绍如何实现非劣效、等效和优效性检验。其中 tables 语句中的 riskdiff 选项是关键,该选项可通过在其后括号中加入次级选项来实现相应非劣效、等效和优效性检验。riskdiff 选项的主要次级选项有:

| | |
|---|---|
| equivalence | 指定进行等效性检验 |
| noninferiority | 指定进行非劣效性检验 |
| superiority | 指定进行优效性检验 |
| margin= | 指定非劣效、等效、优效性检验的界值,该值必须为正值。等效性检验可以指定 2 个值,也可以指定 1 个,指定 1 个值时,另一个默认为其负数 |

| column= | 指定分析的是哪一列，这跟输入的数据有关。例如，第 1 列为有效，第 2 列为无效，此时指定 column=1 表示对两组有效率（而非无效率）进行比较 |

3. **两组生存资料比较的非劣效性检验**　两组生存资料的比较可通过 proc phreg 过程实现，其主要语句和选项为：

```
proc phreg;
model 生存时间变量*生存状态变量（截尾状态值）=组别变量；
estimate 组别变量比较方式/<选项>；
```

【命令解释】

proc phreg 过程主要用于拟合生存资料的比例风险模型，这里主要介绍如何实现非劣效性检验。

【model】语句主要用来指定表示生存时间的变量、表示生存状态的变量和组别变量，生存时间变量和生存状态变量在"="左边，中间用"*"连接，生存状态变量之后需要紧跟表示截尾状态的值，且用括号括起来。如截尾用 0 表示，则括号中写 0。

【estimate】语句指定组别变量，组别变量后的比较方式在这里可以简单地指定为 1 或 −1，如果组别是大的值比小的值（如 1 比 0、2 比 1），比较方式指定为 1；如果组别是小的值比大的值（如 0 比 1、1 比 2），比较方式指定为 −1。

该语句的主要选项有：

| testvalue= | 指定要比较的非劣效或优效界值，该界值与参数估计值对应，应指定为死亡风险比（$HR$）的对数，即 $\ln(HR)$ |
| lower | 要求输出小于统计量的左侧 $P$ 值 |
| upper | 要求输出大于统计量的右侧 $P$ 值 |

## 一、均值的非劣效、等效和优效性检验

**例 13.12**　（非劣效性检验）某降糖药进行Ⅲ期的新药临床研究，采用多中心、随机、双盲、阳性药物对照的非劣效性试验，欲观察新药与阳性药相比的疗效，观察指标为空腹血糖和餐后 2 小时血糖的降低值。这里选择其中一个中心的 48 例数据，分析试验组与对照组相比空腹血糖降低值是否具有非劣效性。根据Ⅱ期临床试验结果，设定非劣效界值为 0.5，即试验药降低值与对照药降低值相比不应超过 0.5，试进行非劣效性分析。具体数据见表 13.3。

表 13.3　两组空腹血糖疗后降低值（疗前−疗后）

| 组别 | 空腹血糖降低值 | | | | | | | |
|---|---|---|---|---|---|---|---|---|
| 试验药 | 0.66 | 0.41 | 0.70 | 1.35 | 1.30 | 1.30 | 1.16 | 0.76 |
| | 0.40 | 0.30 | 0.16 | 0.24 | 0.10 | 0.12 | 0.31 | 0.31 |
| | 0.40 | 0.70 | 0.82 | 0.87 | 1.61 | 1.62 | 0.80 | 0.80 |
| 对照药 | 1.49 | 1.20 | 1.20 | 0.90 | 0.22 | 2.00 | 1.86 | 1.40 |
| | 1.15 | 1.01 | 0.94 | 0.80 | 0.52 | 0.07 | 0.12 | 0.41 |
| | 0.60 | 0.68 | 0.90 | 0.95 | 0.01 | 0.10 | 0.70 | 0.14 |

【例题分析】

本例非劣效性检验中,如果采用公式计算,试验组和对照组均值分别为 0.7167 和 0.8071,两组均值之差的标准误为 0.1483,两组例数均为 24,非劣效界值为 0.5,代入表 13.2 的公式,可求得 $t=2.76$,$P=0.004$。

如果采用可信区间法,由于自由度为 $48-2=46$,$\alpha$ 为单侧 0.05,可得 $t_{1-\alpha(v)}=1.679$,结合其他指标可求得可信区间为 $(-0.3394, \infty)$,该区间包含在 $(-0.5, \infty)$ 范围内,或者说 $-0.3394 > -0.5$,因此可以做出非劣效的结论。

本例如果采用 ttest 过程则比较简单,可同时给出统计量和可信区间,具体见程序 13.12。

【程序 13.12】

```
data example13_12;
do group=1 to 2;              /* group=1 为试验组,group=2 为对照组 */
do i=1 to 24;
input fbg@@;
output;
end;
end;
cards;
0.66   0.41   0.70   1.35   1.30   1.30   1.16   0.76
0.40   0.30   0.16   0.24   0.10   0.12   0.31   0.31
0.40   0.70   0.82   0.87   1.61   1.62   0.80   0.80
1.49   1.20   1.20   0.90   0.22   2.00   1.86   1.40
1.15   1.01   0.94   0.80   0.52   0.07   0.12   0.41
0.60   0.68   0.90   0.95   0.01   0.10   0.70   0.14
;
proc ttest sides=u h0=-0.5;
/* h0 指定非劣效界值,sides=u 指定单侧大于 h0 的检验 */
class group;
var fbg;
run;
```

【程序解释】

该程序需要注意三点:①关于 group 的赋值问题,ttest 过程中,默认的是 1-2,即 1 和 2 比较的结果,因此应注意将 group=1 设置为试验组,group=2 设置为对照组,因为我们检验的是试验组与对照组相比是否具有非劣效性,如果赋值相反,会得出错误的结论。②关于 h0 的指定问题,在非劣效性检验中,h0 指定的不是 $\delta$,而是 $-\delta$,优效性检验中 h0 指定的才是 $\delta$。③sides 需指定 sides=u(upper),而不是 sides=l(lower),因为我们要检验的是试验组与对照组的差值是否大于 $-\delta$,而不是小于 $-\delta$。

【结果输出】

结果主要有三部分。第一部分是简单的统计描述。给出了两组均值、标准差、标准误等。

```
                      Variable: fbg
group           N       Mean      Std Dev     Std Err      Minimum      Maximum
1              24      0.7167     0.4671      0.0953       0.1000       1.6200
2              24      0.8071     0.5565      0.1136       0.0100       2.0000
Diff (1-2)            -0.0904     0.5138      0.1483
```

第二部分是重点,分别给出了非劣效的可信区间和 $t$ 检验结果。结果同时给出了 Pooled 和 Satterthwaite 两种结果,根据是否方差齐性选择其一。从第三部分结果可以看出,本例两组方差齐,因此主要看 Pooled 结果。

可信区间结果显示单侧 95% 区间为 $(-0.3394, \infty)$,包含在非劣效范围 $(-0.5, \infty)$ 内,因此可以认为试验药与对照药相比具有非劣效性。

$t$ 检验结果显示,$t=2.76$,$P=0.0041$,拒绝无效假设,可以认为试验药非劣效于对照药。注意这里是单侧 $P$ 值的结果,由于备择假设 $H_1$ 为 $\mu_T - \mu_C > -\delta$,而不是 $< -\delta$,因此 $P$ 值等于 $t$ 分布曲线下右尾概率。

```
group      Method           Mean      95% CL Mean           Std Dev     95% CL Std Dev
1                          0.7167    0.5194    0.9139       0.4671     0.3630    0.6552
2                          0.8071    0.5721    1.0421       0.5565     0.4325    0.7807
Diff (1-2) Pooled         -0.0904   -0.3394    Infty         0.5138     0.4269    0.6453
Diff (1-2) Satterthwaite  -0.0904   -0.3395    Infty

           Method      Variances      DF      t Value      Pr>t
           Pooled      Equal          46      2.76         0.0041
           Satterthwaite Unequal     44.658   2.76         0.0042
```

第三部分是方差齐性检验结果,如果方差齐($P$ 值大于 0.05),则选用第二部分的 Pooled 结果,否则选用 Satterthwaite 结果。本例结果显示方差齐性($P=0.4072$)。

```
              Equality of Variances
    Method      Num DF    Den DF    F Value    Pr>F
    Folded F      23        23      1.42       0.4072
```

本例分析结果表明,以 0.5 作为非劣效界值,可以认为试验药非劣效于阳性对照药。

**例 13.13** (优效性检验)某降糖药在 Ⅱ 期临床试验中,采用安慰剂对照的优效性试验,观察新药与安慰剂相比的疗效,观察指标为空腹血糖和餐后 2 小时血糖的降低值。这里仍选择 48 例患者的数据,分析试验药与安慰剂相比空腹血糖降低值是否具有优效性。设定优效界值为 0.3,即试验药降低值与至少应比安慰剂降低值高 0.3,试进行优效性分析。具体数据见表 13.13。

表 13.4 两组空腹血糖疗后降低值(疗前—疗后)

| 组别 | 空腹血糖降低值 | | | | | | | |
|---|---|---|---|---|---|---|---|---|
| 试验药 | 1.24 | 1.17 | 0.75 | 1.13 | 1.29 | 1.27 | 0.65 | 1.11 |
| | 1.16 | 0.38 | 0.52 | 0.59 | 0.53 | 1.08 | 1.12 | 0.53 |
| | 0.50 | 1.37 | 1.04 | 0.80 | 2.43 | 0.65 | 1.01 | 0.79 |

| 组别 | 空腹血糖降低值 | | | | | | | |
|---|---|---|---|---|---|---|---|---|
| 安慰剂 | 0.63 | 0.89 | 0.23 | 0.83 | 0.01 | 0.11 | 0.52 | 0.63 |
| | 0.65 | 0.13 | 0.44 | 0.75 | 0.58 | 0.46 | 0.75 | 0.57 |
| | 0.36 | 0.60 | 0.14 | 0.23 | 0.11 | 0.72 | 0.73 | 0.28 |

【例题分析】

本例优效性检验,如果采用公式计算,试验药和安慰剂均值分别为 0.9629 和 0.4729,两组均值之差的标准误为 0.1035,两组例数均为 24,优效界值为 0.3,代入表 13.2 的公式,可求得 $t=1.84, P=0.036$。

如果采用可信区间法,根据 $t_{1-\alpha(v)}=1.679$ 和其他指标可求得可信区间为 $(0.3162, \infty)$,该区间超出了 $(-\infty, 0.3)$ 的范围,因此可以认为试验药优于安慰剂。

本例采用 SAS 分析的具体过程见程序 13.13。

【程序 13.13】

```
data example13_13;
do group=1 to 2;            /* group=1 为试验组,group=2 为安慰剂组 */
do i=1 to 24;
input fbg@@;
output;
end;
end;
cards;
1.24   1.17   0.75   1.13   1.29   1.27   0.65   1.11
1.16   0.38   0.52   0.59   0.53   1.08   1.12   0.53
0.50   1.37   1.04   0.80   2.43   0.65   1.01   0.79
0.63   0.89   0.23   0.83   0.01   0.11   0.52   0.63
0.65   0.13   0.44   0.75   0.58   0.46   0.75   0.57
0.36   0.60   0.14   0.23   0.11   0.72   0.73   0.28
;
proc ttest sides=u h0=0.3;
/* h0 指定优效界值为 0.3,sides=u 指定单侧大于 h0 的检验 */
class group;
var fbg;
run;
```

【程序解释】

该程序与程序 13.8 相比,只是将 h0=-0.5 改成了 h0=0.3,sides 选项仍为 sides=u,因为要检验试验药降低值是否比安慰剂降低值大 0.3。

【结果输出】

结果与非劣效性检验结果类似。第一部分是简单的统计描述,给出了两组均值、标准差、标准误等。

|  |  | Variable: | fbg |  |  |
|---|---|---|---|---|---|
| group | N | Mean | Std Dev | Std Err | Minimum | Maximum |
| 1 | 24 | 0.9629 | 0.4342 | 0.0886 | 0.3800 | 2.4300 |
| 2 | 24 | 0.4729 | 0.2619 | 0.0535 | 0.0100 | 0.8900 |
| Diff (1−2) |  | 0.4900 | 0.3585 | 0.1035 |  |  |

第二部分是优效性的可信区间和 $t$ 检验结果。由于第三部分的方差齐性检验提示方差不齐，因此这里主要看 Satterthwaite 结果。

可信区间结果显示单侧 95% 区间为 (0.3155, ∞)，由于 0.3155 大于优效性界值 0.3，因此可以认为试验药与安慰剂相比具有优效。

$t$ 检验结果显示，$t=1.84$，$P=0.0371$，拒绝无效假设，可以认为试验药优于安慰剂。这里的 $P$ 值与非劣效性检验一样，也是单侧检验的结果，等于 $t$ 分布曲线下的右尾概率。

| group | Method | Mean | 95% CL Mean |  | Std Dev | 95% CL Std Dev | |
|---|---|---|---|---|---|---|---|
| 1 |  | 0.9629 | 0.7796 | 1.1463 | 0.4342 | 0.3374 | 0.6090 |
| 2 |  | 0.4729 | 0.3623 | 0.5835 | 0.2619 | 0.2035 | 0.3674 |
| Diff (1−2) | Pooled | 0.4900 | 0.3163 | Infty | 0.3585 | 0.2979 | 0.4503 |
| Diff (1−2) | Satterthwaite | 0.4900 | 0.3155 | Infty |  |  |  |

| Method | Variances | DF | t Value | Pr>t |
|---|---|---|---|---|
| Pooled | Equal | 46 | 1.84 | 0.0364 |
| Satterthwaite | Unequal | 37.78 | 1.84 | 0.0371 |

第三部分是的方差齐性检验结果显示方差不齐（$P=0.0188$），因此应采用 Satterthwaite 法的结果。

| Equality of Variances | | | | |
|---|---|---|---|---|
| Method | Num DF | Den DF | F Value | Pr>F |
| Folded F | 23 | 23 | 2.75 | 0.0188 |

本例分析结果表明，以 0.3 作为优效界值，可以认为试验药优于安慰剂。

**例 13.14** （等效性检验）续例 13.12，假定研究者采用等效性试验，欲观察试验药是否与阳性对照药等效，设定等效性界值为 0.5，试进行等效性分析。

【例题分析】

本例的等效性检验中，如果采用公式计算，将已知的两组均值、两组均值之差的标准误、两组例数、等效界值代入表 13.2 的公式，可求得 $t_l=2.76$，$t_u=-3.98$，$P$ 值均小于 0.05，可以认为两组等效。

如果采用可信区间法，将 $t_{1-\alpha(v)}=1.679$ 和其他指标代入公式，得可信区间为 (−0.3394, 0.1586)，该区间包含在 (−0.5, 0.5) 范围内，因此可以认为两组等效。

等效性检验在 SAS 中可直接利用 ttest 过程的 tost 选项实现，data 步输入数据过程同程序 13.12，过程步改为程序 13.14。

【程序 13.14】

```
proc ttest tost(-0.5,0.5) plots=all;
/* tost 指定上下限界值，plots=all 输出包含可信区间图在内的多个图形 */
```

```
class group;
var fbg;
run;
```

**【程序解释】**

该程序关键选项是 tost，在该选项后的括号中同时指定下限和上限，即劣效和优效界值。本例中界值分别为 $-0.5$ 和 $0.5$，互为负数，此时也可仅指定上限 tost (0.5)，SAS 默认下限为 $0-0.5=-0.5$。

选项 plots=all 属于锦上添花的选项，可输出各种比较实用的图形，如数据分布图、两组箱式图、用于探查正态性的 QQ 图、等效性检验可信区间图等。

**【结果输出】**

结果主要有三部分。第一部分是普通的 $t$ 检验相关结果，给出了两组均值、标准差、标准误等，以及两组差值的均值、标准差、可信区间等。这部分结果不是我们关注重点，简单看下即可。

Variable：fbg

| group | N | Mean | Std Dev | Std Err | Minimum | Maximum |
|---|---|---|---|---|---|---|
| 1 | 24 | 0.7167 | 0.4671 | 0.0953 | 0.1000 | 1.6200 |
| 2 | 24 | 0.8071 | 0.5565 | 0.1136 | 0.0100 | 2.0000 |
| Diff (1−2) |  | −0.0904 | 0.5138 | 0.1483 |  |  |

| group | Method | Mean | 95% CL Mean | | Std Dev | 95% CL Std Dev | |
|---|---|---|---|---|---|---|---|
| 1 |  | 0.7167 | 0.5194 | 0.9139 | 0.4671 | 0.3630 | 0.6552 |
| 2 |  | 0.8071 | 0.5721 | 1.0421 | 0.5565 | 0.4325 | 0.7807 |
| Diff (1−2) | Pooled | −0.0904 | −0.3890 | 0.2081 | 0.5138 | 0.4269 | 0.6453 |
| Diff (1−2) | Satterthwaite | −0.0904 | −0.3892 | 0.2084 |  |  |  |

第二部分是重点，给出了等效性检验的可信区间和 $t$ 检验结果。由于方差齐，主要关注 Pooled 结果即可。

先看可信区间结果，$100(1-2\alpha)\% = 90\%$ 的可信区间为 $(-0.3394, 0.1585)$，包含在 $(-0.5, 0.5)$ 的范围内，因此可以认为两组等效，assessment 也提示了 "Equivalent" 的结论。

再看 $t$ 检验结果，优效和劣效方向上的 $P$ 值均小于 0.05，因此可以认为两组等效。如果有一个方向上 $P$ 值大于 0.05，则不能认为两组等效。

TOST Level 0.05 Equivalence Analysis

| group | Method | Mean | Lower Bound | | 90% CL Mean | | Upper Bound | Assessment |
|---|---|---|---|---|---|---|---|---|
| Diff (1−2) | Pooled | −0.0904 | −0.5 | < | −0.3394 | 0.1585 | < 0.5 | Equivalent |
| Diff (1−2) | Satterthwaite | −0.0904 | −0.5 | < | −0.3395 | 0.1587 | < 0.5 | Equivalent |

| Method | Variances | Test | Null | DF | t Value | P-Value |
|---|---|---|---|---|---|---|
| Pooled | Equal | Upper | −0.5 | 46 | 2.76 | 0.0041 |
| Pooled | Equal | Lower | 0.5 | 46 | −3.98 | 0.0001 |
| Pooled | Equal | Overall |  |  |  | 0.0041 |

| Satterthwaite | Unequal | Upper | −0.5 | 44.658 | 2.76 | 0.0042 |
| Satterthwaite | Unequal | Lower | 0.5 | 44.658 | −3.98 | 0.0001 |
| Satterthwaite | Unequal | Overall | | | | 0.0042 |

第三部分是方差齐性检验结果，显示方差齐（$P=0.4072$）。

Equality of Variances

| Method | Num DF | Den DF | F Value | Pr>F |
|---|---|---|---|---|
| Folded F | 23 | 23 | 1.42 | 0.4072 |

最后给出可信区间图，从图 13.3 中可以清楚地看出，Pooled 线段左端和右端均未超出 −0.5 和 0.5 的范围。提示试验组与对照组相比具有等效性。

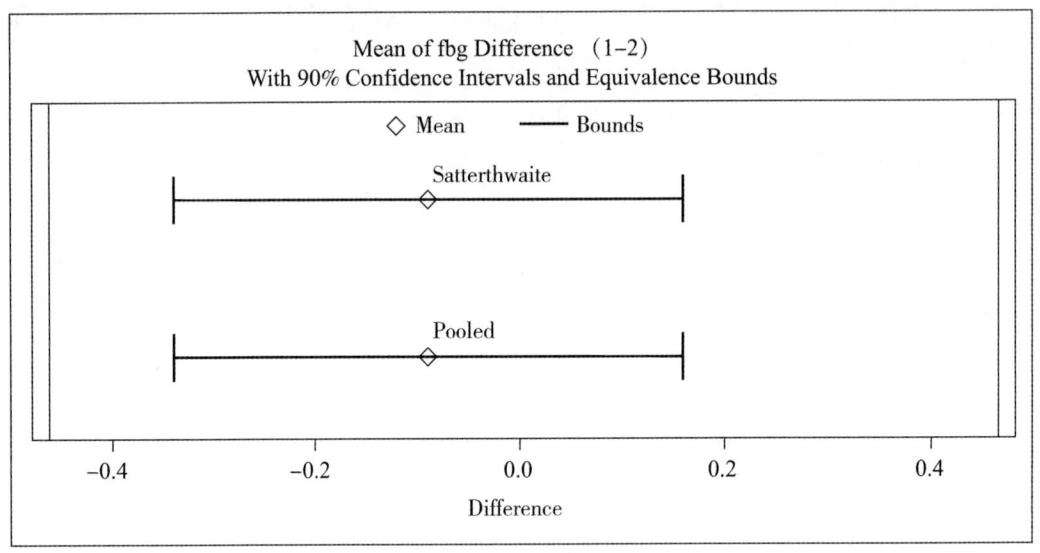

图 13.3　等效性检验的可信区间图

细心的读者可能会发现，等效性检验中对大于 −0.5 的 $t$ 检验（upper）结果（$t=2.76$）等于例 13.12 中的非劣效 $t$ 检验的结果。如果读者有兴趣再以此数据做一下优效性检验，会发现优效性检验中的 $t$ 值等同于等效性检验中对小于 0.5 的 $t$ 检验（lower）结果（$t=-3.98$）。但优效性检验的 $P$ 值不是 0.0001，而是 0.9999，因为优效性和非劣效性检验中的 $P$ 值都是右尾概率，而等效性检验中，对大于 −0.5 的检验是右尾概率，因此 $P$ 值与非劣效性检验相同，而对小于 0.5 的检验是左尾概率，因此 $P$ 值与优效性检验截然不同，二者之和为 1。

因此等效性检验结果实际上同时包含了非劣效性和优效性检验的结果，但等效性检验中针对优效方向检验的 $P$ 值不等于优效性检验的 $P$ 值，二者之和为 1。读者在实际应用时应注意这些细节。

## 二、率的非劣效、等效和优效性检验

**例 13.15**　（非劣效性检验）为观察某药物治疗非萎缩性胃炎的疗效，某药厂开展一项多中心、随机、双盲、阳性药物对照的非劣效性试验，试验组和对照组的研究对象均为 120

例。根据试验方案规定的有效标准，试验药和阳性对照药的有效例数分别为 51 和 48。根据前期研究结果，设定非劣效界值为 10%，试进行非劣效性分析。

【例题分析】

本例如果采用公式计算，根据试验组和对照组的率可求出标准误为 0.0635，据此可求出 $Z=1.967$，$P=0.0246$。采用可信区间法可求出可信区间下限为 $-0.0795$，包含在 $(-0.1, \infty)$ 范围内，可以认为试验组与对照组相比具有非劣效性。

本例的 SAS 分析过程见程序 13.15。

【程序 13.15】

```
data example13_15;
do group=1 to 2;
do y=1 to 2;
input f@@;
output;
end;
end;
cards;
51  69
48  72
;
/*以上过程利用 do 循环语句输入数据，group=1 表示试验组，group=2 表示对照组；y=1 表示有效，y=2 表示无效*/
proc freq;
weight f;
tables group*y/riskdiff(column=1 noninferiority margin=0.1);
/*column=1 表示比较的是第 1 列（也就是有效率），noninferiority 表示执行非劣效性检验，margin 指定非劣效界值为 0.1*/
run;
```

【程序解释】

该过程关键要了解组别变量赋值的含义，以便在 column 中指定恰当的值。本例比较的是两组有效率，而 y=1 表示有效（也就是第 1 列），因此 column 指定为 1。如果 y=2 表示有效，column 则应指定为 2。margin 选项指定的界值必须为正值，SAS 自动根据指定的检验方式（noninferiority、equivalence 或 superiority）采用不同的计算方式。

【结果输出】

结果输出了频数表（结果省略）、针对列 1 的风险估计值及非劣效性检验、列 2 的风险估计值（结果省略）。

列 1 的风险估计值（有效率）显示了第 1 行（试验组）和第 2 行（对照组）的有效率、标准误、可信区间等。而且提示结果比较的是（行 1－行 2），也就是试验组与对照组比较。

非劣效性检验结果显示，$Z=1.9476$，$P=0.0246$，可信区间下限为 $-0.0795$，均提示试验组与对照组相比具有非劣效性。结果与公式计算结果一致。

列 1 风险估计值

| | 风险 | ASE | (渐近) 95% 置信限 | | (精确) 95% 置信限 | |
|---|---|---|---|---|---|---|
| 第 1 行 | 0.4250 | 0.0451 | 0.3366 | 0.5134 | 0.3353 | 0.5185 |
| 第 2 行 | 0.4000 | 0.0447 | 0.3123 | 0.4877 | 0.3117 | 0.4934 |
| 合计 | 0.4125 | 0.0318 | 0.3502 | 0.4748 | 0.3496 | 0.4776 |
| 差值 | 0.0250 | 0.0635 | −0.0995 | 0.1495 | | |

差值为（行 1−行 2）

比例（风险）差值的非劣效性分析

H0：P1 − P2 <= −边际　　　　Ha：P1 − P2 > −边际
边际 = 0.1　　　　　　　　　Wald 方法

| 比例差值 | ASE（样本） | Z | Pr>Z |
|---|---|---|---|
| 0.0250 | 0.0635 | 1.9675 | 0.0246 |

| 非劣效性限值 | 90% 置信限 | |
|---|---|---|
| −0.1000 | −0.0795 | 0.1295 |

**例 13.16** （等效性检验）续例 13.15，假定研究者欲观察试验药与对照药相比是否具有等效性，设定等效性界值为 10%，试进行等效性分析。

【例题分析】

本例如果采用公式计算，根据试验组和对照组的率可求出标准误为 0.0635，据此可求出 $Z_l = 1.967$，$P = 0.0246$，$Z_u = -1.181$，$P = 0.1189$。采用可信区间法可求出可信区间为（−0.0795, 0.1295），超出了（−0.1, 0.1）范围内，因此不能认为试验组与对照组具有等效性。

本例的 SAS 分析过程见程序 13.16。

【程序 13.16】

```
data example13_16;
do group=1 to 2;
do y=1 to 2;
input f@@;
output;
end;
end;
cards;
51  69
48  72
;
/*以上过程利用 do 循环语句输入数据，group=1 表示试验组，group=2 表示对照组；y=1 表示有效，y=2 表示无效*/
proc freq;
weight f;
tables group*y/riskdiff(column=1 equivalence margin=0.1);
/*column=1 表示比较的是第 1 列(也就是有效率)，equivalence 表示执行等效性检验，margin 指定
```

等效性界值为 0.1，相当于下限和上限分别为 -0.1 和 0.1 */
    run;
【程序解释】

该程序与程序 13.15 相似，唯一不同之处是 tables 语句中的 noninferiority 改为 equivalence，即执行等效性检验。

【结果输出】

输出结果显示（省略频数表、列 1 和列 2 的风险估计值描述），$Z_l=1.967$，单侧 $P$ 值为 0.0246，$Z_u=-1.181$，单侧 $P$ 值为 0.1189。其中一个 $P$ 值大于 0.05，因此不能做出两组等效性的结论。计算的可信区间为（-0.0795, 0.1295），超出了等效性界值（-0.1, 0.1）的范围，也提示试验药与对照药相比不具有等效性。

比例（风险）差值的等效性分析
H0：P1 - P2 <= 边际下限或 >= 边际上限
Ha：边际下限 < P1 - P2 < 边际上限
边际下限 = -0.1　　边际上限 = 0.1　　Wald 方法

| 比例差值 | ASE（样本） |
|---|---|
| 0.0250 | 0.0635 |

两个单侧检验（TOST）

| 检验 | Z | | P-Value |
|---|---|---|---|
| 边际下限 | 1.9675 | Pr > Z | 0.0246 |
| 边际上限 | -1.1805 | Pr < Z | 0.1189 |
| 全部 | | | 0.1189 |

| 等效性限制 | | 90% 置信限 | |
|---|---|---|---|
| -0.1000 | 0.1000 | -0.0795 | 0.1295 |

**例 13.17**　（优效性检验）续例 13.15，假定研究者欲观察试验药与对照药相比是否具有优性，设定优效性界值为 5%，试进行优效性分析。

【例题分析】

本例如果采用公式计算，根据试验组和对照组的率可求出标准误为 0.0635，据此可求出 $Z=-0.394$，$P=0.6530$。采用可信区间法可求出可信区间下限为 -0.0795，并未超出优效界值（$-\infty$, 0.05）的范围，因此不能做出试验药优于对照药的结论。

本例的 SAS 分析过程见程序 13.17。

【程序 13.17】

```
data example13_17;
do group=1 to 2;
do y=1 to 2;
input f@@;
output;
end;
end;
cards;
```

```
51  69
48  72
;
```
/* 以上过程利用 do 循环语句输入数据，group=1 表示试验组，group=2 表示对照组；y=1 表示有效，y=2 表示无效 */
```
proc freq;
weight f;
tables group * y/riskdiff(column=1 superiority margin=0.05);
```
/* column=1 表示比较的是第 1 列（也就是有效率），superiority 表示执行优效性检验，margin 指定优效性界值为 0.05 */
```
run;
```

【程序解释】

该程序与程序 13.15 的不同之处是 tables 语句中的 noninferiority 改为 superiority，即执行优效性检验。由于优效性界值为 0.05，因此 margin 改为 0.05。

【结果输出】

结果显示，$Z=-0.3935$，单侧右尾概率 $P=0.6530$。可信区间范围 $(-0.0795, \infty)$ 并未超出优效界值 $(-\infty, 0.05)$ 的范围，或者说可信区间下限 $-0.0795$ 小于界值 0.05，因此不能做出试验药优于对照药的结论。

比例（风险）差值的优效性分析

H0：P1 - P2 <= 边际    Ha：P1 - P2 > 边际
边际 = 0.05            Wald 方法

| 比例差值 | ASE（样本） | Z | Pr>Z |
|---|---|---|---|
| 0.0250 | 0.0635 | -0.3935 | 0.6530 |

| 优效性限值 | 90% 置信限 | |
|---|---|---|
| 0.0500 | -0.0795 | 0.1295 |

## 三、生存资料的非劣效性检验

**例 13.18** 某研究采用非劣效性检验验证某新药治疗肺癌的疗效，对照采用已上市的阳性药物，根据以往文献及临床经验，认为新药的死亡风险比不应大于阳性药物的 1.5 倍。共收集了两组各 15 例患者的生存数据（表 13.5），其中，组别中的 1 表示对照组，2 表示试验组，生存状态以 1 表示死亡，0 表示存活或截尾。试分析该新药是否不劣于阳性对照药。

表 13.5 两组肺癌患者的生存时间和生存状态

| 组别 | 生存状态 | 生存时间 | 组别 | 生存状态 | 生存时间 |
|---|---|---|---|---|---|
| 1 | 0 | 25.90 | 2 | 0 | 26.20 |
| 1 | 0 | 23.77 | 2 | 0 | 21.83 |
| 1 | 0 | 27.37 | 2 | 0 | 21.37 |

续表

| 组别 | 生存状态 | 生存时间 | 组别 | 生存状态 | 生存时间 |
|---|---|---|---|---|---|
| 1 | 0 | 16.93 | 2 | 0 | 18.63 |
| 1 | 0 | 13.40 | 2 | 1 | 18.00 |
| 1 | 1 | 13.37 | 2 | 0 | 15.33 |
| 1 | 1 | 9.67 | 2 | 1 | 11.70 |
| 1 | 0 | 9.00 | 2 | 1 | 10.57 |
| 1 | 1 | 8.43 | 2 | 1 | 7.93 |
| 1 | 0 | 7.77 | 2 | 1 | 6.83 |
| 1 | 1 | 5.93 | 2 | 1 | 6.77 |
| 1 | 1 | 5.87 | 2 | 1 | 6.47 |
| 1 | 1 | 4.47 | 2 | 1 | 6.00 |
| 1 | 1 | 3.97 | 2 | 1 | 5.93 |
| 1 | 1 | 3.60 | 2 | 1 | 5.13 |

【例题分析】

本例资料为生存资料，分析时需要同时考虑生存状态和生存时间。生存资料的非劣效性检验主要是通过 proc phreg 过程，该过程并不是专门做非劣效性检验的，而是用于拟合生存资料多因素分析的比例风险模型，但可利用其中的个别选项实现非劣效性检验。

本例的 SAS 分析过程见程序 13.18。

【程序 13.18】

```
data example13_18;
input group status time@@;
cards;
```

| 1 | 0 | 25.9 | 2 | 0 | 26.2 |
|---|---|---|---|---|---|
| 1 | 0 | 23.77 | 2 | 0 | 21.83 |
| 1 | 0 | 27.37 | 2 | 0 | 21.37 |
| 1 | 0 | 16.93 | 2 | 0 | 18.63 |
| 1 | 0 | 13.4 | 2 | 1 | 18 |
| 1 | 1 | 13.37 | 2 | 0 | 15.33 |
| 1 | 1 | 9.67 | 2 | 1 | 11.7 |
| 1 | 0 | 9 | 2 | 1 | 10.57 |
| 1 | 1 | 8.43 | 2 | 1 | 7.93 |
| 1 | 0 | 7.77 | 2 | 1 | 6.83 |
| 1 | 1 | 5.93 | 2 | 1 | 6.77 |
| 1 | 1 | 5.87 | 2 | 1 | 6.47 |
| 1 | 1 | 4.47 | 2 | 1 | 6 |
| 1 | 1 | 3.97 | 2 | 1 | 5.93 |
| 1 | 1 | 3.6 | 2 | 1 | 5.13 |

```
;
proc phreg;
model time * status(0)=group;/* 存活或截尾值为 0,因此生存状态后的括号中写 0 */
estimate group 1/testvalue=0.4 lower;
/* 由于是试验组(2)比对照组(1),因此 group 后的比较方式写 1。testvalue 指定为 ln(1.5)即 0.4。
由于检验的是参数估计值(或 HR)是否小于指定的值,因此用 lower 选项 */
run;
```

【程序解释】

该程序有 4 点需要注意:①status 后指定的是存活或截尾的值(本例用 0 表示),而不是死亡状态的值。②group 后指定的比较方式为 1,因为试验组赋值为 2,对照组赋值为 1,试验组比对照组是大值比小值。③testvalue=选项指定的值是 $\ln(HR)$,本例设定的非劣效界值为 $HR=1.5$,因此 $\ln(HR)=\ln(1.5)=0.4$。④本例检验的是 $HR$ 是否小于 1.5 或参数估计值是否小于 0.4,因此用 lower 选项而不是 upper 选项。

【结果输出】

proc phreg 过程给出的结果较为丰富,这里仅列出与非劣效性检验有关的结果,其他模型拟合结果省略。

第一部分主要结果是参数的最大似然估计,参数估计值为 0.08074,试验组与对照组相比的死亡风险为 1.084,低于非劣效界值 1.5,但在统计学上能否达到非劣效还需检验。

最大似然估计值分析

| 参数 | 自由度 | 参数估计值 | 标准误差 | 卡方 | Pr>卡方 | 危险比 |
|---|---|---|---|---|---|---|
| group | 1 | 0.08074 | 0.47547 | 0.0288 | 0.8652 | 1.084 |

第二部分是非劣效性检验结果,当指定检验值为 0.4 时,以参数估计值 0.08074 与界值 0.4 相比,可求得 $Z$ 统计量及左侧 $P$ 值为 0.251。这提示以 $HR=1.5$ 作为非劣效界值,尚不能做出非劣效的结论。当然这可能跟本例的例数较少有关。

| 标签 | 估计值 | 标准误差 | 检验值 | Z 值 | TAILS | Pr<Z |
|---|---|---|---|---|---|---|
| 行 1 | 0.08074 | 0.4755 | 0.400 | −0.67 | 下限 | 0.2510 |

(冯国双)

# 参考文献

[1] Ahn C, Overall JE, Tonidandel S. Sample size and power calculations in repeated measurement analysis. Computer Methods and Programs in Biomedicine, 2001, 64: 121-124.

[2] Aras G. Superiority, noninferiority, equivalence, and bioequivalence-revisited. Drug Information Journal, 2001, 35: 1157-1164.

[3] Bingham DR, Sitter RR. Design issues in fractional factorial split-plot experiments. Journal of Quality Technology, 2001, 33: 2-15.

[4] Butler NA. Construction of two-level split-plot fractional factorial designs for multistage processes. Technometrics, 2004, 46: 445-451.

[5] Chow SC, Liu JP. Design and analysis of clinical trials. 2nd edition. New York: John Wiley&Sons Inc, 2004.

[6] Chow S, Liu J. Design and analysis of bioavailability and bioequivalence studies. 2nd edition. New York: Marcel Dekker, 2000.

[7] Chow SC, Shao J, Wang H. Sample size calculation in clinical research. New York: Marcel Dekker Inc, 2003.

[8] Chow SC, Wang H. One sample size calculation in bioequivalence trials. J Pharmacokinet Pharmacodynam, 2001, 28: 155-169.

[9] Dean A. Design and analysis of experiments. 北京: 世界图书出版公司, 2010.

[10] Dmitrienko A, Molenberghs G, Chuang-Stein C, et al. Analysis of clinical trials using SAS: a practical guide. North Carolina: SAS Institute Inc, 2005.

[11] Dmitrienko A, Chuang-Stein C, D'Agostino R. Pharmaceutical statistics using SAS: a practical guide. North Carolina: SAS Institute Inc, 2007.

[12] Geller NL. Advances in clinical trial biostatistics. New York: Marcel Dekker Inc, 2004.

[13] Goupy J, Creighton L. Introduction to design of experiments with JMP examples. 3rd edition. North Carolina: SAS Institute Inc, 2007.

[14] Jennison C, Turnbull BW. Group sequential methods with applications to clinical trials. New York: Chapman & Hall, 2000.

[15] Jones B, Kenward MG. Design and analysis of cross-over trials. 2nd edition. Washington DC: Chapman & Hall/CRC, 2003.

[16] Jung SH, Ahn C. Sample size for a two group comparison of repeated binary measurements using GEE. Stat Med, 2005, 24: 2583-2596.

[17] Julious SA. Sample sizes for clinical trial. Washington DC: Chapman & Hall/CRC, 2010.

[18] Montgomery AA, Peters TJ, Little P. Design, analysis and presentation of factorial randomized controlled trials. BMC Medical Research Methodology, 2003, 3: 26.

[19] Montgomery DC. Design and analysis of experiments. 8th edition. New York: John Wiley & Sons Inc, 2012.

[20] Oehlert GW. A First Course in Design and Analysis of Experiments. Freeman and Company, 2000.

[21] Quinn GP, Keough MJ. Experimental design and data analysis for biologists. London: Cambridge University Press, 2002.

[22] Rosner S. Fundamentals of biostatistics. 7th edition. Cengage Learning, 2006.

[23] SAS/QC 9.2 User's Guide. North Carolina: SAS Institute Inc, 2008.

[24] SAS/STAT 9.3 User's Guide. North Carolina: SAS Institute Inc, 2013.

[25] Senn S. Cross-over trials in clinical research. 2nd edition. New York: John Wiley & Sons, 2002.

[26] Snapinn S. Noninferiority trials. Curr Control Trials Cardiovasc Med, 2000, 1: 19-21.

[27] Littell RC, Milliken GA, Sroup WW, et al. SAS for mixed models. 2nd edition. North Carolina: SAS Institute Inc, 2006.

[28] Stokes ME, Davis CS, Koch GG. Categorical data analysis using the SAS system. 2nd edition. New York: John Wiley & Sons Inc, 2000.

[29] Whitehead J. The design and analysis of sequential clinical trials. 2nd edition. Chichester: John Wiley & Sons, 1997.

[30] Wu CFJ, Hamada M. Experiments: planning, analysis and parameter design optimization. New York: John Wiley & Sons Inc, 2004.

[31] Zhou XH, Obuchowski NA, McClish DK. 诊断医学统计学. 宇传华, 译. 北京: 人民卫生出版社, 2005.

[32] 陈卉. Bland-Altman 分析在临床方法测量一致性评价中的应用. 中国卫生统计, 2007, 24 (3): 308-315.

[33] 陈景武. 医学研究设计与分析. 北京: 中国统计出版社, 2003.

[34] 冯国双, 刘德平. 医学研究中的 logistic 回归分析及 SAS 实现. 北京: 北京大学医学出版社, 2012.

[35] 贺石林, 李元建. 医学科研方法学. 北京: 人民军医出版社, 2003.

[36] 茆诗松, 周纪芗, 陈颖. 试验设计. 北京: 中国统计出版社, 2004.

[37] 苏炳华. 新药临床试验统计分析新进展. 上海: 上海科学技术文献出版社, 2000.

[38] 王济川, 谢海义, 姜宝法. 多层统计分析模型——方法与应用. 北京: 高等教育出版社, 2008.

[39] 王建华. 实用医学科研方法. 北京: 人民卫生出版社. 2003.

[40] 王仁安. 医学实验设计与统计分析. 北京: 北京大学医学出版社, 2000.

[41] 杨德. 试验设计与分析. 北京: 中国农业出版社, 2002.

[42] 余松林, 向惠云. 重复测量资料分析方法与 SAS 程序. 北京: 科学出版社, 2004.